일제시대 빈민생활사 연구

강만길 저작집

간행위원: 조광 윤경로 지수걸 신용옥

해제: 고정휴 구선희 김기승 김명구 김윤희 김행선 박은숙 박한용
　　　 변은진 송규진 이주철 정태헌 최덕수 최상천 하원호 허은

교열: 김만일 김승은 이주실 조철행 조형열

강만길 저작집

___

05

일제시대 빈민생활사 연구

창비

그분들의 죽음이 나의 평생의 한이 된
부모님께 이 책을 바친다.

저작집 간행에 부쳐

그럴 만한 조건이 되는가 하는 생각을 버리지 못하면서도 제자들의 준비와 출판사의 호의로 저작집이란 것을 간행하게 되었다. 잘했건 못했건 평생을 바친 학문생활의 결과를 한데 모아두는 것도 나름대로 의미가 있을 것 같기도 하고…… 한 인간의 평생 삶의 방향이 언제 정해지는가는 물론 사람에 따라 다르겠지만, 지금에 와서 뒤돌아보면 나의 경우는 아마도 세는 나이로 다섯 살 때 천자문을 제법 의욕적으로 배우기 시작하면서부터 어쩌면 학문의 길이 정해져버린 게 아닌가 생각해보기도 한다. 그리고 요즈음 이름으로 초등학교 6학년 때 겪은 민족해방과 6년제 중학교 5학년 때 겪은 6·25전쟁이 역사 공부, 그것도 우리 근현대사 공부의 길로 들어서게 한 것 같다고 말하기도 한다.

대학 3학년 때 과제물로 제출한 글이 활자화됨으로써 학문생활에 대한 의욕이 더 강해진 것 같은데, 이후 학사·석사·박사 논문은 모두 조선왕조시대의 상공업사 연구였으며, 특히 박사논문은 조선왕조 후기 자본주의 맹아론 연구였다. 문호개방 이전 조선사회가 여전히 고대사회와 같은 상태에 머물러 있었다고 주장한 일본인 연구자들의 연구에 대항한 것이었다고 하겠다. 역사학계 일부로부터 박정희정권하의 자본주의 성장을 뒷받침하는 연구라는 모함을 받기도 했지만……

자본주의 맹아론 연구 이후에는 학문적 관심이 분단문제로 옮겨지게 되었다. 대학 강의 과목이 주로 중세후기사와 근현대사였기 때문에 학문적 관심이 근현대사에 집중되었고 식민지시대와 분단시대를 연구하고 강의하게 된 것이다.『분단시대의 역사인식』을 통해 '분단시대'라는 용어가 정착되어가기도 했지만, '분단시대'의 극복을 위해 통일문제에 관심을 두게 되면서 연구논문보다 논설문을 많이 쓰게 되었다. 그래서 저작집도 논문집보다 시대사류와 논설문집이 더 많게 되어버렸다.

그런 상황에서도 일제시대의 민족해방운동사가 남녘은 우익 중심 운동사로, 북녘은 좌익 중심 운동사로 된 것을 극복하고 늦게나마 좌우합작 민족해방운동사였음을 밝힌 연구서를 생산할 수 있었다는 것을 자 윗거리로 삼을 수 있지 않을까 한다. 사실 민족해방운동에는 좌익전선도 있고 우익전선도 있었지만, 해방과 함께 분단시대가 되리라고는 꿈에도 생각하지 않았기 때문에 민족해방운동의 좌우익전선은 해방이 전망되면 될수록 합작하게 된 것이다.

『고쳐 쓴 한국현대사』는 '한국'의 현대사니까 비록 부족하지만 남녘의 현대사만을 다루었다 해도『20세기 우리 역사』에서도 남녘 역사만을 쓰게 되었는데, 해제 필자가 그 점을 날카롭게 지적했음을 봤다. 아무 거리낌 없이 공정하게 남북의 역사를 모두 포함한 '20세기 우리 역사'를 쓸 수 있는 때가 빨리 오길 바란다.

2018년 11월 강만길

일러두기

1. 이 저작집은 '내일을 여는 역사재단'의 기획으로, 강만길의 저서 19권과 미출간 원고를 모아 전18권으로 구성하였다.

2. 제15권『우리 통일, 어떻게 할까요/역사는 변하고 만다』는 같은 해에 발간된 두 권의 단행본을 한 권으로 묶었다.

3. 제17권『내 인생의 역사 공부/되돌아보는 역사인식』은 단행본『강만길의 내 인생의 역사공부』와 미출간 원고들을 '되돌아보는 역사인식'으로 모아 한 권으로 묶었다.

4. 저작집 18권은 초판 발간연도 순서로 배열하되, 자서전임을 감안해『역사가의 시간』을 마지막 권으로 하였다.

5. 각 저작의 사학사적 의미를 짚는 해제를 새로이 집필하여 각권 말미에 수록하였다.

6. 문장은 가급적 원본대로 유지하는 것을 원칙으로 하였고, 명백한 오탈자와 그밖의 오류는 인용사료, 통계자료, 참고문헌 등을 재확인하여 바로잡았으며, 주석의 서지사항 등을 보완하였다.

7. 역사용어는 출간 당시 저자의 문제의식을 살리기 위해 그대로 따랐다.

8. 원저 간의 일부 중복 수록된 글도 출간 당시의 의도를 감안하여 원래 구성을 유지하였다.

9. 본서의 원저는『일제시대 貧民生活史 연구』(창작과비평사 1987)이다.

책을 내면서

식민지시기를 겪은 민족의 역사학이 그 시기를 연구대상으로 삼는
데는 몇 개의 단계가 있는 것이 아닌가 한다. 우리의 경우 식민지배에서
벗어난 당초에는 그 시대를 떳떳하게 연구대상으로 삼을 만한 연구인
구를 거의 가지지 못했었다. 그만한 연구자가 전혀 없었던 것은 아니었
으나 그들은 이미 독립운동전선에서 전사했거나 그렇지 않다 해도 분
단과정에서 학계에 자리하지 못하게 되었기 때문이다.

어느정도의 시간이 지나면서 '원죄'를 느끼지 않아도 될 만한 새 세
대의 연구층이 형성되었고 이들에 의해 식민지시기의 역사가 연구되기
시작했으며, 그것은 먼저 민족해방운동사 부분과 일본의 침략정책사
부분에 집중되었다.

민족해방운동사 연구는 앞으로 분단체제의 제약을 이겨냄으로써 그
단계높임을 해갈 것이지만, 전체 식민지시대사 연구는 또 지금까지 거
의 손대지 못한 식민지화의 원인을 냉철하게 규명하는 데서, 그리고 그
시기의 생활사, 특히 민중생활사를 밝히는 쪽에서 새로운 분야를 열어
갈 것이다. 그리고 그것은 지금도 어느정도 논의되고 있는 식민지시대

의 사회성격을 밝히는 일에 진전을 가져오게 할 것이다.

이 책은 처참했던 식민지시기 민중생활의 실상을 밝힘으로써 그 시대성격을 이해하는 데 도움을 얻을 수 있으리라는 생각에서 씌어졌다. 책 이름을 민중생활사 연구로 하지 않고 빈민생활사 연구로 한 것은 일반 노동자의 생활이 빠졌기 때문이기도 하며, 또 이 시기의 민중 개념을 서툴리 쓸 수 없다는 생각에서이다. 그러나 식민지시기의 빈민은 곧 민중의 모체이기도 했다.

책 안에서 어느정도 밝혀지겠지만, 식민지시기의 빈민은 단순한 가난한 자들이 아니라 의식 있는 민중이었다. 농촌빈민은 바로 치열한 농민운동의 모태였으며 그 변형으로서의 화전민 사회는 민족운동 기지의 하나이기도 했다. 도시빈민으로서의 토막민과 실업자는 그 존재 자체가 식민지 수탈정책의 정확한 증거였으며 토목공사장 막일꾼도 노동운동과 일부 연결되고 있었다.

식민지 수탈정책이 만들어놓은 광범위한 이들 의식 있는 빈민의 존재야말로 바로 식민지시기의 사회성격이나 시대성격을 밝히는 중요한 근거가 될 것이다. 이 책은 그 성격 규명을 위한 하나의 자료를 제공하자는 데 목적이 있고 그 때문에 구체적인 사례들을 많이 제시했지만, 그 밖에도 나름대로의 문제의식을 깔고 있기도 하다.

식민지시기 민족해방운동전선의 투쟁방법론과 그것이 구체화된 정강·정책은 이들 민중생활의 현실을 바탕으로 하여 성립된 것이라 생각된다. 이미 「독립운동과정의 민족국가 건설론」에서 확인한 것과 같이 식민지시기 각 독립운동전선의 정강·정책은 정치체제에는 민주공화국·인민공화국 등의 차이가 있었지만 그 경제정책에 있어서는 좌익전선은 물론 우익의 한국독립당이나 임시정부까지도 토지와 중요 산업을 국유화하는 사회주의 정책을 채택했다.

독립운동전선 정강·정책의 방향을 뒷받침한 민중생활의 현실을 밝히려는 것이 이 책의 문제의식의 하나이지만, 식민지시기 민중생활의 현실이야말로 식민지배에서 벗어나는 시점의 민족사적 단계를 가늠하는 가장 중요한 근거가 될 것이다.

출판을 맡아준 창비사에 감사하며, 특히 전문적인 학술논문을 읽기 쉬운 책으로 만드는 작업을 맡아 수고한 고세현씨와 윤석기씨에게 감사한다. 그리고 신문자료 발췌를 맡아준 이만형군에게도 감사한다.

1987년 5월 28일
강만길

차례

서설

문호개방 이전의 조선왕조시대에도 어느정도의 농민분해가 이루어지고 있어서 농촌에서도 경작지를 잃고 농업노동자화해가는 인구가 증가하는 한편 농촌 인구의 도시 집중화도 나름대로 진행되고 있었다. 이와 같은 현상은 문호개방 이후에도 그대로 지속되었지만, 이 시기에는 아직 도시·농촌 지역을 막론하고 토지에서 이탈된 인구가 빈민화하고 그것이 사회문제로 부각되는 단계에까지는 이르지 못하고 있었다.

문호개방 이후부터 식민지화하는 시기까지의 농업경제사 연구가 부진해서 무어라 분명히 말하기는 어렵지만, 이 시기까지는 아직도 농지소유 형태상의 획기적인 변화 없이 종래의 지주·전호(佃戶) 관계가 그대로 유지되는 속에서나마 농민층의 지속적인 투쟁을 통해 소작조건은 점차 개선되어가고 있었고 농민적 토지소유도 대단히 제약된 조건 속에서나마 어느정도 실현되어가고 있었다고 여겨진다. 농민층의 토지이탈을 유혹 내지 촉진할 만한 도시 측에서의 자본주의적 발달도 두드러지지 않았을 뿐만 아니라 농촌 측에서 그 인구를 밀어낼 만한 조건도 아직은 크게 나타나지 않고 있었던 것이다.

그러나 식민지화 직후 일본제국주의에 의해 강행된 '토지조사사업'은 하나의 원시축적 과정으로서 농민의 토지 이탈을 촉진하는 결정적인 계기가 되었다. '토지조사사업'이 식민지 조선에서의 토지 약탈을 위한 기초조건을 마련했고 그것이 일본 농민의 조선에의 본격적인 식민과 연결된 점, 토지세 수입의 증대를 통한 식민지 경영의 재원(財源)확보책이 된 점, 일본이 조선 농촌을 자신을 위한 항구적인 식량공급지로 확보하는 계기를 마련한 점 등을 논증한 연구업적들이 축적되어가고 있지만, 한편으로 이 '사업'은 또 토지의 자본주의적인 배타적 소유제를 확립하고 지주경영을 강화시킴으로써 중소지주·자작농·자소작농 등의 농촌 중간층을 몰락시키고 소작농민을 증가시키는 결정적인 계기가 된 점이 또한 주목되지 않을 수 없다.

'토지조사사업'이 "지난날의 토지의 현실적 보유자(保有者)이며 또한 경작자였던 농민을 희생으로 하고 당시의 수조권자(收租權者)를 곧 토지소유자로 하는 방법에 의해 실시되었기 때문에 그 결과로 소수의 수조권자와 부농이 토지를 취득하고 대다수의 농민이 토지에서 이탈되었다" 함은 흔히 지적되는 일이지만, 이 '사업'은 종래 어느정도의 토지보유권을 가졌던 중세적 전호를 식민지형 소작농으로 만드는 계기가 되었으며, 그것은 또 종래의 생산수단 소유자로서의 농민층을 비소유자로 만드는 계기가 되었던 것이다.

1910년대의 식민지 지배정책이 종래 어느정도 생산수단으로서의 토지를 소유 내지 보유하고 있던 농민에게서 그것을 빼앗아 비소유자로 만드는 계기를 마련했다면, 1920년대는 농민을 비소유자로 만드는 정책이 구체적으로 적용되고 또 그 효과가 나타난 시기였다.

'토지조사사업'은 농촌의 중소지주·자작농·자소작농 등에게서 토지를 빼앗아 그들을 소작농민으로 만듦으로써 1920년대에 들어서면서 소작농의 비율이 계속 높아지게 했다. 이것은 종래의 소농적(小農的) 농민을 생산수단을 전혀 소유하지 못한 식민지형 소작농으로 만드는 일이었으며, 종래의 중세적 지주경영을 식민지적 지주경영으로 전환시킴으로써 소작조건을 크게 악화시키는 결과를 가져왔다.

소작농민의 증가로 그들의 경작면적은 감소되어갔고 소작료는 고율화했으며 소작권은 극도로 불안해졌다. 소작농민의 증가, 일본 이민의 증가, 이른바 농장형(農場型) 지주경영의 등장 등으로 일반 소작농민들의 경작면적은 줄어들었고, 토지경영을 통해 자본주의적 영리를 추구하는 식민지형 지주경영의 결과로 소작료는 급격히 고율화했으며, 종래의 영구소작제가 계약소작제로 변함으로써 농민들의 소작권은 극도로 불안해졌다.

소작면적의 축소, 소작료의 고율화, 소작권의 불안 등은 소작농민의 영농수지(營農收支)를 극도로 악화시켜 그들을 급격히 빈민화시켰다. 생산수단으로서의 토지에서 완전히 이탈되고 일정한 기간의 계약제에 의한 소작지를 경작하면서 지주의 자본주의적 이윤추구에 의해 고율소작료를 수탈당한 식민지시기의 소작농민들은 일정한 생산수단을 소유하고 자족적(自足的) 영농에 종사하던 종래의 소농적 농민과는 다른 농업노동자적 개념에 접근하고 있었다.

농업노동자적 존재로서의 식민지시기의 소작농민들은 좁은 소작지로 적자영농에 시달리는 반실업자적인, 조선총독부가 말한 세궁민(細窮民)인 경우가 대부분이었지만, 심한 경우는 소작지를 완전히 잃은 완전실업자가 되어 농촌을 떠나지 않을 수가 없었다. 1920년대는 '토지조사사업'을 중심으로 하는 1910년대 식민지 농업정책의 결과로 종래의 소농적 농민을 생산수단을 완전히 잃은 농업노동자적 존재로서의 식민지형 소작농민으로 만든 시기였으며, 식민지형 지주경영의 자본축적

과정을 통해 이들 소작농민이 계속 반실업자 내지 완전실업자화한, 다시 말하면 상대적 과잉인구화한 시기였다.

1920년대와 30년대를 통해 식민지 지배당국이 춘궁민 혹은 세궁민으로 지목한 농촌빈민은 대체로 전체 농촌 인구의 절반 가까이 된 것으로 파악되고 있으며, 그 가운데 연간 약 15만 명 정도가 농촌을 떠난 것으로 통계되었다. 이 시기를 통한 식민지형 지주경영의 초과이윤 획득 과정에서 노동량의 상대적 감소 결과로 생겨난 이른바 상대적 과잉인구로서의 농민실업자, 농촌빈민의 상당한 부분은 농촌을 떠나 그 생활로를 다른 곳에서 구하지 않으면 안 되었다. 1920년대 이후 급격히 증가하는 화전민, 이 시기에 처음으로 생겨나는 도시지역의 토막민(土幕民)과 전국 각 지방 토목공사장의 날품팔이 노동자 등은 모두 이들 농촌빈민 출신의 자기 소유가 없는 노동자적 존재들이었다.

식민지시기 농촌빈민의 이농(離農) 현상은 도시지역에서의 노동시장 형성에 의한 노동력 흡인의 결과가 아니라 농촌 내부에서 생산수단을 잃고 노동자적 처지에 빠진 농민들의 실업, 빈민화, 파산에 의한 이른바 밀어내기식의 이농이었다. 따라서 농촌을 떠난 인구를 도시 측에서 모두 수용할 수 있는 조건은 아니었고 이 때문에 그 상당한 부분이 다시 농민으로 주저앉되 이번에는 일반 농토가 아니라, 깊은 산속의 산림을 불태워 일정 기간 경작하다가 지력(地力)이 다하면 다시 다른 곳에서 불을 질러 경작하는 화전민이 되었다.

1920년대와 30년대를 통해 순(純)화전민과 겸(兼)화전민을 합쳐 120만 명이 넘은 것으로 통계된 화전민은 대부분 평지의 농민생활과는 전혀 비교할 수 없는 '원시적인' 생활을 하며 목숨만을 이어가는 빈민이었다. 조선왕조시대에도 화전민이 없었던 것은 아니었지만 식민지시기의 화전민은 질적으로나 양적으로 조선왕조시대의 화전민과는 다른 식민지 농업정책, 식민지적 지주경영의 소산물로서의 빈민들이었다.

일반적으로 농촌에서의 자본가적 경영의 발달이 농민분해를 촉진시켜 일정한 부분의 농민을 쫓아내는 한편 도시지역에서의 자본주의적 성장이 이들 농촌에서 분출된 인구를 그 값싼 노동력으로 수용하기 마련이지만, 일본제국주의의 조선에서의 식민지배는 이들 농촌에서 분출되는 인구를 수용할 만한 조건에 있지 못했고, 이 때문에 그 가운데 상당한 부분이 산간지대로 들어가 그야말로 '원시적인' 생활로 되돌아갈 수밖에 없었다. 이들은 이농인구에 의해 형성되는 근대 초기의 일반적인 도시빈민과 다른, 후진 일본 자본주의가 그 식민지 조선에서 만들어놓은 실업자의 변형으로서의 일종의 특수 빈민층이라 할 수 있을 것이다.

일본제국주의는 이와 같은 식민통치의 치부를 감추기 위해 화전민을 '정리'하기 위한 방책들을 세웠으나 그것은 어디까지나 식민지 지배정책 위주의 '정리'에 불과했고 화전민을 소멸시킬 수 있는 근본적인 방책은 되지 못했다. 전체 식민지시기를 통해 지배당국의 화전민정책은 거의 효과를 거둘 수 없었고 화전민은 식민통치의 하나의 증거로 해방될 때까지 남겨졌었다.

일본의 식민지 농업정책이 급격히 증가시켜놓은, 실업한 농업노동자적 존재로서의 농촌빈민의 일부는 한편으로 도시 쪽으로 분출되어 토막민이라는 전에 없던 일종의 도시빈민층을 형성했다. 1920년대 초엽부터 전국의 대도시와 중소도시 주변에 나타난 토막민은 우리 역사 위에 처음으로 형성된 이른바 근대적 빈민의 일종이었다.

화전민이 된 인구와 함께 농촌에서 분출된 인구의 일부인 도시빈민으로서의 토막민도 본래 자본주의 발전에 따라 그 값싼 노동력으로, 공장노동자로서 수용되어야 할 인구였으나 일본 자본주의의, 특히 그 식민지 자본주의의 미숙성·후진성 때문에 공장노동력으로 흡수되지 못한 부분이었다. 농촌에서의 실업으로 강제로 분출된 이들은 도시지역으로 나와 날품팔이나 공사장 막일꾼이나 행상으로 겨우 연명하고 있었다. 그들의 주거가 도시 주변의 빈터에 땅을 파거나 거적을 두른 움집이었던 데서 토막민이라는 이름이 붙여졌다.

식민통치의 또 하나의 치부인 토막민 문제를 해결하기 위한 지배당국의 조치가 전혀 없었던 것은 아니었다. 그러나 식민지시기가 길어짐에 따라 토막민의 수는 계속 증가했고 빈민굴에서의 그들의 생활은 계속 곤궁해져만 갔다. 식민지시대 말기인 1940년에 이른바 불량주택 거주자를 합쳐 전국에 16만 명 정도로 증가한 이들 도시지역 빈민 문제역시 식민지 지배체제가 근본적으로 해결할 수는 없었다. 그 가운데 일부는 일본제국주의의 침략전쟁이 막바지에 이르렀을 때 그 전쟁노동력의 일부로 이용되었으나 해방과 함께 그대로 도시빈민으로 남을 수밖에 없었다.

일본의 식민지 관료들도 농촌의 춘궁민과 화전민, 그리고 토막민을 식민통치가 만들어놓은 3대 빈민층으로 불렀고 이들 3대 빈민층 문제의 해결을 식민지 지배정책의 과제의 하나로 생각한 것 같다. 그러나 전체 식민지시기를 통해서 3대 빈민층의 문제는 해결되지 못했고 결국 해방 후의 과제로 넘겨지고 말았다. 식민지시기의 3대 빈민층은 식민지배의 치부인 동시에 그 필연적인 결과이기도 했다. 따라서 그것은 본래 식민통치 정책의 한계 안에서는 해결될 수 없는 것이었고 해방 후의 문제로 넘겨질 수밖에 없었던 것이다.

식민지화 이후 소작농민이 급격히 증가하여 빈민화하고 이들 농촌빈민의 이농민화가 계속되는 속에서도 일본제국주의의 식민지 자본주의 체제는 농촌에서 분출되는 인구를 공장노동자로 수용할 만한 조건을 갖추지 못한 채 농촌빈민의 걸인화, 화전민화, 토막민화를 거의 방치할 수밖에 없었다. 그러나 이들을 수용할 수 있는 한 가지 좁은 길이 있었다면 그것은 식민통치 및 식민지 산업의 기초시설 공사로서의 철도부설공사·항만공사·도로공사·수리조합공사 등의 토목공사를 벌여 그들을 단순 육체노동자 즉 막일꾼으로 수용하는 길이었다.

앞에서도 말한 바와 같이 1920년대를 통해서 1년에 15만 명 이상의 농촌빈민이 농촌을 떠났지만, 공장노동자수는 1930년대 초엽에 와서도 10만 명을 밑돌고 있었으므로 이농민들이 공장노동자로 수용될 수 있는 기회는 대단히 적었다. 이와 같은 조건 아래서 해마다 분출되는 이농인구를 비교적 대량으로 흡수하는 길은 대규모의 토목공사를 벌이는 일이었으며 그것은 또 값싼 노동력으로 식민통치를 위한, 식민지 산업의 발전을 위한 기초시설을 마련하는 방법이기도 했다.

1930년대 후반기까지도 공장노동자의 수가 15만 명을 밑돌던 상황에서 적어도 양적인 면에 있어서는 이들 토목공사장 막일꾼이 가장 대표적인 노동자였다고 할 수 있다. 그러나 그 생활상을 구체적으로 분석해보면 그들은 노동자이면서도 농촌빈민의 하나의 연장선상에 있었음을 알 수 있다. 전국 각지에 일시적으로 형성되는 토목공사장을 철새처럼 따라다니면서 싼값으로 날품을 팔아 연명해가는 하나의 빈민에 지나지 않았던 것이다

농촌에서 경작지를 잃고 갓 분출된, 전혀 기술을 가지지 못한 단순 육체노동자, 막일꾼으로서의 이들은 각종 토목공사장에 날품팔이 즉 일용노동자로 고용되었다. 그러나 그 노임은 대단히 낮고 작업조건도 아주 나빠서 가족을 부양하기는커녕 혼자의 생활도 이어나가기 어려워서 한 달에 며칠씩을 굶지 않을 수 없었다. 이들은 식민통치 아래서의 빈민의 일부에 지나지 않았던 것이다. 특히 겨울철이 되어 토목공사가 중단될 때는 그 빈민으로서의 성격이 아주 두드러졌다.

조선총독부가 벌이는 각종 토목공사 자체가 급증하는 농촌빈민을 위한 이른바 구제사업적인 성격도 일부 있었지만, 평상시의 예산 수준에 의한 토목공사만으로는 이들을 제대로 '구제'할 수 없었고, 1930년대 후반기의 중일전쟁 도발로 인한 한반도의 병참기지화 과정을 통해서 이들의 노동력을 어느정도 수용할 수 있었다. 그러나 일본이 패전한 후에는 식민지시기에 만들어진 이들 단순 육체노동력은 빈민 상태인 채 그대로 남겨진 것이다.

식민지시기 농촌빈민의 급증과 그 결과로서의 이농인구의 증가는 화전민과 토막민, 토목공사장 막일꾼의 증가를 가져왔고 또 많은 노동력이 일본·만주 등 해외의 노동시장으로 흘러 나갔지만, 그것으로 이농인구가 모두 해결된 것은 아니었다. 농촌에서는 아직도 실업자가 계속 양산되고 있었고 토막민이나 공사장 막일꾼이 된 인구도 계속 실업자화해서 조선총독부의 조사에 나타난 수만으로도 1930년대 전반기의 경우 조선인 도시 실업률은 10%를 웃돌았고 농촌 실업률도 10% 내외였다.

도시지역의 경우 농촌 인구의 계속적인 유입으로 실업률이 높아진 것이라 할 수도 있겠으나 인구를 밀어내고 있던 농촌지역도 실업률이 높기는 마찬가지였다. 이들 실업자는 식민지 지배정책이 빚어낸 이른바 전층적 하강분해의 결과였고 식민지형 지주경영의 결과로 나타난 상대적 과잉인구였지만, 농촌과 도시를 막론하고 조선인의 경우 날품팔이 즉 일용노동자의 실업자수와 실업률이 가장 높았고, 일용노동자와 기타 노동자를 합친 실업자수가 전체 실업자의 거의 90%에 육박하여 식민지시기 조선인 실업자의 대부분이 노동자였음을 말해주고 있다. 이들 실업한 노동자들 역시 식민지시기에 형성된 광범위한 빈민층의 일부였던 것이다.

식민지시기의 실업률은 1930년대 후반기로 가면서 상당히 떨어져갔다. 그것은 일본제국주의가 침략전쟁을 확대해가면서 이들 실업자들을 전쟁노동력으로서 이른바 모집(募集)·징용(徵用)·보국대(報國隊) 등으로 강제 동원한 결과이지만, 해방 후 그들이 돌아옴으로써 실업자 문제 역시 그대로 남을 수밖에 없었다. 요컨대, 일본의 한반도에 대한 식민지 지배정책은 빈민과 실업자를 양산했으면서도 전쟁노동력으로 한때 변칙적으로 이용한 것 이외에는 이들 문제를 전혀 해결하지 못한 채 방치할 수밖에 없었던 것이다.

일본제국주의의 한반도 식민지 지배정책의 결과로 만들어진 농촌의 춘궁민, 화전민, 토막민, 토목공사장 막일꾼, 농촌과 도시의 실업자들은 모두 종래의 소농적 농민이 그 본래의 위치를 잃고 분해된 데 따른 것이었다. 그러나 이들은 여느 때의 농민분해와는 달리 상승 분해되는 경우는 거의 없었고 대부분 하강 분해됐다. 자본가적 차지농층도 전혀 형성하지 못했을 뿐만 아니라 공장노동자로 수용되는 경우도 극히 적었다. 결국 자본주의체제 아래서의 일반적인 의미의 농민도 노동자도 아닌 빈민이 되어버리고 말았지만, 이들을 빈민으로 간주할 수밖에 없는 근거가 어디에 있는가 하는 문제는 생각해볼 필요가 있다.

인류의 역사가 자본주의 시대로 넘어온 후 그 사회에 실재하는 빈민의 수를 산출하려는 노력이 있어왔다. 이 경우 빈민의 기준을 어디에 둘 것인가 하는 문제가 제기되었는데 일본인 학자 타쓰야먀 쿄오(龍山京)이 1976년에 토오꾜오대학 출판부에서 낸 책『전쟁 후 일본에서의 빈곤층의 창출과정(戰爭後日本における貧困層の創出過程)』의 도입 부분에서 밝힌 바와 같이 대체로 그 시기의 최저생활비를 산정하고 그 수입이 그것에 미치지 못하는 경우를 빈민의 범주에 넣었다.

또 본론에서도 상세히 논급되겠지만, 식민지 조선에 와서 그 하층계급과 오랫동안 접촉한 경험을 바탕으로 1926년에『조선 무산계급의 연구(朝鮮無産階級の硏究)』란 책을 쓴 일본인 후지이 주우지로오(藤井忠治郞)은 당시 영국에서는 4인가족 기준으로 1주 10원 50전 이하의 수입자를 빈민으로 간주하며 일본의 경우 월 20원 이하의 수입자를 일반적으로 빈민이라 본다 하고 조선의 경우 그가 직접 조사한 빈민굴의 67호 중 월 수입 20원 이하가 64호였고 4호만이 20원 이상이었다고 밝혔다.

한편 1920년대와 30년대의 농촌빈민, 화전민, 토막민, 공사장 막일꾼 등의 수입과 생활비는 본론에서 상세히 분석되겠지만, 대체로 보아 1인당 1일생활비가 4전에서 10전 사이라 보아 무방하지 않을까 생각된다. 4인가족을 기준으로 하는 경우 1인당 1일생활비가 10전이라도 이 가족의 1개월생활비는 12원인 셈이다. 앞에서 든 후지이(藤井)의 기준에 의하면 이들 모두가 빈민 중에서도 하위에 속한다 할 것이다.

결국 식민지시기에는, 앞에서도 말한 바와 같이 농촌 인구의 거의 절반이 만성적인 빈민이 되었거나 재해를 한번 만나기만 하면 빈민으로 떨어지는 상태에 있었다. 그 위에 100만 명이 넘는 특수 빈민으로서의 화전민이 있었으며 15만 명 이상의 도시빈민으로서의 토막민이 있었고, 언제나 실업의 위험에 직면해 있던, 전체 노동자의 절대 다수를 차지하는 날품팔이 떠돌이 빈민 노동자들이 있었다. 이밖에도 노동력을 가진 인구의 1할 정도가 실업자가 되어 빈곤에 허덕이고 있었다.

농민분해의 결과로 생성된 농촌빈민, 화전민, 토막민, 공사장 막일꾼, 도시와 농촌의 광범위한 실업자 등은 모두 자본주의적 발달과 함께 그 노동자로 사용되어야 할 인구였다. 식민지 자본주의의 특수성·취약성 때문에 이들 모두가 빈민으로 남겨졌지만 생산수단에서 완전히 이탈된 이들은 이제 농민적 범주에서 벗어나 노동자적 존재로 옮겨가고 있었으며 농민으로 남는 인구라 해도 그들의 활로는 식민지적 지주경영을 타파하는 데서 구해질 수밖에 없었다. 그리고 이와 같은 식민지시기의 광범위한 빈민의 존재는 당연히 이 시기 민족해방운동의 방향과 연결되지 않을 수 없었다.

식민지 지배당국은 1930년대에 와서 그 농업정책이 빈민을 양산하는 원천임을 알고 그것을 어느정도 완화시키기 위해 '산미증식계획'을 중지하고 소작조정령(小作調停令), 농지령(農地令), 이른바 자작농창정(自作農創定)계획 등을 발표하는 한편 소위 '농촌진흥운동(農村振興運動)'을 벌여 농촌의 춘궁퇴치(春窮退治) 등을 표방했다. 그러나 1930년대 이후의 빈농·빈민 문제가 이와 같은 식민지 지배정책의 일부 소극적인 변경으로 해결될 수는 없었고 그것은 오히려 이 시기 민족독립운동의 방향에 끼친 영향 면에서 더 큰 의의가 드러났다.

1920년대에는 소농적 단계에서 빈민화되어가는 농민층을 중심으로 대체로 소작료의 인하와 소작권의 확보 문제를 핵심으로 한 농민운동이 전개되었으나, 1930년대에 와서 소농적 농민의 대부분이 생산수단을 철저히 잃은 빈농이 되거나 도시지역의 도시빈민이 되었고 그것이 민족구성원의 대부분을 이룬 후에는 농민운동의 목표는 소작료와 소작권 문제를 넘어서서 토지의 국유화를 요구하는 방향으로 나아갔던 것이다.

1920년대와 30년대를 통한 국내의 농민운동이 대체로 좌익 민족운동 세력에 의해 지도되었기 때문에 농민의 빈민화 및 농업노동자적 성격으로의 전환과 관계 없이도 사회주의적 경제정책을 표방하는 방향으로 나아간 것이라 할 수 있겠지만, 1930년대 이후에 와서는 우익 민족운동 세력도 토지정책을 중심으로 하는 경제정책에 있어서는 사회주의적 방향으로 나아가고 있었다는 사실은 이 시기 이후 농민의 빈농화 및 빈민화 문제와 연결되는 것이라 할 수 있다.

1919년에 성립된 상해임시정부의 헌법은 부르주아적 민주주의 체제를 구현하는 데 한정되었다. 그러나 1930년대 중엽 이후의 독립운동전선에 성립된 정당들은 좌우익을 막론하고 그 정강·정책에서 사회주의적 경제정책을 채택했다. 예를 들면 1935년에 중국지역의 독립운동전선에서 가장 우익 측에 위치한 김구(金九)를 중심으로 한 한국국민당이 토지와 대생산기관을 국유화하여 국민의 생활권을 평등하게 할 것을 정강으로 내세운 것이나, 1940년에 역시 김구를 중심으로 순수한 우익 정당으로 결성된 한국독립당이 토지 및 대생산기관을 국유로 할 것을 정책으로 채택한 것이나, 1941년에 발표된 임시정부의 건국강령(建國綱領)이 역시 대생산기관과 토지 등의 생산수단을 국유로 할 것을 표방한 것 등은 대부분의 국민이 생산수단을 잃고 빈민화한 국내의 현실적 조건이 뒷받침된 결과라 생각할 수 있다.

1930년을 기준으로 하는 경우, 조선인 전체 인구 1969만 명 중 약 80%인 1556만 명이 농업인구였고 그 가운데 120만 명의 화전민을 제외한 절반 정도가 자기 소유를 거의 가지지 못한 농촌빈민이었으며 이밖에 10만 명이 넘는 토막민과 그보다 훨씬 많은 공사장 막일꾼이 있었고 또 전체 남자 인구의 10%가 넘는 실업자가 있었던 식민지시기 민중생활의 현실은 곧 독립운동전선의 경제정책과 연결되지 않을 수 없었던 것이다.

일본의 식민지 지배정책이 일부의 부일(附日) 자본가와 지주, 그리고 지식인을 제외한 모든 조선인을 빈농·빈민·실업자로 만들어가는 과정에서는 민족운동전선의 우익노선까지도 빈민화된 대다수 민중의 사회경제적 처지를 바탕으로 한 정강·정책을 세우지 않을 수 없었으며, 그것이 모든 독립운동전선으로 하여금 토지와 중요 생산기관의 국유화를 해방 후에 수립될 민족국가의 경제정책으로 채택하게 한 것이라 생각된다.

국내외와 좌우익을 막론하고 식민지시기 민족운동의 방향은 당연히 국내 민중생활의 현실과 깊이 연결될 수밖에 없었으며 이 때문에 식민지시기 민중생활 일반에 대한 구체적 구명이 있어야 이 시기 민족운동의 옳은 방향을 가늠할 수 있는 것이다. 식민지시기 말기의 우익을 포함한 모든 민족운동전선이 사회주의적 경제정책을 채택한 원인의 하나를 밝히려는 것이 식민통치 아래서의 민중생활의 실태를 밝히는 일과 함께 이 책의 목적이기도 하다.

제1장

농촌빈민의
생활

농촌빈민의 생활

1. 소작농민의 급증

조선에 대한 일본 식민지 농업정책의 가장 근원적인 목적은 조선 농촌을 일본을 위한 항구적인 식량공급지로 만드는 데 있었지만, 한편으로 일본의 식민지 통치정책은 조선에서의 중소지주·자작농·자소작농 등 농촌 중간층의 성장을 억제하고 농촌사회를 일본인 및 조선인 대지주와 그 소작인으로 양분하여 농촌에서의 민족부르주아적 계층의 성장을 저지함으로써 그 식민지 지배를 영구히 하는 데 있었다고 할 수 있다. 이와 같은 식민지 농업정책의 목적을 달성하기 위하여 최초로 실시한 '토지조사사업(土地調査事業)'은 농촌 중간층을 몰락시켜 소작농으로 만드는 하나의 큰 계기가 되었다. 일본인 식민지 관리 히사마 켄이지(久間健一)는 '토지조사사업'을 평하면서 다음과 같이 말했다.

조선 농업에서의 근대적 양상을 말할 때 특히 주의해야 할 것은 근대적 토지사유제도의 확립이다. 토지에 대한 단일하고도 명백한 개인소유권의 확립,

경제적 거래의 안고(安固)를 기하기 위한 등기제도 등등, 요컨대 토지의 화폐화는 자본주의적 경제조직을 이식할 때 제일 먼저 착수해야 할 장치였다. 그러면서도 조선에서의 토지사유제의 확립은 과거에 토지의 현실적 보유자였고 또 경작자였던 농민을 희생시키고 당시의 수조권자(收租權者)를 바로 토지소유권자로 하는 방법에 의하여 시행된 것으로서, 그 결과는 소수의 수조권자와 부민(富民)이 토지를 취득하고 대다수의 농민은 토지에서 이탈당하게 된 것이다.[1]

'근대적 토지사유제도'의 확립을 표방한 '토지조사사업'이 토지의 현실적 '보유자'였고 경작자였던 농민을 희생시키고 수조권자를 토지소유자로 만듦으로써 농민들을 토지소유에서 이탈시켰다고 한 것은, 조선왕조적 토지사유제가 역사의 주체적·자율적 발전에 의해 '근대적'인 토지소유제로 발전했을 경우 토지소유자로 성장할 수 있었을 농민층이 타율적 식민지 농업정책에 의해 토지의 '근대적' 소유제가 강행됨으로써 토지소유에서 제외되어 소작농민이 되고 말았음을 지적한 말이다. 다시 말하면 일본에 의해 강행된 '토지조사사업'은 특히 문호개방 이후부터 농민들에 의해 강력히 추구되어온 농민적 토지소유제를 철저히 저지하고 지주소유제(地主所有制)를 강화시킨 것이었으며 따라서 자작농적 농민의 성장을 막고 그들을 일시에 완전한 소작농민으로 전락시킨 '사업'이었던 것이다.

그 대표적인 예의 하나를 중도지(中賭地)의 경우에서 볼 수 있다. 황해도 재령군(載寧郡) 우율면(右栗面)·좌율면(左栗面)에 걸쳐 있던 궁방토(宮房土)를 예로 들어보자. 이 땅은 3백여 년 전까지는 하천의 범람과 바

---

1) 久間健一『朝鮮農政の課題』, 東京: 成美堂書店 1943, 2~3면.

닷물의 침윤(浸潤)으로 농사하기 어려운 땅이었으나 일부 지방민들이 서울과 평양의 자산가들과 협력하고 수진궁(壽進宮)·명례궁(明禮宮)·육상궁(毓祥宮) 등 세 궁방(宮房)의 허가를 얻어 둑을 쌓고 보(洑)를 만들어 농민들에게 경작시킴으로써 비로소 옥답(沃畓)이 된 곳이다.

땅을 개간한 사람들은 매년 수확의 4분의 1을 궁방에 바치는 대신 출자(出資)한 보상으로 수확의 4분의 1을 차지하고 소작인이 나머지 4분의 2를 차지하게 했는데, 이들 개간자들을 곧 중답주(中畓主)라 했고 그 토지를 중도지라 불렀다. 이 중도지의 경작·소유 관계를 보면 중답주는 영구차지권(永久借地權)을 가지고 스스로 이를 경작하건 타인에게 경작시켜 중도지(中賭支)를 거두건 마음대로 할 수 있었고 또 그 권리를 전당(典當)하거나 증여하거나 매각하는 일도 전적으로 자유로워서 궁방의 인허(認許)를 필요로 하지 않았다. 그리고 그 권리를 양도받은 사람도 전(前) 중답주와 꼭 같은 권리를 가져서 권리를 양도하거나 전당할 수 있었으며 토지에 변경을 가할 수도 있었다. 반면 지주 쪽에서는 차지권을 마음대로 소멸시킬 수 없었으며 만약 지주가 이를 소멸시키려 할 때에는 제3자가 중답주의 권리를 매수(買收)하는 경우와 같이 할 수밖에 없었다.[2]

재령군 좌·우율면의 경우 중도지는 약 4만 두락(斗落)이었고 중답주는 3백여 명, 소작인은 1200여 명이었다고 한다. 3백여 명의 중답주 중에는 이른바 갑종(甲種)지주도 있었고 을종(乙種)지주도 있었으며 자작농·자소작농이 모두 있었으리라 생각되지만, 이 땅이 1909년에 대한제국의 제실(帝室) 소유가 되었다가 동양척식회사(東洋拓殖會社)의 소

---

[2] 朝鮮總督府「從來の朝鮮の小作慣行調査資料」,『朝鮮の小作慣行』下卷, 1932, 31~32면 참조.

유로 넘어감으로써 중답주의 권리는 완전히 소멸되었다.[3] 권리를 잃은 중답주가 농업에 종사하는 한 동양척식회사의 소작농이 될 수밖에 없었다. '토지조사사업'이 토지 '보유자'의 권리를 인정하지 않고 수조권자를 토지소유자로 인정한 이상 이들 토지 '보유자'는 모두 소작인이 될 수밖에 없었던 것이다.

'토지조사사업' 이전까지는 소작농이 도지권(賭地權)을 가졌을 경우 소작료율을 일반 소작지의 2분의 1로부터 3분의 1 내지 4분의 1로 도지권의 성장 정도에 따라 떨어뜨릴 수 있었으며, 도지권을 가진 소작인이 그 소작지를 자경(自耕)하지 않고 일반 소작인에게 다시 소작시키는 경우 도지권자는 소작료의 차액, 즉 수확량의 17% 내지 25%를 차지하는 중간지주의 위치에 있었다.[4] 그러나 '토지조사사업'이 도지권을 인정하지 않게 됨으로써 이들 중간지주의 대부분을 몰락시켜 그들이 농업에 종사하는 한 소작농이 되지 않을 수 없게 한 것이다.

한편 '토지조사사업'은 또 토지의 매매를 촉진하여 토지겸병을 급진전하게 했고 그 결과 중소지주·자작농·자소작농의 소작농화를 촉진했다. '토지조사사업'이 토지겸병을 촉진한 사실에 대해 1922년에 「조선토지겸병(土地兼倂)의 원인(原因) 급(及) 현상(現狀)」을 쓴 묘향산인(妙香山人)은

　　토지조사가 완료된 후로 토지에 관한 여러가지 제도는 정리·혁신되어 정부의 재정수입이 증가할 뿐만 아니라 토지의 매매는 용이·편리하게 되고 (…) 토지조사 시행과 근년 쌀값이 연속적으로 등귀하여 토지수입을 증가케

---

3) 같은 곳.
4) 愼鏞廈『朝鮮土地調査事業研究』, 韓國硏究院 1979, 273면 참조.

34

한 원인으로 인하여 (토지매매가—인용자) 자본주 간에 성행되며 또 투기매매가 왕성하여 자연 토지겸병의 경향을 조장한다.

하고 "1920년도(타이쇼오 大正 9년) 말의 전국 각 재판소에서 부동산 권리 이전등록의 통계 중 '토지의 매매에 의한 소유권의 취득' 건수·갯수·등록세를 토지대장을 만들기 전 즉 1917년도 말에 비하면 겨우 3년간에 건수로는 16할, 갯수로 16할, 등록세로 38할, 매매가격으로 42할의 격증을 보였으니 (…)"라고 했다.[5] '토지조사사업'이 끝난 1918년을 전후하여 토지의 매매가 얼마나 성행했는가를 구체적으로 말하고 있으며, 이와 같은 토지매매의 촉진이 대지주의 땅이 소농민이나 소작인에게 분할·매매되면서 이루어진 것이 아니라 쌀값 오름세로 수익증대를 노린 지주들 그리고 마땅한 다른 투자대상을 가지지 못한 지주들의 토지겸병에 의해 이루어진 것이라 했다.

식민지 농업정책으로서의 '토지조사사업'은 중답주와 같은 종래의 중소지주적·자작농적 농민들을 일시에 소작농민으로 전락시킨 한편 등기제도의 실시 등으로 토지매매를 촉진시켰고 그것이 대토지를 분산시키는 방향이 아니라 대지주층의 토지겸병 방향으로 진행되어 군소지주층(群小地主層)·자작농층의 소작농화를 촉진했던 것이다.

식민지 농업정책의 목적 일반이 중소지주·자작농·자소작농 등 농촌 중간층을 몰락시켜 농촌사회를 대지주층과 소작농으로 재편하는 데 있

---

5) 『開闢』 26호, 1922년 8월호(이하 모든 인용문은 현재의 표기와 어법에 가깝게 고쳤음). 이 글에 실린 도표에 의하면 토지소유권의 취득건수는 1917년 말의 17만 3967건에서 1920년 말에는 27만 1790건으로 증가했고, 갯수(필지?)는 34만 3133개에서 55만 6922개로 증가했으며, 같은 기간에 등록세액은 101만 7688원(圓)에서 385만 1408원으로, 매매가격은 2621만 9668원에서 1억 1004만 235원으로 각각 증가했다.

는 것이라 했고 그 첫번째 시도가 '토지조사사업'이었다고 했지만, 이른바 산미증식계획(産米增殖計劃)의 중요 사업인 수리조합사업(水利組合事業)도 농촌의 중간층을 몰락시켜 소작농민을 증가시키는 중요한 정책의 하나였다. 히사마 켄이찌의 말을 다시 인용하면 다음과 같이 수리조합이 조선 농민에게 준 피해는 땅값의 하락과 토지겸병이었다고 지적하고 있다.

수리조합은 그 규모가 큰 것인 만큼 어느정도의 토지겸병을 전제로 하지 않을 수 없다. 한번 수리조합이 설치되게 되면 그 구역 내의 소토지소유자는 그 부담의 중압 때문에 곧 몰락의 심연(深淵)에 서게 되는 것이다. 수리조합의 설립에 의하여 구역 내에서의 지가(地價)가 저락(低落)함을 우리가 듣게 되는 것도 이와 같은 원인에 의하는 것이다. 토지겸병에 따른 대토지사유제가 남선지방(南鮮地方)을 주로 하여 현저하게 진전되는 것은 이와 같은 사정에 근거하는 것이다.[6]

수리조합은 1931년 현재 그 총수가 122개소, 몽리면적(蒙利面積)이 1260만 92정보였다. 그것을 조선인 지주 6만 2460명이 790만 29정보를 가지고 있었고 일본인 지주 4918명이 470만 63정보 가지고 있었는데[7] 과도한 조합비 부담 때문에 소작인도 소작료 부담이 높아졌지만, 지주층, 특히 중소지주층도 큰 타격을 입어 몰락하게 됐다.

보통 소작제도로 말하면 5할제도이나 수리조합 구역 내에서는 조합비 관

---

6) 久間健一『朝鮮農業の近代的樣相』, 東京: 西ケ原刊行會 1935, 22면.
7) 『조선일보』 1932년 1월 30일자.

계로 6할제를 실시하고 있으며 그외에도 농사개량이니 무엇이니 하고 과다한 영농비(營農費)와 비료대 등을 합하면 결국 소작인의 실수입이 단 2할도 못 되는 참담한 현상이므로 현재 부평수리조합 구역 안에는 수년 이래로 소작권을 내놓는 사람이 매년 격증하여 도리어 지주가 고통을 받고 있는 형편인데 만약 이 현상대로 계속된다면 종당은 지주·소작인을 물론하고 모두 파산을 당하고 말 것이다.[8]

수리조합비의 과도한 부과는 소작농민뿐만 아니라 지주경영에도 큰 타격을 주어 지주층의 일부, 특히 소지주층을 몰락하게 했다. 수리조합 사업의 결과 군소지주층 및 자작농이 몰락해간 실정을 좀더 살펴보자. 강원도 지방 수리조합의 경우 소지주층과 자작농층이 몰락해가는 실정을 다음과 같이 소상히 전하고 있다.

지금 도내에서 제일 규모가 크다는 중앙(中央)수리조합을 보건대 기채액 9백여만 원 중 580만 7천여 원을 5푼 3리의 대장성(大藏省) 예금부(預金部) 저리로 돌려놓고 그 위에 금년에 상환할 예정액 중 32만 4600여 원은 후일에 갚기로 중간거치(中間据置)까지 시켰으며 금년 조합비는 부과예정액보다도 4할이나 감하여 겨우 23만 6천여 원을 부과하였지만 조합비의 수납은 여의치 않고 억울하고 원통하다는 지주들의 진정서만 이 조합에서는 금년에 이미 백건이나 넘게도 당국에 들어온 상태라 한다. 이렇게 저리의 임차 중간처리, 조합비의 부과 감액 등 극력 당국에서 구제하고 있음에도 불구하고 몽리면적 8500정보 중 조합비를 물고는 수지가 맞지 아니하여 토지를 헐매하고 타처로 옮겨간 지주와, 은행·개인 등 부채에 못 견디어 담보로 넘어간 토지 등을 합

---

8) 『조선일보』 1931년 12월 10일자.

하면 실로 1200정보나 되며, 그중에는 땅을 팔려 하나 살 사람이 없고 경작을 하자니 수지가 맞지 않는 터이므로 전연 경작도 않고 내버린 땅이 2백 정보나 된다고 한다. 이러한 상태이므로 지주도 소작인도 모두가 몰락이 되어 야반도주를 한다는 애화조차 빈번하게 들린다 한다.[9]

식민지 농업정책으로서의 '토지조사사업'과 '산미증식'을 위한 수리조합사업 등이 조선 농촌에서의 토지겸병을 촉진시킴으로써 중소지주층·자작농·자소작농을 급격히 몰락시켜 대부분 소작농민으로 만들었다. 이밖에도 역시 식민정책의 일단으로서의 일본 농업이민의 조선 농촌 침투와 그들의 지주화, 그리고 동양척식회사 등의 토지약탈이 또한 소작농민을 급증시켰다.

'합방' 이전부터 일본은 이미 그 농민을 조선에 식민하여 그들에게 토지를 지급할 계획을 가지고 있었고 평야지대에는 이미 일본인에 의한 대규모 농장이 설립되었지만, '합방' 후 일본인의 토지소유와 이민은 급증했다. '합방'된 1910년에 조선에는 일본인 농업호(農業戶)가 2132호 있었고 그 인구는 6892명이었다.[10] 그러나 1919년에는 그것이 1만 210호, 4만 4177명으로 증가했고 그 소유지 면적은 개인과 동척(東拓)을 합해 32만 350정보였다. 이후 1928년에는 1만 300호에 4만 157명으로 호구(戶口)는 그다지 증가하지 않았으나 소유지는 46만 3842정보로 증가하여 1920년대 연평균 약 1만 6천 정보의 증가율을 나타냈다.[11] 이와 같이 일본인의 토지소유가 급증한 결과 일본인의 대토지소유자 비율이 조선인의 그것보다 급격히 높아졌다. 1928년의 통계에 의해 전국 10정

---

9)『조선일보』 1932년 12월 12일자.
10)『동아일보』 1929년 1월 1일자.
11) 같은 곳.

표 1-1_ 1928년 10정보 이상 민족별 토지소유 (단위: 명)

	조선인	일본인	외국인
10정보 이상	32,211	2,463	29
20정보 이상	9,551	1,161	20
30정보 이상	5,677	1,009	21
50정보 이상	1,630	671	4
100정보 이상	319	347	1
200정보 이상	47	273	0

보 이상 소유자의 민족별 수를 보면 표 1-1과 같다.[12]

　50정보 이상 소유자까지는 그래도 조선인이 더 많지만, 1927년 현재 조선에 거주하던 일본인의 총수가 45만 4811명이고 그중에 농업인구가 9126호에 4만 1353명이었던 데[13] 비해 조선 전체의 농업호가 278만 1348호였던 것과[14] 비교하면 일본인의 대토지 소유율이 얼마나 높았던가를 알 수 있으며, 표에서와 같이 100정보 이상의 초(超)대토지소유자는 일본인이 점점 더 많아져갔다.

　1930년의 통계에 의하면 30정보 이상 50정보 이하를 가진 일본인 지주가 1161명, 50정보 이상 100정보 이하가 269명, 100정보 이상 500정보 이하가 48명, 500정보 이상이 64명이나 되어 대토지소유 일본인 지주의 수는 계속 증가했다.[15] 한편 좀더 구체적으로 "조선의 보고(寶庫)요 미창(米倉)이다" 할 만큼 평야가 넓고 쌀 생산량이 높던 전라북도의 경우를 예로 들어보자. 1932년에 전북경찰부가 만든 비밀문서 『세민의

---

12) 『동아일보』 1929년 10월 18일자.
13) 『동아일보』 1928년 11월 3일자.
14) 朝鮮總督府 農林局 『朝鮮ニ於ケル小作ニ關スル參考事項摘要』, 1933, 10면 참조.
15) 같은 책 19~20면.

생활상태 조사』는 전북의 토지겸병 실정을 이렇게 말했다.

　　토지는 점차 소수 지주 또는 부호의 수중으로 돌아가고 따라서 자작농을
멸하고 소작인을 점증시켜 본 도내(道內) 논 17만여 정보 중 약 10만 정보는
지주 3천여 호의 소유가 되었고 순연한 소작인은 농민 22만여 호 중 16만여
호로서 실로 본도 농민의, 7할 2분강(强)에 해당하는 상황이다.[16)]

　　1925년의 한 논문에 의하면[17)] 전라북도의 50정보 이상을 가진 일본
인 토지소유 상황은 표 1-2와 같아서 61개의 일본인 개인 및 회사가 경
영한 농장의 총면적이 3만 7449.4정보나 된다.

　　1932년에 도내의 3천여 호 지주가 가진 논이 약 10만 정보였는데
1925년경에 일본인 지주 61명이 가진 농지가 3만 7449.4정보였던 것이
다. 또 1931년의 통계에 의하면 전라북도의 전체 논면적은 16만 8400.4
정보이며 전체 밭면적은 6만 6784정보이므로[18)] 전라북도의 일본인 지
주 61명이 가진 농지가 모두 논인 경우 전체 논의 22%를 차지한 것이
되며, 그것이 논과 밭을 합한 것인 경우 논, 밭을 합친 전라북도 총농지
면적 23만 5184정보의 16%를 차지한 셈이 된다.

　　동양척식회사 등 8개의 회사 및 공공단체를 제외한 53명의 지주는 모
두 개인지주이며 이들은 전라북도 지방의 옥토를 평균 1인당 380여 정
보나 가지고 있었던 것이다. 이들 중 부산·목포 등지에 거주한 4명을 제
외한 49명은 모두 전라북도에 거주한 재지지주(在地地主)들이었다.

---

16) 全北警察部「土地及小作兼併の甚化と小作制度の缺陷」,『細民の生活狀態調査』第2報,
　　1932.

17)「日本人에게 全滅된 全北의 土地」,『開闢』64호, 1925년 12월호 95~96면.

18) 朝鮮總督府 農林局, 앞의 책 4면 '昭和6年度畓田別耕地及小作地面積表' 참조.

표 1-2_ 1925년 전북의 50정보 이상 일본인 지주 (단위: 정보)

농장주	지주 소재지	면적	농장주	지주 소재지	면적
東洋拓殖會社	益山	8,851.1	細川護道	益山	1,397.2
熊本利平	沃溝	2,952.6	松本健三郞	井邑	166.4
不二興業株式會社	益山	1,678.7	川野長次	扶安	164.1
右近商事株式會社	〃	2,145.2	齋藤忠恕	全州	148.8
島谷八十八	沃溝	1,106.5	澁谷善作	沃溝	144.1
大橋與市	益山	1,099.5	龍華孤兒院	全州	140.1
株式會社二葉社	全州	790.4	加賀美正明	金堤	141.6
桝富安左衛門	金堤	770.2	笠松譽行	益山	127.4
諸戶淸六	益山	759.1	西岡岩太郞	〃	120.1
阿部市太郞	金堤	709.3	深井韋次郞	井邑	119.2
眞田尙治	益山	659.8	田坂佐三郞	益山	117.8
八木正次	沃溝	653.0	橋本央	金堤	115.7
川崎厚太郞	〃	652.1	永田忠太郞	益山	115.7
中柴産業株式會社	金堤	601.8	林田春次郞	淳昌	105.0
宮崎佳太郞	沃溝	504.0	鈴木仁三郞	扶安	102.0
今村一次郞	益山	502.3	甲裴三二	沃溝	102.0
大倉米吉	沃溝	459.0	赤木峰太郞	井邑	100.0
大倉喜八郞	〃	450.0	高久馨	沃溝	97.0
森谷元一	〃	395.0	大賀傳兵衛	淳昌	80.9
佐伯征淸	金堤	348.3	諏訪善右工門	南原	77.0
永田一郞	益山	310.0	吉村萬次郞	井邑	72.3
伊藤長兵衛	全州	298.0	井上權三郞	沃溝	65.0
森菊五郞	群山	244.1	關宗一郞	益山	57.8
植萬次郞	沃溝	219.2	池田義亮	沃溝	56.6
片桐和三	益山	208.0	板井信藏	益山	54.7
前田恒太郞	扶安	199.8	坂本登	〃	51.1
井上工一	金堤	189.4	大池忠助	釜山	413.7
溝手保太郞	〃	171.6	木村健夫	木浦	257.1
多木粂次郞	益山	1,517.1	藤村五郞	靈光	213.8
石川縣農業株式會社	金堤	1,509.7	下修友三郞	論山	116.7
東山農事株式會社	全州	1,453.7	계		37,449.4

총경작지 면적이 그다지 증가하지 않은 조건 아래서[19] 일본인의 대토지소유자가 증가한 사실은 곧 반대로 조선인 토지소유자, 그것도 중소지주·자작농·자소작농이 계속 토지를 상실해갔음을 말한다. 이와 같은 사실에 대해 당시의 신문은 이렇게 지적하고 있다.

일본인과 조선인의 비례로 보면 조선인은 매년 지주는 자작으로 화하고 자작은 자작 겸 소작으로 화하고 자작 겸 소작은 순소작으로 화하는 반면에 일본인은 매년 소작은 자작으로 화하고 자작은 지주로 화하여 매년 농가 호수가 증가하는 까닭에 조선인의 생활상태는 나날이 퇴보하여 살 수 없어 남부여대(男負女戴)로 정든 고향을 등지고 북만주로 향하게 되었다.[20]

'합방' 후 실시된 '토지조사사업'과 '산미증식계획', 그리고 동양척식회사와 일본인의 개인농장 등을 통한 토지겸병으로 조선인 토지소유자들이 계속 농토를 잃고 소작인으로 전락하거나 이농인구가 되어갔지만, 조선인 소작인구를 증가시킨 요인은 또 일본인의 조선에의 이민 증가에도 있었다.

일본인 이민은 대체로 자유이민(自由移民)과 보호이민(保護移民)으로 크게 나눌 수 있다. 자유이민의 경우 1932년 현재 약 5천 호에 이르렀고 이들의 대부분이 남선지방(南鮮地方)을 중심으로 자기 자본으로 토지를 매입하여 자작하거나 소작경영을 겸영했고 일부는 일본인 대지주의 소작농이 되었다.[21] 또한 보호이민은 주로 동척의 이민계획에 의한 이

---

19) 『朝鮮ニ於ケル小作ニ關スル參考事項摘要』에 의하면(1~2면) 1918년의 경작지 총면적은 434만 2091정보이고 10년 후인 1928년의 그것은 439만 1395정보여서 겨우 1.1%밖에 증가하지 않았다.

20) 『동아일보』 1928년 8월 1일자.

주농민으로서 1928년의 통계에 의하면 동척이민 총호수 4004호에 약 2만 명이 전국적으로 흩어져 있었고 이들에 대한 할당지는 총 1만 174 정보였다.[22] 일본의 식민지 농업정책의 중요한 부분의 하나가 조선의 농촌사회를 지주와 소작인으로 양분함으로써 농촌 중간계층을 바탕으로 한 농촌부르주아지의 성장을 저지하는 것이었다고 앞에서 말했지만, '토지조사사업', 수리조합사업, 일본농민의 조선에의 식민 등이 일본인의 조선에서의 토지소유 및 지주화를 조장하는 정책이었고, 따라서 그것은 조선의 중소지주층·자작농층·소작농층 등의 농촌 중간층을 소작농으로 몰락시키는 정책이었던 것이다.

이와 같은 식민지 농업정책이 농촌빈민의 모태로서의 소작농민을 얼마나 급격히 증가시켜갔는가, 그 실정을 살펴보자. 표 1-3[23]에서 보는 바와 같이 조선 농촌에는 1910년대까지도 순소작농가보다는 자소작농가가 더 많았으며, 자작농가와 자소작농가를 합치면 그 비율이 1916년에는 전체 농가의 60%가 넘었다. 그러나 1920년대로 넘어가면서 먼저 자소작농가의 비율이 급격히 떨어져가서 1916년의 40.7%에서 1932년에는 26%로 떨어졌음을 볼 수 있다. 그리고 이와 같은 자소작농의 감소율은 거의 그대로 소작농의 증가율로 나타났음을 알 수 있다. 다음 예에서 볼 수 있듯이 자소작농의 감소율과 소작농의 증가율은 거의 같았던 것이다.

21) 朝鮮總督府 殖産局『朝鮮の農業』, 1932, 207면.

22) 李如星·金世鎔『數字朝鮮研究』1輯, 世光社 1931, 14~15면.

23) 朝鮮總督府 農林局, 앞의 책 10면 '地主·自作·自作兼小作·小作農戶數累年表'. 원통계에는 1926년부터 화전민 호수가 집계되어 있다. 화전민은 전체 농가의 최저 1.2%, 최고 2.1%를 차지했다. 따라서 1926년 이후 통계는 각 항목 비율의 합이 100%에 미달한다.

표 1-3_ 1916~32년 농가의 계층구성 비율 (단위: 호, %)

연도	지주		자작농		자소작농		소작농		계
	호수	비율	호수	비율	호수	비율	호수	비율	
1916	66,391	2.5	530,195	20.1	1,073,360	40.7	971,208	36.8	2,641,154
1917	73,198	2.8	517,996	19.6	1,061,438	40.2	989,362	37.4	2,641,994
1918	81,541	3.1	523,332	19.7	1,043,836	39.4	1,003,775	37.8	2,652,484
1919	90,386	3.4	525,830	19.7	1,045,606	39.2	1,003,003	37.6	2,664,825
1920	90,930	3.3	529,177	19.4	1,017,780	37.4	1,082,932	39.8	2,720,819
1921	97,105	3.6	533,188	19.6	994,976	36.6	1,091,680	40.2	2,716,949
1922	99,083	3.7	534,907	19.7	971,877	35.8	1,106,598	40.8	2,712,465
1923	100,402	3.7	527,494	19.5	951,667	35.2	1,123,275	41.6	2,702,838
1924	102,183	3.8	525,689	19.4	934,208	34.5	1,142,192	42.2	2,704,272
1925	103,567	3.8	544,536	19.8	910,178	33.2	1,184,422	43.2	2,742,703
1926	104,614	3.8	525,747	19.3	895,721	32.9	1,193,099	43.9	2,719,181
1927	105,096	3.8	519,389	18.7	909,843	32.7	1,217,889	43.8	2,752,217
1928	104,601	3.7	510,983	18.3	894,381	31.9	1,255,954	44.9	2,765,919
1929	104,496	3.8	507,384	18.0	885,594	31.4	1,283,471	45.6	2,780,945
1930	104,004	3.6	504,009	17.6	890,291	31.0	1,334,139	46.5	2,832,443
1931	104,704	3.6	488,579	17.0	853,770	29.6	1,393,424	48.4	2,840,477
1932	104,823	3.5	476,351	16.3	742,961	25.4	1,546,456	52.7	2,870,591

전남 순천(順天)지방 전군에 걸친 농업자 통계가 작년 12월 말일 현재로 10만 610인인데 그중에서 지주가 147인이요 자작농이 883인이며 자작 겸 소작농이 6750인이요 소작농이 1만 1151명이다. 전년도 총계에 비하여 보면 자작겸 소작농이 521인 감소하였고 소작농이 527인이 증가하였는데 이와 같이 해마다 자작농이 몰락하여 소작농으로 전환되고 소작인이 토지를 떠나 농업노동자로 화함은 필연적 현상으로 농업노동자만이 8만여 명이라 한다.[24]

24) 『조선일보』 1932년 6월 17일자.

다시 표 1-3을 주목해보면 자소작농 다음으로는 자작농의 비율이 떨어져서 1916년의 20.1%에서 1932년에는 16.3%로 낮아졌다. 그만큼 자소작 내지 소작농으로 떨어졌거나 토지를 잃고 농촌을 떠난 것이다. 한편 지주의 경우 같은 기간에 2.5%에서 3.8 내지 3.7% 정도로 증가했고 소작농은 36.8%에서 52.7%로 크게 증가했음을 볼 수 있다. 결국 농촌 중간층으로서의 자작농 및 자소작층을 몰락시켜 소작농으로 만들어 식민지 농촌사회를 지주층과 소작농층 중심으로 양분해갔음을 실증할 수 있는 것이다.

일본의 식민지 농업정책이 조선 농민을 전반적으로 빈민화한 첫째 단계가 종래의 중소지주층·자작농층·자소작농층을 소작농화하는 과정이었다면 그 둘째 단계는 급증한 소작농민 일반의 소작조건을 급격히 악화시켜 소작농민 전체의 생활을 몰락시켜가는 과정이었다. 다음 절에서 그 실상을 볼 수 있을 것이다.

2. 소작조건의 악화

소작농민의 비율을 계속 높여간 식민지 농업정책은 또한 지주권(地主權)을 강화시키고 소작조건을 급격히 악화시킴으로써 소작농민 일반의 생활을 영세화시켜갔다. 종래의 지주·전호 관계를 근대적이라는 이름으로 식민지적 지주·소작 관계로 바꿈으로써 진행된 소작조건의 악화 현상은 무엇보다도 먼저 소작료의 고율화로 나타났다.

식민지시대로 들어오기 이전, 즉 문호개방을 전후한 조선왕조시대의 소작료 일반과 식민지시대의 그것을 전반적으로 비교 분석한 연구성과는 그다지 많지 않지만, 우선 황해도 재령 여물리(餘勿里) 농장의 소작조건을 역사적 시기에 따라 비교 분석한 김용섭(金容燮) 교수의 연구를 참고할 수 있다.

그의 연구결과에 의하면 여물리 농장이 문호개방 전후의 궁장토(宮庄土)로 있을 때 왕실에서는 '반분타작(半分打作)'을 요구했으나 농민들의 항조(抗租) 때문에 그대로 실시되기 어려웠고 실제 소작료는 수확의 3분의 1, 어떤 경우는 4분의 1에 불과했다. 그러나 일본에 의한 보호국 체제로 들어가면서 지주권이 강화되고 소작권이 통제되어 소작료도 4할 내지 4.5할로 올랐다. 이후 식민지시대로 들어가면서 이 농장은 동척농장(東拓農場)이 되었는데 소작료는 2분의 1로 정해졌으나 실제로는 그보다 높았고 경우에 따라서는 7할 내지 8할이어서 조선왕조시대보다 훨씬 악화됐음을 실증하고 있다.[25]

대한제국시기의 소작료율을 비교적 널리 조사한 『한국토지농산조사보고(韓國土地農産調査報告)』에 의하면 경기도·충청도·강원도 등 중부지방의 경우 조사된 41개 군(郡) 중 지조(地租)와 종자(種子)를 지주가 부담하고 수확은 절반씩 나누는 경우가 제일 많아서 16개 군이었고 정액법(定額法)으로 연 10두(斗) 내지 15두를 받는 지방이 7개 군, 지조는 지주가 종자는 작인(作人)이 부담하고 수확을 절반으로 나누는 지방이 6개 군이며, 그냥 수확을 절반씩 나눈다고만 조사된 곳이 4개 군, 지주가 수확의 3분의 1을 차지하고 지세와 종자를 모두 작인이 부담하는 곳이 2개 군으로 조사되어 있다.[26]

또한 경상도와 전라도는 지주가 수확의 3분의 1을 차지하고 지세와 종자를 작인이 부담하는 경우가 10개 군, 지주와 작인이 수확을 절반씩

25) 金容燮 「韓末, 日帝下의 地主制」, 『韓國史研究』 8호, 1972, 149~80면.
26) 이 조사는 1905년에 실시되었다.

나누고 지세와 종자도 절반씩 나누는 경우가 10개 군으로 가장 많고, 종자는 작인이 지세는 지주가 부담하고 수확을 절반씩 나누는 경우가 5개 군, 지세와 종자를 소작인이 부담하고 수확을 반분하는 경우가 4개 군, 1두락에 연 10두를 받는 정액법이 실시되고 있는 경우가 3개 군이다.[27]

다음 평안도·황해도·함경도 지방은 지세와 종자를 지주가 부담하고 수확을 반분하는 경우, 지세는 지주 종자는 소작인이 부담하고 수확을 반분하는 경우, 지세는 지주 종자는 작인이 부담하고 지주가 수확의 3분의 1을 차지하는 경우, 지세와 종자를 지주가 부담하고 수확의 3분의 2를 차지하는 경우 등이 있었으며 그중에서도 지세와 종자를 지주가 부담하고 수확을 절반씩 나누는 방법이 제일 많았다.[28]

식민지시대 이전에도 소작료율은 각 지방에 따라 상당한 차이가 있었으나 일반적으로 지세와 종자를 지주가 부담하고 수확을 반분하는 경우가 제일 많았고, 다음은 지세는 지주가 종자는 소작인이 부담하고 수확을 반분하는 경우가 많았으며, 지세와 종자를 소작인이 부담하고 지주가 수확의 3분의 1을 차지하는 경우도 상당히 있었다.

식민지시대로 들어와서도 소작료율은 지방에 따라 차이가 있었다. 조선총독부가 1930년에 조사한 바에 의하면 논의 경우 정조(定租)는 최고 5할 8부에서 9할까지, 최저 2할에서 3할 9부까지 있었고, 타조(打租)는 최고 5할에서 7할 9부, 최저 3할에서 4할 4부까지 있었으며, 집조(執租)는 최고 5할에서 8할까지, 최저 5부에서 5할까지 있었다.[29]

총독부의 조사에서도 최고 9할까지의 소작료가 있었음을 말해주고 있지만, 식민지시대로 들어와서 대한제국시기보다 소작료율이 훨씬 높

---

27) 이 조사는 1904년에 실시되었다.

28) 이 조사는 1905년에 실시되었다.

29) 朝鮮總督府 農林局, 앞의 책 32~33면.

아진 것은 확실하다. 조선총독부 경찰의 비밀문서도 이 점을 지적하면서 다음과 같이 말하고 있다.

병합(倂合) 당시 논의 소작료는 1단보에 대하여 벼 6두 내지 8두였으나 금일에는 평균 1석 2두 내외에 이르렀고, 또 수리조합 몽리구역에 있어서는 지주가 수세를 더 붙여서 소작료를 증징(增徵)하는 실정이어서, 일부 수리(水利)가 열려 생산액은 증가했다 하여도 이를 절반하여 가증(加增)하므로 부담이 과중하게 되어 소작인의 경제는 의연(依然)히 곤란이 심하고 궁경(窮境)을 벗어날 수 없는 상태이다.[30]

또한 소작료가 고율화했을 뿐만 아니라 그 징수방법도 가혹해졌음을 볼 수 있는데 동척농장의 경우 다음과 같은 심한 예들을 볼 수 있다.

동양척식회사 사리원지점(沙里院支店) 앞뜰에는 사리원면 대원리(大元里)·광성리(廣成里)를 비롯한 동척회사 소작인 백여 명이 모여 가슴에 맺힌 억울한 사정과 가진 불평을 그 회사에 말한바 그 내용을 들은즉 지난 13일에 그 회사에서 소작료를 결정하려고 사원 이즈미다 타다시(出水田忠志) 외에 2명이 위의 대원리와 광성리 등지에 출장하였었는데 원래 수재와 한재 충재까지 겪어 온 농작물은 통틀어 석섬엿말〔三石六斗〕에 지나지 못하는 곳에서 엿섬〔六石〕의 소작료를 바치라고 하여 소작인 이흥점(李興漸)은 너무도 기가 막히고 가슴이 쓰라려 과격한 말을 하였던바 위의 이즈미다라는 자는 대번에 소작인을 때리기 시작하므로 이 광경을 목도한 소작인들은 크게 분개하여 (…)[31]

---

30) 全北警察部, 앞의 책.
31) 『동아일보』 1924년 10월 16일자.

전국의 중요한 평야지대에 농장을 가진 동양척식회사는 농작의 풍흉(豊凶)을 막론하고 어느 개인지주에 못지않은 가혹한 수탈을 일삼았다. 동척 사리원지점의 소작쟁의가 일어난 1924년은 전국적으로 흉작이었는데 그 가운데 작황이 조금이라도 나은 곳이 있으면 동척의 수탈은 그곳에 집중되었다. 이와 같은 실정을 『조선일보』의 사설은 다음과 같이 지적했다.

이제 이재지방(罹災地方) 중의 하나인 황해도 봉산군(鳳山郡) 사리원(沙里院) 일대에는 농작이 비교적 양호하였으나 이 일대에 대부분의 토지를 소유한 동척농감(東拓農監) 모리시따 모(森下某)와 이즈미다 모(出水田某) 등은 전후하여 금년 농산액의 9할가량의 소작률을 과함으로써 동 소작인 150여 인과의 사이에 용이치 않은 분쟁이 있어서 수십 명의 경찰대의 출동을 보게 되었다 함이 1건이요, 동도(同道) 신천군(信川郡) 일대는 재해가 특심(特甚)한데 그 근소한 농산물에 대하여 과중한 소작료를 징수할 뿐 아니라 매 1석에 약 2할 5분의 가봉(加捧)을 행한다 함이 1건이요 (…) 전북 정읍군(井邑郡)은 동척의 토지가 가장 많은 곳으로서 매년 무리한 소작료를 징수하여 원성이 특심한 바이어니와 금년에는 평년작이나 재해지를 물론하고 모두 5할 이상 7~8할의 소작료를 강요함으로써 사경에 빠진 소작인 등은 극력으로 항쟁한 결과 농감의 간평(看坪)으로 다소의 해결을 보게 되었다 함이 또 1건이다.[32]

소작료 수달이 가혹한 것은 동척이나 일본인 지주반이 아니었고 조선인 지주도 같았다. 1931년 초에 『동아일보』가 전국의 대지주를 대상

32) 社說 「東拓會社에 대하여」, 『조선일보』 1924년 10월 23일자; 『朝鮮日報名社說五百選』 96~97면.

표 1-4_ 1931년 함평 지주 장 모의 소작료율

소작인	소작면적	두락당 수확고	두락당 소작료
李桂化	4두락	2석 3두	2석 8두
羅必煥	7두락	5석 2두	5석 2두
劉吉奉	4두락	2석 3두	2석 8두
羅白煥	5두락	3석	3석 5두
金成信	6두락	分作中	4석 2두

* 분작자는 전부 作權 이동하다

으로 조사한 그해의 소작료는 대체로 수확량의 2분의 1을 받는 이른바 절반식(折半式)이라 했다.[33] 그러나 지방에 따라서는 또 지주에 따라서는 소작료 수취율이 대단히 높은 경우가 허다했다. 하나의 예를 들면 전라남도 함평읍(咸平邑) 내에 사는 지주 장 모(張某) 소유의 함평면 수호리(水湖里) 일대 소작지에 대한 1931년도의 수확고 및 소작료율은 표 1-4와 같다.[34]

일부 지방의 몇 사람의 소작료에 한한 조사이지만 수확의 모두를 거두어간 경우도 있으며 수확량보다 오히려 더 많은 소작료를 수탈한 경우도 있음을 볼 수 있다. 식민지시대 이전에 대체로 지세와 종자를 지주가 부담하는 조건으로 수확을 반분하던 소작료가 식민지시대로 들어오면서 갑자기 높아져서 소작농민 생활을 궁지로 몰아넣었지만 이와 같은 사정에 대해 어느 식민지 관리는 다음과 같이 그 진상을 말해주고 있다.

조선에 있어서의 소작료는 그 형태에 있어서는 정조(定租)·타조(打租)·집

33) 「外豊內凶한 今年農村」,『동아일보』1931년 1월 1일자; 1월 2일자; 1월 3일자.
34) 『조선일보』1931년 3월 28일자.

조(執租) 등 여러가지 있지만 수확고에 대한 비율은 평균 5할이라고 보아 대과(大過) 없다. 그러나 그것은 명목상의 소작료에 지나지 않는다. 이외에도 지조공과(地租公課), 수세(水稅), 마름 보수[舍音報酬], 추수원(秋收員) 접대비, 소작료 운반비, 색조(色租), 두량임(斗量賃), 장세(場稅) 등이 소작인에게 전가되고 다시 생산과정에서는 농업경영비의 일부분도 직접 소작인의 부담이 되는 부분이 많으므로 결국 실질적으로는 총수확고 중에서 지주 때문에 공제되는 부분의 비율이 7할 내지 8할 정도라 보아도 좋은 것이다. 특히 대토지회사가 경영하는 농장 경영에 있어서는 이들 제 관계가 한층 더 집약적으로 조직화되어 있다. 먼저 수세를 포함하여 총수확고의 6할을 점하는 소작료가 공제되고 다음 지주 즉 농장주로부터 선대(先貸)한 비료대, 가옥·농우(農牛)·농구 등의 연부금(年賦金), 종묘대(種苗代) 등의 제 비용이 약 2할의 연리와 함께 공제된다. 또 소작인은 비황저곡(備荒貯穀) 등의 명목으로 일정한 곡량(穀量)이 제공되지 않으면 안 되므로 결국 여기서도 지주 때문에 공제되는 실질적인 소작료는 7할 내지 8할 이상에 달하는 것이다.[35]

이 논문의 필자는 계속해서 "이와 같이 동양적·반봉건적(半封建的) 지대인 조선의 소작료는 자본제적인 구주제국(歐洲諸國)의 지대와는 비교도 될 수 없을 정도로 고율이어서 그 때문에 농업의 기업적 발전, 자본주의적 경영에의 길은 현저하게 봉쇄되어 소작농의 자작농에로의 전화도 거의 절망적인 장해에 부딪히는 것이다" 하여 식민지 농업정책의 참모습을, 그리고 조선총독부가 한때 표방한 이른바 '자작농창정사업(自作農創定事業)'이 얼마나 비현실적인 것이었던가를 잘 말해주고 있다.

---

35) 桐生一雄「朝鮮に於ける適正小作料の問題」,『朝鮮總督府調査月報』12卷 8·9號, 1941년 8·9월호.

식민지시대로 들어오면서 소작료가 높아지는 직접적인 계기에 대해
『조선의 소작관행』은 몇 가지 구체적인 경우를 지적하고 있다.[36] 지주
가 소작지의 보수(補修) 개량에 상당한 경비를 넣은 경우, 종래의 소작
료 일반에 비하여 그 율이 낮은 경우, 종래 소작인이 부담하던 공조·공
과(公租公課)를 지주 부담으로 할 경우, 수리조합 설치 지역에서 지주가
수리조합비를 부담할 경우 등에 소작료가 증수(增收)되는 것은 그런대
로 수긍이 되지만, 지주가 토지를 고가(高價)로 매수(買收)하거나 채무
에 의하여 매수한 경우, 지주가 토지를 담보로 한 채무가 있는 경우 등
지주 측의 일방적 사정에 의해서도 소작료는 올라갔다. 이밖에도 주로
소작인의 노력에 의하여 소작인의 수익이 많아진 경우, 도시 부근에서
는 소작인이 채소재배 등 수익성 있는 작물을 재배한 경우, 소작인 거주
지 부근의 소작지를 준 경우, 금납소작(金納小作)에 있어서 곡가(穀價)
가 등귀한 경우 등 소작인에게 조금이라도 수익이 높아질 조건만 있다
면 지주들은 소작료를 높여 그것을 수탈했고 특히 소작인이 증가하여
소작인들 사이에 소작권의 쟁탈운동이 일어났을 때도 또한 지주들이
소작료를 올리는 기회가 되었다.

식민지시대로 들어오면서 소작료율이 급격히 높아짐으로써 소작조
건을 악화시키고 소작농민들의 생활을 궁지로 몰아넣었지만 이밖에도
지주들의 일방적인 소작권의 박탈 및 소작권의 잦은 이동도 소작농민
생활을 영세화하는 중요한 원인이 되었다.

소작권의 이동 및 소작기간의 설정 문제에 있어서도 '합방' 이전의 조
선왕조시대와 그 이후의 식민지시대 사이에는 상당한 차이가 있었다.
『조선의 소작관행』은 소작계약 체결 문제를 두고 다음과 같이 말하고

---

36) 朝鮮總督府 『朝鮮の小作慣行』 上卷, 1932, 377면.

있다.

　소작계약에 기간을 설정하는 일은 구시(舊時)에도 드물게 그 사례가 있었지만 일반 소작에 있어서는 이미 알려진 것과 같이 소작계약이 구두약속일 뿐만 아니라 소작기간도 이를 정하는 일이 없었고 지주가 자기의 사정에 의하거나 소작인의 배신행위가 없는 한 소작은 대개 영구 계속된 것으로서 금일(今日)과 같이 지주가 교리적(巧利的)·정실적(情實的)·제재적(制裁的)으로 소작권을 거두는 일은 많지 않았다. 구시(舊時)의 소작관계에 있어서도 지주의 변경에 의한 소작권의 이동만은 소작인의 배신행위에 의한 소작권의 이동 다음으로 상당히 있었던 것 같다. 그러나 당시의 대부분의 소작권은(지방에 따라 다소 그 연대를 달리하지만 남선(南鮮)지방에서는 20~30년 전까지〔경기 충남·북은 20~30년 전까지 경북은 25년 전까지〕, 서북선(西北鮮)지방에서는 10년 혹은 20년 전까지〔강원도는 10~50년 전, 평북은 20년 전, 평남은 1913년, 함남은 1915년, 함북은 경성(鏡城) 이남은 30년, 이북은 20년 전까지〕) 지주로부터 소작을 희망하는 상태에 있었다 한다. 당시는 또 토지에 대한 징세가 난잡하고 주구(誅求)가 심했으므로 백문답(白文畓, 白畓)이라 하여 지주는 소작인에게 과세 부담만 하게 하고 소작료를 징수하지 않고 이를 경작하게도 했다 한다. 그러나 일한병합(日韓倂合) 후는 법률·경제·사회 상태에 일신기축(一新機軸)을 만듦으로써 이에 소작제도도 점차 전화(轉化)를 보게 되어 소작계약에 소작증서를 사용하게 되었고 그 영향으로 대개 그 소작계약에 소작기간을 정하게 되었다. (…) 소작기간의 약정은 당국의 권장에 의한 점도 있지만, 일면 소작인 측에 있어서도 근래 소작권 불안정의 결과 생활을 위협받기 때문이기도 하다.[37]

───────────────

37) 같은 책 86면.

'합방' 이전까지의 소작관계는 일반적으로 영구소작이 많았으며 소작권 획득 경쟁이 그다지 심하지 않았을 뿐만 아니라 오히려 지주 측에서 소작인을 구하는 실정이었으나, '합방' 이후 식민지시대에 들어와서는 소작계약이 맺어지고 소작인 측에서 오히려 소작권의 불안정 때문에 소작기간을 정하게 된 사정을 잘 말해주고 있다.

1930년도 조선총독부의 조사에 의하면 소작계약을 구두로 하는 경우가 전체의 73%이며 논의 경우 정기소작이 전국 평균 19%이고 부정기소작이 81%여서 소작권이 대단히 불안했음을 말해주고 있으며[38] 실제로 소작권의 이동은 빈번했다. 1929년경의 전국 소작농호는 앞의 표 1-3에서 보는 바와 같이 약 130만 호인데 1929년 10월부터 1930년 9월까지의 1년간 소작권의 이동건수는 총 23만 7238건으로 통계되어 있다.[39] 같은 해의 통계에 의하면 소작농가 1호가 소속된 지주 수는 보통 2~3명인데[40] 2명으로 치는 경우 연간 전체 소작농가의 약 9%가, 3명으로 치는 경우 약 6%가 소작권의 이동을 당한 셈이다.

그러나 소작권의 이동은 실제로 훨씬 더 잦았고 또 가혹한 것이었다. 몇 가지 예를 들어보면, 우선 안성군(安城郡)의 경우 1926년 말 현재 소작농호가 7370호였다가 7년 후인 1933년에는 8919호로 증가한 한편 1926년의 7370호 중 이후 3년 사이에 소작권을 이동당한 소작농이 4002호로 54%였고 5년 사이에는 74%인 5191호의 소작권이 이동되었다.[41] 따라서 처음 3년간은 연간 평균 18%의 소작농가가 소작권을 이동당했고 5년간에는 연평균 약 15%의 소작권이 이동된 것이다.

---

38) 朝鮮總督府 農林局, 앞의 책 46~48면.
39) 같은 책 61면.
40) 같은 책 23면.
41) 『동아일보』 1933년 9월 9일자.

표 1-5_ 1927~39년 소작쟁의 원인

쟁의원인	발생수	1927~29	1930~32	1933~36	1937~39
소작권 및 소작지 관계 쟁의	실수	1,082	986	51,494	58,638
	비율	47.3%	58.2%	78.8%	82.8%
소작료 관계 쟁의	실수	1,109	517	12,080	11,393
	비율	48.5%	30.5%	18.5%	16.1%
기타 쟁의	실수	97	190	1,754	816
	비율	4.2%	11.2%	2.7%	1.2%
계	실수	2,288	1,693	65,328	70,847
	비율	100%	100%	100%	100%

1920~30년대를 통해서 활발하게 일어났던 소작쟁의의 원인 가운데 가장 높은 비율을 차지한 것이 소작권의 이동 문제였던 사실로도 소작권이 얼마나 불안했으며 그것이 농민생활에 주는 타격이 얼마나 컸던가를 알 수가 있다. 통계에 의하면 1930년 4월부터 9월 사이에 일어난 소작쟁의 건수는 모두 488건인데 소작권 이동이 원인이 되어 일어난 쟁의가 373건으로 전체의 76.4%이며 다음은 흉작 관계로 표시된 40건으로 전체의 8%에 지나지 않았다.[42]

좀더 장기간에 걸친 소작쟁의의 원인을 분석한 결과도 역시 같아서 표 1-5가 그것을 말해주고 있다.[43] 표에서와 같이 1920년대 후반기까지도 소작권으로 인한 쟁의와 소작료로 인한 쟁의가 비슷했으나 1930년대로 들어가면서 소작권 및 소작지 관계 쟁의가 압도적으로 많아져서 소작농민들이 소작료율의 높고 낮음에 앞서서 소작지를 확보하는

---

42) 社說「激增된 小作爭議」,『조선일보』1931년 2월 27일자.

43) 淺田喬二「大正末期~昭和10年代初期朝鮮に於ける抗日農民運動の地域的特徵 (1920~1939)」,『朝鮮史研究會論文集』8號, 1971, 72면.

일이 얼마나 어려웠던가를 말해주고 있다. 소작권 이동 문제를 둘러싼 지주·소작인 사이의 분쟁을 몇 가지 실례로 들어보자.

사례 1

밀양군(密陽郡) 하남리(下南里)에 있는 동척(東拓) 소유지는 본시 미간지(未墾地)와 전지(田地)이던 것이 수리조합의 조직과 아울러 소작인의 각근(恪勤)한 노력으로 논으로 개경(改耕)된 지 불과 3년의 일이었다. 그러나 지난달 하순에 이르러 소작정리라는 명목 아래 개간에 유공(有功)한 소작인 89명의 소작권을 박탈하였다고 하는데, 이러한 비운에 빠진 자들은 거개 궁농(窮農)들이라고 하며, 그의 가족 4백~5백 명의 참상은 이를 데가 없다고 한다. 또 하나는 합천(陜川)에 있는 동척 소유지의 구 소작인의 소작권을 무조건으로 9할이나 이동하여 탈경(奪耕)된 2백여 명의 농민은 향할 바를 모르고 방황하여 통곡성이 그치지 않는다고 한다.[44]

사례 2

대구 남정(南町) 대지주 서병국(徐丙國)으로 그는 동군 내 7개 면에 1200여 두락의 토지를 소유하고 있으며 소작인이 3백여 명에 달하는바 소작료를 7~8할이란 고율로 징수한 것은 물론이고 그 위에 한 말에 한 되 이상의 말세를 증수한 후 당연히 자기가 부담할 지세까지 소작인에게 강징하므로 소작인 측은 하다 못하여 지세의 반분씩이라도 갈라 물자는 애원을 하였는바 서 지주는 이것을 거절하고 설인구(薛仁求)·이성환(李成煥) 양명을 시켜 소작권이동증명서(小作權移動證明書)를 남발하여 두세·작료·지세 등 무엇이든지 내지 않는 사람은 어떤 사정이 있는 사람이라도 단연코 이작하라는 명을 발하여 3

---

44) 社說「春窮期와 農民」, 『조선일보』 1928년 3월 8일자.

백여 명 소작농은 모두 유리하게 되는 형편이며 (…)[45]

사례 3

동군(高靈郡) 운소면(雲小面)에 많은 토지를 소유하고 있는 대구 수정(壽町) 장 모(張某)도 8할 이상의 소작료를 받고 말세를 증수하므로 소작인들이 그 대리인 이봉항(李鳳恒)이란 사람을 보고 감하여달라는 애원을 하였던바 소작인의 처지에 너무나 건방지다고 교섭을 거절하고 지난 12일 각 소작인에게 소작권을 이동한다는 통첩을 발하였으므로 이 무리한 처사에 소작인들은 원성이 자자하다고 한다.[46]

사례 4

지주 측의 몰인정한 착취수단과 사음배(舍音輩)의 중간이익 착취수단에 소작농민의 사활 문제는 도처에 일반이다. 그중에도 심한 곳은 전남 보성군(寶城郡) 조성면(鳥城面) 지방이다. 그곳에 토지를 둔 지주들도 7~8할 혹은 전수확의 작료를 납봉하매 임농탈경(臨農奪耕)을 의례히 할 것으로 알 뿐 아니라 사음이나 대리인을 착취수단이 능란한 자로만 택하는 동시에 소위 '예채'라는 것과 보증금이란 것을 받는다. 그리고 사음이나 대리란 자가 새로 임명되면 임명된 자의 명의로 작권해제통지서(作權解除通知書)를 일일이 발송하고 작권을 전부 변경하는 동시에 작권료(作權料)라는 것을 매 두락에 2원 내지 5,6원씩 받아먹으며 작료를 올려서 새로 계약을 체결하는 것이 그 땅 풍속이므로 소작인들도 소작권을 안 떼이려고 그의 요구에 응하여 새로 얻기 위하여 5,6원으로부터 내지 1백~2백 원까지의 뇌물과 당목(唐木)·옥양목(玉洋木)

---

45) 『조선일보』 1932년 3월 16일자.
46) 같은 곳.

기타 각종의 선사가 공공연하게 왕래하므로 대지주의 사음이나 대리 같은 것을 하는 날부터 괴로울 것이 없다고 한다.[47]

사례 5

경남 함안(咸安)지방에서는 금춘(今春) 이래로 소작권 변동이 격심하여져서 일반소작인은 매우 공포를 느끼는 바인데 특히 동군 군북면(郡北面) 사촌리(舍村里)·동촌리(東村里) 양 동리는 수십 명씩이나 소작권 이동을 본 지방으로서 초춘부터 신·구 소작인 간에 쟁의가 격렬한 나머지 구 작인 측의 동리 청년들은 경찰에 검거되었던바 지주와 반동 신 소작인들은 갈수록 횡포가 심하므로 구 작인 측에서는 자제들을 경찰에 잃어버리고 부득이 노구를 끌고 노인 18명이 지난 21일에 함안군청에 쇄도하여 (…)[48]

이상에서 1930년대 초엽의 소작권이 극히 불안했던 사례 몇 가지를 들었지만, 대한제국시기의 거의 영구소작이거나 지주 쪽에서 오히려 소작인을 구하고 있었던 사정과는 큰 차이가 있음을 알 수 있다. 토지가 일부의 대지주에게 집중되고 자작농의 소작농화가 급격히 진행되는 과정에서의 경작면적의 한정, 소작농의 급증은 필연적으로 소작권의 경쟁과 불안을 가져왔던 것이다.

한편 소작권이 불안해진 결과 지주 측에서는 소작인에게 보증금을 받거나 소작료를 선불하게 하는 경우가 많았다. 1930년의 조사에 의하면 전국 9164명의 소작인이 소작권을 얻으면서 보증금을 내고 있으며 1만 611명의 소작인이 소작료를 선불하는 것으로 되어 있다.[49]

---

47) 『조선일보』 1932년 5월 28일자.
48) 같은 곳.
49) 朝鮮總督府 農林局, 앞의 책 28~29면.

또한 소작권을 얻거나 확보하는 과정에서 지주 대리인으로서의 마름들의 횡포가 심했음은 앞의 사례에서도 나타나고 있지만 조선총독부의 경찰조사에서도

지주와 소작인 간에 사음이란 것이 개재하여 소작인의 감독, 소작계약, 소작료의 징수, 또는 다면적의 소작지를 독점하여 1인이 20여 정보에 이르는 자도 있다. 이들이 사음이 되는 데는 운동비로서 수백 원이 요하는 것이 상례이므로 소작계약에 있어서 보증금 또는 명의 갱신 혹은 취체료 등의 이름으로 몰래 부당 징수를 꾀하고 만약 응하지 않으면 소작권의 이동을 예사로 하는 횡포를 부린다. 또 소작권을 얻을 때 사음에게 운동비를 제공하는 것이 당연한 일로 되어 있으며, 소작료의 수납에는 두개(斗槪)를 쓰지 않고 고봉으로 하거나 건조 불충분 등을 빙자하여 소작료 이외에 부당 징수하는 등 사복(私腹)을 채우지 않는 자가 없지만 소작인은 소작지를 얻기 위하여, 소작지를 잃지 않기 위하여 어쩔 수 없이 은인맹종(隱忍盲從)하는바 도저히 (소작경영에) 수지가 맞지 않으니 이것이 영세민 증가의 한 원인이다.[50]

라고 한 것과 같이 마름의 중간수탈이 소작농민 궁핍화의 중요한 원인의 하나였다. 더구나 이와 같은 음성적인 수탈 이외에 그들에 대한 공식적인 보수도 1930년의 조사에 의하면 소작인이 부담하는 경우가 약 15%나 되었고 지주·소작인이 함께 부담하는 경우가 약 14%나 되었다.[51]

요컨대 식민지시대로 들어오면서 그 농업정책의 결과 농촌에서 소작

---

50) 全北警察部, 앞의 책.
51) 朝鮮總督府 農林局, 앞의 책 72~73면.

표 1-6_ 1910~31년 농가 1호당 경작면적 변화 (단위: 정보)

연도	논	밭	계	연도	논	밭	계
1910	0.36	0.69	1.05	1921	0.56	1.02	1.58
1911	0.42	0.71	1.13	1922	0.56	1.02	1.58
1912	0.42	0.74	1.16	1923	0.57	1.02	1.59
1913	0.41	0.7	1.11	1924	0.57	1.02	1.59
1914	0.42	0.72	1.14	1925	0.57	1.01	1.58
1915	0.44	0.75	1.19	1926	0.57	1.01	1.58
1916	0.50	0.85	1.35	1927	0.57	1.00	1.57
1917	0.54	0.92	1.46	1928	0.57	0.99	1.56
1918	0.58	1.05	1.63	1929	0.57	0.98	1.55
1919	0.57	1.04	1.61	1930	0.56	0.96	1.52
1920	0.56	1.02	1.58	1931	0.56	0.96	1.52

농민의 비율이 급증했고 그에 따라 소작조건이 갑자기 악화하여 소작료율이 크게 높아진 한편 농민들의 소작권은 불안해지기만 했다. 게다가 대지주층의 증가와 그 결과 심해진 마름 등 중간수탈층의 횡포로 소작농민층의 실제 생활은 궁핍화 일로에 있었던 것이다.

3. 농가수지의 악화

식민지시대로 들어와서 토지겸병이 심화되고 소작농민의 비율이 급격히 높아진 한편 소작료율이 높아지고 소작권이 불안해짐으로써 소작농민의 생활을 궁핍으로 몰아넣었지만, 이밖에도 농민들의 경작면적은 계속 감축되고 그 영농수지는 계속 적자화했다. 식민지시대로 들어와서 농가 1호당 경지면적은 한때 조금씩 증가했으나 1920년대 이후 계

표 1-7_ 1920~30년대 전남·전북지방의 경작규모별 농가비율 (단위: %)

지역	연대	0~0.3 정보	0.3~1.0 정보	1.0~3.0 정보	3.0정보 이상	계	1.0정보 이하
전남	1923	30.1	41.3	23.9	4.7	100	71.4
	1933	17.0	53.0	28.0	2.0	100	70.0
전북	1921	49.4	32.4	14.8	3.4	100	81.8
	1937	30.9	47.2	19.2	2.7	100	78.1

속 줄어들었다. 표 1-6[52]에서와 같이 식민지 초기인 1910년대에는 농가의 경작면적이 조금씩 증가하다가 식민지 농업정책이 본격적으로 적용되기 시작하던 1920년대 이후에는 감소 일로에 있었으며, 논과 밭을 합해서 평균 1호당 1.5정보 정도였다.

1정보 이하 경작 농가를 영세경영 농가로 보는 견해에 따르면 식민지시대 조선 농가는 평균적으로는 그것을 넘어섰다고 할 수 있다. 그러나 좀더 자세히 들여다보면 농민들의 영세경영은 훨씬 더 심각했다. 한반도의 곡창지대로 불리는 전라남북도의 경우를 예로 들면 표 1-7[53]에서 보는 바와 같이 1정보 이하의 경작면적을 가진 농가가 70% 이상을 차지했다. 전라남도의 경우 1923년에서 1933년까지 10년 사이에 0.3정보 이하를 경작하는 농가가 30%에서 17%로 줄어들고 0.3정보 이상 1정보 이하를 경작하는 농가가 41.3%에서 53%로 증가했다. 그러나 1정보 이하 빈농의 전체 수는 10년 동안에 71.4%서 70%로밖에 줄어들지 않았다.

전라북도의 경우는 빈농의 비율이 더 높아서 1921년에는 0.3정보 미

---

52) 같은 책 5면.
53) 久間建一『朝鮮農政の課題』211면 표 3.

표 1-8_ 1정보 이하 경작 농가의 종별비율 (단위: %)

	구분	0.3정보 미만	0.3~1.0정보	계
전국	자작농	18.9	31.3	50.2
	자소작	24.9	35.2	60.1
	소작농	30.6	36.4	67.0
	평균	25.8	34.8	60.6
남부	자작농	30.5	39.9	70.4
	자소작	31.1	38.4	69.5
	소작농	36.9	39.4	76.3
	평균	33.6	39.1	72.7
중부	자작농	16.5	32.8	49.3
	자소작	20.4	33.0	53.4
	소작농	23.8	34.3	58.1
	평균	21.1	33.6	54.7
북부	자작농	8.9	22.3	31.2
	자소작	10.5	27.6	28.1
	소작농	14.6	26.1	40.7
	평균	10.8	24.9	35.7

만 경작자가 50%에 가까웠고 0.3정보 이상 1정보 이하가 32.4%여서 1
정보 이하의 빈농이 합계 81.8%나 되었다. 16년 후인 1937년에는 0.3정
보 이하 경작 농가가 30.9%로 감소되고 0.3정보 이상 1정보 이하 경작
농가가 47.2%로 증가했으나 역시 1정보 이하 빈농은 이 기간에 81.8%
에서 78.1%로 불과 3.7%밖에 줄지 않았다. 전라남북도의 평야지대에서
도 1930년대에 1정보 이하를 경작하는 빈농이 평균 75%에 가까웠던 것
이다.

한편 식민지시대에 1정보 이하를 경작한 빈농층을 자작농·자소작농·
소작농별로 따져보면 역시 소작농의 비율이 가장 높다. 표 1-8[54)]에서 보

표 1-9_ 자작·소작농의 평균 경작면적 (단위: 정보)

구분＼지역	남부	중부	북부	전국
자작농	1.4	2.27	2.42	1.88
자소작	1.9 (1.05)	3.09 (1.62)	3.79 (1.78)	2.58 (1.28)
소작농	0.75	1.28	1.52	1.02
평균	1.12	1.90	2.49	1.57

＊ 자소작의 괄호 내 숫자는 소작지 면적

는 바와 같이 전국적으로 1정보 이하 경작 농가는 소작농가가 67%로 가장 많아서 소작농층에 빈민층이 많았음을 말해주고 있으며, 전라남북도·경상남북도·충청남북도를 합친 남부지방의 경작면적 1정보 미만 소작농가가 76.3%로서 역시 제일 높고 그 다음이 경기도·강원도·황해도를 합친 중부지방의 경작면적 1정보 미만 소작농가가 58.1%로 다음이며, 평안남북도·함경남북도를 합친 북부지방의 경작면적 1정보 미만 소작농가가 40.7%로 가장 낮다. 결국 곡창지대라 불린 3남지방에 영세 소작농가가 제일 많았던 것이다.

한편 자작농·자소작농·소작농의 각 지방별 평균 경작면적을 들어보아도 식민지시대 농민층의 농업경영이 얼마나 영세한 것이었던가를 알 수 있다. 표 1-9[55]에서 보는 바와 같이 역시 중부지방이나 북부지방보다 남부지방의 평균 경작면적이 좁고 자소작농보다 자작농이, 자작농보다는 소작농의 경작면적이 좁아서 남부지방 소작농의 평균 경작면적

---

54) 같은 책 218면 표 8.

55) 같은 책 219면 표 9

은 0.75정보에 지나지 않았다.

식민지시대로 들어와서 농민생활, 특히 소작농민 생활을 영세화시
킨 요인이 갑자기 여러가지 나타났지만 그 가운데서 농가 1호당 경작
면적의 감소 추세가 중요한 요인의 하나였으며 특히 1정보 이하 경작
의 빈농에는 소작농의 비율이 높았다. 앞에서 본 바와 같이 수확량의
70~80%를 소작료로 빼앗기는 소작농가가 그 경작면적에 있어서도 가
장 영세했던 것이다. 식민지 농업정책은 자작·자소작 농가를 감소시키
는 반면 소작농을 급격히 증가시켰고 또한 이들 소작농의 경영규모를
영세화시켜갔기 때문에 특히 소작농민의 생활을 전반적으로 몰락시켜
그들을 빈민으로 만들어갔던 것이다.

식민지시대로 들어오면서 소작조건이 전반적으로 악화되고 이 때문
에 소작농민의 생활이 궁핍화 일로에 있는 한편 식민지시대의 소작경
영은 물론 농업경영 전반이 대부분 적자화하여 이 시기의 농민생활 전
체를 위협하였고 그것이 또 농촌에서 빈민을 증가시키는 직접적이고
중요한 원인이 되었다.

흔히 알려진 자료이지만 조선농회(朝鮮農會)가 1930년에서 1932년까
지 3년에 걸쳐 경기도·전라남도·경상남도·평안남도·함경남도의 5개
도에 실시한 농가경제 조사에 의하면[56] 자작농은 연간 평균 544원의
총소득에 609원 6전의 가계비를 지출하여 65원 6전의 적자를 내었고,
자소작농은 419원 88전의 소득에 430원 75전을 지출하여 10원 87전의
적자를 내고 있으며, 소작농은 339원 54전의 소득에 371원 75전을 지출
하여 32원 21전의 적자를 내고 있는 것으로 조사되었다.

---

56) 이 조사는 경기도와 전라남도는 1930년에, 경상남도와 평안남도는 1931년에, 함경남
도는 1932년에 각각 실시되었으며, 각 도의 종별 농가 각 3호씩을 조사하여 평균치를
낸 것이다.

또 1931년에 역시 조선농회가 조사한 다른 자료에 의하면[57] 자작농은 연간 총소득 679원 82전에 가계비는 701원 69전으로 부족액이 21원 87전이고, 자소작농은 총소득 392원 99전에 가계비는 473원 8전으로 부족액은 80원 9전이며, 소작농은 총소득 298원에 가계비는 327원 61전으로 부족액이 29원 61전으로 조사되어 있다. 앞의 조사와 상당한 차이가 있으며, 특히 자작농과 자소작농의 수지에 큰 차이가 있다. 앞의 조사에서는 자작농가의 적자액이 65원 6전이었으나 뒤의 조사에서는 21원 87전으로 줄었고, 자소작의 경우는 반대로 앞의 조사에서 적자액이 10원 87전이던 것이 뒤의 조사에서는 무려 80원 9전으로 증가하고 있음을 볼 수 있다.

한편 역시 조선농회가 1930년부터 1933년 사이에 고등농림학교 출신을 동원하여 각 지방의 자작·자소작·소작농 각 3호씩을 대상으로 조사했다는 자료에 의하면[58] 자작농의 연간 총수입은 1117원, 총지출은 1139원이어서 부족액이 22원이고 자소작농은 총수입 797원에 총지출이 877원이어서 부족액이 80원이며 소작농의 경우 총수입이 626원에 총지출이 656원이어서 부족액이 30원으로 조사되어 앞에서 든 두번째 자료와 거의 같다.

이상에서 든 조선농회가 조사한 3종의 농가수지 자료들 사이에 절대수치상의 차이가 있지만 식민지시대의 자작·자소작·소작농 등 모든 영농가가 경영상의 적자에 허덕이고 있었으며, 그 적자폭은 대체로 자작농은 연간 20원대, 자소작농은 80원대, 소작농은 30원대였다고 보아도

---

57) 社說 「農産所得의 不足額 一割二分」, 『조선일보』 1932년 12월 6일자.
58) 『동아일보』 1933년 5월 13일자에 실려 있는 이 자료는 조선농회의 조사자료 중 앞에서 든 첫번째 것과 같은 것을 말하는 것이 아닌가 생각되지만 그 수치에는 상당한 차이가 있다.

무방한 것이 아닌가 생각된다.

식민지시대에 와서 농촌빈민이 급격히 증가한 가장 중요한 직접적인
원인의 하나가 만성적인 저곡가정책이 주원인인 농업경영수지의 악화
에 있었음은 더 말할 나위가 없지만, 그것을 좀더 구체적으로 추적하기
위하여 몇 종류의 농가에 대한 수지명세를 들어보자.

사례 6

1931년 3월에 조선총독부가 경기도를 중심으로 하여 수리조합 몽리구역
안에 있는 중등답(中等畓) 1단보의 농작을 표준으로 그 농작수지를 조사한 자
료에 의하면[59] 먼저 소작농의 경우 평균 지출이 종자 7홉 84전, 분회(糞灰)
100관 25전, 콩깻묵 5관 1원 50전, 노임 15인분 10원 50전, 소 1두 사용료 2원
5전, 농구손료(農具損料) 1원, 소작료 1석 7두 5승에 9원 80전 등 합계 28원 49
전인 데 비해 평균 수입은 짚 85관에 3원 83전 5리, 벼 3석 5두에 19원 60전의
합계 23원 42전 5리로 결국 연간 5원 6전 5리의 적자경영으로 나타나 있다.[60]

이 자료는 또 자작농의 경우 "소작농보다는 '내 땅을 갖고 있다'는 생각이
있는 까닭에 비료 지출대는 84전가량을 더하게 되고 지가(地價)에 대한 이자
는 1단보 지가 2백 원에 대하여 16원, 일반공과금 즉 지세와 수리조합비와 농
회비 등의 합계가 2원 70전 전후, 지출 총계는 38원 25전으로서 소작농의 농
비보다 5원 36전이 더 들게 되는바 그 수입에 짚 3원 82전 5리, 벼 19원 60전,
합계 23원 42전 5리와 상쇄하면 14원 82전 5리라는 손실이 또 그 1년 노력의

---

59) 李如星·金世鎔, 앞의 책 25~26면. 『조선일보』 1931년 4월 29일자에도 같은 자료가 실
   려 있다.
60) 실제 지출의 합계는 25원 94전밖에 되지 않으며, 수입의 합계도 23원 43전 5리여서
   실제 적자액은 2원 50전 5리밖에 되지 않는다. 『數字朝鮮硏究』와 『조선일보』 기사가 같
   이 오차가 있다.

보수로서 처지게 된다"했다. 자작농의 경우 소작료 9원 80전을 물지 않아도 결국 5원 2전 5리가 적자가 난다는 계산이 되며, 이 자료는 또 지주의 경우도 "지가 2백 원에 대한 연 8분 이자 16원과 중등지 표준지세 및 수세(水稅) 기타 세 2원 70전과 소작관리비 1원으로서 지출 총액은 19원을 계상하는 터이나 수입은 벼 1석 7두 5승에 9원 80전뿐이므로 9원 20전이 그 손실이 된다"하여 식민지시대의 농업경영이 소작·자작농은 물론 지주까지도 적자경영이었음을 지적하고 있다.

사례 7

역시 1931년 조선총독부의 다른 조사에 의하면[61] 논농사 1단보의 소작농 수지계산은 지출은 종자대 84전, 비료 4원 30전, 노력(勞力) 16원 20전, 농구 손료 1원, 소작료 16원 98전으로 합계 39원 32전이지만 수입은 짚 4원, 정조 (正租) 33원 95전으로 모두 37원 95전이어서 결국 1원 37전이 적자라 했다.

다음 밭농사의 보리 소작의 경우 지출은 종자 90전, 비료 5원 25전, 노동력 6원 80전, 농구손료 55전, 소작료 4원 42전으로 합계 17원 94전이지만 수입은 보리 8원 68전에 보릿대 1원 22전으로 합계 9원 90전으로서 결국 8원 14전의 적자경영이며, 밀 소작의 경우 지출은 종자 1원 24전, 비료 5원 25전, 노동력 6원 45전, 농구손료 55전, 소작료 4원 42전으로 합계 18원 11전인 데 비해 수입은 밀 11원 70전에 밀대 2원 25전 합계 13원 95전이어서 결국 밀농사에서도 4원 96전의 적자가 계산되고 있다. 또한 밭농사의 콩 소작은 지출이 종자 1원 12전, 노동력 3원 45전, 농구손료 36전, 소작료 4원 42전으로 합계 9원 35전이지만, 수입은 콩 10원 45전과 콩대 1원 75전을 합해 12원 20전이어서 2원 86

---

[61] 『조선일보』 1931년 3월 26일자. 이 자료에 나타난 합계액에도 다소의 오차가 있으나 원자료 그대로 제시한다.

전이 흑자였다. 사례 2의 논농사 1단보 소작경영은 사례 1의 그것보다 적자폭이 작지만, 논농사, 밭농사를 막론하고 식민지시대의 소작경영 전체가 적자경영이었음을 이 자료가 구체적으로 말해주고 있다 할 것이다.

사례 8

역시 1931년에 조선일보사 이동탐사(移動探查) 제1대 김형식(金瀅植)의 조사에 의하면[62] 1단보 논농사 소작경영의 지출은 노동력비용으로 기경(起耕) 때의 농우(農牛) 3회 사용에 1원, 이앙(移秧) 때의 인부 2인 품삯 1원, 제초 3회의 인부 4인 품삯 2원, 추수 때의 3인 품삯 1원 50전과 이상 12인분의 식대 2원을 합한 7원 50전과 종자대 1두 30전(종자값은 작인이 부담하고 지세만 지주가 부담한다), 비료 암모니아 2두 2원 10전 등을 합하여 총 9원 90전인 데 비해 수입은 벼 3석 중 작인분 1.5석 시세 9원과 짚 1원을 지주와 반분한 50전뿐이어서 합계 9원 50전밖에 되지 않으며 결국 40전의 적자를 낸다 했다. 강원도 지방의 소작농가를 조사한 이 자료는 앞의 다른 자료들에 비해서 적자폭이 대단히 작은 편이다.

사례 9

1931년에 역시 『조선일보』 기자가 보성군(寶城郡) 율어면(栗於面) 칠음리(七音里)에 사는 임선휴(任善休)의 7두락 소작경영을 조사한 바에 의하면[63] 수입은 정조 9석을 석당 180근, 매 근당 3전 7리로 계산한 59원 94전과 짚 35짐 6뭇 값 3원 56전을 합친 63원 50전인 데 비해 지출은 비료대 28원, 노역비 42원 40전, 지세 11원 35전, 공과금 및 기타가 5원으로 합계 86원 75전으로서

---

62) 『조선일보』 1931년 7월 23일자.
63) 『조선일보』 1931년 11월 8일자.

결국 23원 25전이 적자로 계산되었다. 정조 9석은 소작료를 제외한 작인분만을 말한 것인데 7두락 2100평에 9석이면 1단보 300평에 1.28석이 되어 사례 3의 1.5석보다 수확이 적고 사례 1의 1석 7두 5승보다도 역시 적은 편이다. 또한 지세를 작인이 부담한 것도 앞의 세 경우와 다르다.

사례 10

1931년에 강원도 당국에서 "곡가가 폭락되어 날로 파탄을 걷고 있는 농민의 생활상태를 세밀히 알기 위하여 관하 각 군수를 명하여 자작농과 소작농으로 군내에서 가장 대표가 될 만한 것을 택하여 몇 사람의 수지상태를 명세·보고케" 했는데 그 가운데 우선 소작농의 경우를 들어보면 다음과 같다.[64]

횡성군(橫城郡) 우천면(隅川面) 법주리(法周里)에 사는 최경석(崔鏡錫)은 가족 남녀 8명 중 경작 종사자가 4명이며 논 16.5단보와 밭 6단보를 소작하는 중류 이상의 소작인으로서 연간 농업수입은 벼 22석, 콩 3석, 보리 5석, 조 5두, 팥 2두 등을 합한 시가 환산액 173원 75전이며 이 가운데 자기 집에서의 소비 146원 35전을 제한 잔액이 27원 40전이다. 이밖에 부업수입으로 누에고치 14관, 짚 1000관, 돼지 8두가 있어서 부수입액이 40원 60전인데 그 가운데 자기 집에서의 소비 13원을 제한 부수입 잔액이 27원 60전이어서 농업 및 부업에서의 총 잔액이 55원이다.

한편 지출은 자가 내 소비를 제외하고 공과금 13원, 비료농구대 50원, 피복료 20원, 연료비 5원, 사교비 8원, 구식비(購食費) 2원, 관혼상제비 4원, 의약비 15원, 고용인부 22원 등을 합해서 지출총액이 139원이며 따라서 이 소작농가는 연간 84원의 적자를 내고 있다.[65]

---

64) 『조선일보』 1931년 11월 23일자.

65) 이 자료도 상당한 오차가 있다. 우선 농업수입 173원 75전에서 자가용 소비를 제한 잔액이 37원 50전으로 되어 있으나 실제 계산은 27원 40전이며, 지출액이 94원으로 표

사례 11

사례 8에서 든 조선일보사 이동탐사 제1대의 김형식(金瀅植)의 강원도 지
방 농가수지 조사 중에 '중등 이상 작인'이라 하여 부부와 아이 3인의 5인가족
이 논 1200평과 밭 2000평을 소작하는 농가의 경우가 있다. 연간수확 중 작인
분은 조 2석에 12원, 보리 3석에 12원, 벼 6석에 36원으로 농업수입이 60원이
고, 양잠·양돈·양계·가마니·새끼 등의 부업수입이 20원으로 수입 총액이 80
원인 데 비하여 지출은 세금 4원, 부역환산금 2원, 지주에의 선물과 학비를 합
해서 15원, 5인 가족의 연간생활비를 1인 평균 연간 10원으로 계산한 50원 등
을 합해서 그 총액이 71원이다. 비교적 단출한 5인가족이 논 4두락과 밭 2천
평을 소작해도 농업수입만으로는 적자가계를 면할 수 없었고 부업수입 때문
에 그것을 겨우 면할 수 있었던 것이다.

이상에서 일반지주의 소작농민 전반이 적자영농에 허덕이고 있었음
을 몇 가지 조사자료를 통하여 살펴보았지만, 일본인 지주가 경영하는
이른바 농장(農場)의 경우 소작농민의 농업수지는 일반지주지(地主地)
의 그것보다 훨씬 나쁜 것이다.

사례 12

1931년에 『조선일보』 고원(高原)지국 황정삼(黃槙三)이 고원의 동척(東拓)
농민 생활을 조사한 바에 의하면[66] 10단보를 소작하는 5인가족의 경우 그 수
입은 벼 14석에 56원, 볏짚 3원 50전, 돼지 수입 9원, 짚신 계란 등 기타 수입 3
원 등을 합해서 71원 50전인 데 비하여 지출은 소작료 28원, 수용세(水用稅)

기되어 있으나 실제 계산액은 139원이 된다. 따라서 자료에서는 적자액이 28원 90전으
로 표기되었지만 실제 산출액은 84원이 되어 큰 차이가 있다.
[66] 黃槙三 「農村探訪」, 『조선일보』 1931년 10월 1일자.

2원 80전, 종자값 11원(절반은 지주 부담), 비료대 4원 50전, 식량비(5인 월 5인) 60원, 세금 75전, 피복비(1인 연간 2건 소모 1건당 70전) 7원을 합해서 114원 5전이다.[67] 즉 42원 55전의 적자를 내고 있는데 그것도 기경비·이앙 인부비·석유·성냥·연초·주류·관혼상례의 비용은 제한 액수이다. 이 농장의 경우 소작료가 5할이지만 다음의 자료에서와 같이 소작료가 6할인 농장도 있었다.

사례 13

1932년에 『동아일보』에 연재된 한장경(韓長庚)의 논문 「소작관행과 소작인생활」에서 조사된(1930년 10월 조사) 철원(鐵原) 불이농장(不二農場) 소작농가의 경우[68] 1호당 평균 경작면적은 논 2정보이며 여기에서의 총수확량은 평균 벼 50석인데 소작료가 6할이어서 총수확량 중 소작인분은 4할인 20석이었고 그것을 벼 1석의 시가 10원으로 환산하면 소작인의 연간수입은 200원이었다.

이 농장의 소작인들은 농장으로 들어갈 때 이미 농장에 다음과 같은 채무를 지고 있었다.

(1) 농량대(農糧代) 약 80원 —4월부터 11월까지 1개월에 1~0.5부대씩 받은 만주속(滿洲粟) 7부대 내지 8부대 대금

(2) 비료대 약 70원 —2정보 비료대 약 140원 중 농장이 절반 부담

(3) 영농비 약 10원 —경작면적에 따라 1호당 8원 내지 15원씩 대부

(4) 종자대 약 7원

(5) 농우(農牛)사료대 약 5원 —2호 내지 3호에 농우 1마리를 대부, 1마리

---

67) 이 자료의 경우도 지출 합계가 105원 5전으로 되어 있으나 실제 액수의 합계는 114원 5전이 되어 9원의 오차가 있다.

68) 『동아일보』 1932년 4월 22일자.

사료 콩 시가 약 13원 대부

(6) 농우연부(年賦) 약 6원─농우 1마리 값 120원 내지 130원을 9부 이자로 연부상환 2호 내지 3호가 분담

(7) 가옥연부 약 8원─가옥 1동 건립비 120원을 연 8부 이자로 상환

이 농장에서의 이와 같은 소작농민들의 채무액을 상환시키기 위해 소작농 수입의 20석 값 200원의 6할 2푼 5리, 즉 125원에 상당하는 12석 5두를 받아내고 있었지만 앞의 7종 채무의 상환총액이 186원이 되므로 결국 연간 61원씩의 빚이 누진되고 있었던 것이다.

한편 그들의 영농수지 자체도 또한 적자를 면할 수 없었다. 그들의 연간 총 수입은 수확 중의 소작인분 20석 값 200원인 데 비해 (짚은 사료 및 잡용으로 충용되어 수입과 지출에 모두 계상되지 않았다) 지출은

(1) 비료대 약 70원─2정보 비료대 약 140원의 반액

(2) 노동임금 약 130원─경종(耕種)으로부터 타곡(打穀)까지의 연인원수는 2정보 경작에 평균 180인인데 그중 가족노동 연인원수 120인은 임금 일고(日雇)보다 15전을 감한 65전으로 쳐서 합계 80원, 나머지 60인의 일고인원은 1인 1일 80전씩 쳐서 50원(담뱃값 포함)

(3) 자급비료대 약 6원─1호 평균 1200관, 100관에 50전

이밖에 종자대 약 7원, 농우사료대 약 5원, 농구대 약 3원, 농우연부금 약 6원, 가옥연부금 약 8원, 소작료운임 약 10원, 잡비 약 10원을 합해서 총 255원이어서 결국 55원의 적자경영이었으며, 가족노임과 자가제(自家製) 비료대 86원을 제한다 해도 31원이 적자였던 것이다. 부채액의 누진과 소작경영의 원천적인 적자화로 이들은 일본인 농장주의 부채에 얽매인 그야말로 반봉건적 농노 상태에 빠지거나 아니면 파산하여 유리되는 길밖에 없었던 것이다.

사례 14

1936년에 조사된 동척 소속 평남 강서농장(江西農場) 소작농 500호 중 전형적 김 모가(金某家)의 경우[69] 가족수 4인, 경작면적 2정보인데 연간수입은 미곡수확고 벼 40석 504원 부업수입 가마니 100장 제조 10원의 합계 514원인데 비하여 지출은 소작료 252원, 가마니 원료 3원 50전, 비료 및 농구대 48원 20전, 비료 및 농구대 이자 9원 98전, 조세공과금 1원 11전, 식료비 164원, 광열비 39원, 피복비 30원 등을 합쳐서 547원 79전이어서 결국 33원 79전의 적자경영이다.

이 시기 농장에서의 소작농민들의 소작면적은 전체 소작농민의 그것보다 훨씬 넓고 그것이 이른바 농장형 경영의 하나의 특징이다. 그러나 소작료로서 전체 수확고의 5할 내지 6할이 현물로 공제될 뿐 아니라 농구·비료 등의 선대액이 2할 5푼의 이자로 공제되었으니 지주는 곧 고리대업을 겸하고 있었던 것이다. 더구나 소작농민에게 선대되는 농구나 비료는 농장에서 대량으로 도매가격으로 구입하여 소작농민에게는 일반 소매가격으로 선대했으며, 가옥의 경우도 한 채당 150원으로 쳐서 연부로 갚게 했으나 실제 건축비는 100원 미만이었다. 인정식(印貞植)은 이와 같은 농장경영을 가리켜 상인자본적 기능을 겸하고 있는 것이라 했다.[70]

이상에서 조선농회의 전국적인 표본조사와 9가지 경우의 소작경영 수지를 예로 들어보았다. 지방에 따라 액수에 차이는 있으나 논 1단보 경작에 작게는 최하 40전, 많게는 5원 6전의 적자가 났다. 또한 사례 9

69) 印貞植『朝鮮の農業機構』, 白揚社 1940, 102~103면.
70) 같은 책 103면.

의 논 7두락 2100평 소작농의 적자액이 23원 25전이었으나 사례 10의 논 16.5단보, 즉 4950평과 밭 6단보, 즉 1800평을 소작하는 농가의 연간 적자액이 부업수입을 합산해도 84원이나 된 것과 같이 소작면적이 넓은데도 오히려 적자폭이 큼을 볼 수 있으며, 사례 13·사례 14에서와 같이 동척을 비롯한 일본인의 농장경영에서의 소작농은 농장 측의 상업자본적 고리대경영에 예속되어 무거운 부채를 안고 사는 농업노동자에 지나지 않았으며 그것에서 이탈할 경우 결국 유리민(流離民)이 될 수밖에 없었던 것이다.

4. 농민부채의 증가

식민지의 농업구조 전체가 식민모국에의 값싼 식량을 공급하기에 적합하도록 짜여졌기 때문에 곡가는 풍·흉년을 막론하고 최저가격을 맴돌았고 따라서 조선 농민은 자작농·자소작농·소작농을 막론하고 적자영농에 허덕이지 않을 수 없었으며 그 결과 그들의 부채액은 계속 늘어나기만 했다. 농민들 특히 소작농민의 경우 그 부채액이 전혀 감당할 수 없는 수준에 이르게 되면 결국 파산해서 이른바 '야간도주'를 하지 않을 수 없게 되고 그렇게 되면 유랑민이 되거나 화전민이 되며, 도시로 나가서 품팔이꾼이 되거나 심한 경우 걸인으로 전락하지 않을 수 없었다. 식민지시기의 농민들이 얼마만큼의 부채에 허덕이고 있었으며 어떤 정황에서 이농민이 되어갔는가 추적해보자.

전국적인 농민의 부채액을 조사한 몇 가지 자료가 있다. 우선 1932년에 간행된 『조선의 소작관행』에서 조사된 바에 의하면 1930년의 통계에 전국의 소작농 및 자소작농 224만 7194호 중 부채를 가진 농가가

173만 3797호여서 전체의 75%나 된다. 또한 농가당 평균 부채액은 60 원 53전, 각 군의 최고 부채액 평균은 420원이다.[71]

다음, 앞에서 든 조선농회가 5개 도의 종별 농가 3호씩을 조사해서 평 균한 부채조사를 표로 작성해보면 다음의 표 1-10과 같다. 동종(同種) 의 농가끼리도 도에 따라 부채액의 차가 심해서 조사의 정밀성에 문제 가 있는 것 같지만, 소작농의 경우만 비교해보아도 그 부채액이 앞의 『조선의 소작관행』에서보다 증가하고 있음을 알 수 있다.

또한 1933년 말 현재 전국 소작농의 호당 평균 부채액이 64원이었다 는 통계도 있지만[72] 전라북도의 경우로 좁혀서 좀더 구체적으로 살펴 보자. 1930년 조사의 도내 소작인 총호수 16만여 호 중 부채가 있는 호 수는 13만 8백여 호로 81.7%나 되며 호당 평균 부채액은 61원이다. 도 내 각 면의 순소작농과 자소작농의 부채액을 비교 조사한 결과 자소작 농이 빚이 많은 경우가 140개 면, 순소작농이 많은 경우가 48개 면이어 서 결국 자소작농이 일반적으로 소작농보다 부채액이 많은 것으로 나 타났다.[73]

한편 1932년 5월에 조사한 전라북도 내 세궁민(細窮民)은 총 11만 5670호로서 『조선총독부 통계연보(朝鮮總督府統計年報)』(약칭 『통계연보』) 의 같은 해 말 전라북도 총세대수 28만 4345세대의 40.68%였고 세궁민 호의 72.6%인 8만 3947호가 부채를 가지고 있었으며 그 호당 평균 부채 액은 34원 62전이었다. 전라북도 내 각 경찰서별로 상세히 조사된 내용 을 제시하면 표 1-11과 같다.[74]

---

71) 朝鮮總督府『朝鮮の小作慣行』下卷, 1932, 145~46면.

72) 印貞植, 앞의 책 65면.

73) 全北警察部「負債ニ依ル農家ノ窮乏」, 앞의 책.

74) 같은 곳.

표 1-10_ 1930~32년 조선농회 조사 종별 농가부채액 (단위: 원, %)

도별	농가별	부채액		부채 합계	부채 총액에 대한 비율	
		농업용	농외용		농업용	농외용
경기	자작농	68.917	75.533	144.450	47.7	52.3
	자소작	232.040	200	232.240	99.9	0.1
	소작농	13.237	21.517	34.754	38.1	61.9
	평균	104.731	32.417	137.148	76.4	23.6
전남	자작농	13.720	3.100	16.820	81.6	18.4
	자소작	69.277	41.800	111.077	62.4	37.6
	소작농	62.393	44.733	107.126	58.2	41.8
	평균	48.463	29.877	78.341	61.9	38.1
경남	자작농	862.083	204.320	1,066.403	80.8	19.2
	자소작	264.840	27.673	292.513	90.5	9.5
	소작농	125.813	415.246	541.059	23.3	76.7
	평균	417.578	215.746	633.325	65.9	34.1
평남	자작농	51.140	–	51.140	100.0	0
	자소작	0.100	–	0.100	100.0	0
	소작농	–	20.000	20.000	0	100.0
	평균	17.080	6.666	23.746	71.9	28.1
함남	자작농	149.707	92.047	241.754	61.9	38.1
	자소작	18.340	76.957	95.297	19.2	80.8
	소작농	59.530	57.280	116.810	51.0	49.0
	평균	75.859	75.428	151.287	50.1	49.9

세궁민으로 조사된 빈민의 부채액이 조선농회 조사의 소작농의 그것
보다 적지만 세궁민 중 부채가 없는 것으로 조사된 3만 1723호[75]는 "농

---

75) 원자료에는 이 세민호 유부채호 3만 2223호를 비롯해 여러 수치에서 계산착오가 있

표 1-11_ 1932년 전북 세민호 부채상황 (단위: 호, 원, %)

경찰서	세민호	세민호 중			세민호 중 有負債戶 비율	有負債戶의 호당 평균액
		無負債戶	有負債戶	부채액		
群山	6,012	798	5,714	145,375.50	95.0	25.44
全州	10,365	2,046	8,319	374,378.00	80.3	45.00
鎭安	5,842	1,323	4,519	146,917.00	77.3	32.53
錦山	6,376	759	5,617	71,186.00	72.4	14.45
茂朱	2,253	744	1,509	15,289.50	66.9	10.13
長水	1,940	502	1,438	22,500.00	74.1	15.64
任實	3,745	607	3,138	131,743.70	83.7	41.98
南原	11,266	3,621	7,645	293,831.00	67.8	38.43
淳昌	10,026	2,940	7,086	233,609.30	70.7	32.96
井邑	13,863	4,426	9,437	266,000.50	68.0	28.19
高敞	11,548	5,542	6,006	202,626.00	52.0	33.73
茁浦	10,248	4,328	5,920	245,944.00	57.7	41.54
金堤	9,848	995	8,853	393,353.00	89.8	44.43
裡里	12,338	3,592	8,746	364,215.00	70.8	41.64
계	115,670	32,223	83,947	2,906,968.50	73.3	34.62

업신용이 전혀 없어서 부채능력을 가지지 못한 사람들로서 춘궁기에는 그 가족들이 잠정적으로 걸식한다"했다. 부채조차 얻을 수 없는 농민들이 전북 전체 호수의 11.16%, 전체 세궁민호의 27.43%나 되었음을 알 수 있다. 이보다 1년 후인 1933년 『동아일보』의 전북 농가부채 조사에는 호당 평균 부채액이 자작농은 640원, 자소작농은 190원, 소작농은 100원으로 나타나 있어서[76] 앞의 경찰 조사보다 2배 이상으로 나타나

는 듯하지만, 표 자체에는 이를 그대로 두었다.

76) 『동아일보』1933년 3월 18일자.

있다. 또한 1931년에 경상남도청의 지방과가 실시한 도내의 권농공제조합(勸農共濟組合)이 있는 10개 부락에 대한 소농자(小農者)의 부채액 조사에 의하면 총호수 2만 6161호 중 부채를 가진 호가 1만 4298호로 54.65%나 되었으며 1호당 평균 부채액은 106원 91전이어서[77] 앞의 『동아일보』가 밝힌 전라북도 소작농의 부채액과 비슷하다.

이 시기 농민들이 차용할 수 있는 부채는 금융조합의 경우 이자가 연 10%였으나 개인 고리대의 경우는 연 40%나 되었는데 소작농 이하의 경우 대부분 금융조합에서 대부받을 조건은 아니었다. 전라북도 경찰부가 보고한 바에 의하면,

　　동척·식산은행·상업은행·금융조합 등의 금융기관에서 농사자금 융통의 길이 있지만 대출조건은 그 범위가 주로 도내 지주 3천 호, 자작농 1만 6천여 호, 자작 겸 소작농 5만 8여 호에 한정되어 순연한 다수 소작농 16만여 호는 거의 그 은혜를 입을 수 없는 상태에 있었다.[78]

또한 『동아일보』의 어느 기자는 금융조합과 소작농민의 관계를 다음과 같이 지적했다.

　　금융조합은 중농 이상 계급을 조합원에 가입케 하여 조합원에게만 대부한다. 농촌은 소농이 거의 전부임에도 불구하고 일부분인 중농계급이 금융조합에 가입하였음을 기화로 하여 조합으로부터 저리자금의 융통을 받아 소농에게 대금(貸金)하여 조합의 차부금(借付金) 회수수단의 가혹함에 못지않게 소

77) 『조선일보』 1931년 4월 12일자.
78) 全北警察部 「農業資金, 金融機關の缺陷」, 앞의 책.

농계급에 대하여 지극히 가혹한 수단으로 차금(借金)을 회수한다. 그리하여 중농은 조합에게 소농은 중농에게 재산차압을 당하여 결국 경가파산(傾家破産)하는 자가 적지 않다.[79]

소작농민 이하의 경우 그 농업자금의 차용을 일반 고리대업자에게 의존할 수밖에 없었으며 이 때문에 이 시기의 고리대금업은 전국적으로 번창해갔다. 1929년의 『동아일보』는

　　금년 6월 현재 조선 내 대금업자와 전당국(典當局) 영업자의 총수는 전당국 1569인, 대금업자 7556인 도합 8002인으로 작년 동기와 비교하여보면 총수로 보면 1065인의 증가이나 전당국은 58점이 감소하고 대금업자는 1123점이 증가하였다. 전당국의 감소의 원인은 경찰의 단속이 까다롭고 또한 전당국으로 돈을 모으면 대금업으로 옮아가게 되는 까닭인바 이 이유가 대금업자 증가의 한 원인이 된다.[80]

하고 표 1-12와 같은 전국 전당국 및 대금업자의 분포상황을 밝히고 있다.

이 통계는 "여기에 기록된 대금업이라는 것은 몇몇 법인조직을 제하고는 대개가 내용으로 나타나지 않고 하는 영업이다. 그러므로 정확한 숫자는 알 수 없는 것이 물론이나 이 숫자는 경관이 호구조사 시에 인정하는 것이므로 실수는 이 이상 더 많으리라 한다"는 단서가 붙어 있다.

이 시기에 와서 특히 대금업소가 연간 1천여 개소씩 증가하는 추세에

---

79) 「農村疲弊의 原因(3)」, 『동아일보』 1924년 6월 9일자.
80) 『동아일보』 1929년 12월 14일자. 이 기사 자체에도 계산상의 착오가 있으며 표에서도 전당국의 합계는 1569개소가 아니라 1510개소이다.

표 1-12_ 1929년 전국 전당국·대금업 분포

도별	전당국	대금업	계	도별	전당국	대금업	계
경기	431	1,124	1,555	황해	39	764	803
충북	23	220	243	평북	37	91	128
충남	73	465	538	평남	50	220	270
전북	228	539	767	강원	11	361	372
전남	136	1,757	1,893	함남	108	243	351
경북	118	602	720	함북	44	31	75
경남	212	1,139	1,351	계	1,510	7,556	9,066

있었으며, 표에서 보는 바와 같이 서울이 포함된 경기도와 곡창지대인 전라도·경상도 지역에 대금업자가 특히 집중되어 있었음을 알 수 있다.

이들 고리대금업자들이 실제로 농민들을 파산으로 몰아넣는 구체적인 예 몇 가지를 안성(安城)지방의 경우에서 들어보자.

첫째, 농민의 궁상(窮狀)을 기화로 생각하고 무슨 수단과 방법을 쓰든지 고리에 고리를 탐하려고 고심하여 보통 대차(貸借)의 이식이 연 5할 내지 8할에 달하게 됨.

둘째, 이와 같은 고리에도 담보물을 제공하게 되고 담보물을 미리 매도증서를 작성하여 대금업자가 소지하였다가 대금상환기일이 경과하면 즉시 소유권 이전 수속을 이행하도록 계약함.

셋째, 담보물이 없을 때는 2인 내지 5인의 보증인을 두게 되어 차금(借金)한 궁민이 상환기일을 경과하면 차주는 물론 그 보증인까지 가구·의류 등의 강제집행을 당함.

넷째, 춘간궁절(春間窮節) 또는 8, 9월경의 궁절을 당하여 농민의 양곡이 결핍하고 신곡은 아직 수확할 시기가 되지 못함에 농민은 보리 또는 쌀의 수확기를 목전에 두고도 양곡 융통이 곤란하게 되어 거의 아사할 수밖에 없는 참경에 빠지는 것이다. 이때에 고리대금업자는 호기를 당하였다 생각하고 극단으로 농민착취의 수단을 농(弄)한다. 그리하여 춘기(음력 3, 4월경)·추기(음력 7, 8월경) 양기로 '보릿돈' '볏돈'이라는 명칭으로 모맥(牟麥) 또는 정조(正租)의 예매 형식에 의하여 극히 고리의 대금을 하게 된다.[81]

볏돈의 경우 "수확 후에는 석당 17원 내지 18원에 팔 수 있는 벼를 하곡 절량기인 음력 7, 8월에 석당 7원 내지 8원에 이른바 입도선매(立稻先賣)하지 않으면 안 되었으니, 원금 7원의 3개월 이자가 10원이어서 7원의 1개월 이자가 3원 33전, 즉 월 4할 7부 이상의 이자를 물고 벼를 예매"하였으니[82] 식민지시기를 통해 농촌 고리대가 얼마나 심했는가를 짐작할 수 있다.

한편 '보릿돈'의 경우도 사정은 같았다. "한재가 있거나 풍재가 있거나 간에 사철 배가 부른 대구 부자 몇몇은 빈민의 궁상을 이용하여 큰 이익을 보고자 전당업자를 앞잡이로 내세워 예천(醴泉)·군위(軍威)·의성(義城)·경산(慶山) 등 재해가 심한 지방으로 돌아다니며 논 1두락의 면적에서 소산될 보리 10두를 성곡 후에 받기로 하고 5원 내지 6원의 헐값으로 예매(豫買)를 하러 다니는 간상이 있으므로 (…) 불과 3개월 내면 수확될 보리를 헐값으로 사고자 하는 것은 인도상 용서치 못할 폭리를 탐하는 것이라"[83] 한 것과 같이 하곡도 선매되고 있었으며 그 예매가는 실가의 절반밖에 안 되었던 것이다.

빈농들이 부채 때문에 시달리는 것은 민간 고리대금업자에 한정된

---

81) 地方論壇「農民의 窮狀」,『동아일보』1927년 9월 5일자.

82) 『동아일보』1924년 10월 20일자.

83) 『동아일보』1929년 4월 10일자.

것이 아니었고 동양척식회사나 금융조합의 경우도 같았다. 몇 가지 예를 들어보자.

동양척식회사 사리원지점 안에는 봉산군(鳳山郡) 사인면(舍人面) 소작인 20명이 달려들어 일장의 통곡을 하며 진정을 하였는데 소작인들의 말을 들은즉 소작료와 비료대금을 내지 못한 소작인들과 연대인에게 집행한 것이 지난 29일부터 30일까지 50호라는데 집행한 물건은 볏짚·의장·물독·의복·가마·이불·식기까지 눈에 띄는 것은 모조리 집행을 하여 지금 당장에 입고 먹을 것은 고사하고 추운 이때 방에 불 땔 것도 없이 지독한 집행을 한바 (…)[84]

동척회사의 소작인에 대한 부채상환 방법으로서의 이른바 '집행(執行)'이 얼마나 철저하고 가혹한 것이었던가를 말해주고 있지만, 금융조합의 경우도 같았다.

경북 김천금융조합에서는 금번 김천군 봉산면(鳳山面) 외 5면의 동조합원 120여 명에게 대하여 작년과 같이 심한 한재로 한 말의 쌀을 얻지 못하여 울고 있는 그들에게 대부금 최고 2백 원 최하 20~30원에 지나지 못한 것으로 지불기일이 경과하였다 하여 의복 한 벌 쌀 한 되 남기지 않고 동산 전부를 작년 12월 말까지 차압하여 일반 세민의 주목을 끌며 (…)[85]

고리대금업자에 의한 작물선매와 지주 및 금융기관에 의한 소작농민의 가정집물 등 재산 차압에서 식민지시기 농촌 실정의 특징적인 면을

---

84) 『동아일보』 1925년 2월 3일자.
85) 『동아일보』 1929년 1월 13일자.

볼 수 있으며, 그 위에 법원을 통한 이른바 '입도차압(立稻差押)'의 빈번함에서도 또한 식민지 농촌정책의 한 면을 볼 수 있다.

1930년의 경우 법원을 통해 수확 이전의 벼가 논에 선 채 차압된 것이 8천여 건이나 되었는데, 차압권자는 개인지주가 14%, 금융조합이 16%, 회사가 6%, 기타가 64%였다. 구체적으로 전주지법 정읍지청을 예를 들면 지불명령 및 차압 건수가 1931년의 경우 10월 6일까지 2484건이었는데 그것은 전년의 같은 날짜에 비해 615건이 증가한 것이었으며, 해주지법 송화(松禾)지청의 경우 1931년 9월 중의 입도차압 지불명령이 541건이나 있었다.[86]

1931년의 전국 '입도차압' 건수는 더 증가하여 9991건이었다. 그 내용은 개인금융업자가 7102건, 금융조합이 1591건, 개인지주가 969건, 회사가 329건이었으며, 지방별로는 경기도가 523건, 충북이 536건, 충남이 1822건, 전북이 1703건, 전남이 1626건, 경북이 528건, 경남이 2286건, 황해도가 593건, 평남이 30건, 평북이 50건, 강원도가 244건, 함남이 50건이었고, 유일하게 함북이 한 건도 없었다.[87]

'입도차압' 9991건 중 소작료 체납으로 인한 것이 20%라 했는데 개인지주와 토지회사의 차압이 대부분 그것이라 생각되며 개인금융업자의 차압이 많은 것은 고리대와 '입도선매'에 의한 것이라 생각된다. 지방별로는 충남·전북·전남·경남 등의 지주·소작세가 가장 발달했던 지역에 '입도차압'이 가장 성행했음을 말해준다.

식민지 농업정책 특히 그 지곡가정책은 소작농은 물론 자소작·자작농민까지도 영농수지 자체의 적자가 누적되게 했고 그 결과로 인한 고

---

86) 『조선일보』 1931년 10월 11일자.
87) 『조선일보』 1933년 2월 13일자.

리대의 횡행, 재산·생산물차압 등의 강행으로 결국 농민들로 하여금 흉풍에 관계없이 파산·유민화·걸인화의 길을 걷지 않을 수 없게 했다. 이제 구체적 사례를 몇 가지 들어보자.

사례 15

경남 밀양군(密陽郡) 하남면(下南面) 백산리(栢山里)는 낙동간 연안에 있는 농촌으로서 8백여 호가 집중되어 있는 큰 부락인데 가을이 되어 추수를 하고 보니 지주에게 소작료를 바치고 나면 농사비용으로 쓴 남의 빚과 비료대금 등을 도저히 갚을 여유가 없겠고 혹은 근근이 그러한 채무를 갚을 힘이 있다 하더라도 서로 연대(連帶)가 되어 빚을 얻어 쓰고 비료도 사 썼으므로 그것 저것 다 청산하려면 추수한 것으로서는 역시 부족이 될 뿐이고 그냥 뻗대고 있을지라도 지주에게 소작권을 빼앗기게 되고 말 것이므로 미리 짐작하고 살던 살림과 집을 그냥 그대로 가만히 두고 입을 의복만 몇 가지씩 보퉁이에 싸가지고 남부여대(男負女戴)로 남몰래 밤중에 부지거처(不知去處)하게 도주한 것이 불과 한 달 동안에 40여 호에 달한다는데 이 앞으로도 장차 더 도주하게 될 사람이 적지 않으리라 한다.[88]

사례 16

충남 대전(大田)은 근래에 드문 풍년을 이루었으되 뜻하지 않은 곡가폭락으로 말미암아 농촌의 공황은 날로 심하여가는 중 채주(債主)의 차압과 경매 등으로 입도를 손도 못대는 것이 적지 않으며 소작료·수세, 기타 잡종 세금·비용 등으로 지은 농사는 다 빼앗기고 빈 짚단만 잡게 된 농꾼이 대전군 내에만 무려 8천~9천 명에 달하여 정든 고향을 버리고 살길을 찾아 멀리 일본과

---

88) 『동아일보』 1930년 12월 2일자.

북간도(北間島)로 떠나는 유리군이 매일 늘어간다 하며 (…) 온천장과 시내에
는 굶주린 끝에 누렇게 된 얼굴로 밥 얻으러 다니는 걸식군이 매일 50~60명
을 세이는 참담한 광경을 이루고 있다 한다.[89]

사례 17

전남 고흥군(高興郡) 동강면(東江面) 매곡리(梅谷里) 송용호(宋龍浩, 47세)
란 사람은 50여 두락 토지를 가지고 10여 식구가 기탄 없이 살아오다가 수년
간에 그 재산이 전부 없어졌을 뿐 아니라 1200여 원의 부채가 생겨 밤낮 졸려
오던 중 30여 두락의 농사를 지었으나 채권자가 다 가져가고 10여 가족이 당
분간 호구할 것도 없는데 남은 채주의 독촉과 압박은 쉴 사이 없는지라 졸리
다 못하여 지난 6일 밤에 가장집물에다 각기 표지를 써 붙이되 집은 금융조합
에 밭은 박문협(朴文俠)에게 각기 가져가게 하여놓고 입은 의복으로 가권이
전부 도주하였다 한다.[90]

사례 18

전북 전주(全州)지방에는 벼값이 하도 엄청나게 폭락되는 관계로 풍년을
등진 농민은 채금(債金)과 지주의 비료대금에 부지할 수 없어 남부여대로 유
리하여 정든 고토를 등지고 밤중에 도주하는 자가 속출하는 바람에 그 부락
에서 소위 자작(自作)이라는 농민도 부지할 수 없다는데 지주나 농장이나 다
소의 농자를 대출하는 부호로부터 그 부락 주호(主戶, 中農者)의 연대(連帶)가
아니면 모든 농자를 대부할 수 없다고 거절하는 관계로 어쩔 수 없이 한 동리
에서 거주하는 인정에 구애되어 연대의 책임이 있었던바 채무자는 야간도주

89) 『동아일보』 1930년 12월 3일자.
90) 『동아일보』 1930년 12월 18일자.

하므로 채권자는 지불명령과 강제집행장이 속출하여 농촌에서는 자작·소작할 것 없이 그 참상을 비할 수 없다는데 도주자는 전주군에 2백여 호에 달한 바 (…) 각 면별로 보면 다음과 같다. 구이면(九耳面) 23호, 용진면(龍進面) 25호, 초포면(草浦面) 8호, 상관면(上關面) 12호, 우림면(雨林面) 5호, 삼례면(三禮面) 18호, 봉동면(鳳東面) 7호, 전면(田面) 3호, 이동면(伊東面) 9호, 화산면(華山面) 8호, 조촌면(助村面) 9호, 이서면(伊西面) 6호, 소양면(所陽面) 13호, 고산면(高山面) 5호, 동상면(東上面) 10호, 비봉면(飛鳳面) 9호, 운선면(雲仙面) 18호, 운동하면(雲東下面) 12호, 삼기면(三奇面) 11호.[91]

이상의 예들이 세계적 경제공황의 영향이 절정에 다다랐던 1930년대 초반에 집중된 것이기는 하지만, 식민지시기 전체를 통한 일본의 조선에 대한 농업정책 일반이 조선 농촌의 계급구조를 지주와 소작농으로 양분하는 데로 나아가고, 조선 농촌을 그 식량공급지로 확보하면서 저곡가정책을 계속 유지한 이상 대지주층을 제외한 중소지주·자작농·자소작농·소작농은 적자영농·부채누증·파산이농의 길을 피할 수 없었던 것이다.

5. 농촌빈민수의 증가

일본의 조선에 대한 식민지 농업정책이 대토지소유제를 촉진하여 소작농민이 급증하게 하고 그 소작제가 지주의 이익을 보호하는 방향으로 나아감으로써 소작조건이 계속 악화되게 했으며, 이 때문에 소작농

---

91) 『동아일보』 1930년 12월 31일자.

민의 경영수지는 악화되고 농민부채는 증가하기만 했다. 이와 같은 식민지 농업정책은 결국 지주를 제외한 농민 전체를 빈궁 속으로 몰아넣었고, 따라서 전체 식민지시기를 통해 농촌빈민은 계속 양산될 수밖에 없었다.

그러나 조선총독부는 이들 빈민의 수를 해마다 통계했으면서 모두 공개하지는 않았으며, 이와 같은 사정을 1920년대의 『동아일보』는 다음과 같이 전하고 있다.

조선총독부에서는 행정상 필요로 일반 조선인의 생활상태를 조사하여 매년 통계를 꾸며오는데 작금 양년에 이르러서는 일반 생활정도가 매우 낮아져 궁민(窮民)의 수효가 엄청나게 증가되는 상황이므로 극비밀리에 조사케 하여 이달에 이르러서 겨우 각 도 조사가 종합되었는데 예상한 바와 같이 궁민의 수효가 매우 격증하였으므로 예전과 달리 발표하지 않고 은닉하다시피 중요한 당국자들 사이에만 돌려본다는데 그 이유는 궁민의 격증은 총독정치의 성적이 좋지 못하다는 증거로 볼 수 있는 것일뿐더러 민심에 좋지 못한 영향을 주리라 하여 숨기는 것이라는데 표면의 구실은 조사가 되기는 하였으나 궁민의 표준이 지방에 따라 달라서 발표할 수 없다는 것이라더라.[92]

조선총독부는 그 농업정책의 결과로 해마다 증가하는 빈민의 수를 행정자료로 조사한 것 같지만, 이 기사가 전하는 것과 같이 그것을 공개하지 않았으며 따라서 『조선총독부 통계연보』와 같은 공식자료에 신지 않았다. 다만 당시의 『동아일보』『조선일보』 등이 빈민들의 통계와 그 생활실정을 일부 전하고 있으며, 또 이 글에서 인용한 전북경찰부의

---

92) 『동아일보』 1927년 6월 8일자.

표 1-13_ 1925년 9월 말 현재 전국 궁농호수 (단위: 호, %)

	지주	자작	자소작	소작	궁농	계	궁농 비율
경기	19,115	25,000	73,942	114,532	13,855	246,444	6.1
충북	3,777	15,536	53,224	54,141	7,597	134,275	5.8
충남	4,890	15,012	65,257	94,369	7,654	187,182	4.2
전북	3,173	14,212	58,773	111,765	23,317	211,240	11.2
전남	26,269	68,306	130,275	103,811	27,533	356,194	8.3
경북	8,791	60,523	134,872	104,770	24,030	332,986	7.4
경남	9,208	38,975	93,920	122,715	25,567	290,385	9.1
황해	10,715	39,770	74,978	93,709	7,668	226,840	3.5
평남	6,390	28,909	46,657	36,529	2,654	121,139	2.3
평북	14,474	52,918	49,757	62,627	7,503	187,279	4.3
강원	6,025	58,250	72,309	48,297	9,808	194,689	5.2
함남	5,824	89,260	49,081	22,858	4,774	171,797	2.9
함북	3,334	47,007	14,166	3,615	259	68,381	0.4
계	121,985	553,678	917,211	973,738	162,219	2,728,831	6.2

* 궁농 비율은 자작농 이하에 대한 비율

『세민의 생활상태 조사』와 같은 극비문서로서 일부 남아 있을 뿐이다.

조선총독부가 그 행정기관을 통해 조사한 농촌빈민의 전국적 통계는 1925년 9월 말 현재의 것이 지금의 우리가 구할 수 있는 최초의 것이 아닌가 한다.[93] 표 1-13에서 보는 바와 같이 궁농(窮農)의 비율이 제일 높

---

93) 이 통계는 젠쇼오 에이스께(善生永助)가 『朝鮮』 1928년 2월호에 쓴 「朝鮮に於ける貧富考察」에 실려 있으며, 같은 통계가 『동아일보』 1926년 1월 22일자의 「朝鮮의 窮農民 16萬餘戶」 제하에 실려 있다. 총독부 관리이던 젠쇼오 에이스께가 앞의 논문에서 "종래 완전한 국부의 조사 및 가계조사가 실시되지 않은 아국(我國)에 있어서 빈부에 관한 연구를 한다는 것은 극히 곤란하며, 특히 조선에 있어서는 이런 유의 자료를 얻기는 더욱 불편함을 느끼는 것이다"라고 한 것으로 보아 아마 이 통계가 빈농조사의 최초의 것이 아닌가 한다.

표 1-14_ 1928년 11월 현재 5개도 빈궁농호수 (단위: 호, %)

	총농가호*	빈농호	궁농호	빈궁호 비율
경기	237,117	44,542	4,998	20.9
충북	136,219	18,776	3,043	16.0
전북	222,914	31,675	7,050	17.4
경북	351,759	53,585	12,336	18.7
황해	230,200	74,363	6,632	35.2
계	1,178,209	222,941	34,059	21.8

* 1928년 12월 말 현재, 朝鮮總督府 殖産局『朝鮮の農業事情』, 1930, 1~2면. 지주호 포함.

은 지방은 전라북도로서 지주를 제외한 전체 농민호의 11%나 되며 전국 평균 궁농호는 역시 지주호를 제외한 전체 농민호의 6.2%이고 그 실제 호수는 16만 2219호나 된다.

이 통계가 말하는 궁농호가 구체적으로 그 생활상태가 어느 정도인 농민들을 가리키는지 분명하지 않지만, 이보다 3년 후인 1928년에는 한재(旱災)가 비교적 심했던 전국 5개 도의 빈농호 및 궁농호 통계가 나와 있다. 이 조사는 각 도의 행정기관이 실시한 것이며, 궁농으로 조사된 농가는 "당장 먹을 것이 없어 초근목피(草根木皮)로 목숨을 이어가는 현상에 빠져 있는 사람"이라 했다. 이 수를 그해의 총농가호수와 대비해보면 표 1-14와 같다.[94]

1928년이 한재가 든 해였기 때문이지만, 1925년과 대비해보면 빈궁호가 대폭 증가했으며 특히 피해가 심했던 황해도는 10배 가까이 증가하고 있음을 볼 수 있다. 재해 앞에서 농민들은 거의 무방비 상태로 있었던 것이다. 그러나 재해년만 빈궁민호가 특별히 많았던 것이 아니며

94) 『동아일보』 1928년 11월 18일자.

공식으로 발표된 이들 빈궁농호수는 실수보다 훨씬 줄여진 숫자였다.

조선총독부의 농림국이 1932년에 작성한 비밀문서『농촌궁민의 실정과 농촌구제대책안 참고자료』에 실린, 1930년에 조사된「조선에 있어서의 춘궁 상태에 있는 농민호수」는 다음의 표 1-15와 같다.[95] 표에 의하면 전국 자작농호의 평균 17.6%, 자소작농호의 평균 36.5%, 소작농호의 평균 66.8%가 춘궁 상태에 있는 농가호로서 표 1-13의 1925년 비율보다 훨씬 높고 재해가 심했던 표 1-14의 1928년 비율보다도 더 높음을 알 수 있다. 조선총독부에 의해 공개된 자료의 빈민수보다 비밀문서 속의 그것이 더 높음을 여실히 볼 수 있는 것이다.

1932년의『조선일보』는 그 사설에서 "쇼오와(昭和) 5년(1930) 말 현재 농가호수는 조선 총호수 380만 호 중 286만 호로 전호수의 8할 5분을 차지하였고 이 286만 호의 농가호수에서 자작 겸 소작 농가가 222만 호로 전농가호수의 7할강(强)을 점령하였으며 이 220만 호 중 신·구량(新舊糧)의 상계(相繼)라도 겨우 해가는 농가는 약 1할인 22만 호에 불과하고 나머지는 궁곤계급(窮困階級)에 속하는 부대일 뿐만 아니라 그중 약 90만 호는 현재 식량이 결핍(缺乏)되어 초근목피로도 연명키 어려운 참담을 극하고 있는 농민들이라고 하니 이 얼마나 무서운 숫자이며 한심한 현상인가"[96] 하고 썼다. 여기에서 말하는 '자작 겸 소작 농가'는 지주농과 자작농을 제외한 자소작과 순소작농을 가리키며, 앞의 비밀문서의 통계와 비슷한 빈궁호수가 제시되고 있다.

1933년의 경우도 식민지 지배당국의 조사에 의하면 "춘계 식량 단경기(端境期)에 생활에 궁(窮)하는 농가수" 즉 춘궁농민호가 전국적으로

95) 朝鮮總督府 農林局「朝鮮ニ於ケル春窮狀態ニアル農民戶數」(昭和5年調),『農村窮民の實情と農村救濟對策案參考資料』, 1932.
96)『조선일보』1932년 2월 20일자.

표 1-15_ 1930년 춘궁 상태에 있는 농가호수 (단위: 호, %)

지역별	자작농			자소작농			소작농			계		
	총호수	빈농호	비율	총호수	빈농호	비율	총호수	빈농호	비율	총호수	빈농호	비율
경기	18,436	2,407	13.1	66,680	22,233	33.3	139,022	97,001	69.8	224,138	121,641	54.3
충북	16,152	3,564	22.1	44,392	17,891	40.3	71,346	54,435	76.3	131,890	75,890	57.5
충남	14,353	4,438	30.9	53,352	24,104	45.2	93,504	83,764	89.6	161,209	112,306	69.7
전북	10,798	3,098	28.7	54,443	23,191	42.6	154,469	110,469	71.5	219,710	136,758	62.2
전남	63,401	14,721	23.2	110,896	52,028	46.9	127,573	103,588	81.2	301,870	170,337	56.4
경북	67,484	13,477	20.0	130,466	47,129	36.1	145,949	84,289	57.8	343,899	144,895	42.1
경남	39,327	8,354	21.2	91,197	33,892	37.2	138,686	87,626	63.2	269,210	129,872	48.2
황해	34,028	4,159	12.2	64,844	22,017	34.0	119,902	75,511	63.0	218,774	101,687	46.5
평남	33,031	4,733	14.3	61,380	17,209	28.0	57,418	33,557	58.4	151,829	55,499	36.6
평북	37,232	3,279	8.8	46,307	9,001	19.4	85,525	36,015	42.1	169,064	48,295	28.6
강원	51,471	6,418	12.5	77,014	21,160	27.5	66,785	34,987	52.4	195,270	62,565	32.0
함남	72,429	15,003	20.7	53,091	22,383	42.2	30,342	21,950	72.3	155,862	59,336	38.1
함북	44,741	4,708	10.5	15,463	5,507	35.6	6,175	3,411	55.2	66,379	13,626	20.5
계	502,883	88,359	17.6	869,525	317,745	36.5	1,236,696	826,603	66.8	2,609,104	1,232,707	47.2

표 1-16_ 1933년 1월 현재 전국 춘궁민호수 (단위: 호, %)

	총농가호수	춘궁민호수	춘궁민호 비율
경기	231,558	121,641	52.5
충북	136,866	75,890	55.4
충남	207,106	112,306	54.2
전북	212,631	136,758	64.3
전남	356,261	170,337	47.8
경북	345,830	144,895	41.9
경남	275,715	129,872	47.1
황해	231,776	101,687	43.9
평남	171,891	55,499	32.3
평북	210,173	48,299	23.0
강원	222,183	83,143	37.4
함남	184,827	59,336	32.1
함북	77,106	13,636	17.7
계	2,863,923	1,253,299	43.8

*총농가호수는 『朝鮮總督府統計年報』 1932년분에 의함.

125만 3299호나 되어 전국 총농가 286만 호의 약 44%나 되었으며, 구체적으로는 자작농 춘궁민이 9만 2304호, 자소작농이 32만 3470호, 소작농이 83만 7511호나 되었다. 이 통계를 각 도별로 나누고 전체 농가호 중의 비율을 계산해보면 표 1-16과 같다.[97] 대체로 지주호를 포함한 전체 농가의 약 절반이 춘궁민이었음을 알 수 있다. 또한 이 표에서 보는 바와 같이 농업생산력의 대부분을 차지하는 남부지방에 특히 춘궁민의 비율이 높으며, 흔히 곡창지대라 말하는 전라북도 지방의 경우도

97) 『조선일보』 1933년 1월 10일자. 춘궁민호수의 도별 합계는 125만 3299호이고 자작농, 자소작농, 소작농 호수의 합계는 125만 3285호로 서로 차이가 있다.

예외는 아니다. 우선 식민지시대의 농촌빈민의 양적 증가 문제를 전라북도 지방으로 좁혀서 한층 더 상세히 살펴보자.

1924년『동아일보』특파원 국기열(鞠琦烈)의 현지조사에 의하면, 당시 전라북도의 총호수는 24만 2492호이며 총인구는 122만 5806명인데 '다른 사람에게 돈이나 곡식을 꾸어줄 여유가 있는 재산계급'이 7239호에 4만 3572명, '자작자급할 만한 정도의 중류계급'이 5만 7032호에 31만 5014명, '생활의 기본자료가 없어 다른 사람에게 돈이나 곡식의 융통을 받지 않으면 생활하지 못하는 빈민계급'이 14만 7131호에 71만 1346명, '전혀 자산을 소유치 못할 뿐만 아니라 융통을 받을 능력과 신용도 없고 구조를 필요로 하는 궁민계급'이 3만 1329호에 15만 6876명이라 했다.[98] 이 경우 전라북도 빈궁민은 그 전체 인구의 70.8%가 된다.

조선총독부의 행정당국이 1925년에 조사한 표 1-13에서는 전라북도의 궁농이 11.2%로 나왔고 1928년 조사의 표 1-14에서는 17.4%라 했으며, 1933년에 조사한 표 1-16에서는 64.3%였는데 신문기자의 현지조사에서는 1924년에 이미 70.8%로 보고되었다. 조사방법과 기준에 차이가 있겠지만, 식민지 행정당국의 조사를 기준으로 해도 전라북도의 경우 풍·흉년에 관계없이 대체로 전체 가호의 40% 이상이 빈궁민이었음이 확실하다. 1932년에 식민지 경찰에 의해 비밀리에 조사된 전라북도의 세민호는 11만 5670호였으며[99] 이해의 전라북도 조선인 세대수는 27만 5491호였다.[100] 이들 자료에 의하면 전라북도 총호수 중에서 세민호가 차지하는 비율은 42%가 되는 것이다.

전라북도의 빈민수를 좀더 구체적으로 파악하기 위해 자료가 있는

---

98)『동아일보』1924년 10월 12일자. 여기에도 통계에 착오가 있다.

99) 全北警察部「細民負債調」, 앞의 책 표 11 참조.

100)『朝鮮總督府統計年報』1932년분, 24면.

몇 개 군의 경우를 살펴보자. 전라북도 곡창지대의 핵심지역인 김제군(金堤郡) 내 13개 면의 경우 1925년의 한 신문통계에 의하면 군내의 빈민 중 "당장 구조를 베풀지 아니하면 생활을 영위키 어려운 갑종궁민(甲種窮民)"이 391호에 808명이며 아마 이보다는 조금 사정이 나은 궁민을 가리키는 것이 아닌가 하는 을종궁민이 2114호에 6085명, 그보다 조금 더 나은 궁민이라 생각되는 병종궁민이 1943호에 1만 2786명이다.[101] 이들 3종 궁민의 합계는 4448호에 1만 9679명이 된다. 같은 해의 『조선총독부 통계연보』에 나타난 김제군의 조선인 세대수가 2만 1860호이며 그 인구가 11만 8400명이므로[102] 전체 군민 중에서 이들 궁민호가 차지하는 비율은 20.3%, 그 인구 비율은 16.6%여서, 호수 비율에서는 앞에서 든 비슷한 시기인 1925년의 전라북도 전체 비율 11.2%보다 높고 1928년의 17.4%보다도 높다.

한편 이보다 6년 후인 1931년에도 김제군의 "작년 대풍의 곡식은 간 곳이 없고 주림에 직면한 농민"들의 춘궁을 앞둔 '풍년 기아상(飢餓相)'을 조사한 기록이 있다.[103] 이해 김제군의 농가 총호수는 2만 14호이며 그 가운데 양력 3월에 이미 식량이 떨어진 농가가 1만 4054호, 농자(農資)가 없어진 농가가 1만 8502호로 조사되어 있다. 결국 절량(絶糧)농가는 전체 농가의 70%나 되며 농자가 없어진 농가는 전체의 92%나 되었다.

이 조사는 또 "총농가호수 2만 14호 중 보리 날 때까지 생활을 지속할 호수가 3954호, 9월 말까지 생계를 지속할 호수가 겨우 2003호에 불과하고 1만 4054호라는 반수 이상이 현재에 식량이 절핍되어 가긍한

101) 『동아일보』 1925년 3월 15일자.
102) 『朝鮮總督府統計年報』 1932년분, 26면.
103) 『조선일보』 1931년 3월 25일자.

처지에 있다"고 말하고 있다. 이른바 보릿고개를 넘길 수 있는 농가가 20% 미만이며 추수할 때까지 식량을 확보할 수 있는 농가가 10%에 불과했던 것이다.

전국 제일의 곡창지대인 김제지방에서 전년도가 풍년이었는데도 불구하고 전체 농가의 절반이 양력 3월에 이미 절량 상태에 있었고 보릿고개를 무난히 넘길 수 있는 농가가 20%, 추수기까지 견딜 수 있는 농가가 10%에 불과한 실정이었다. 이와 같은 곡창지대에서도 농민들의 빈궁생활은 이미 농사의 풍·흉에 관계없이 만성적인 것이 되어 있었던 것이다. 그러나 이와 같은 신문자료와는 달리 앞에서 든 전북경찰부가 1932년에 조사한『세민의 생활상태 조사』에 나타난 김제군의 세민호는 9848호이며 같은 해『조선총독부 통계연보』의 같은 군 조선인 세대수는 2만 6554호여서 결국 전체 가호의 37.1%가 세민호인 계산이 된다.

한편 평야지대인 전라북도 지방 농민의 궁핍화 현상은 다른 군의 경우도 대체로 같았다. 정읍군(井邑郡)의 경우를 보자. 앞에서 든 1924년의『동아일보』기자 국기열의 조사에 의하면 이 군의 총호수 2만 7152호, 인구 13만 8990명 중 '자산계급'이 550호 2865명, '중류계급' 2650호에 2만 8056명, '빈민계급'이 2만 250호에 9만 1236명, '궁민계급'이 3662호에 1만 6836명으로 되어 있다.[104] 빈궁민호의 비율은 호수에 있어서는 88.1%, 인구에 있어서는 78%나 되는 셈이다. 역시 경찰 측의 1932년『세민의 생활상태 조사』에서 정읍군 세민호는 1만 3863호이고 그 비율은 51%가 되어 1924년의 신문통계보다는 상당히 떨어진다.

또한 1929년의『동아일보』기사는 전주군(全州郡)의 춘궁빈민을 5379호에 2만 2353명으로 보도하고 있는데[105]『통계연보』의 같은 해

104)『동아일보』1924년 10월 18일자. 여기에도 통계상의 착오가 있다.

같은 군의 조선인 세대수는 3만 1239호에 인구가 15만 6105명으로
되어 있어서 결국 이 시기 전주군의 춘궁빈민의 비율은 호수에서는
17.2%, 인구수에서는 14.3%로 계산된다. 그러나 1932년의 『세민의 생
활상태 조사』에서 조사된 전주군의 세민은 1만 365호이며 『통계연보』
의 같은 군 조선인 세대수는 3만 2941세대여서 세민호의 비율은 31.5%
가 되어 앞의 경우보다 훨씬 높다.

이상에서 흔히 곡창지대로 불리는 전라북도의 농촌빈민 증가 추세를
살펴보았지만, 다른 도의 경우도 실정은 다르지 않다. 전라남도의 경우
1930년 10월 1일 현재 총호수 47만 1323호, 인구 233만 2200명인 데 비
해 도 당국이 조사한 1930년 12월 말 현재의 궁민수는 자작 겸 소작이
12만 7528호에 63만 7590명, 순소작이 15만 4422호에 77만 2110명, 화
전민이 1952호에 9760명이어서 합계 28만 3902호에 141만 9460명이었
다.[106] 이 경우 전체 인구 중 궁민의 비율은 호수에서 60.2%이며 인구
수에서는 60.9%나 되는 것이다.

또한 이를 좀더 상세히 보면 1930년도 전라남도의 자작 겸 소작호의
총수는 13만 61호이므로 전체 자작 겸 소작호의 98%가 궁민호이며 역
시 같은 해의 순소작호는 16만 96호이므로[107] 전체 순소작호의 96.5%
가 궁농호(窮農戶)였다. 결국 전라남도 자소작농가와 소작농가의 거의
전부가 조선총독부 당국이 설정한 기준의 궁민호에 해당한 것이다.

전라남도의 경우 1933년 3월 말 현재로 조선인과 일본인의 민족별
세궁민 조사가 있으며 그 내용은 표 1-17과 같다.[108] "생활상 궁박(窮

105) 『동아일보』 1929년 5월 14일자.
106) 『동아일보』 1931년 1월 29일자.
107) 朝鮮總督府 農林局 『朝鮮ニ於ケル小作ニ關スル參考事項摘要』 13면.
108) 『동아일보』 1933년 5월 6일자.

표 1-17_ 1933년 3월 말 현재 전남 세궁민 조사

	조선인	조선인 비율	총호구 비율	일본인	일본인 비율	총호구 비율
총호구	442,036(호)	-	97.8%	9,804(호)	-	2.2%
	2,237,127(명)	-	98.2%	41,385(명)	-	1.8%
세민호구	121,386	27.5%	26.9%	441	4.5%	0.1%
	556,294	24.9%	24.4%	1,912	4.6%	0.08%
궁민호구	68,678	15.5%	15.2%	9	0.09%	0.002%
	301,238	13.5%	13.2%	28	0.07%	0.001%
걸인	15,141	0.7%	0.7%	-	-	-

迫)은 심하나 근근이 생활하는 자"를 세민(細民), "궁박이 심하여 타인의 구제를 요하는 자"를 궁민(窮民)으로 분류한 이 조사에 의하면 조선인 세·궁민을 합친 비율은 조선인 전체 호수의 43%, 조선인 전체 인구의 38.4%이지만 일본인의 경우는 호수에서는 약 4.6%, 인구수에서는 4.7%를 차지할 뿐이다. 이 시기 전라남도의 경우 대체로 보아 조선인의 약 40%가 세·궁민이었고 일본인 약 5%가 세·궁민이었던 것이다.

한편 경상남북도의 경우 1927년의 세궁민 통계는 대체로 전체 호구 수의 10% 내외로 나와 있다. 경상북도 경찰부의 조사에 의하면 역시 "타(他)의 구조를 요하지는 아니하더라도 생활상 아주 궁박한 자"인 세민이 4만 1128호에 17만 9034명이며 "아무리 하여도 타의 구조를 요하지 않고는 도저히 연명할 가망이 없는 자"인 궁민이 9959호에 3만 7520명이다.[109] 전년 국세조사에 의한 경상북도의 총호수가 43만 9564호라 했으므로 결국 전체 호수의 11.6%가 세궁민호인 것이다.

---

109) 『동아일보』 1927년 1월 16일자.

역시 같은 시기 경상남도의 경우도 도 당국의 조사에 의하면 전도(全道)의 세민이 16만 1674명이고 궁민이 2만 7177명이어서[110] 합계 18만 8851명이며 같은 해 경상남도의 조선인 인구가 188만 8491명이었으므로[111] 전체 도민 중의 세궁민 비율은 10%이다. 이 두 자료는 재해년이 아닌 평년의 통계이며 총독부 통계로는 경상북도의 경우 평균 10% 내외의 세궁민이 있었다고 할 수 있을 것 같다.

그러나 일단 재해년이 되면 사정은 전혀 달라진다. "2만 6천여 호가 생활하는 달성군(達城郡)의 전호구 중 지주 450호, 자작농 2500호, 자작 겸 소작농 7천 호 중 약 3천 호, 모두 합하여 6천여 호를 제하고 그 나머지 약 2만 호라는 전호구의 3분의 2는 양도(糧道)가 끊어져 가재도구를 팔아서 겨우 연명하는 터이요 그중에서도 3천 호는 팔려야 팔 것도 없고 벌려야 벌 사람도 없는 죽지 못하여 목숨을 이어가는 죽음에 직면한 사람이다"[112]라고 한 경우가 그 한 예이다.

신문기자의 「한재지답사(旱災地踏査)」가 말해주고 있는 1929년의 경북 달성군의 경우 절량농가 약 2천 호는 총호수의 76.9%에 해당하며, 적빈호(赤貧戶)라 표현한 3천 호는 총호수의 11.5%나 되는 것이다. 이 경우 재해년이어서 궁민호의 비율이 앞의 경상남북도 전체 궁민호 비율보다 크게 높아진 것이지만, 평상시의 궁민호 비율이 경상북도 경찰부나 경상남도 당국이 조사한 10% 내외인 것은 아닌 것 같다.

1929년 경상남도 함안군(咸安郡)의 빈민조사자료를 제시하면 표 1-18과 같다.[113] 같은 해 『조선총독부 통계연보』의 함안군 조선인 세대

---

110) 『동아일보』 1927년 1월 19일자.
111) 『朝鮮總督府統計年報』 1927년분, 22면.
112) 『동아일보』 1929년 4월 13일자.
113) 『동아일보』 1929년 11월 24일자.

표 1-18_ 1929년 경남 함안군 빈민호구 (단위: 호, 명)

면명	要救助戶數 및 인구		至急要救助戶數 및 인구	
咸安	183호	926명	270호	1,208명
伽倻	126	474	49	211
郡北	478	2,689	54	303
竹南	649	3,266	141	709
法守	0	0	77	288
代山	667	3,480	344	1,733
漆西	130	658	150	734
山仁	270	1,522	335	1,948
漆原	564	2,651	87	322
艅航	401	2,028	67	335
漆北	82	349	174	780
계	3,550	18,043	1,748	8,571

수는 1만 4701호, 인구수는 7만 4657명이므로 빈민의 비율은 호수에서는 36%, 인구수에서는 35.6%에 이른다. 1929년의 함안지방은 한재가 있어서 빈민 비율이 높은 것이라 할 수 있겠지만, 재해가 심하지 않은 경우도 빈민 비율이 이보다 더 높은 경우가 허다하다.

몇 가지 예를 들면, 1933년의 기사에 의하면 경상북도 고령군(高靈郡)은 총인구 5만 1090명 중 궁민이 2만 1513명으로서 그 비율이 42.1%나 되며[114] 같은 해의 경기도 지방도 전체 인구 202만 4387명 중 세민 43만 331명, 궁민 13만 6059명, 걸인 1894명 등 합계 56만 8284명이어서[115] 전체 인구의 28%나 된다. 또한 1932년 강원도 영월군(寧越郡)의

---

114) 『동아일보』 1933년 6월 6일자.
115) 『동아일보』 1933년 7월 1일자.

표 1-19_ 1932년 함남 기민수 (단위: 명, %)

표 1-19_ 1932년 함남 기민수 (단위: 명, %)

군명	조선 인구수	기민수	기민 비율
安邊	72,524	10,000	13.8
德源	56,743	8,000	14.1
文川	38,403	7,000	18.2
高原	46,074	7,000	15.2
永興	133,347	15,000	11.2
定平	82,681	7,000	8.5
咸州	153,204	30,000	19.6
新興	96,047	15,000	15.6
豊山	79,046	8,000	10.1
洪原	87,834	15,000	17.1
北青	172,148	20,000	11.6
利原	45,196	8,000	17.7
端川	128,517	15,000	11.7
三水	63,907	25,000	39.1
甲山	117,657	70,000	59.5
계	1,373,328	260,000	18.9

경우도 행정당국의 조사에 의하면 총호수 1만 1천여 호 중 '아사절박자(餓死切迫者)'가 3388호, '기근에 빈(瀕)한 자'가 244호, 합계 3632호여서[116] 전체 호수의 33%나 된다.

식민지시대의 빈민수 통계가 재해의 영향이 큰 삼남지방에 치우쳐져 있으나, 북쪽지방이라고 해서 빈민이 없었던 것은 물론 아니다. 다만 기록이 많이 전하고 있지 않을 뿐인데 『조선일보』가 전하고 있는 1932년의 함경남북도 기근민(饑饉民)수를 총인구수와 비교하면 표

116) 『조선일보』 1932년 4월 14일자.

표 1-20_ 1932년 함북 기민수 (단위: 명, %)

군명	조선인구수	기민수	기민비율
鏡城	106,877	30,000	28.1
明川	120,342	35,000	29.1
吉州	76,167	15,000	19.7
城津	74,398	23,250	31.3
富寧	38,851	15,000	38.6
茂山	52,994	17,000	32.1
會寧	47,967	1,000	2.1
鐘城	39,624	15,000	37.9
穩城	27,723	1,000	3.6
慶源	32,348	5,000	15.5
慶興	53,318	15,000	28.1
羅南	9,061	500	5.5
淸津	26,036	300	1.2
계	705,706	173,050	24.5

* 城津邑의 기민은 城津郡에 포함

1-19[117]·표 1-20과[118] 같다. 함경남도 삼수군(三水郡)과 갑산군(甲山郡)의 빈민 비율이 특히 높은데 이 지방은 화전민들이 많은 지역이며, 함경북도의 경우 나남(羅南)·청진(淸津)과 같은 도시지역의 비율이 낮게 나와 있지만 이것은 이들 도시의 농민에 한한 통계이다. 신문기사에는 이들 군민 이외에 "연해(沿海) 수산자 중 약 7만 명 기근" "각 광산·공장·공사장 등의 노동자 중 1만 명 기근"이라 하여 도시와 광산 지역

---

117) 『조선일보』 1932년 3월 16일자. 조선 인구수는 『朝鮮總督府統計年報』 1932년분, 32면.

118) 『조선일보』 1932년 3월 10일자. 조선 인구수는 같은 책 34면. 두 표에서 보는 바와 같이 각 군의 기민수(饑民數)는 절대수는 아니다. 그러나 그것을 통해서도 대체적인 실정을 파악할 수는 있을 것이다.

에 따로 8만 명의 기민이 있음을 전하고 있다.

이상에서 대단히 단편적인 자료를 통해서나마 식민지시대의 농촌빈민이 전체 농가호 내지 농업인구 속에서 차지하는 비율이 얼마나 되었는가를 살펴보았다. 농사의 풍·흉에 따라 차이가 있고 또 식민지 행정당국의 통계와 신문기자들의 현지조사에서 나타나는 통계 사이에 상당한 차이가 있다. 그러나 이들 자료를 통해서 식민지시대의 농촌빈민 사정의 대강을 몇 가지 짐작할 수 있지 않을까 한다.

첫째, 전국 통계로는 농촌 인구의 낮게는 평균 5.4%, 높게는 41.7%까지가 빈민에 속했음을 알 수 있으며, 둘째, 곡창지대로 불리는 전라도 지방의 경우 심한 때는 70.8%, 대체로 절반 가량의 농민이 빈민의 범주에 들었다고 보아도 무방할 것이다. 셋째, 자료의 대부분이 1920년대와 1930년대의 초기에 한정되기는 했지만[119] 이와 같이 제한된 자료 속에서도 식민지 지배의 햇수가 더해갈수록 농촌빈민의 비율이 높아져갔음을 알 수 있다. 넷째, 1920년대 후반기 이후부터는 풍·흉년에 관계없이 전체 농민의 약 절반가량이 이른바 세궁민이라 불린 빈민층으로 고정되어간 것이 아닌가 하는 점이다. 식민지 지배정책이 가지는 특성의 하나는 농촌에서 소작농민의 수를 증가시키고 이들을 계속 빈민화시켜간 데 있었던 것이다.

---

119) 언론활동이 극도로 탄압되었던 1910년대의 무단통치기에 농촌빈민의 실상을 기록한 자료가 있을 수 없었고, 1930년대의 후반기 이후도 이른바 전시체제가 본격화하면서 농촌빈민에 대한 자료가 제대로 작성될 수 없었다. 따라서 다소 언론이 열렸던 1920년대 및 1930년대 전반기에 그 자료가 많으며 이 시기는 또 세계공황의 영향이 농촌사회에 가장 심하게 미친 때이기도 했다.

6. 농촌빈민의 생활실태

식민지 농업정책의 결과로 증가 일로에 있었던 농촌빈민들의 실제 생활이 어떠했는가 하는 문제는 이 시기의 민족지들이 계속 취재 보도하고 있으며, 그 내용은 식민지 경찰당국이 극비리에 조사한 행정자료들과 그다지 큰 차이가 없다. 우선 농촌빈민들의 식생활 실정에 대해 신문기사가 전하고 있는 몇 가지 예를 제시해보자.

사례 19

초목의 뿌리나 잎새로 연명하는 사람이 얼마나 되는가. '보풀'을 먹는 사람이 2만 3062호에 11만 2362명을 비롯하여 소나무 껍질, 머름. 칡뿌리 등 30여 종으로 살아가는 사람이 약 17만 호에 71만 3천 명인즉 총인구의 6할이다.[120]

사례 20

나날이 핍박하여가는 생활난이야 어느 것이라고 심치 않으랴마는 그중에도 경상남북도와 전라남도의 3도에는 기근(饑饉)에 빠진 사람이 더욱 많다는데 이 지방은 야채와 면화의 풍작으로 일시 생활을 이어가며 또는 수리조합에서 하천(河川)과 도로 공사를 시작하여 동지 농민과 노동자를 다소 구제하여오던바 겨울을 당함에 일거리를 잃은 많은 빈민들은 생활자료를 얻을 길이 끊어졌으므로 어떤 자는 혹 소나무 껍질과 풀뿌리로써 주린 배를 채워가며 혹은 처자(妻子)를 팔아서 그것으로 일시라도 살아가려는 불쌍한 참상 중에

---

120) 『동아일보』 1924년 10월 12일자. 한재(旱災)가 든 호남지방에 특파된 국기열 발신.

빠진 사람이 3도를 합하여 약 5만 명이나 된다는데 (…)[121]

사례 21

경기도 양평군(楊平郡) 양동면(楊東面) 계정리(桂亭里)는 빈한한 농촌으로 춘궁을 당하여 초근목피까지 먹어버리고 먹을 것이 없어서 뒷산에서 나는 흰 진흙[白粘土]을 파서 거기다 좁쌀가루를 넣어 떡을 만들어 먹는다는 소문을 양평경찰서에서 탐지하고 그 흙을 구해다가 경기도 경찰부 위생과로 보냈으므로 위생과에서는 야마와끼(山脇) 기사로 하여금 그 흙을 시험케 하였더라.[122]

사례 22

경남 함양군(咸陽郡) 마천면(馬川面) 관내 지리산(智異山) 간맥(幹脈)에 있는 쿄오또제국대학(京都帝國大學) 관리에 소속된 국유림 약 6천 정보 안에 팔분의 굴밤나무가 있어 그 열매의 생산이 매년에 4천 석가량이나 성숙되므로 9월 하순으로부터 10월 하순경까지 위의 마천면과 그 인접지에서 세민들이 부속식용(附屬食用)을 하기 위하여 매일 산에 들어가서 매인에 4~5말씩 주워 가는데 금년에는 희유의 한재로 말미암아 그 부근 촌민은 물론이고 멀리로는 산청군(山淸郡), 전북 남원(南原) 기타 각 지방 면에서 한 가족을 통솔하고 지난달부터 산중에 가서 막을 치고 굴밤을 줍는데 매일 2백 명 내외의 입산자가 있어 현재 수천 명에 달하였는데 (…)[123]

---

121) 『동아일보』 1925년 1월 9일자.
122) 『동아일보』 1927년 6월 8일자. 그 결과에 대해 이 기사는 야마와끼 기사의 말로서 "백점토는 양평에만 나는 것이 아니라 전라도와 함경도에서도 생산하는 것으로 규산(硅酸)알루미늄이 포함된 것이므로 먹어서 해는 없지마는 영양에는 아무 효과가 없습니다. 그저 먹으면 배가 부를 뿐이겠지요. (…)" 운운한 것을 싣고 있다.
123) 『동아일보』 1928년 11월 1일자.

사례 23

경상북도의 한해(旱害) 이재민의 생활은 2월의 하순에 들어 점차로 심각하여져서 초근목피로 여명(餘命)을 붙여나가는 참상인데 도 당국에서는 지난달 28일 관계 군 당국에 통지하여 한해민의 생활실태 및 일상 주요 식물(食物)에 대하여 조사하였던바 주요 식물은 중요한 것은 초근목피로 좁쌀가루, 무, 콩잎, 도라지, 메밀 껍질, 도토리나 상수리 열매, 소나무 껍질, 술지게미, 산나물로 노명(露命)을 계속하는 터이요, 이러한 극빈자가 1만 이상에 달하는 것이 판명되어 새삼스러이 놀라움을 금치 못하게 되었다. 상수리나 도토리는 빻아서 죽을 만들고 소나무 껍질은 말려서 좁쌀가루와 혼합하여 떡을 만들며 도라지는 향초(蕃椒)와 장유(醬油)를 섞어서 먹는 형편이다. 그리고 가장 심한 자는 짚을 잘게 썰어서 좁쌀가루와 섞어서 죽을 쑤어 먹는 것이 판명되었는데 (…)124)

이상에서 농촌빈민들의 식생활 실정을 적나라하게 전하고 있는 신문기사를 들어보았지만 이들 기사는 대체로 재해년, 흉년의 사례들이다. 그러나 앞 절에서도 말한 것과 같이 식민지시대 농민의 참상은 흉년에 한하는 것은 아니다. 특별한 흉년이 아니었던 1932년에 식민지 경찰이 비밀리에 조사한, 앞에서 인용한 전라북도 경찰부의『세민의 생활상태 조사』에서 농촌빈민의 식생활에 관한 실례를 몇 가지 제시해보면 빈민들의 참상이 흉년에 한하지 않았음을, 그리고 신문기사 내용이 결코 과장이 아님을 이해할 수 있다.

---

124)『동아일보』1929년 3월 5일자.

사례 24

정읍군(井邑郡) 입암면(笠岩面) 천원리(川原里) 쓰쓰이 모리노스께(筒井盛之助)는 뽕나무밭의 비료로서 콩깻묵을 시비(施肥)했는데 그 대부분을 파서 훔쳐 갔다. 누군가가 식량이 궁해서 한 행위이다. 세민의 생활고는 동정해 마지않을 수 없다고들 말하고 있다.

사례 25

남원군(南原郡) 동면(東面) 서곡리(西谷里)의 42호는 생활이 곤란하고 식량이 궁하여 이 마을 공유림 중 소나무 17, 18년생 5백 그루의 임시벌채허가를 출원했고 또 동리 구장(區長) 이병의(李炳義) 소유 산림에서 20년생 소나무 5백 그루의 벌채를 출원했다. 모두 나무껍질을 제공받아 식용으로 하고자 하는 것이다.

사례 26

임실(任實)지방 강진면(江津面) 학석리(鶴石里) 김성녀(金姓女, 당 48세)는 4월 6일 뒷산에서 식용 풀뿌리를 채취 중 졸도했다가 동행자에게 구조되어 겨우 소생했다. 그 원인은 빈곤으로 2일간 굶었기 때문임이 판명되었다. 또 동면(同面) 용수리(龍水里) 최자선(崔字善, 당 50세)은 산야(山野)에서 초근목피를 채취 중 공복 때문에 실신하여 쓰러짐과 동시에 돌이 무너져 내려 다리에 치료 약 20일을 요하는 부상을 입었다. 모두 세민의 생활고를 여실히 말해주고 있다.

사례 27

장수(長水)지방 계북면(溪北面) 임평리(林坪里)에서는 세민들이 궁한 나머지 이곳의 심곡산(深谷山)에서 나는 백토(白土)를 식용으로 하여 이 때문에

마을사람 다수가 변비에 걸린 실례이다.[125]

앞에서도 말한 것과 같이 여기에 제시된 신문기사와 자료들에 의하면 흉년 때 현지를 답사하여 씌어진 신문의 기사 내용이나 평년에 식민지 경찰이 조사한 사례가 전혀 다르지 않으며, 또 1920년대와 1930년대가 전혀 다르지 않은 농촌빈민들의 식생활의 참상을 말해주고 있는 것이다.

이상의 사례들이 얼마나 일반성이 있었는가 하는 문제를 구체적으로 논증할 만한 자료는 그다지 많지 못하다. 그러나 그것을 측면으로 실증해줄 만한 자료들은 상당히 발견할 수 있다. 1924년에 전북 고창군(高敞郡)의 빈민생활을 조사한 기사는 이 군의 총인구 10만 4930명 중 하루 세 끼 먹는 인구가 23.6%인 2만 4787명인 데 비해 하루 두 끼 먹는 인구는 45.2%인 4만 7445명이며 하루 한 끼 먹는 인구는 31.1%인 3만 2668명이라 했다. 또한 그것도 쌀밥을 먹는 인구가 전체의 21.7%인 2만 2734명인 데 비해 잡곡을 먹는 인구가 48.3%이며 잡곡과 초류(草類)를 혼식하는 인구가 25.5%인 2만 6743명, '초식목피(草食木皮)'하는 인구가 4.6%인 4799명이라 했다.[126]

또한 같은 시기의 전북 김제군의 경우도 전체 조선인 11만 8400명 중 "하루 한 끼 먹는" 소농 및 노동자가 21.5%인 2만 5410명이며 "죽이나 풀잎으로 연명하는" 소농과 노동자가 1만 5711명으로 전체의 13.3%나 되었다.[127] 이보다 5년 후인 1929년에 전북 남원군(南原郡) 보절면(寶

---

125) 위에서 제시한 네 가지 자료는 모두 1932년 전북경찰부가 조사한『細民の生活狀態調査』중「細民ノ生活苦ヲ如實ニ察知シ得ル實話」에서 인용한 것이다.

126)『동아일보』1924년 10월 21일자.

127)『동아일보』1924년 10월 14일자.

節面) 황무리(黃茂里)를 조사한 자료에 의하면 이 마을의 총호수 177호 중 '밥 먹는 집'이 34호이나 하루 세 끼는 전무하고, 하루 두 끼가 11호, 하루 한 끼가 23호이며, '죽 먹는 집'은 131호인데 역시 하루 세 끼는 전무하고, 하루 두 끼가 48호, 하루 한 끼가 83호로 되어 있으며, 걸식하는 집이 12호로 되어 있다.[128] 전체의 19.2%가 하루 한 끼 내지 두 끼의 밥을 먹을 수 있었고, 74%가 죽을 하루 한 끼나 두 끼밖에 먹을 수 없었으며 6.8%가 걸식한 것이다.

한편 1920년대 후반기 화전민의 1인당 1일생활비가 대체로 약 4전으로 산출되었지만[129] 같은 시기 농촌빈민의 생활비도 최악의 경우가 대체로 이 수준이었음을 알 수 있다. 1925년 전북지방 6개 군 빈민 1일생활비는 하루 두 끼 먹는 상(上)이 평균 12전이며 하루 한 끼 먹는 중(中)이 7.5전, 그리고 죽을 먹는 하(下)가 4전인 것이다.[130]

그러나 1932년에 식민지 행정당국이 농촌빈민들에게 지급한 구제금은 "세 살부터 열두 살까지는 매인 앞에 매일 1전 2리, 열두 살 이상부터는 매일 2전 4리씩으로, 위의 1전 2리는 좁쌀 한 홉을 가지고 타산한 금액"[131]이라 했다. 1925년의 정미(精米) 1되 전국 평균값이 42전, 1932년에는 22전이었던 사실과[132] 비교하여보면 농촌빈민들의 생활상을 어느정도 짐작할 만하다.

식민지시대 농촌빈민 생활의 실상이 그들의 식생활 부분에 절실하게 드러나고 있지만 그밖에도 빈민생활의 실정을 전해주는 자료들은 많

128) 『동아일보』 1929년 5월 4일자.

129) 이 책 제2장의 6절 '화전민 경제생활의 실제' 참조.

130) 『동아일보』 1925년 1월 26일자.

131) 『조선일보』 1932년 2월 12일자.

132) 정미(精米) 1되 값은 모두 『朝鮮總督府統計年報』에 의함.

다. 우선 재해 등으로 빈민이 증가하는 경우 소학교 학생들의 결석률·퇴학률이 급격히 높아져갔다. 몇 가지 경우를 예로 들어보면, 1924년의 김제지방 한해 때는 "9월 10일 현재 동군 각 공보(公普)생도들의 출석 상황을 보면 재적생 총수가 2500명인데 출석생이 2035명이요 결석생이 465명인데 그중 퇴학한 학생이 153명이나 된다"[133] 했다.

한편 1929년 경상북도의 경우 "경북도 학무과(學務課) 조사에 의하면 관내의 보통학교 143교의 아동 4만 1576명 중 9월 중에 퇴학한 아동이 908명에 달하였는데 그 대부분은 한해의 격심한 피해를 받아서 생활난에 쪼들리는 소작농민의 자제뿐이다"[134] 하여 한 달 동안에 전체 보통학교 학생의 2.2%가 퇴학했음을 전하고 있다.

이들 단편적인 자료들은 대체로 재해년의 사정을 전해주고 있지만 앞에서 인용한 전북경찰부의 『세민의 생활상태 조사』는 1930년대 전반기 농촌빈민 생활의 실정이 그 자녀교육에 나타난 결과를 다음과 같이 전하고 있다.

> 도내 공립보통학교 149교의 입학상황을 보면 1931년(쇼오와 6년) 모집 인원 8051명에 대해 응모인원 8431명(105%약), 1932년에는 225명이 감소한 모집인원 7826명에 대하여 응모인원 7867명(100%강)으로서 전년에 비하여 응모인원 약 5%의 감소를 나타내었다. 본년에는 도내 1부(府) 14군 중 군산부(群山府)·전주군(全州郡)·익산군(益山郡)·부안군(扶安郡)의 1부 3군을 제외한 다른 11군은 군·면·학교 직원 등이 각호를 돌면서 입학을 독려했지만 모두 응모인원이 모집인원에 부족한 상황으로서 농촌의 궁박을 여실히 나타내

---

133) 『동아일보』 1924년 10월 6일자.
134) 『동아일보』 1929년 10월 27일자.

표 1-21_ 1931~32년 전북 보통학교 아동 입학상황 (단위: 명, %)

군명	1931년					1932년				
	모집인원	응모인원	비율	입학인원	비율	모집인원	응모인원	비율	입학인원	비율
群山府	271	336	124.0	270	99.6	268	309	115.3	268	100.0
全州郡	949	1,129	119.0	871	91.8	928	997	107.4	772	83.2
鎭安郡	370	323	87.3	290	78.4	345	318	92.2	297	86.1
錦山郡	460	432	93.9	398	86.5	425	534	125.6	394	92.7
茂朱郡	281	223	79.4	221	78.6	265	255	96.2	231	87.2
長水郡	290	230	79.3	214	73.8	257	232	90.3	197	76.7
任實郡	430	470	109.3	406	94.4	430	399	92.8	358	83.3
南原郡	654	637	97.4	609	93.1	655	621	94.8	558	85.2
淳昌郡	400	423	105.8	343	85.8	444	416	93.7	345	77.7
井邑郡	808	896	110.9	805	99.6	828	823	99.4	744	89.9
高敞郡	620	547	88.2	508	81.9	616	527	85.6	442	71.8
扶安郡	393	506	128.8	373	94.9	368	435	118.2	327	88.9
金堤郡	763	862	113.0	762	99.9	738	721	97.7	636	86.2
沃溝郡	460	495	107.6	447	97.2	406	391	96.3	363	89.4
益山郡	902	922	102.2	832	92.2	853	889	104.2	760	89.1
계	8,051	8,431	104.7	7,349	91.3	7,826	7,867	100.5	6,692	85.5

* 비율은 모집인원에 대한 비율

었고 또 실제 입학인원에 이르러서는 더 적어서 머지않아 지방의 보통학교는 적어도 학급정리를 불가피하게 할 것이다.[135]

농민들의 생활궁핍으로 보통학교 취학아동의 수가 줄어들고 이 때문에 학급편성을 다시 조정하지 않을 수 없었던 실정을 전해주고 있

135) 全北警察部「本年四月普通學校生徒入學狀況」, 앞의 책.

으며, 그 내용을 좀더 상세히 밝힌 표 1-21과 같은 통계표를 제시하고 있다.[136] 표에서 보는 바와 같이 1931년에는 전라북도 전체의 보통학교 학생 모집인원이 8051명이었고 이에 응모한 학생수가 모집인원보다 380명 많은 8431명이었으나 실제로 입학한 학생수는 응모인원보다 1082명이나 적은 7349명에 불과하며, 다음해 1932년에는 전체 모집인원이 7826명에 응모인원은 그보다 불과 41명이 많은 7867명이었으나 실제 입학한 인원은 응모인원보다 1175명이 적은 6692명에 불과했다. 1931년에는 모집인원의 91.3%가 입학했으나 1932년에는 모집인원의 85.5%밖에 입학하지 않아서 입학률이 더 떨어지고 있었던 것이다.

이 시기 농민생활의 궁핍상은 보통학생들의 입학실태에서만 나타난 것이 아니라 이미 취학하고 있는 학생들의 수업료 미납 현상, 더 나아가서 그것으로 인한 자진 퇴학 및 퇴학 처분율에서도 여실히 드러나고 있다. 식민지 경찰이 조사한 결과로 나타난 표 1-22에서[137] 보는 바와 같이 1930년 3월 말 현재의 수업료 체납자 비율은 23.3%, 1931년 3월 말 현재 비율은 22.8%여서 다소 감소되고 있으나 1930년 4월 이후 1년간에 수업료 체납으로 자진 퇴학했거나 퇴학 처분된 학생이 전체 취학아동수 3만 2823명의 9.6%인 3161명이었던 데 비해 1931년 4월 이후 1년간에 퇴학한 학생수는 3339명이어서 전체 학생수 3만 2303명의 10.3%로 증가하고 있다. 연간 대체로 10% 내외의 보통학교 학생들이 수업료 체납으로 자진 퇴학하거나 퇴학 처분되고 있었던 것이다.

한편 퇴학을 면한 학생이라 해도 점심을 굶는 학생의 비율도 상당히 높았다. 역시 전라북도 경찰의 1932년도 조사는 이와 같은 실정에 대하

---

136) 全北警察部「普通學校兒童入學狀況調」, 같은 책.

137) 全北警察部「普通學校授業料滯納及滯納ニ困スル退學者調」, 같은 책.

표 1-22_ 1930~31년 전북 보통학교 수업료 체납자 및 그로 인한 퇴학자수 (단위: 명, %)

군명	校數	연도	취학 총수	체납자수	비율	자퇴자	퇴학 처분	계	비율
群山	2	1930	1,406	166	11.8	43	0	43	3.1
		1931	1,461	149	10.2	41	0	41	2.8
全州	16	1930	4,121	1,038	25.2	312	5	317	7.7
		1931	3,981	1,027	25.8	381	13	394	9.9
鎭安	9	1930	1,250	252	20.2	117	27	144	11.5
		1931	1,211	274	22.6	125	11	136	11.2
錦山	9	1930	1,584	468	29.5	154	14	168	10.6
		1931	1,647	600	36.4	162	14	176	10.7
茂朱	6	1930	1,047	475	45.4	75	14	89	8.5
		1931	1,096	393	35.9	88	0	88	8.0
長水	6	1930	990	360	36.4	131	53	184	18.6
		1931	857	215	25.1	137	3	140	16.3
任實	9	1930	1,585	605	38.2	126	0	126	7.9
		1931	1,486	624	42.0	192	0	192	12.9
南原	13	1930	2,696	770	28.6	183	32	215	8.0
		1931	2,592	941	36.3	166	28	194	7.5
淳昌	10	1930	1,453	284	19.6	128	10	138	9.5
		1931	1,452	403	27.8	121	2	123	8.5
井邑	14	1930	3,524	640	18.2	274	28	302	8.6
		1931	3,706	601	16.2	289	1	290	7.8
高敞	12	1930	1,933	662	34.2	302	0	302	15.6
		1931	2,001	665	33.2	277	0	277	13.8
扶安	6	1930	1,699	90	5.3	238	0	238	14.0
		1931	1,677	56	3.3	167	0	167	10.0
金堤	12	1930	3,436	646	18.8	292	1	293	8.5
		1931	3,255	690	21.2	300	2	302	9.3
沃溝	7	1930	2,065	279	13.5	213	11	224	10.8
		1931	2,028	254	12.5	198	61	259	12.8
益山	16	1930	4,034	921	22.8	361	17	378	9.4
		1931	3,853	481	12.5	521	39	560	14.5
계	147	1930	32,823	7,656	23.3	2,949	212	3,161	9.6
		1931	32,303	7,373	22.8	3,165	174	3,339	10.3
전년비 증감			감 520	감 283	감 0.5	증 216	감 38	증 178	증 0.7

* 비율은 모두 취학아동총수비. 자퇴자, 퇴학 처분 수는 전년 4월 이후 수업료 미납으로 인한 것이며 체납자
수는 각년 3월 말 현재.

여 다음과 같이 말하고 있다.

본년 6월 중순의 조사에 의하면 보통학교수 149교의 취학생도는 3만 1551 명으로 그중 점심을 휴대하지 못하는 자는 7992명에 달하여 취학생도 총수의 2할 5분 3리에 상당한다. 이는 보리수확기에 들어갔기 때문에 점심 휴대자가 대개 1할 내지 2할 증가했음을 볼 수 있지만 소위 춘궁기에 있어서의 점심 휴대 불능자는 지방에 따라 다소의 차이는 있으나 생도 총수의 4할 내외로 보아 대차 없다.[138]

자료가 전라북도에 한정되기는 하지만 춘궁기에는 약 40%의 소학생이 점심을 굶었고 보리가 수확되기 시작하면 점심 굶는 소학생의 수가 약 25%로 줄어든 것이다.

이와 같이 농민들의 식량사정이 극도로 악화함에 따라 부근 부민(富民)들의 곡식을 약탈하기 위한 집단행동을 감행하는 경우가 있었다. 예를 들면 1932년 5월 전북 고창군(高敞郡) 성송면(星松面) 계당리(溪堂里)에 살던 부호 김병수(金秉洙)가 저장해둔 벼 3백 석을 부근 빈민들이 빈민구제의 뜻으로 차용·분배해줄 것을 관할 군수·서장·면장에게 진정서를 발송해 요청함과 동시에 벼 저장소로 모여들었고 그 가운데 일부는 담을 부수고 폭동화했다. 고창 경찰서원이 빈민 150명을 타일러 돌려보냈으나 주모자 정혁원(鄭赫源) 등은 송치되어 그는 징역 5개월, 다른 4명은 3개월 징역에 집행유예 2년형을 받았다.

또한 같은 때 남원군(南原郡) 대강면(帶江面) 평촌리(坪村里)에서도 허경(許燆)이란 자가 보관 중인 벼 21석 중 2석을 마을 빈민 약 50명이

---

138) 全北警察部「普通學校生徒ノ晝食携帶ニ顯ハレタル狀況」, 같은 책.

표 1-23_ 1925~34년 세출결산액 중 구호·구조비 비율 (단위: 원, %)

연도	경상비	임시비	세출합계	궁민 구호비	비율	이재 구휼비	구조비 합계	비율
1925	129,387,953	42,375,128	171,763,081	9,692	0.006	683,337	693,029	0.40
1926	138,000,348	51,469,753	189,470,101	9,594	0.005	70,328	79,922	0.04
1927	152,637,149	59,215,799	211,852,948	21,268	0.010	11,848	33,116	0.02
1928	156,418,977	61,271,344	217,690,321	25,587	0.012	378,680	404,267	0.19
1929	160,905,955	63,834,349	224,740,304	25,687	0.011	241,015	266,702	0.12
1930	156,616,743	52,107,705	208,724,448	27,012	0.013	280,097	307,109	0.15
1931	158,276,781	49,506,018	207,782,799	30,089	0.015	108,437	138,526	0.07
1932	159,476,704	55,018,025	214,494,729	37,087	0.017	258,218	295,305	0.14
1933	167,479,360	61,744,779	229,224,139	43,947	0.019	732,392	776,339	0.34
1934	192,304,566	76,044,836	268,349,402	51,937	0.019	1,521,452	1,573,389	0.59

종자벼로 빌려달라 교섭했으나 거절당하자 폭력으로 이를 실행하려 하다가 경찰의 저지로 실패했다.[139]

역시 『세민의 생활상태 조사』에 의하면 1932년의 1월부터 3월까지 3개월간 전라북도 내의 강도 초범자 31명 중 생활곤란과 실업으로 인해 범행한 자가 55%인 17명이었으며, 절도 초범자 399명 중 역시 생활곤란과 실업으로 인한 범죄자가 332명으로 83%나 되었다.[140] 대부분이 농촌빈민들의 기근으로 인한 자포자기적인 범죄였던 것이다.

식민지시대를 통해서 농촌에는 전체 농민의 거의 절반에 이르는 만성적인 춘궁민이 있었으며, 이들은 춘궁기가 되면 문자 그대로 초근목피와 심지어 백토를 식료로 삼았고 특히 재해년에는 그 생활이 더욱 처

---

139) 이들 두 가지 사례는 모두 全北警察部 『細民の生活狀態調査』 중 「細民ノ生活苦ガ治安ニ及ボセル影響」에 나와 있다.

140) 같은 곳.

참했다. 정미 한 되 값이 22전에서 42전을 오르내린 1920년대와 1930년대에 걸쳐서 농촌빈민들 1인당 1일생활비는 4전에 불과했으며 그것은 같은 시기 화전민의 1일생활비와 맞먹었다.

또한 식민지 교육제도 자체가 초등교육마저도 극히 제한하고 있었지만, 그런 가운데서도 농민생활의 궁핍화로 농촌아동의 취학률은 인구 증가에 비해 저조하기만 했고, 곡창지대라 불리는 전라북도의 경우 강도 초범자의 절반 이상, 절도 초범자의 80% 이상이 기근에 빠진 농민들이었던 것이다.

7. 농촌빈민과 임노동

식민지시기에 들어와서 농촌빈민의 수가 계속 증가하고 이들의 식생활을 비롯한 생활 전반이 급격히 곤궁해져갔지만 조선총독부 측의 이들에 대한 구조대책은 대단히 소극적이고 미약한 것에 지나지 않았다. 표 1-23에서 보는 것과 같이[141] 1925년부터 1935년까지 10년간의 통계에 의하면 조선총독부의 연간 궁민구호비는 그 세출결산액의 평균 0.01%에 지나지 않으며, 소위 국비(國費)·지방비·임시은사금·은사이재구조기금(恩賜罹災救助基金)·어하사금(御下賜金)·의연금 등을 합친 이재자 구휼금을 합쳐도 연평균 0.2%에 지나지 않는다.

같은 시기 식민모국으로서의 일본의 구호금·구휼금이 전체 세출액 중 어느 정도를 차지했는지 쉽게 비교할 수 없지만, 식민지적 상황에서

141) 이 표의 세출결산액은 『朝鮮總督府施政年報』 1935년분, 64~65면의 '朝鮮總督府特別會計歲入歲出決算累年比較'에, 궁민구호비 및 이재구휼비는 『朝鮮總督府統計年報』 1935년분에 의함. 세출합계 등 원자료에 계산상의 오류가 있는 부분은 수정했음.

급격히 증가해가는 농촌빈민을 구조하기 위한 예산액은 1925년에는 불과 9천여 원에 지나지 않았고 1934년에 가서야 5만 원이 지출되었다.

한편 각 지방관서에서도 빈민구제사업을 벌이지 않을 수 없었으나 역시 효과적인 해결책은 되지 못했다. 1932년경의 전라북도의 경우를 예로 들면 군산부(群山府)에서는 부영(府營)의 매립지에 필요한 자갈〔砂利石〕 깨는 인부로 매일 250명 내지 300명을 임금 20전 내지 30전으로 고용하는 것이 가장 대규모 구호사업이었고, 전주군(全州郡)의 경우 군 소유 재산의 일부를 팔아서 궁민 67호에 대해 1호당 2원 내지 5원을 나누어주거나 용진면(龍進面) 자산가 권찬성(權贊成) 외 1명으로부터 기장〔黍〕 13석 2두를 기부받아 극빈자 413명에게 배급한 것이 구호사업의 전부였다.[142]

이와 같이 구호사업은 행정기관에서 실시하는 경우와 민간에서 실시하는 경우로 크게 나눌 수 있었으나 행정기관의 구호사업은 장수군(長水郡)에서 세민을 매일 6백 명씩 도로공사에 동원한 일, 임실군(任實郡)에서 세민구제사업으로 이 군 소재 도유림(道有林)에 3만 그루의 나무를 심고 총임금 130원을 지급한 일, 김제군 당국에서 관공서·은행·농장 등으로부터 구제의연금으로 모집한 913원 80전으로 조·강냉이 등을 사서 배급한 일 등이었고, 그 나머지는 대부분 민간구호사업이었다. 고창군 성내면(星內面)의 유지 43명이 266원을 갹출하여 벼 26석을 사서 빈민들에게 배급한 일, 줄포(茁浦)에서 관공리 월봉(月俸) 백분의 일 이외에 독지가의 의연금 1628원을 갹출하여 빈민 5302명에 대해 1인당 조 4홉씩을 배급한 일 등이다.[143]

---

142) 全北警察部 「當面ノ救濟實施狀況」, 앞의 책.

143) 같은 글.

그러나 이와 같은 부분적이고 소극적인 구호사업이 빈민구호의 효과적인 대책은 될 수 없었고 결국 농촌빈민들은 자구책을 구할 수밖에 없었지만, 그것 역시 어려운 일이었다. 역시 전라북도의 경찰 조사에서 몇 가지 구체적인 예를 들어보자.

사례 28

남원군 송천면(宋川面)에서는 궁민구제사업으로서 5월 11일부터 사방공사를 실시 중이며 사용 인부는 모두 세민들인데 일상 섭식(攝食)의 불충분으로 정력이 지속되지 못하여 능률이 오르지 않고 이 때문에 1일 취역하고는 중지하지 않을 수 없다. 그 이유는 임금 1일 40전 내외이지만 10일마다 지불하기 때문에 그동안 호구(糊口)에 궁하고 신체 쇠약하여 도저히 인부로서의 취역이 곤란하다는 것이다.

사례 29

전주군 소양면(所陽面) 화백리(花白里) 김덕수(金德洙, 당 42세)는 4월 상순 이래 생활이 곤란하여 취직자리를 구하고자 가출했으나 수일간 거의 밥을 먹지 못함으로써 보행마저 곤란하게 되어 가족 5명이 아사를 기다리면서 공복만 채워준다면 어떤 일이라도 마다하지 않겠다고 호소했다.

사례 30

김제지방 일고(日雇)노동자는 1일의 양식을 구하러 집을 나서지만 얻을 곳이 없으며 그중에는 자포자기한 결과 고의로 자동차·자전차 등에 접촉하고 그것을 구실로 얼마간의 치료대를 강청하는 행위를 하는 자가 있다.

사례 31

조선의 구습에 의해 양반계급은 아무리 생활이 곤궁해도 상민계급(常民階級)과 교제하지 않음은 물론, 그들에게 물질의 구제를 청하지 않고 이를 치욕으로 삼지만, 근년 이런 기풍은 점차 없어지고 양반이라도 보통의 노동에 종사하고 심한 경우에는 일반민과 같이 걸식을 하며 그 부녀자들은 산야의 초근목피를 취하여 호구를 잇는다.

사례 32

정읍군 감곡면(甘谷面) 용곽리(龍郭里) 박덕홍(朴德洪, 당 54세)은 벙어리로서 일고노동자인데 처자가 4명 있다. 춘궁기를 당해 노역이 없어서 수일간 절식(絶食)하고 집안에 드러누워 있었던바 이웃 사람들이 이상히 여겨 그 집을 방문함으로써 이 사정을 알게 되었고 그들의 동정에 아사를 면할 수 있었다.

사례 33

옥구군(沃溝郡) 미면(米面) 금광리(金光里) 강순칠(康順七)은 가족 7명을 데리고 일고(日雇) 혹은 걸식으로 겨우 호구를 잇고 있었는데, 최근 마을 안의 유군일(柳君日)이라는 자에게 모 심는 인부로 일할 것을 약속하고, 콩깻묵 1장을 받아 이것을 부수어 잡초와 섞어 끓여 가축의 사료와 같은 죽을 만들어 먹음으로써 일가의 노명(露命)을 이어가고 있다. 이와 같은 사례는 각지에 드물지 않다.[144]

---

144) 이들 사례는 모두 앞의『細民の生活狀態調査』중「細民ノ生活苦ヲ如實ニ察知シ得ル實話」부분에 실려 있다.

사례 34

함남 안변(安邊) 남대천 제방공사가 궁민구제사업으로 금년에 실시 착수된다는 소리가 남북 각지에 한참 동안 떠들썩하여 근일 그 공사의 중심처인 안변역 부근에는 이 공사에 노력을 팔아 잔약한 생명을 보조코자 굶주린 백성들이 남부여대하고 차로 내리어 (…) 제방공사를 크게 바라고 이같이 멀리 가재도구를 팔아가지고 왔다가 오도가도 못하고 처자들의 손을 이끌고 이 촌락 저 촌락으로 얻어먹으러 떠다니게 된다. (…) 그 남대천공사는 아직껏 공사착수기가 어느 때 될는지 예측도 없고 만일 착수한다고 하여도 이것이 빈민구제사업이라 하며 서로 동지의 우선권을 안변군 내 실업노동자들에게 주고서 나머지가 있어야 외래 노동자를 쓴다고 하는바 (…)[145]

이들 사례들이 말해주고 있는 것과 같이 농촌빈민을 위해 행정당국이 실시하는 토목공사들도 그들을 구제하기에는 전혀 불충분했고, 그렇다고 해서 그들이 다른 곳에서 날품팔이라도 얻을 수가 있는 조건도 아니었다. 굶어 죽을 처지에 빠진 그들의 일부는 일고노동이 불가능하게 되자 다른 생활로를 찾을 수밖에 없었다. 다음과 같은 몇 가지 사례를 통해서 그 실정을 이해할 수 있을 것이다.

사례 35

무주군(茂朱郡) 부남면(富南面) 대유리(大柳里) 김원수(金元守, 당 56세)는 4월 중 무주시장까지 땔나무 한 짐을 지고 가시 20전에 팔고 왕복 4리(한국리수 40리 — 인용자)를 점심도 못 먹고 돌아오다가 배가 고파 길 옆에 졸도해 있는 것이 시장에 갔다 오던 사람들에 발견되어 구호되었다.

145) 『조선일보』 1931년 4월 21일자.

사례36

정읍군(井邑郡) 내장면(內臟面) 교암리(校岩里) 김인동(金仁童, 당 16세)은 어려서 부모를 사별하고 누이 2인을 데리고 조부모에 양육되고 있으나 일가의 생계를 담당하여 매일 이른 아침부터 소나무 낙엽을 긁어 모아 20리 길 정주읍(井州邑)까지 지고 가서 20전 내외의 돈을 받아 겨우 일가 5명의 가냘픈 생활을 이어나가고 있는데 4월 27일 평일과 같이 소나무 낙엽을 지고 정주읍에 나갔으나 이를 사는 사람이 없어서 밤 11시가 넘어도 팔지 못하고 읍내를 방황하다가 배가 고프고 기력이 쇠해서 길거리에 쓰러져 있는 것을 소할(所轄) 정읍경찰서원이 순찰 중 발견하여 식사를 제공하고 보호해서 귀가시켰다.[146)

토목공사장이나 농업노동에서 일자리를 얻지 못한 농촌빈민들이 택할 수 있는 또 하나의 길이 땔나무를 채취해서 팔거나 짚신을 만들어 파는 일이었다. 1926년에 『조선 무산계급의 연구』를 낸 일본인 후지이 주우지로오(藤井忠治郎)의 조사에 의하면, 10년을 하루같이 장작이나 소나무 낙엽을 읍내에 져다 파는 농민들이 많은데, 보통 한 짐에 20전 내지 30전에서 40전까지 받고 많이 받을 때는 50전까지도 받아서 상당한 벌이가 되는 것같이 보이지만, 하루는 산에 가서 나무를 하고 하루는 지고 가서 팔아야 하므로 결국 하루에 20전 내지 25전을 버는 셈이 되며, 비 오는 날은 쉬게 되므로 실제 평균수입은 더 떨어지는 것이라 했다.[147)

역시 앞의 후지이가 조사한 짚신장사의 경우는 한 켤레 8전 하는 짚

---

146) 이 두 사례도 『細民の生活狀態調査』 중 「細民ノ生活苦ヲ如實ニ察知シ得ル實話」에 실려 있다.

147) 藤井忠治郎 『朝鮮無産階級の硏究』, 帝國地方行政學會朝鮮本部 1926, 10면.

신을 하루 네 켤레 만들어 32전을 벌지만 원료 짚값 6전 8리를 제하면 하루 수입이 25전 2리에 지나지 않으며 그것도 1개월에 23일밖에 만들지 못한다 했다.[148]

이상에서 든 여러가지 사례에서 본 것과 같이 농촌빈민들은 행정당국이 실시한 토목공사나 기타의 품팔이 노동을 막론하고 그 일자리를 얻기가 대단히 어려웠고 스스로 땔나무장사나 짚신장사에 종사하는 경우가 많았지만, 그것 역시 안정된 호구책이 되기는 어려웠다.

또한 앞의 사례들이 말해주는 것과 같이 공사장에 고용된다 해도 그 1일노임은 20전 내지 30전에 지나지 않았고 땔나무장사나 짚신장사의 경우도 역시 하루 수입이 20전 내지 30전을 넘지 못했다. 앞의 『세민의 생활상태 조사』가 이루어진 1932년분의 『조선총독부 통계연보』에 의하면 이해 조선인 남자 농업노동자의 1일 평균임금이 55전으로 되어 있으며 『통계연보』에 실린 전체 직종 중 가장 임금이 낮은 조선인 여자 농업노동자의 1일임금이 32전으로 되어 있다.[149] 이해의 전국 연평균 정미(精米) 한 되 값이 22전인 것과 비교해보면 이 시기 농촌노동자들의 생활정도를 어느정도 가늠할 수 있지 않을까 한다.

한편 전라도 지방에는 식민지시대 이전부터 고지(雇只)라는 농업노동제가 발달해 있었고 식민지시대에도 계속되고 있었다. 앞에서 사례로 든 농업노동자들의 참상은 고지의 기회도 얻지 못한 경우이지만 고지도 농촌빈민들의 안정된 생계수단은 못 되었다.

고지는 "2백~3백 년 전 중산계급 이상의 농가에서 농번기 노력조절을 위해 일반 세농(細農) 및 무산계급자와 미리 그 작업기간을 계약하

---

148) 같은 책 13~15면.
149) 『朝鮮總督府統計年報』 1932년분, 269면.

거나 혹은 이들 무산자들의 간청에 의해 금전 또는 식량을 대여하고 그 것을 갚는 방법으로서 농번기에 노동으로써 이를 대신하는” 일이었다.

그 종류는 모심기·김매기·벼베기 등을 1회 혹은 2회 청부하는 산고지(散雇只)와 작업 중 계약임금 이외에 주식(酒食)을 제공받지 않는 통고지(統雇只), 주식을 제공받는 식고지(食雇只), 모심기에서 타작까지의 전체 과정을 청부하는 전고지(全雇只) 등이 있었다. 고지는 개인 단위로 계약하는 경우도 있었지만 몇 사람이 단체를 이루어 공동으로 계약하는 방법도 있었으며, 1920년대에 조사한 고지임금은 모심기와 김매기를 합쳐 4회의 경우 식고지는 1원 내지 1원 50전, 통고지는 2원 50전, 산고지는 40전 내지 90전이었고 전고지는 3원 내지 3원 50전이었다.[150]

또한 고지에 종사하는 농업노동자들은 “빈농 또는 순농업노동자들로서 모두 가장 생계 불안정한 계층에 속하며 고지 이외에 땔나무장사, 가마니·짚신 만들기, 일고(日雇) 등으로 생계를 유지했다. 계절별로 보면 3·4·5월경이 생계가 가장 곤란한 때로서 노동하거나 빚을 내어 생활하고 6·7·8월경에는 고지에 종사하거나 또는 일반노동에서 얻은 임금으로 생활하며, 9월 이후 11월경까지는 일용임금 및 소작미의 일부로서 생활하고 12월부터 3월까지는 고지계약금으로 겨우 생계를 유지하는 상황”이었다.

1926년에 조사된 전라북도의 고지노동 실태를 보면 표 1-24와 같다.[151] 표에서의 ‘고지수’는 고지의 연(延)계약수를 가리키는 것으로 보이며 하나의 고지단(雇只團)이 많을 경우 50명, 적을 경우 2명, 보통 평균 11명으로 구성되어 단체로 고지계약을 하고 그 임금을 공동으로 받

---

150) 全羅北道農會『全北의 農業』, 1928, 29~31면 '雇只狀況'.
151) 같은 책 33면 '水稻作雇只狀況'(1926년 8월 조사). 원자료상의 합계의 계산이 틀린 곳은 수정했다.

표 1-24_ 1926년 8월 전북 수도작고지 상황 조사

군명	고지수	순농업 노동자	細農業	기타	계	최다	최소	보통	생계방법
	團	人	人	人	人	人	人	人	
全州	7,284	8,088	5,975	1,040	15,103	20	2	6	일용, 나무장사, 노동
鎭安	220	1,851	2,125	998	4,974	50	5	30	나무장사, 일용
錦山	306	452	707	65	1,224	8	2	4	가마니짜기, 일용
茂朱	3,854	1,132	2,402	320	3,854	15	2	9	荷物運搬, 일용
長水	858	4,174	7,601	793	12,568	30	3	15	나무장사, 일용, 양잠
任實	2,151	399	1,652	394	2,445	50	15	30	나무장사, 일용
南原	1,972	1,240	2,830	320	4,390	(해당 조사 실시하지 않음)			방직, 일용
淳昌	996	545	365	86	996	20	5	12	일용
井邑	4,333	4,138	9,226	801	14,165	40	2	3	가마니짜기, 짚신장사
高敞	1,272	3,706	5,082	29	8,817	22	4	7	나무장사, 짚신장사
扶安	720	1,321	4,050	861	6,232	50	3	8	일용
金堤	4,725	8,375	17,913	2,062	28,350	10	2	6	일용
沃溝	3,730	888	1,466	148	2,502	35	2	9	일용, 가마니짜기
益山	3,650	869	16,209	1,176	18,254	42	3	5	가마니짜기, 나무장사
계	36,071	37,178	77,603	9,093	123,874	50	2	11	

아서 전주군의 경우는 단체의 대표가 1할을 떼고 나머지를 평균 분배했고 다른 군의 경우는 모두 전액으로 평균 분배했다 한다.

표 1-24에 나타난 전라북도 내 13개 군의 1926년 말 조선인 총인구수는 130만 3734명인데[152] 농촌에서의 고지노동 인구가 합계 12만 3874명으로 나타나 있으므로 결국 약 9.5%가 고지노동으로 생계를 유지했으며, 전체 고지노동 인구의 30.0%가 순농업노동자였음을 알 수 있다.

---

152) 『朝鮮總督府統計年報』 1926년분, 26면.

표 1-25 _ 1933~41년 종별 농가호수 (단위: 호, %)

연도	자작농호	비율	자소작농호	비율	소작농호	비율	화전민호	비율	農勞者戶	비율
1933	545,502	18.1	724,741	24.0	1,563,056	51.9	82,572	2.7	93,984	3.1
1934	542,637	18.0	721,661	24.0	1,564,294	51.9	81,287	2.7	103,225	3.4
1935	547,929	17.9	738,876	24.1	1,591,441	51.9	76,472	2.5	111,771	3.6
1936	546,337	17.9	737,849	24.1	1,583,622	51.8	74,727	2.4	116,968	3.8
1937	549,585	18.0	737,782	24.1	1,581,428	51.7	72,919	2.4	117,041	3.8
1938	552,430	18.1	729,320	23.9	1,583,435	51.9	71,187	2.3	116,020	3.8
1939	539,629	17.8	719,232	23.8	1,583,358	52.4	69,289	2.3	111,634	3.7
1940	550,877	18.1	711,370	23.4	1,616,703	53.1	65,990	2.2	101,606	3.3
1941	548,274	17.9	723,345	23.6	1,647,388	53.6	59,339	1.9	92,645	3.0

* 자작농호수는 乙種地主 포함.

전라북도의 경우 고지노동에서의 순농업노동자 비율이 30%를 넘어 평야가 넓은 곡창지대에서 소작지를 전혀 가지지 못해 농업노동으로 생계를 이을 수밖에 없는 농촌 인구의 비율이 상당히 높았음을 나타내고 있으며, 앞의 사례들을 통해서 보다시피 임노동 조건이 대단히 나빴음에도 불구하고 순농업노동자의 비율은 전국적으로 점점 높아져갔다.

재해가 심했던 1924년의 황해도 봉산군(鳳山郡) 토성면(土城面)의 경우를 예로 들면 "전체 호수 780호에 품팔이 혹은 이삭줍기로 생업을 삼는 호수가 360호가량이 된다"[153] 했다. 이 경우는 재해가 들어 농토를 가진 농민도 임노동으로 생계를 이을 수밖에 없게 된 경우이지만, 조선총독부의 통계에 의하면 표 1-25에서 보는 바와 같이 1930년대에 걸쳐서 자작농 이하 농민의 3% 내지 4%에 가까운 호수가 소작할 농토조차

153) 『동아일보』 1924년 10월 19일자.

가지지 못한 순임노동(純賃勞動) 농가호였다.[154]

조선총독부의 순임노동 농가호수 통계가 화전민호수 통계와 더불어 얼마나 정확한 것인지 확인하기 어렵지만, 식민지시기를 통해서 일본인 및 조선인 지주에 의한 토지겸병·농장경영과 일본 농민의 조선 이주 등으로 소작지마저 가지지 못하게 된 농민의 수가 증가했고, 그러면서도 아직 농촌을 떠날 수 없는 조건에 있었던 이들의 증가율에 비해 농촌에서의 고용상황은 대단히 저조했고 또 고용된다 해도 그 노동조건은 극히 나빴던 것이다.

식민지 농업정책의 결과로 자작농은 자소작농으로, 소작농으로 떨어졌다가 다시 농업노동자로 될 수밖에 없었으며 고용조건이 극히 나빠지면 결국 농촌을 떠날 수밖에 없었다.

8. 농촌빈민의 이농

앞에서 든 『조선 농정의 과제』의 저자 히사마 켄이찌(久間健一)는 조선에서의 '농민 이출(移出)의 필연성'을 말하면서 그 원인을 일곱 가지로 요약했다.[155] 그것은 첫째 특히 남부의 평야지대에서 대토지소유제가 일반적 구조로 되어 있으며 농민적 소유가 영세화되어 있는 토지소유의 불균형, 둘째 1정보 이하의 영세농이 전체 농가의 70%나 되는 농업경영의 영세성, 셋째 농가인구의 과잉성, 넷째 소작제도의 지주주의(地主主義) 즉 소작료의 고율, 소작조건의 악화, 소작지 관리제도의 폐

---

154) 이 표는 『朝鮮總督府調査月報』 5권 11호, 6권 11호, 7권 10호, 8권 7호, 9권 10호 등에 있는 「農業戶數調」를 근거로 작성한 것이다.
155) 久間健一 『朝鮮農政の課題』 266~69면.

해를 바탕으로 하는 소작제도의 확대재생산과 그 불합리성, 다섯째 생산기술과 경영능력의 저열성, 여섯째 투하자본의 대부분이 일본 자본이라는 자본의 농민지배의 강대성, 일곱째 농민경제에서의 자급경제의 파탄 등이다.

한편 1927년의『동아일보』는 농민들이 농촌을 떠나지 않을 수 없는 이유를 다음과 같이 말하고 있다.

조선의 현상은 과연 여하(如何)한가. 공장공업의 발흥으로 노동력의 수요가 증대되어 농촌의 장정과 청년을 유인하는 것도 아니다. 그러나 토지겸병의 사실은 날로 현수(顯殊)하게 되고 지주의 주구(誅求)는 농민생활에 절대의 권위로 협박되고 또 한편으로 물밀듯한 동척(東拓)의 이민은 수십 년 혹은 조상 대대로 농업의 경영으로 생을 영위하던 향토농답(鄕土農畓)을 등지고 생소한 이역향토(異域鄕土)를 향하는 자가 날로 증가케 될 뿐이다.[156]

식민지시기에 많은 농민들이 농촌을 떠나게 된 원인은 결국 식민지 농업정책 자체에 있었으며, 앞의 히사마 켄이찌의 지적은 그것을 포괄적으로 말해주고 있다. 다만 그 속에는『동아일보』가 지적한 동척을 비롯한 일본 농업회사들에 의한 일본 농민의 이민이 조선 농민을 농촌에서 쫓아낸 또 하나의 원인임을 지적하지 못하고 있다.

식민지시대, 특히 1920년대 이후 농촌빈민의 이농률은 급격히 증가해 갔으며, 재해년인 경우 그것은 더욱 심했다. 몇 가지를 예로 들어보자.

---

156) 「15萬離散民」,『동아일보』1927년 4월 12일자.

사례 37

재령강(載寧江) 개수공사장(改修工事場)인 봉산군(鳳山郡) 서종면(西鐘面) 노산리(魯山里) 봉황정(鳳凰亭) 아래 산 밑에는 전에 없던 빈민굴이 40여 호나 생기었던바 20호가량은 다시 다른 곳으로 떠나가고 지금 20여 호가 남아 있는데 그 집 지은 모양은 게〔蟹〕집과 같이 진흙을 빚어서 '게'딱지만큼 쌓아놓고 사람이 출입하는 문은 짐승과 같이 기어다니게 만들어놓았으며 입은 것은 부대조각 같은 것으로 몸을 감추고 하루 동안에 잘 먹으면 호미밥이고 그도 없으면 어른 아이 할 것 없이 번번이 굶는다는데 (…) 그들은 모두 농사꾼으로 지주와 채권자들에게 할 수 없이 쫓겨나서 남부여대로 어린것들을 앞세우고 정처없이 표랑을 하여 다니다가 벌이하기 좋다는 소리를 듣고 모두 모여든 사람들이라는데 (…)[157]

사례 38

옥구군(沃溝郡) 미면(米面) 경장리(京場里) 철도용지에는 언제부터인지 세민이 모여들어 호수 약 120호, 인구 520인에 이르렀다. 낡은 목재와 헌 짚, 거적대기 등으로 움집을 만들어 우로(雨露)도 피하기 어려운 오두막 안에 자리를 깔고 일가 수명이 기거하고 있는데 그중에는 병약한 노유(老幼)나 불구자가 있다. 건강한 자는 해안통 또는 부내(府內)를 배회하며 쓰레기통을 뒤져 어류나 야채 등의 버린 것을 주워 오고 종이 등을 주워다 연료로 한다. 또 걸식한 밥을 야채와 혼합하여 문자 그대로 겨우 호구(糊口)해나가고 있다.[158]

이상의 두 사례는 이농한 빈민들이 아직 도시지역이나 공사장의 일

---

157) 『동아일보』 1925년 11월 4일자.
158) 全北警察部「細民ノ生活苦ヲ如實ニ察知シ得ル實話」, 앞의 책.

고노동력이 되지도 못하고 농촌지역의 일부에 빈민굴을 이루고 있는 실정을 말해주고 있지만, 이 시기 농촌빈민의 이농 실상을 소상하게 전해주고 있는 자료는 많다. 몇 가지만 들어보자.

사례 39

요사이 경기도 양평(楊平)·가평(加平) 양 군을 중심으로 그 인근 각 촌에서는 빈한농민들이 하루에도 수백 명씩 왕십리(往十里)·청량리(淸涼里)·창동(倉洞)·의정부(議政府) 등 경원선(京元線) 정거장에서 북행열차에 몸을 실어 (⋯) 지난 16, 17, 18 3일간 왕십리·청량리 두 정거장에서 떠난 사람의 수효만 하더라도 젖먹이 어린아이는 제하고도 실로 5백여 명에 달한다더라.[159]

사례 40

조선인의 유리가 날마다 심하여간다 함은 매일 보다시피 신문지상에 보도되는 바이어니와 (⋯) 강원도 강릉(江陵) 근방에도 날이 갈수록 다른 세력이 부식되고 그 반면에 조선인의 유리가 점점 증가하여 각 년보다도 금년은 그 수효가 배 이상에 달하였는데 그 자세한 숫자를 본다면 금년 1월부터 지난 11월까지 열한 달 동안에 강릉 주문진항(注文津港)에서만 배를 타고 오오사카 등지로 직접 건너간 동포의 수효가 339인이요 부산 경유로 일본 각지에 간 수효가 485인이며 북간도를 향하여 청진(淸津)까지 간 수효는 165인으로 그를 합하면 실로 주문진항을 경유한 유리동포의 수효가 986인에 달하니 작년의 5백여 인보다 갑절의 숫자를 나타내고 있다.[160]

---

159) 『동아일보』 1926년 11월 20일자.
160) 『동아일보』 1928년 12월 26일자.

사례 41

김천군(金泉郡) 20개 면에서 6개 면을 제외하고 14개 면 2817호, 1만 3189인의 식량핍절로 기아의 상태에 있음은 목불인견의 정상이며 김천한재구제회에서 제2회 분급한 금액도 1804원에 달하지만 목하 먹을 것이 없고 입을 것 없어 가다가 죽더라도 활로를 찾아 북간도 방면으로만 떠난 동포가 김천역 승차권을 조사한 바에 의하면 금년 1월, 2월 2개월 동안에 260명에 달하며 3월 1일에서 4월 18일까지 48일간에 297인이오.[161]

사례 42

경남 합천군(陜川郡) 쌍백면(雙栢面)에서는 근일 각 동리에서 생활난으로 남부여대하고 방향 없이 철가도주(撤家逃走)한 사람이 일증월가(日增月加)한다는데 그 원인을 이 면 면장에게 듣건대 일반농촌의 생활정도가 채무나 재산이 거개상등(擧皆相等)한 이때 가난한 사람은 흉년에 살아가기보다 풍년에 살기가 매우 곤란한 것이, 작년에는 한재로 수확이 전멸되어 일반채권자는 집행이나 차압할 도리가 없어 부득이 유예하여왔으므로 숨쉴 여가라도 있었지마는 금년에는 도처마다 이름 좋은 풍년이라 채권자들은 때를 만났다 하고 눈을 부릅뜨고 집행 차압으로 위협하는 이때 곡가(穀價)까지 참락되었음에 이리저리 살 수 없는 농민은 작농한 벼를 매도하여 빚을 갚는다 하여도 빚도 다 갚지 못하고 일가족이 살아날 길이 막연하여 밤중에 철가도주하는 사람이 날로 많다 한다.[162]

이상의 사례들이 농촌빈민의 이농 상황을 어느정도 소상하게 전해주

---

161) 『동아일보』 1929년 4월 22일자.
162) 『동아일보』 1930년 12월 20일자.

표 1-26_ 1932년 1~4월 전북 이농 조사 (단위: 호, 명, %)

전출이유	군외 전출		군내 이주		행선지 불명		합계		비율
	호수	인구	호수	인구	호수	인구	호수	인구	인구
채무반제 곤란	587	2,573	409	1,679	588	2,642	1,584	6,894	20.9
소작권 박탈	323	1,488	208	907	122	442	653	2,837	8.6
노동목적	1,251	4,947	770	2,816	377	1,546	2,398	9,309	28.2
생활이 궁해서	1,288	5,217	998	4,397	996	4,405	3,282	14,019	42.4
계	3,449	14,225	2,385	9,799	2,083	9,035	7,917	33,059	100
전년 동기 비교	증 1,119	증 4,175	증 615	증 2,480	증 598	증 2,483	증 2,332	증 9,138	증 38.2

고 있지만, 그들이 농촌을 떠나게 되는 직접적인 원인이 어디에 있었는 가를 짐작할 만한 또 하나의 자료로 표 1-26를 들 수 있다.[163] 표에서와 같이 1932년 1월부터 4월까지의 4개월 사이에 전라북도의 이농민은 총 3만 3059명이었으며 그것은 전년도 같은 기간의 이농인구보다 9138명, 38.2%가 증가한 숫자였다. 그리고 전체 이농민 중 빚을 갚을 길이 없어 서 떠난 인구가 20.9%, 소작권을 잃고 이농한 인구가 8.6%, 도시지역의 노동자가 되기 위해 떠난 인구가 28.2%이고, 생활이 곤란해서 이농한 인구가 가장 많아서 42.4%나 된다. 그러나 이 네 가지의 이유가 모두 농 민의 빈궁화 그것인 것은 더 말할 나위가 없다.

한편 이들 이농민들이 가는 행선지는 대체로 도시지역 및 일본, 만주 지방이다. 1927년 봄의 경우 약 15만 명의 이농민이 있었는데 그들을 행선지별로 나누어보면 다음과 같았다.[164]

---

163) 全北警察部, 앞의 글.
164) 『동아일보』 1927년 4월 12일자.

고용인으로 된 자	69,644명, 47.4%
도일(渡日)한 자	25,308명, 17.2%
소상인으로 전직한 자	23,725명, 16.1%
공업노동자, 기타	16,839명, 11.5%
일가가 유리개걸하는 자	6,835명, 4.7%
시베리아 방면으로 간 자	1,091명, 0.7%
기타	3,497명, 2.4%

역시 이농인구의 절반에 가까운 인구가 농촌 및 도시 지역의 일용노동자화했고 다음에는 일본의 노동시장 노동자로, 소상인으로, 공장노동자로 되어갔으며 걸인으로 전락하는 인구도 5%에 가까웠음을 볼 수 있다.

또한 1929년의 전라북도 장수군(長水郡) 산서면(山西面)의 경우 총호수 1674호, 총인구 8020명 중 궁민이 758호에 2980명이었는데 이 가운데 같은 해 4월 10일까지 일본으로 간 경우가 10호에 17명, 도외(道外) 전출(轉出)이 11호에 13명, 도내 전출이 206호에 276명, 행방불명이 4호에 5명, 걸식유리가 12호에 25명으로 조사되어 있다. 이 경우 이농인구 총 336명 중 82.1%인 276명의 도내 전출은 대부분 전주로 갔다 하여 역시 이농민의 대다수가 가까운 도시지역의 품팔이꾼이 되었음을 알 수 있으며, 여기에서도 전체 이농인구의 7.4%인 25명이 걸인화하고 있음을 볼 수 있다.

식민지시대 이농인구의 통계가 전라도 지방에 치우쳐 있어서 이 지방의 이농률이 높았음을 짐작하게 하지만, 다른 지방의 경우도 마찬가지였다. 1931년 중의 경상남도 지방의 이농민 인구는 1만 6024호에 5만 2583명이었으며[165] 이 숫자는 같은 해 경상남도 조선인 인구 199만 1282명의 2.6%였다. 이들 인구가 흩어져간 행선지별로 나누어보면 표

표 1-27_ 1931년 경남 이농상황 (단위: 호, %, 명)

행선지	호수	비율	인구수	비율
상업 방면	929	5.80	3,606	7.17
공업 방면	1,637	10.22	6,985	13.88
품팔이	7,095	44.28	22,007	43.74
渡日者	4,757	29.69	12,082	24.02
渡滿者	32	0.20	142	0.28
가족이 서로 흩어진 자	1,170	7.30	4,418	8.78
기타	404	2.52	1,069	2.12
계	16,024	100.00	50,309	100.00

1-27과 같다. 경상남도의 경우도 절반에 가까운 이농민이 품팔이꾼이
되었으며, 다음은 도일하는 인구가 많았다. 역시 경상남도라는 지리적
인 조건 때문일 것이다. 다음 공업 방면에의 진출률이 비교적 높은 것은
이 지방에 식민지 공업시설이 어느정도 설립되어간 때문이며, '가족이
서로 흩어진 자' 즉 결인화한 인구가 9%에 가까운 사실도 주목하지 않
을 수 없다.

　1920년대를 통해서 연간 15만 명가량의 농촌빈민들이 농촌을 떠났
지만, 식민지 산업구조는 이들을 공장노동자로 수용할 조건에 있지 못
했다. 1922년의 조사에 의하면 공업·광업·농업·목축업·수산업·통신
사업에 잡업까지를 합해서 상시(常時)직원 10인 이상을 고용하고 있는
회사 및 공장의 노동자수가 남녀 총 4만 8043명으로 집계되었으며,[165]

---

165) 『조선일보』 1932년 7월 8일자. 신문기사에는 이농호수 1만 7024호, 그 인구 5만
　　2538명으로 되어 있으나 '내역(內譯)'에서 계산해보면 이농호수는 1만 6024호, 그 인구
　　는 5만 309명이다.

166) 朝鮮總督府 『會社及工場における勞動者調査』 4~5면.

1931년의 5인 이상을 사용하는 공장의 전체 조선인 공장노동자수가 10만 604명으로 나타나 있다.[167]

이 시기까지도 전체 공장노동자수가 1년 이농민수 15만을 훨씬 밑돌고 있었던 것이다. 1928년의 『동아일보』가

조선은 오랫동안 주민이 농업에만 생활근거를 두었던 관계상 외래 공업제조품의 유입과 마찬가지로 농촌피폐를 일으키고 외래 자본과 이주민의 유입으로 인하여 급속도로 실업군의 증가를 나타냈다. 과거 20년간 만주와 노령(露領)에 백만의 이주자를 내보내고 최근 10년 내외에 40만의 일본 이주자를 내보내고도 오히려 조선 내에 이것을 흡수할 만한 공업기관이 없어 수십만의 실업군이 도시와 농촌에 유랑의 생활을 하고 있지 않은가. 장차 격심할 토지의 겸병과 이주민의 증가는 더욱 실업군의 발생을 촉진할지니 조선인의 전도(前途)가 묘연(杳然)하다 아니할 수 없다.[168]

한 것은 식민지 산업구조가 이농민을 공업인구로 수용할 수 없었으며, 이 때문에 해외의 노동시장으로 대거 유출하고도 국내의 실업자가 계속 증가하고 있는 실정을 잘 말해주고 있다.

9. 농촌빈민의 걸인화

농촌을 떠난 인구의 절반 가까이는 인근 도시지역에서 일고노동자가

---

167) 李如星·金世鎔『數字朝鮮研究』2輯, 世光社 1932, 71면.
168) 『동아일보』 1928년 11월 8일자.

되거나 식민지 산업의 기초시설 공사로서의 철도부설·항만시설·도로공사·수리사업 등의 공사장 노동자가 되었고, 나머지 인구는 만주·일본 등지의 노동시장으로 흘러가거나 약간은 상인 및 공장노동자가 되었으며 또 상당한 부분은 걸인으로 전락해갔다.

1920년대 내지 30년대의 이농인구가 만주나 일본으로 간 실정에 대해서 최근의 한 연구는 다음과 같이 밝히고 있다.

하층(下層)은 만주에 갈 수 없었던 것과 같이 내지(內地, 일본을 가리킴―인용자)에의 이동도 불가능했고 중층(中層) 이상은 만주보다는 우선 내지를 지원했다가 그것에 실패하고 마을에 그대로 눌러 있을 수 없는 자들이 만주로 갔다. 이것이 인구이동 행선지와 계급의 관계를 표하는 방식이다. (…) 도일(渡日)을 실행함에 있어서는 기력과 편의와 여비가 마련될 수 있는 정도의 자력(資力) 등의 세 가지 조건을 필요로 했으나 하층은 미지의 세계에의 모험을 시도할 여유를 가지지 못했다. 또 도선비용을 조달하는 일이 극히 어려운 일이었다. 뿐만 아니라 그들에게는 도항 편의가 주어지는 일이 극히 드물었다.[169]

이 시기 이농인구의 중층 이상이 일본으로 갈 수 있었으며 농촌빈민 중의 하층에 속하는 사람들은 해외의 노동시장으로 갈 수 없고 국내의 공사장 등에 고용될 수밖에 없었다. 그러나 이 경우도 그 고용기회는 그다지 넓지 못했음을 다음 기사는 잘 말해주고 있다.

함남(咸南) 신흥(新興) 수전공사(水電工事)에는 노동자 1만 명을 쓰느니 2

---

169) 梶村秀樹 「1920~30年代朝鮮農民渡日の背景」, 『在日朝鮮人史硏究』 6號, 在日朝鮮人運動史硏究會 1980, 61면.

만 명을 쓰느니 하여 크게 떠들어대는 바람에 전조선 각지로부터 노동자가 물밀듯이 밀려드는 판인데 청부업자들은 될 수만 있으면 중국인 노동자를 많이 쓰려고 정책을 부려오는 결과 취업노동자 4천여 명에서 조선인 노동자는 겨우 2천 명에 불과하여 공사장에는 실업한 노동자가 매일 증가하는 중 (…)[170]

대략적인 통계만으로도 해마다 15만 명 이상의 농촌인구가 이농했지만, 이들은 해외의 노동시장으로 나가기에도 상당한 제약이 있었고 국내 공사장에의 취업도 제한이 있었으므로 화전민이 되거나 도시지역의 품팔이꾼으로 되는 경우가 많았다. 그러나 화전민에 대해서도 조선총독부 측의 금령(禁令)이 점점 심해지는 추세에 있었으며, 도시지역의 품팔이 역시 무제한으로 수용될 수 없는 실정이었으므로 이농민의 상당 부분은 결국 걸인화할 수밖에 없었다.

식민지시대, 특히 1920년대에서 30년대에 걸치는 시기는 세계공황의 영향으로 실업자가 급증하던 시기이므로 이농인구의 걸인화가 특히 심한 시기였다. 우선 이제 그 구체적 사례를 몇 가지 들어보자.

사례 43

작년의 한재로 인하여 3백만 동포가 기근에 헤매는 사실은 새삼스러운 일이 아니어니와 남도 중에도 익산(益山)은 더욱 심하여 요사이는 걸인(乞人)과 행객(行客)이 격증한나는데 함라면(咸羅面) 함열(咸悅)에는 매일 걸인이 매호에 평균 2백 명씩은 몰려오며 밥이나 굶지 않는 집 사랑에는 행객이 끊이지 않는다는바 어떤 때는 들어앉을 자리가 없으므로 주인은 할 수 없이 5, 6전씩

---

170) 『동아일보』 1929년 3월 3일자.

여비를 주어 보낸다 하며 음력 3월에 보리를 거두기 전까지는 더욱 심할 모양이므로 인심은 매우 공황 중에 있다더라.[171]

사례 44

요즈음 대구부(大邱府) 내에는 걸인이 날로 증가하는 상태로 이는 인근 각지의 궁민들이 한해(旱害)로 인하여 유리하는 경향인바 그중 가장 심한 의성군(義城郡)에서는 한 마을이 전부 걸식차 이산(離散)하였다 함과 같이 추수기가 머지않음에도 불구하고 이러한 비참한 상황을 드러냄은 그 한해의 심각함을 입증하는 것이라 하겠다.[172]

사례 45

연전(年前) 갑자대흉(甲子大凶)의 이듬해 봄에 모읍(某邑)의 부호가에서 하루아침에만 100명 내지 150여 명씩의 거지를 겪어냄을 보았었다. 오랫동안의 동면기를 통하여 컴컴한 오막살이 속에서 굶으락먹으락하면서 살아오던 그들이 호박같이 누렇게 부황(浮黃)이 난 얼굴에 누더기를 칭칭 감아 입고 부호가의 문 앞에 바가지를 들고 행렬을 지어서 출입하는 꼴은 처음 보는 사람으로 하여금 슬픔보다도 놀라움을 금치 못하게 한다.[173]

사례 46

전북 전주지방에는 작금(昨今) 양년(兩年)의 한해이재민이 먹고 입을 것이 없어 가산을 방매하고 남부여대로 유리하여 부로휴유하는 걸식군이 격증하여 집집마다 밥을 먹을 수 없게 되었다는데 전주경찰서에서는 시가에 방황하

---

171) 『동아일보』 1925년 3월 3일자.
172) 『동아일보』 1928년 9월 9일자.
173) 『동아일보』 1929년 3월 29일자.

는 걸인군을 총집합하여 80여 명을 전주지방 밖으로 구축하였다는데 사람으로 볼 수 없는 처참한 광경이라더라.[174]

사례 47

마산부 내에는 최근에 이르러 표류하는 걸식군이 날로 증가되어 밥때이면 으레 한 집에 70~80명의 걸식군이 모여들어 대문을 걸어둔 집이 있으면 담을 뛰어넘어 가서 같이 갈라 먹고살자 하면서 밥 내라고 야단을 치는 무리까지도 있으므로 부내에서 밥술이나 두고 먹는 사람들도 불안 중에 싸여 고통이 심하다 한다.[175]

사례 48

최근 맥령기를 앞두고 빈농의 생활은 문자 그대로 참담한 현상을 연출하고 있는데 특히 의성군(義城郡) 단북면(丹北面) 성암동(星岩洞)은 작년 가을 흉재로 말미암아 52호 일동 중에서 야간에 철가도주한 자가 정이출(鄭利出) 외에 5호이고 기아를 참다 못하여 유리걸식을 하는 것이 30여 호로서 그들의 참절한 상황은 형언할 수 없는 터이며[176]

사례 49

근일 청주군에는 궁춘을 당함을 따라 걸인군이 대단히 격증되어 매일 그 수를 헤아리기 어려우나 청주시 내만 하여도 60~70명에 가까우리라 하며 그들 중에는 걸인으로서의 태도가 없고 어디로 보든지 걸인으로 보기가 어려운 자가 많이 있는바 육체가 성하며 순실한 농민 같은 자가 많아 그들을 만나보

---

174) 『동아일보』 1929년 10월 13일자.
175) 『동아일보』 1930년 2월 26일자.
176) 『조선일보』 1932년 5월 14일자.

면 (…) 본시 농사를 하였으나 하등의 수입이 없고 이리 뜯기고 저리 뜯겨 남는 것이 없을 뿐만 아니라 (…) 이런 도회에 와서 노동이라도 하려 하나 그것조차 자리가 없어 이리저리하다 배는 고프고 기운은 탈진하여 에라 할 수 없다 하고 구걸하기를 시작한 것이요 이것을 누가 하고 싶어 합니까 한다.[177]

이들 사례에서 보는 바와 같이 전국의 농촌에서 이농한 인구의 많은 부분이 호구책을 찾아서 도시지역으로 몰려들었지만 일부는 일자리를 얻지 못한 채 걸인화해갔다. 농촌빈민과 함께 걸인수의 증가는 곧 식민지 지배정책의 결과였지만, 식민지 지배당국자들에게도 관심거리가 되지 않을 수 없어서 이들에 대한 전국적 조사도 간간이 이루어지고 있었다.

1926년 말에 실시된 '세민·궁민 및 걸식 조사'[178]에 의하면 걸인수는 경기도 854명, 충북 289명, 충남 615명, 전북 1026명, 전남 1471명, 경북 2292명, 경남 1743명, 황해 500명, 평남 341명, 평북 71명, 강원 742명, 함남 80명, 함북 42명, 전국 합계 1만 66명으로 조사되어 있다. 이 조사는 지금 우리가 구할 수 있는 식민지시대 최초의 전국 걸인 조사이지만, 그다지 정확하지 못하거나 아니면 공식적으로 발표된 숫자이기 때문에 실수(實數)보다 많이 줄여진 것 같다.

앞에서도 인용한 조선총독부의 비밀문서 『농촌궁민의 실정과 농촌구제대책안 참고자료』에 있는 '조선에서의 걸식수'(1931년 8월 조사)에 의하면 이 무렵의 걸인수는 이보다 훨씬 많으며 그 내용은 표 1-28과 같다.[179] 표에서 보는 바와 같이 1927년부터 1931년 사이의 전국 걸인 수

---

177) 『조선일보』 1931년 3월 24일자.

178) 善生永助 「朝鮮に於ける貧富考察」, 『朝鮮』 1928년 2월호.

179) 朝鮮總督府 農林局 『農村窮民の實情と農村救濟對策案參考資料』 중 '朝鮮ニ於ケル乞食數'(昭和 6年 8月調).

표 1-28_ 1927~31년 전국 걸인수 (단위: 명)

	1927	1928	1929	1930	1931
경기	2,326	2,455	2,615	2,493	2,395
충북	2,141	2,714	2,799	3,023	2,219
충남	3,807	4,081	4,315	4,542	4,348
전북	7,062	8,377	9,761	9,463	9,016
전남	3,723	3,810	4,062	4,719	4,406
경북	7,471	9,364	11,343	9,124	7,890
경남	6,592	7,464	9,036	9,586	8,653
황해	3,316	3,432	3,510	3,795	3,669
평남	1,129	1,208	1,282	1,435	1,419
평북	1,275	1,377	1,331	1,331	1,164
강원	6,145	6,195	6,322	6,662	6,349
함남	890	1,015	1,095	1,306	2,027
함북	422	488	618	725	474
계	46,299	51,980	58,089	58,204	54,029

는 1927년을 제외하면 해마다 5만 명을 넘고 있으며, '세민·궁민 및 걸식 조사'에서는 1926년에 전국 약 1만 명이었으나 비밀문서상의 1927년 걸인수는 4만 6천여 명이나 되고 있는 것이다. 1년 사이에 걸인수가 4배 이상 증가했다기보다 1926년에 공개된 걸인수가 실수보다 훨씬 줄여져 발표된 것이라 할 수 있을 것이다.

1927년의 이 비밀문서 작성자는 이 시기 전국적으로 5만 명을 상회한 이들 걸인들을 "상시(常時)걸인으로서 배회하는 자"들이라 했지만 이들 '상시걸인' 이외에도 춘궁기에는 '계절걸인'이라 할 수 있을 인구가 급증하고 있었다. 전북경찰부의 『세민의 생활상태 조사』에 의하면 1932년 3월 현재 전라북도 내의 '순연한 유랑적 걸인'은 1744명이었고 '주거가 있고 잠정적으로 결식하는 자'는 1만 692호에 4만 7932명이며 부랑자가 3015명이라 했다.[180] '순연한 유랑적 걸인'의 수는 1931년 8월에 조사된 표 1-28의 '조선에서의 걸식수'에 나타난 전북 걸인 9016명보다 훨씬 적지만 '잠정적 걸인'과 부랑자를 모두 합친 수는 5만 2691명이나 되어 그보다 5배 이상 더 많다. 추측건대 '조선에서의 걸식수'에 나타난 걸인수는 이른바 '상시걸인'의 수이며 춘궁기 등에 급증하는 '잠정적 걸인'은 그보다 몇 배 더 많았던 것이 아닌가 한다.

식민지시기 농촌빈민의 상당 부분이 '상시걸인' 혹은 '잠정걸인'이 되어가는 한편 빈곤으로 인한 자살자·변사자의 수도 계속 증가해갔다. 식민지 경찰의 비밀보고인 『세민의 생활상태 조사』에서도 다음과 같은 예를 들고 있다.

세민의 궁핍은 말로 다할 수 없다. 식량이 다 떨어져 먹으려야 먹을 것이 없어 부근 유산자의 문을 두드려 밥찌꺼기를 구걸하거나 그렇지 않으면 초근목피로 노명(露命)을 이어가는 상태이다. 이 때문에 영양부족에 빠져 정력이 감퇴하고 안면이 창백하게 되고 사선(死線)을 방황하게 되어 염세의 극에 빠져 자살한 자 1931년에 18명, 금년(1932) 1월부터 4월까지 6명, 합계 24명에 달하고 그중 전주서의 12명을 최다로 하여 금산·정읍 양 서의 각 4명, 이리서의 3명이 그 다음이다. 이 가운데 애화(哀話)로 보이는 것은, 진안군(鎭安郡) 부귀면(富貴面) 황금리(黃金里) 농부 최경한(崔倞翰)은 당 31세로 평소 효심이 깊고 가정이 원만했으나 생계가 곤란한 가운데도 양친에게는 풀잎에 콩, 조 등의 잡곡을 섞은 죽을 제공하고 자기는 다만 초근목피만을 먹고 겨우 노명을 이어나갔는데 극심한 춘궁으로 더욱 생활이 궁하여 양친에게 효행할 수 없음을 비관한 끝에 금년 5월 13일에 물에 빠져 자살했다.[181]

180) 全北警察部 「乞食及浮浪者ノ狀況」, 앞의 책.

표 1-29_ 1926~35년 변사자 통계 (단위: 명)

사인	국적	1926	1927	1928	1929	1930	1931	1932	1933	1934	1935
자살	조선인	1,649	1,816	1,924	1,984	2,240	2,076	2,228	2,125	2,330	2,554
	일본인	125	150	159	124	34	153	170	147	131	149
아사	조선인	453	636	345	537	369	320	565	383	382	460
	일본인	5	-	4	4	-	1	1	-	1	-
동사	조선인	321	406	402	381	775	493	465	630	605	519
	일본인	-	11	8	1	8	-	7	3	4	2
빈곤 피살	조선인	11	5	5	*	17	13	19	20	26	19
	일본인	-	-	-	*	-	1	-	2	1	-
계	조선인	2,434	2,863	2,670	2,902	3,401	2,902	3,277	3,158	3,343	3,552
	일본인	130	161	171	129	42	155	178	152	137	151

* 표는 통계가 없음.

이 조사는 또 계속해서 전라북도 내의 "아사자는 1931년 중 116명, 금년(1932)은 4월까지 56명, 계 172명으로서 1931년은 1개월에 평균 9.6명, 금년에는 14명의 비율이며, 1년 사이에 1개월에 4.4명이 증가했음을 나타내고 있다. 그 가운데 전주서(全州署)의 73명을 최다로 하여 정읍서의 45명, 이리서의 30명이 그다음이다. 이들은 생활이 곤란해도 의지할 만한 친지나 지기(知己) 등이 없어 각지를 유랑 전전하던 중 걸인의 무리 속에 섞였다가 영양불량에 빠져 기아와 병 때문에 길에서 쓰러져 죽은 자들이다"[182] 하고 전라북도 내에서만 1931년에 116명, 1932년에는 4개월 동안에 56명의 아사자가 나왔음을 전해주고 있다.

181) 全北警察部「生活困難ノ爲細民ニシテ自殺又ハ餓死セル者ノ狀態」, 같은 책.
182) 같은 글.

식민지시기에는 전라북도뿐만 아니라 전국적으로 생활고로 인한 자살과 아사·동사자의 수가 계속 증가하고 있었으며, 그 일부를 통계해보면 표 1-29와 같다.[183] 1920년대에서 30년대에 걸치는 시기에는 해마다 2천 명 내지 3천 명 이상의 자살자·아사자·동사자 그리고 빈곤으로 인한 피살자 등이 있었으며 그 수는 계속 증가하고 있었다. 이 가운데 자살자는 모두 빈곤이 그 사인은 아니지만 그 비율은 역시 가장 높은 것이라 생각된다.

요컨대 식민지 농업정책의 결과로 농촌빈민의 수가 급격히 증가하면서 농촌인구의 이농 현상도 급진전했다. 이농한 인구는 대체로 도시지역의 품팔이꾼이 되거나 해외의 노동시장으로 흘러들어가거나 화전민이 되거나 아니면 그대로 농촌의 임노동자로 전락해갔다. 그러나 이들 몇 가지 방향 중 어느 곳에서도 생활로를 열 수 없는 경우 당초에는 일가족이 아직 흩어지지는 않은 '계절걸인'으로 되었다가 마침내 가족 개개인이 뿔뿔이 흩어진 채 '상시걸인'이 되어갔던 것이다. 이들 '상시걸인'과 '계절걸인' 역시 식민지 지배정책의 당연한 하나의 결과였으며 자살자·아사자·동사자의 수가 계속 증가해가고 있었던 사실도 식민지시기의 시대적 성격을 드러내고 있다.

---

183) 이 표는 『朝鮮總督府統計年報』를 근거로 작성한 것이다.

제2장

화전민의
생활

제2장

화전민의 생활

1. 화전민 증가의 실제

조선왕조시대에도 그 후기로 오면서 화전(火田)은 그 이전보다 확대되어갔다. 이 시기에 화전이 확대되어간 이유는 각 궁방(宮房)들이 대규모의 화전을 절수(折受)하여 전토(田土)를 확대해간 점, 영(營)·아문(衙門)이나 군(郡)·현(縣)·읍(邑)·진(鎭) 등의 각급 관청에 의해 화전이 관둔전(官屯田)의 대상으로 절수·겸병·개간된 점, 화전이 능(陵)·원(園)·묘(墓)의 위전(位田)으로 절수된 점, 지방 수령들에 의해, 또는 양반관료와 부호·세력가들에 의해 화전이 개간되거나 겸병된 점 등에 있었다.[1]

조선후기에 와서 확대된 화전의 정확한 면적은 구하기 어렵지만 1807년에 완성된 『만기요람(萬機要覽)』에는 정부에 파악된 화전만 경기지방 32결(結), 영남지방 178결, 관서지방 25결, 도합 235결로 되어

---

1) 申虎澈「朝鮮後期 火田의 擴大에 대하여」,『歷史學報』91輯, 1981.

있다.[2] 정부에 의해 파악된 화전 이외에도 더 많은 화전이 있었을 것으로 생각되고, 문호개방 이후에도 화전개간이 계속 진행되었으리라 예상되지만 1900년대 초에는, 적어도 통계상으로는 크게 증가하고 있었음을 볼 수 있다.

최근 융희 3년(1909) 각 도의 화전 총결수는 2만 773결 877로서, 동 4년 (1910)에는 8049결 569(이상 탁지부 사세국 조사) 또 지난 43년(1910) 12월 현재의 각 도 화전 총결수는 1864결 256으로서(이해 5월 27일 총독부 관보) 최근 수년간에 화전의 총결수가 현저히 감소된 것은 화전의 지목(地目)에서 전(田)의 지목으로 옮겨졌기 때문이며 종래 화전이라 칭하던 것의 실제의 농토가 없어진 것은 아니다. 또 과세(課稅)화전 이외에 실제 무세(無稅)화전이 각 도에 많은 것도 사실이다.[3]

1909년 통계의 전국 화전이 2만 773결이었다는 사실은 『만기요람』에서의 235결보다 너무 많고 그것이 또 지목변경이란 이유가 붙기는 했지만 다음 해에 8049결로, 다시 1864결로 급격히 감소된 것은 또 좀 지나치다고 생각된다. 따라서 이 자료가 전해주는 화전면적을 식민지화 당시의 실제 면적이라 믿기는 어렵다.

그러나 이후의 자료들과 비교하기 위해 우선 이 자료에 나타난 화전면적의 결수를 정보수(町步數)로 일단 환산해보기로 하자. 1905년에 조사된 『한국토지농산조사보고』에 의하면[4] 화전이 많았던 함경도와 황

---

2) 『萬機要覽』財用篇2, 田結條.

3) 朝鮮總督府 山林部 「火田に關する取調局調査書」, (秘)『火田整理に關する參考書』(第四冊) 120면. 여기서의 '지난 43년'은 일본 메이지(明治) 연대이며 서기 1910년이다.

4) 『韓國土地農産調査報告』咸鏡道篇, 120면 및 같은 책, 黃海道篇, 106면 참조.

해도 지방의 화전 1결은 대체로 7단보로 나타나 있다. 이것을 기준으로 환산하면 자료에 나타난 1909년의 2만 773결은 약 1만 4541정보로 환산되며 메이지(明治) 43년 즉 1910년 12월 말 현재의 과세화전 면적 1864결은 약 1305정보로 계산된다. 1909년의 화전면적 2만 773결도 과세화전의 면적일 뿐이지만 전지(田地)로 지목이 변경되기 이전의 과세화전면적이므로 일단 그것으로써 식민지화 이전의 전국 화전면적의 기준으로 삼을 수 있을 것 같으며, 이 면적 이외의 무세화전이 얼마나 있었는가를 밝히기는 현재로서는 어려운 일일 것 같다.

식민지화 이후 식민지 통치당국자들이 화전문제에 관심을 가지게 되는 것은 '합방' 직후인 1911년에 삼림법(森林法)을 제정하여 화전개간에 대한 엄벌규정을 두면서부터이며, 1916년에는 소위 '내훈(內訓) 제9호 화전정리에 관한 건'을 각 도 장관 및 영림창장(營林廠長)에게 비밀히 내려 '화전정리' 방법을 지시했다.

그러나 화전문제에 관한 이와 같은 일련의 조치가 있었음에도 불구하고 조선총독부에 의해 화전문제에 관한 어느정도의 조사가 이루어진 것은 '합방' 후 14년째인 1924년이 처음이 아닌가 한다. 조선총독부 조사자료 제15집 『화전의 현상(現狀)』이 이루어진 것은 1926년이지만 그것에 이용된 통계자료들은 대부분이 1924년 말 현재의 것으로 되어 있는 것이다.

『화전의 현상』에는 1924년 이전의 통계자료로서 1919년부터 6년간, 즉 1924년까지의 전국 각 군별 화전면적 통계가 실려 있다. 이 통계자료의 1924년분 화전면적과 다른 통계자료의 1924년분 면적에 상당한 차이가 있어서 그것을 완전히 믿기는 어렵다. 그러나 그것만으로도 1920년대 전반기의 화전면적 증가 현상을 알 수 있으므로 이를 도별 통계로 간추려 제시해보면 표 2-1과 같다.[5]

표 2-1 _ 1919~24년 전국 화전면적 (단위: 정보)

	1919	1920	1921	1922	1923	1924
경기	1,670.2	1,915.4	2,419.6	763.2	1,384.0	1,522.3
충북	207.1	679.8	377.2	775.5	676.2	812.0
충남	431.8	475.4	347.2	202.6	128.2	251.3
전북	448.1	224.1	204.1	194.3	336.9	342.7
전남	480.5	414.0	493.0	786.5	694.8	515.5
경북	286.3	498.1	487.6	319.1	333.3	318.9
경남	109.3	126.2	44.7	39.5	44.6	90.3
황해	8,002.1	7,911.0	7,246.2	5,634.2	12,715.6	12,952.5
평남	11,608.8	8,883.8	10,536.8	12,727.0	14,852.1	15,399.0
평북	44,032.4	43,271.1	44,248.1	40,726.9	42,683.2	47,434.4
강원	21,289.4	18,615.0	15,185.3	12,746.5	15,253.7	18,937.2
함남	47,659.6	39,369.5	59,403.8	57,733.3	56,614.1	57,839.5
함북	3,763.1	5,680.9	3,281.9	2,250.6	2,497.9	4,108.4
계	139,988.7	128,064.3	144,275.5	134,899.2	148,214.6	160,524.0

표에서 보는 바와 같이 1919년부터 1924년까지의 6년 사이에 전국의 화전면적은 약 2만여 정보 증가했고 전체적으로 보아 대체로 경기·강원도 이남 지역은 감소되는 반면 그 이북 각 도는 증가해가고 있음을 볼 수 있으며 이와 같은 추세는 이후에도 계속된다. 이 통계자료는 앞에서 지적한 것과 같이 그 정확성이 다소 의심되는 한편 화전 소재 산림의 소유권이 분류되어 있지 않은 결점도 아울러 가지고 있다. 조선총독부는 1918년에 소위 조선임야조사령(朝鮮林野調査令)을 발표하고 '임야조사'를 실시하여 전국의 산림을 먼저 국유림과 민유림으로 대별하고 국유

---

5)『火田の現狀』朝鮮總督府 調査資料 第15輯, 1926, 7~22면 '郡別火田面積六個年對照表'의 도별 합계.

표 2-2. 1924년 전국 화전면적 (단위: 정보, 戶, 人)

도별	요존예정임야 내			불요존임야 내			민유임야 내			계		
	면적	호수	인구	면적	호수	인구	면적	호수	인구	면적	호수	인구
경기	-	-	-	822.00	1,259	4,981	1,864.00	2,468	11,469	2,686.00	3,727	16,450
충북	77.94	161	675	190.80	722	3,350	1,806.54	2,953	11,984	2,075.28	3,836	16,009
충남	-	-	-	19.00	90	396	33.00	252	962	52.00	342	1,358
전북	83.20	373	1,640	240.46	1,194	4,821	965.85	4,640	21,117	1,289.51	6,207	27,578
전남	102.80	404	1,953	107.75	1,245	5,634	2,333.77	4,250	18,840	2,544.32	5,899	26,427
경북	579.00	1,160	4,915	441.00	1,216	5,682	450.00	1,293	5,112	1,470.00	3,669	15,709
경남	152.00	577	2,489	4.00	24	114	62.00	468	2,239	218.00	1,069	4,842
평남	7,321.00	3,424	18,538	10,437.00	6,129	33,466	23,349.00	2,624	59,624	41,107.00	12,177	111,628
평북	12,055.00	6,464	30,305	2,996.00	2,002	9,091	96,614.00	47,489	238,870	111,665.00	55,955	278,266
황해	1,266.70	648	3,214	4,274.88	5,972	27,045	8,543.67	6,339	27,378	14,085.25	12,959	57,637
강원	10,920.00	9,506	48,045	18,684.00	13,584	61,852	26,847.00	20,804	95,140	56,451.00	43,894	205,037
함남	28,969.00	13,279	78,416	22,716.00	12,237	67,118	33,512.00	19,568	103,197	85,197.00	45,084	248,731
함북	2,766.00	2,168	13,872	1,704.00	1,853	11,517	1,394.00	2,344	13,204	5,864.00	6,365	38,593
營林廠	76,258.78	20,402	110,761	-	-	-	-	-	-	76,257.78	20,402	110,761
제	140,551.42	58,566	314,823	62,636.89	47,527	235,067	197,774.83	124,492	609,136	400,962.15	230,585	1,159,026

림을 또 '요존치림(要存置林)'과 '불요존치림(不要存置林)'으로 나누는 한편 '요존치림'에는 특별히 영림창(營林廠)[6]을 두어 관할하게 했다. 따라서 화전 역시 '요존치림' 내의 화전과 '불요존치림' 내의 화전, 그리고 민유림 내의 화전으로 크게 나눌 수 있으며 1924년 말까지 조사된 세 종류 산림 속의 화전면적과 경작농민수는 표 2-2와 같다.[7]

표 2-1에서 보인 1924년의 화전면적이 표 2-2에서 보이는 '요존예정임야(要存豫定林野)'와 '불요존임야' 및 민유임야 그리고 합계 면적의 어느 수치와도 일치하지 않음을 볼 수 있으며 대체로 '요존예정임야' 내의 화전면적과 가까움을 알 수 있다. 1924년의 이들 두 화전 관계 통계 가운데 표 2-2의 통계가 내용이 상세하고 이후의 통계들이 대체로 표 2-2와 같은 형식으로 작성되어 있어서 서로 비교하기에 편리하다고 생각되므로 일단 그것을 기준으로 하여 이후의 화전면적 및 화전민의 증감 상황을 살펴보고자 한다.

1924년 말까지의 화전통계를 실은 표 2-2와 같은 형식의 또 하나의 통계가 요존예정임야는 1927년 9월 말 조사를, 그리고 불요존 및 민유임야는 1928년 12월 말 조사를 기준으로 하여 작성된 것이 있으며 표 2-3이 그것이다.[8] 이제 이 두 통계를 비교해보면 이 시기의 화전농업 및 화전민의 수적 변화상을 이해할 수 있다.

우선 전체 화전면적은 1924년에서 1928년까지의 4년 동안에 7955정보, 2.0%가 감소된 데 반해 전체 화전호수는 9806호, 4.3%가 증가했고,

6) 영림창에는 무산(茂山)·혜산진(惠山鎭)·신하파진(新賀坡鎭)·중강진(中江鎭)·강계(江界) 지창(支廠)이 있었다(『火田の現狀』 36면).
7) 『火田の現狀』 27~28면. 통계 자체에는 상당한 오차가 있지만 원자료 그대로 옮겼다(이하 같음).
8) 朝鮮總督府 山林部 「火田現況調」, (秘)『火田整理に關する參考書』(第二冊).

표 2-3. 1928년 전국 화전면적 (단위: 정보, 戶, 人)

도별	요존예정임야 내			불요존임야 내			민유임야 내			계		
	면적	호수	인구	면적	호수	인구	면적	호수	인구	면적	호수	인구
경기	13	20	85	-	-	-	900	1,500	6,600	913	1,520	6,685
충북	505	475	2,651	160	142	588	1,852	3,658	14,873	2,517	4,275	18,112
충남	-	-	-	44	90	210	225	450	1,350	269	540	1,560
전북	11	26	130	279	1,469	6,068	1,011	6,539	21,510	1,301	8,034	27,708
전남	17	24	92	185	394	1,951	1,923	3,057	13,442	2,125	3,475	15,485
경북	820	1,490	5,396	328	920	4,127	978	2,062	8,212	2,126	4,473	17,735
경남	14	33	134	79	596	2,577	-	-	-	93	629	2,711
황해	1,000	862	4,979	6,648	5,840	29,230	2,182	2,050	10,234	9,836	8,752	44,443
평남	25,149	7,001	40,148	39,800	21,966	109,830	11,000	6,260	31,300	75,949	35,227	181,278
평북	43,677	20,229	102,886	3,988	3,230	15,716	42,188	34,789	173,570	89,853	58,248	292,172
강원	23,070	20,011	98,025	17,198	11,125	56,364	36,455	32,174	166,360	76,723	63,310	320,749
함남	47,626	22,651	124,522	27,859	10,060	55,329	32,778	9,507	50,899	108,263	42,218	230,750
함북	8,095	5,050	31,268	2,728	1,124	4,782	12,217	3,516	17,722	23,040	9,690	53,772
계	149,997	77,872	410,316	99,296	56,956	286,772	143,715	105,563	516,072	393,008	240,391	1,213,160

전체 화전민수는 5만 4134명, 4.7%가 증가했다. 4년 동안에 전국의 화전면적이 약 8만 정보 감소된 데 반해 같은 기간에 5만 4천여 명의 화전민이 증가했다는 사실은 결국 화전농가당 평균 경작면적이 그만큼 줄어들었음을 말해주고 있다. 그것을 계산해보면 1924년의 평균 경작면적은 약 1.74정보이던 것이 1928년에는 약 1.63정보로 1단보가량 줄었음을 나타내고 있는 것이다. 더구나 1924년 통계인 표 2-2에서는 영림창 관하의 화전이 따로 계산되어 있고 1928년 통계인 표 2-3에서는 그것이 나타나 있지 않음을 볼 수 있는데 만약 표 2-3에서 영림창 관하 화전이 각 도의 화전통계에 포함되지 않았다면 이 기간에 있어서의 화전민 증가수는 더 높은 것으로 보아야 할 것이다.

다음에는 이 두 통계를 좀더 세분해서 분석해보자. 우선 조선총독부가 보호해야 할 임야로 예정한, 소위 '요존예정임야'의 경우 표 2-2와 표 2-3을 비교해보면 화전면적은 2년 9개월 사이에(표 2-3의 요존예정임야 통계는 1927년 9월 말 조사이다) 9446정보, 6.7%가 증가했고 같은 기간에 화전농가호수는 1만 9306호, 33.0% 증가했으며 화전농민수도 9만 5493명, 30.3%가 증가했다. 화전면적의 증가비율에 비해 화전민의 증가비율은 5배에 가까우며 따라서 '요존예정임야' 내에서의 1924년의 화전농가당 평균 경작면적은 2.40정보였으나 1927년에는 그것이 1.93정보로 줄어든 것으로 계산되는 것이다. 이와 같이 '요존예정임야' 내의 화전면적 증가율이 그다지 높지 못한 이유는 역시 이 지역에서의 화전개간이 그만큼 적극적으로 금지된 결과라 할 수 있을 것이다.

다음 '불요존임야'의 경우를 보면 화전면적은 4년 동안에(표 2-3의 '불요존임야'와 민유림 통계는 1928년 12월 말 현재의 것이다) 3만 6660정보, 58.5%가 증가했고 반면 화전농가호수는 9429호, 19.8% 증가했으며 화전농민수는 5만 1705명, 22.0%가 증가했다. 화전면적이

58.5%나 증가한 것은 '불요존임야' 내의 화전개간 금지 조치가 '요존예정임야' 내의 그것보다 덜 엄했던 데 이유가 있는 것이라 생각되며 이지역에서의 화전호수와 화전민수의 증가율이 '요존예정임야' 내의 그것보다 낮은 이유는 본래 '불요존임야' 내의 화전농가당 평균 경작면적이 '요존예정임야' 내의 그것보다 훨씬 좁았기 때문이었다고 생각된다. 즉 1924년의 '요존예정임야' 내의 평균 경작면적이 2.40정보였던 데 반해 '불요존임야' 내의 그것은 1.32정보에 지나지 않았고 1928년에 화전면적이 58.5%나 증가함으로써 평균 경작면적은 1.74정보로 증가했지만 1927년 '요존예정임야' 내의 평균 경작면적 1.93정보에는 훨씬 미치지 못했던 것이다.

1924년부터 1928년까지 4년간에 있어서의 민유림 내의 화전 현황은 앞의 두 경우보다는 상당히 다른 양상을 보이고 있다. 표 2-2와 표 2-3의 민유임야 부분을 비교해보면 이 지역 안의 화전면적은 1924년보다 1928년에 5만 4059정보, 27.3%가 감소되었고 화전농가도 1만 8929호 즉 15.2%, 그리고 화전민수도 역시 9만 3064명, 15.3% 준 것으로 나타나 있다. 국유임야에서는 화전면적과 화전민수가 모두 증가한 데 반해 민유림에서는 상당히 감소하고 있음을 알 수 있으며 이 지역의 평균 경작면적 역시 1924년의 1.59정보에서 1928년에는 1.36정보로 감소된 것으로 계산된다. 조선총독부의 화전개간 금지 조치가 사유임야에서 가장 두드러지게 그 효과를 나타내게 된 것이라 보아도 무방하지 않을까 한다.

요컨대 표 2-2와 표 2-3을 통해 살펴본 1924년부터 1928년 사이의 화전농업의 변화상은 조선총독부의 금압정책에도 불구하고 국유림에서는 화전면적과 화전민수가 계속 증가하고 있었으며 다만 민유림에서는 그것이 상당히 줄어들고 있었으나 전체적으로는 4년간 약 5만 4천여

표 2-4_ 1924~28년 화전 현황 변화

요존림	면적	+9,466町	+6.7%
	호수	+19,306호	+33.0%
	인구	+95,493명	+30.3%
불요존림	면적	+36,660町	+58.5%
	호수	+9,429호	+19.8%
	인구	+51,705명	+22.0%
민유림	면적	−54,059町	−27.3%
	호수	−18,929호	−15.2%
	인구	−93,064명	−15.3%
계	면적	−7,955町	−2.0%
	호수	+9,806호	+4.3%
	인구	+54,134명	+4.7%

명의 화전민이 증가한 것이다. 한편 이 기간의 화전면적 증가율 2.0%는 화전민 증가율 4.7%를 감당하지 못하여 화전농가당 평균 경작면적은 계속 줄어들고 있음을 알 수 있다. 이제 표 2-2와 표 2-3을 비교해서 나타난 변화상을 정리해보면 표 2-4와 같다.

1927년과 1928년에 걸쳐 조사된 표 2-3의 화전통계 이후 역시 이와 같은 양식으로 작성된 통계로서 '임야 내 현경화전면적(現耕火田面積) 및 경작자호구조(耕作者戶口調)'라는 또 하나의 통계자료가 있다.[9] 이 자료의 '요존예정임야' 부분은 1931년에 조사된 것으로서 표 2-3보다도 4년 3개월 후의 자료이지만 '불요존임야'와 민유임야 부분은 유감스럽게도 1928년의 조사를 그대로 싣고 있어서 표 2-3의 그것과 완전히 동일하다. 따라서 이 자료와 표 2-3의 비교분석은 '요존예정임야'의 경

---

9) 「火田に關する調査概要」, (秘)『火田調査報告書』, 1928.

표 2-5_ 1931년 요존예정임야 내 화전 현황(단위: 町, 호, 명)

	면적	호수	인구
경기	–	–	–
충북	951	1,747	7,389
충남	–	–	–
전북	–	–	–
전남	44	18	70
경북	1,679	2,673	11,340
경남	–	–	–
황해	2,825	2,384	13,081
평남	17,840	8,670	48,645
평북	57,957	25,676	141,438
강원	31,230	25,269	122,667
함남	60,893	36,089	219,159
함북	8,087	4,885	32,101
계	181,506	107,411	596,610

우에 한정될 수밖에 없지만 그것이 조선총독부가 화전개간을 가장 적극적으로 금지하던 지역이었으므로 이 지역의 화전 상황의 변화만이라도 추적해볼 필요가 있다고 생각된다. 이 자료에 나타난 1931년 '요존예정임야' 내 화전 현황은 표 2-5와 같다.

표 2-3의 '요존예정임야' 내의 화전과 이보다 4년 3개월 후에 조사된 표 2-5의 그것을 비교해보자. 먼저 화전면적의 경우 4년 3개월 사이에 3만 1509정보가 증가했는데 이것은 1927년 면적의 21%에 해당한다. 다음 화전농가호의 경우는 4년 사이에 2만 9539호가 불어났으며 이 증가수는 1927년 화전농가수의 37.9%나 되고, 화전민수는 역시 같은 기간에 18만 6294명이 더 많아졌는데 이것은 1927년 화전민수의 무려 45.4%에 해당한다. 조선총독부의 화전개간 금지 정책에도 불구하고 산

림보호정책이 가장 철저히 실시된 '요존예정임야' 내에서 불과 4년 3개월 사이에 3만여 정보의 화전이 늘어났고 20만 명에 가까운 화전민이 불어났음을 이 통계자료는 말해주고 있는 것이다.

앞에서 논급한 것과 같이 1924년 말부터 1927년 9월 말까지 약 3년 사이에 화전면적이 6.7%, 화전농가가 33.0%, 화전민이 30.3% 증가했던 '요존예정임야' 안에서 1927년 9월 말 이후부터 1931년 12월 말까지의 4년 3개월 사이에 화전면적 21%, 화전농 37.9%, 화전민 45.4%가 증가했다는 사실을 보면 이 시기에 화전면적 및 화전민이 얼마나 급격히 증가하고 있었는가를 짐작할 수 있을 것 같다.

한편 지금까지 분석해본 화전통계들은 화전면적 및 화전민수를 국유임야, 민유임야 등의 유형별로 조사한 것이었고 화전민을 모두 일률적으로 다룬 것이었지만 화전민 자체를 다시 분류하면 화전만을 경작하는 '순화전민'과 화전과 숙전(熟田)을 아울러 경작하는 '겸화전민'으로 나눌 수 있으며 순화전민과 겸화전민의 증감 상황을 분석함으로써 이 시기에 있어서의 화전민 생활의 또다른 면을 이해할 수 있다. 화전민을 이와 같은 방법으로 통계한 자료 역시 1924년에 처음으로 만들어진 것 같으며 그것을 제시해보면 표 2-6과 같다.[10] 표에서 보는 바와 같이 1924년 9월 말 현재까지 순화전민이 경작하고 있는 면적은 모두 14만 1804정보로서 그것은 이 시기 전체 화전면적의 35.3%에 해당하며 그 호수는 6만 5265호로서 전체 화전농가의 28.4%, 그리고 순화전민수는 31만 2436명으로서 전체 화전민수의 27%가 된다. 표 2-6의 통계는 '요존예정임야'와 '불요존' 및 민유임야 내에 있는 화전 및 화전민을 모두

---

10) 『火田の現狀』 5~6면. 원자료의 합계 등에서 계산상의 오류가 많지만 그대로 인용했다. 단 평북의 화전면적은 원자료에 12,665.00정보로 되어 있으나 111,665.00정보로 바로잡았다.

표 2-6_ 1924년 순·겸화전민 통계 (단위: 町, 호, 명)

도별 종별	순화전민			겸화전민			계		
	면적	호수	인구	면적	호수	인구	면적	호수	인구
경기	917.00	677	2,801	1,769.00	3,050	13,651	2,686.00	3,727	16,452
충북	1,473.15	1,141	4,563	602.13	2,695	11,446	2,075.28	3,836	16,009
충남	34.00	149	638	81.00	305	1,250	115.00	454	1,888
전북	590.94	2,357	11,446	698.57	3,850	16,132	1,289.51	6,207	27,578
전남	282.86	1,361	6,543	2,261.46	4,528	20,037	2,544.32	5,889	26,580
경북	268.00	507	2,683	1,202.00	3,162	13,026	1,470.00	3,669	15,709
경남	123.00	403	1,938	95.00	666	2,904	218.00	1,069	4,842
황해	3,313.99	3,635	15,158	10,771.26	8,665	38,918	14,085.25	12,300	54,076
평남	14,961.00	4,783	25,615	26,121.00	16,394	85,007	41,082.00	21,177	110,622
평북	33,679.00	19,817	98,661	77,986.00	36,138	179,601	111,665.00	55,955	278,262
강원	24,184.00	13,028	51,977	33,267.00	30,878	153,060	57,451.00	43,906	205,037
함남	31,102.00	11,009	55,945	54,095.00	34,075	192,786	85,197.00	45,084	248,731
함북	1,536.00	876	5,401	4,328.00	5,492	33,193	5,864.00	6,368	38,594
영림창	29,340.00	5,522	29,067	46,918.78	14,880	81,694	76,258.78	20,402	110,761
계	141,804.94	65,265	312,436	260,196.21	164,778	827,705	402,001.15	230,043	1,155,141

표 2-7_ 1928년 순·겸화전민 통계 (단위: 町, 호, 명)

종별 도별	순화전민			겸화전민			계		
	면적	호수	인구	면적	호수	인구	면적	호수	인구
경기	220.70	170	745	690.00	1,350	5,940	910.7	1,520	6,685
충북	1,821.65	1,462	6,428	2,059.90	3,940	16,192	3,881.55	5,402	22,620
충남	0	0	0	269.00	540	1,560	269.00	540	1,560
전북	601.50	2,383	11,576	699.00	5,651	16,132	1,300.50	8,034	27,708
전남	215.30	299	1,425	2,108.08	3,176	14,060	2,323.38	3,475	15,485
경북	383.43	420	1,745	1,743.02	4,053	15,990	2,126.45	4,473	17,735
경남	47.10	107	460	46.00	522	2,251	93.10	629	2,711
황해	1,159.40	981	4,983	8,676.60	7,771	39,460	9,836.00	8,752	44,443
평남	12,308.03	2,352	13,209	63,640.67	32,875	168,069	75,948.70	35,227	181,278
평북	34,746.14	14,791	72,105	55,106.63	43,457	220,067	89,852.77	58,248	292,172
강원	23,432.75	13,696	69,752	53,290.42	49,614	250,997	76,723.17	63,310	320,749
함남	26,197.99	12,998	69,999	82,065.43	29,220	160,781	108,263.42	42,218	230,780
함북	7,177.58	2,784	15,204	15,862.04	6,906	38,568	23,039.62	9,690	53,772
계	108,311.57	52,443	267,631	286,256.79	189,075	950,067	394,568.36	241,518	1,217,698

포함한 통계이지만 이보다 3년 후인 1927년 9월 말까지 '요존예정임야' 내의 화전민을 순화전과 겸화전별로 조사한 통계가 있고 또 이보다 1년 3개월 후인 1928년 12월 말까지의 '불요존 국유임야' 및 민유임야 내의 화전민을 역시 순화전민과 겸화전민별로 조사한 통계가 있는데 이것을 하나의 표로 합쳐보면 표 2-7과 같다.[11]

이제 표 2-6과 표 2-7을 서로 대비해보자. 1924년 9월 말 이후부터 1928년 12월 말까지 4년 3개월 동안('요존예정임야'의 경우는 만 3년 동안) 순화전민이 경작한 면적은 3만 3493정보, 즉 23.6%가 줄었고 순화전농가수는 1만 2822호, 19.6%가 줄었으며 순화전민수는 4만 4805명, 14.3%가 줄었으나 반면 겸화전민의 경우는 면적이 2만 6060정보 즉 10%, 농가수가 2만 4297호 즉 14.7%, 인구수가 10만 7362명 즉 12.7%가 증가했다. 결국 전체적으로는 앞에서도 논급된 것과 같이 이 기간에 화전면적이 1.8% 감소된 반면 화전농가수는 약 5%, 화전민수는 5.4% 증가한 것이며 이 시기에는 전국에 약 120만 명의 화전민이 있은 것이다.

한편 이와 같이 표 2-6과 표 2-7의 통계를 비교한 결과는 화전민 전체의 수가 증가한 반면 순화전민의 수는 감소되어간 것으로 나타나지만 다른 통계자료에 의하면 1928년 이후에도 순화전민이 계속 증가하고 있는 것으로 나타나고 있다. 즉 표 2-8에서 보는 바와 같이[12] 1926년에서 1939년까지 13년 사이에 자작농이 12%, 자소작농이 20% 감소했

---

11) 朝鮮總督府 山林部「火田現況調」, (秘)『火田整理に關する參考書』(第二冊).

12) 京城帝國大學 衛生調査部編『土幕民の生活·衛生』, 東京: 岩波書店 1942, 29~30면. 이 통계는 朝鮮總督府 企劃部의 國土計劃調査參考資料其七『朝鮮農業人口に關する資料(其二)』에서 인용한 것이다. 그러나 1927년과 1928년에 작성된 표 2-7에서의 순화전민수는 26만 명이 넘는 데 반하여 표 2-8의 1927년과 1928년의 순화전민수는 3만여 명밖에 되지 않아서 두 통계 사이에 차이가 크다. 다른 자료에도 이 시기의 화전민이 대체로 1백만 명이 넘는다는 자료가 많은 것으로 보아 표 2-7의 통계가 좀더 정확한 것 같다.

고 소작농이 33% 증가한 데 비하면 순화전민은 100% 증가했음을 볼 수 있다. 이 통계는 정확성에 문제가 있고 증가 현상이 순화전민만을 대상으로 나타나고 있지만 겸화전민의 경우도 순화전민과 같이 계속 증가했으리라 생각되는데 1933년에 통계된 강계(江界) 영림서 관내의 화전민 상황을 보아도 이를 짐작할 수 있다. 즉 표 2-9에서 보는 바와 같이[13] 1926년부터 1931년까지의 5년 사이에 강계 영림서 관내 순화전민의 호수는 87%, 인구수는 92% 증가했고 겸화전민은 호수는 65%, 인구수는 93% 증가하여 호구에서는 순화전민 쪽의 증가율이 높고 인구수에서는 겸화전민 쪽이 높음을 볼 수 있으며 양쪽이 모두 불과 5년 사이에 화전민수가 거의 배에 가까운 증가율을 보이고 있다. 표 2-8에서와 같이 전국적으로는 1926년부터 1939년까지 13년 사이에 순화전민이 100% 증가한 데 비해 강계 영림서 관내에서는 불과 5년 사이에 100% 가까이 증가하고 있는 것은 강계지방이 특히 화전민이 많이 모여드는 지역이었기 때문이기도 했었지만 표 2-8의 통계에 역시 문제가 있는 것 같다.

지금까지 제시한 각종 통계자료들이 다소 불안한 점이 없는 것은 아니지만, 그것들의 분석을 통해 우리는 식민지시대의 화전민수 증가 문제를 두고 다음과 같은 몇 가지 결론을 얻을 수 있지 않을까 한다. 첫째, 일제시대 이전의 화전면적 및 화전민수와 일제시대 이후의 그것을 정확하게 비교할 만한 자료를 얻을 수 없지만 일제시대 이후에도 식민통치의 햇수가 더해져감에 따라 적어도 1930년대 전반기까지는 화전민수가 계속 증가하고 있었음을 알 수 있다. 둘째, 일제시대의 화전민수 증가 현상은 이조시대 이래 그것의 자연추세적인 연장이 아니라 식민지 경제정책이 빚어낸 하나의 특수 현상이라 볼 수 있으며, 따라서 이조시

---

13)『동아일보』1933년 4월 15일자(이 통계는 강계 영림서 관내의 화전민 통계이다).

표 2-8_ 1926~39년 농가구성 (단위: 호, %)

종별 연도	총수	자작농	자소작	소작농	순화전민	증감지수			
						자작	자소작	소작	화전민
1926	2,732,926	609,790	895,721	1,193,099	34,316	100	100	100	100
1927	2,760,611	603,748	909,843	1,217,889	29,131	99	101	102	85
1928	2,778,411	594,807	894,381	1,255,954	33,269	98	100	105	87
1929	2,793,951	590,554	885,594	1,283,471	34,332	97	100	108	100
1930	2,848,557	586,613	890,291	1,334,139	37,514	96	99	112	109
1931	2,858,677	570,270	853,770	1,393,424	41,212	94	95	117	120
1932	2,898,198	548,284	742,961	1,546,456	60,497	90	83	130	176
1933	2,915,576	545,502	724,741	1,563,056	82,277	99	81	131	240
1934	2,909,879	542,637	721,661	1,564,294	81,287	99	81	131	237
1935	2,954,718	547,929	738,876	1,591,441	76,472	90	82	133	223
1936	1,942,531	546,337	737,849	1,583,622	74,727	90	82	133	218
1937	2,941,714	549,585	737,781	1,581,428	72,919	90	82	133	212
1938	2,936,372	552,430	729,320	1,583,435	71,187	91	81	133	207
1939	2,911,409	539,629	719,232	1,583,358	69,280	88	80	133	201

표 2-9_ 1926~31년 강계 영림서 관내 화전민 상황 (단위: 호, 명)

종별 연도	순화전민		겸화전민		계	
	호수	인구	호수	인구	호수	인구
1926	2,008	10,239	5,116	25,134	7,124	35,373
1927	2,987	15,268	5,635	32,024	8,622	47,292
1928	4,375	22,489	7,435	41,274	11,810	63,763
1929	2,574	13,665	5,515	31,860	8,089	45,525
1930	3,103	17,134	6,956	41,343	10,059	58,477
1931	3,762	19,645	8,425	48,529	12,187	68,174

대의 화전민수 증가 현상과 일제시대의 그것은 양적인 차이가 클 뿐만 아니라 질적으로도 뚜렷한 차이가 있는 것이라 생각된다.

2. 화전민 증가의 원인

다음에 상론되겠지만 일제식민지 지배당국의 화전개간 금지 정책이 지난날 이조(李朝)왕조의 그것보다 훨씬 조직적이고 엄격했는데도 불구하고 일제시대에 들어와서도 앞에서 본 바와 같이 계속 화전민의 수가 증가하고 있는 원인이 어디에 있었는가 하는 문제를 생각하지 않을 수 없다. 이 문제에 대한 해답을 구하는 일은 좁게는 식민지 농업정책, 넓게는 그 지배정책 전체의 성격을 구명하는 작업이 될 수 있을 것이다. 우선 이 시기에 있어서 화전민 증가의 원인을 밝힌 자료들을 몇 가지 들어보자.

조선총독부의 비밀문서 『화전조사보고서』는 그들의 화전금지정책이 효과를 발휘하지 못하고 화전민이 계속 증가하는 원인으로

(1) 평지(平地)에서 자산을 잃은 사람이라도 화전에 의하여 쉽게 넓은 면적의 경작지를 무상(無償)으로 얻을 수 있다는 점.

(2) 개간화전이 대부분의 경우 평지의 숙전(熟田)보다 풍옥(豐沃)한 점.

(3) 화전경작은 조세의 부담이 적어서 지세(地稅)는 물론 없고 다만 호세·농회비·축산조합회비 등이 다소 부과될 뿐이라는 점.

(4) 하층의 조선인은 그 정도는 낮다 할지라도 간단무위(簡單無爲)한 생활을 좋아하는데 벽원(僻遠)의 화전에는 행정관청 등의 주밀번루(周密煩累)한 지도감독 내지 지도장려의 손이 충분히 미치지 못하므로 화전민은 이런 곳에

서 생활하기를 가장 좋아한다는 점.

(5) 점유지의 지력이 고갈하면 다시 새로운 대토(代土)를 가까운 곳에서 구하기 쉬워서 지력 유지를 위해 노력할 필요가 없다는 점.

(6) 취체(取締)가 미치지 않는 동안에 일단 입산하여 가옥을 장만할 경우는 사실상 삼림주사 경찰관도 이를 강제적으로 퇴거시킬 수 없다는 점.

(7) 화전민의 생활정도는 일반적으로 대단히 낮아서 저장해두었던 농산물을 초봄에 이미 다 먹고는 초근목피로 겨우 연명하는 사람이 적지 않은데 이들은 삼림령 위반으로 형을 받아도 옥사(獄舍)에서의 의식(衣食)이 자가(自家)에서의 그것보다 오히려 나아서 현행의 형벌이 그들에게 반드시 고통이 되지는 않는다는 점.

(8) 화전개간으로 형을 받은 일이 있는 사람도 화전민 사이에서는 결코 모멸하지 않고 본인도 또한 이를 치욕으로 생각하지 않는 점.

(9) 종래 취체관헌이 위반자를 철저히 검거하지 않았고 지방에 따라서는 무사히 간과되는 사람이 대다수이며 또 일단 검거되어도 기소유예가 되거나 또 훈계 처분될 뿐이어서 방면되는 사람이 많았다는 점.

등을 들고 "이 때문에 화입자(火入者)는 계속 증가하는 추세에 있으며 물론 화전민들도 삼림경찰의 감독·취체를 귀찮게 여기고 또 징역이나 기타의 형벌 받기를 좋아하는 것은 아니지만 화전생활의 안이함을 버리고 궁박유랑의 길을 떠나는 것은 더 큰 고통으로 더러는 부락민들이 이미 상모(相謨)하여 광대한 면적에 불을 지르고 침간(侵墾)하였다가 관헌의 검경(檢警)을 받으면 미리 희생자가 될 것을 승낙한 노인을(노인이면 판관의 동정을 얻기 쉬우므로) 표면상의 방화책임자로 삼아 수형(受刑)케 하고 투옥된 희생자의 가족은 부락민 전체가 협력하여 위로하고 그 생활을 보장하며 이와 같은 희생자는 형을 마치면 향당(鄕黨)

화전민으로부터 크게 존경을 받는다" 했다.[14]

이 보고서는 일제통치 아래서 '원시적인' 생활을 스스로 택하는 인구가 계속 증가하는 원인으로서 대체로 화전경작의 유익성, 조선인의 천성적인 나태성 및 그 생활의 미개성, 화전단속의 불철저성 등을 앞세우면서도 어쩔 수 없이 농민층의 절대적인 빈곤과 조선총독부의 행정적 단속 내지 간섭, 더 나아가서 식민지 지배체제에 대한 저항적인 태도 등의 더 본질적인 원인이 있음을 숨기지 못하고 있다.

이밖에도 조선총독부 관료들이 내세우는 화전지대 확대의 원인은 각 지방에 따라 사정이 다른 경우도 더러 있다. 예를 들면 평안북도 희천군(熙川郡)의 경우

고로(古老)의 말에 의하면 지금부터 수십 년 전까지는 인구가 극히 희박하고 주민의 대부분이 평지 농경에 종사하여 산야는 가는 곳마다 울창한 밀림이 번무(繁茂)하였으나 청나라 광서(光緖) 20년에 일청전쟁이 일어나서 평안남도 및 평안북도가 모두 그 교전지대가 됨으로써 평야지방의 주민들이 다투어 산간으로 피난하였고 본군 내에도 1천여 호의(熙川郡 향토자료에 의함) 피난민이 들어왔으며 이들 다수의 실업자가 화전개간을 시작함으로써 화전개간이 급격히 성해졌고 이후 토질이 감자 재배에 적합함을 알고 이주해오는 사람이 끊이지 않았다.[15]

라고 한 것과 같이 '한일합방' 이전의 전란이 화전민 발생의 원인이라 말하고 있으며, 함경북도 경흥군(慶興君) 웅기면(雄基面) 백학동(白鶴

---

14)「火田に關する調査槪要」, (秘)『火田調査報告書』37~38면.
15)『火田の現狀』121면.

洞)의 화전은 "일찍이 웅기군에 군마보충부(軍馬補充部)가 있었던 관계로 각 지방으로부터 일거리를 구해서 내집(來集)한 조선인이 직업을 얻지 못하고 궁박해진 결과 드디어 국유림 안으로 들어가 화전 경작을 함으로써"16) 이루어진 것이라 했다. 또한 함경남도 삼수군(三水郡) 관흥면(舘興面) 개운성리(開雲城里)의 화전은

　　이곳에서 동쪽으로 동신리(東薪里)라는 부락이 있어서 1913~14년경에 영림창의 벌목운재부(伐木運材部)에 의하여 국유림 안에 비밀리에 모경(冒耕)이 시작되어 그것이 대단히 유망하다는 소문이 널리 퍼지게 되자 화전민이 점차 모여들어왔다. 특히 1923년에 삼림화재가 나서 부근 일대를 불태운 이후에는 급격히 증가하여 지금에는 5백유여 호의 대부락을 형성하기에 이르렀다. 이 지대는 1923년 이전에는 화전민의 집이 약간 점재(點在)하는 데 그치고 일대 밀림을 이루어서 지금 삼림부에 근무하는 마쓰오까(松岡) 기사가 당시 혜산진(惠山鎭) 영림서에 있으면서 이곳을 답사하였을 때는 밀림이 짙어서 방향을 잃고 매우 곤란을 겪었는데 불과 5개년 뒤의 오늘에는 겨우 타고 남은 둥치를 볼 수 있을 뿐 나무 하나를 볼 수 없고 전산(全山)이 모두 화전화하여 일견(一見) 황량한 감을 일으키고 있다.17)

하여 밀림지대가 화전지대화해간 경위를 전해주고 있다. 이들 자료는 평안도와 함경도 지방의 울창하던 삼림이 식민지시대로 들어오면서 갑자기 화전지대로 변해간 사정을 전해주고 있으나 역시 그 원인에 대해서는 적극적으로 언급하지 않고 있음을 볼 수 있다.

---

16) 같은 책 37면.
17) 「火田に關する調査槪要」, (秘)『火田調査報告書』 26~27면. 자료 중의 일본연호 연대는 서기로 고쳤음.

삼림지대의 화전화 원인에 대한 총독부 관리들의 소극적이고 피상적인 보고에 반하여, 1931년『조선일보』에 27회에 걸쳐「조선의 화전과 화전민 생활」을 연재한 김재석(金在錫)은 화전민 증가의 원인을 좀더 적극적으로 또 본질적으로 지적하고 있음을 볼 수 있다. 그는 화전민 증가의 원인을 이렇게 말했다.

> 농촌에서 전답을 빼앗긴 사람이며 간도(間島)·만주(滿洲)에서 쫓겨 나오는 사람이며 일본서 실업하고 나오는 공업노동자며 모든 것이 먹어야만 산다. 그래서 그 '먹어야만 죽지 아니한다'는 것이 즉 화전민이 발생하는 원인이요 '생명'이라는 것이 즉 그들에게 화전경작을 강제하는 것이다. 물론 전연 경제적 원인 이외의 사정으로써 고향에 옥토와 거재(巨財)를 두고도 불편한 산중으로 들어오지 아니하면 아니 될 부득이한 화전민도 있을 것이나 그는 평지에서 범죄를 하고 몸을 피하기 위하여 깊은 삼림 속에서 할 수 없이 화전을 경작하는 자, 모순된 사회 보기 싫은 것 많은 속계(俗界)의 사회에 권태증이 생겨 무인지경에 혼자 사는 자, 사랑하는 남녀가 그들의 사랑을 더욱 유의의(有意義)하게 누려보려는 자, 평지의 여러 눈이 주시하는 사회에서는 용납할 수 없는 불의의 사랑을 하게 되어 그 목적을 달하기 위하여 입산한 자들일 것이다. 그러나 이것들은 화전민의 발생원인이라고는 볼 수 없으며 한 예외로 칠 수밖에 없다.[18]

경제적 원인 이외의 원인들을 열거했으면서도 그것을 모두 예외의 경우로 보고 화전민 발생의 원인을 역시 경제적 문제로 집중시키면서

---

18) 金在錫「朝鮮의 火田과 火田民 生活(5)」,『조선일보』1931년 3월 17일자. 이하 모든 인용문은 현재의 표기 및 어법에 가깝게 고쳤음.

(1) 5단보 미만 경작 농가가 전조선 농가호수의 50%

(2) 소작호수는 전농가호수의 45%

(3) 소작 겸 자작 농가는 전농가호수의 32%

(4) 가마니 한 개의 이익(노임 포함)이 5전

(5) 자작농 수입 646원 지출 559원 잔(殘) 87원(전조선 평균)

　　자작 겸 소작농 수입 241원 지출 242원 부족 1원

　　소작농 수입 403원 지출 414원 부족 11원

　　궁농 수입 102원 지출 106원 부족 4원

등 당시의 농가 경제사정을 제시하고 "근자(近者)에 떠드는 귀농운동자 제군이여. 어느 곳으로 가서 농사를 지으며 무엇을 먹고 살라는 말인가, 그들은 다른 곳에 생도(生途)를 구할 수 없을 것은 사실이니 그들이 산으로 몰려드는 것은 의심할 여지가 없는 일이다"[19] 하고 설파했다.

이 시기에 있어서의 화전민 발생원(發生源)이 되었던 농가의 경제사정에 대해서는 앞 장에서 상세히 살펴보았지만 다시 이 시기의 신문자료 몇 가지를 들어 일반 농민이 화전민화하는 과정을 살펴보자.

함남의 수재 본거지인 북청(北靑)·풍산(豐山)·신흥(新興)·갑산(甲山) 등지로부터 최근에 온 사람의 각각 전하는 말을 종합하여보면 (…) 방금 올 데 갈 데가 없이 기근에 부대끼고 병마에 걸려 있는 이재동포들은 유리하는 부분도 있기는 있으나 대개 즉 4, 5할가량은 무슨 방법으로든지 사랑하는 고향을 떠나기 어려워하는 경향이 있다 하며 최하의 소원으로 삼림지대 속에라도 들어가서 화전을 일구어 먹고자 하는 생각도 있고 (…) 이에 대하여는 피해지인

---

19) 같은 기사(6), 『조선일보』 1931년 3월 18일자.

각 군 당국에서도 그들을 그대로 방임하여 유지를 시키는 것보다는 고원 삼림지대라도 개방하여 수용하고 화전을 일구어 먹게 하자는 의견도 있기는 하다. 하나 (…) 하다못해 화전민 노릇을 하랴 하는 5만 이상의 이재민의 소원도 실현될 가망이 없다 하여 더욱 우려에 싸여 있다 한다.[20]

이 기사에서 보이는 함경남도의 각 지방은 화전민이 전국에서 가장 많은 곳이지만 화전민이 되는 일은 수재민에게도 '최하의 소원'이었고 총독부의 금지정책 때문에 그것마저 쉽게 이루어질 수 없는 일이었다.

그러나 이들 5만 명의 수재민들이 살 수 있는 길은 결국 화전민이 되는 길밖에 없었을 것이며 농민들이 때없이 겪는 각종 재해가 그들로 하여금 '하다못해 화전민 노릇'을 하게 하는 중요한 원인의 하나였음을 부인할 수 없다. 그러나 다음의 기사는 화전민 증가의 원인을 자연의 재해에만 돌리려고 하는 총독부 관리들의 노력이 허점을 드러내고 있음을 알려준다.

총독부 당국에서는 화전민 정리책을 강구코자 화전민 조사위원회를 조직하고 십수만 원의 조사비를 들여서 그 생활상태를 조사하여 그 대책을 강구하는 한편으로 화전민은 더욱 급격한 형세로 증가하여 작년 가을 이래 함남 갑산(甲山) 일대의 깊은 산림으로 모여든 화전민만 1500여 호에 달하며 그대로 방치하면 산림은 멀지 않아 적토로 변할 모양이라 하며 총독부 산림부에서는 그 처치에 머리를 앓는 중이라고 한다. 이와 같이 화전민이 갑자기 격증하는 원인을 작년 가을 함남 수해의 이재자가 평지에서 살 수 없어 산속으로 모여들어가는 까닭이라고 산림부에서는 관측하고 있으나 내무국에서는 함

20) 『동아일보』 1929년 7월 2일자.

남 수재 이재민은 국고보조 5만 원과 함남지방비 등 합하여 약 20만 원의 경비로 1만여 정보의 이주지를 제공하였으니 이재민이 화전민으로 되어 들어갈 리는 없다고 하더라.[21]

나름대로의 대책을 세워도 화전민이 계속 늘어만 가는 원인을 재해에만 돌리려 하는 조선총독부 산림부와 재민대책 실패의 책임을 면하려는 내무국 사이의 엇갈리는 주장을 이 기사가 전해주고 있지만 화전민 증가의 주된 원인이 재해에만 있는 것은 아니었다.

미증유의 풍년이 들고도 불경기 때문에 참혹한 곤경에 빠진 함남 단천(端川) 일대의 농민은 벌써부터 대중적으로 기근 상태에 빠지고 있다. 기경(起耕)하고 있는 이때에 도처에서 파산자는 속출하여 이들은 모두 남부여대하고 한푼의 노자도 없이 살 곳이 있나 하고 떠나가는데 남북만주(南北滿洲)는 몸서리치는 소문으로 가지 못하고 갑산(甲山)·풍산(豐山) 등지의 화전지대로 몰려가고 있다. 아직 자세한 통계는 나지 않았으나 매일과 같이 연락부절하고 격증하는 것을 보아 벌써 금년에 들어와서 수백 호가 될 것이라 한다.[22]

'미증유의 풍년'에도 불구하고 농촌의 파산자가 속출하고 그들의 갈곳이 화전지대일 수밖에 없었다면 화전민 발생의 원인은 확실히 일시적인 재해만이 아니었음이 명백하다. 총독부의 자료는 이와 같은 근원적인 원인을 말하고 있는 것이 드물지만 다음의 기사는 그것에 한걸음 더 접근하고 있음을 볼 수 있다.

21) 『동아일보』 1929년 7월 2일자.
22) 『조선일보』 1931년 4월 4일자.

화전민이 화전민 되기까지의 경과는 대개 소지주로부터 자작 겸 소작인
에, 자작 겸 소작인으로부터 소작인에, 소작인으로부터 막실소작인(幕室小作
人, 제 집 없이 남의 집 행랑간을 빌려가지고 농사하는 사람)으로 점점 퇴화
하다가 그것도 계속하지 못하여 필경은 산속으로 찾아 들어가는 것이 보통
이므로 그들 중에는 화전민으로 12대 이상이 없으며 대개는 2~3대 이하가
많은 것을 보아 분명한데, 자본주의 발달에 따라 농촌의 파멸 정도는 더욱 심
하여질 뿐이겠으므로 당국에서 설사 현재의 화전민을 정리한다 하더라도 근
절시킬 수는 없고 다른 방책을 채용하여 원인을 제거함이 가장 현명하리라
고 하더라.[23]

화전민 증가의 가장 큰 원인이 이 기사가 '자본주의 발달'이라고는 표
현한 식민지 농업정책에 의한 농촌경제의 파멸에 있음을 구체적으로
말해주고 있는 자료를 하나 더 들어보자. 다음에서도 다시 논급되겠지
만 1929년에 함경남도 갑산군(甲山郡) 보혜면(普惠面)의 '평평물' 일대
에서 일어난 대규모의 화전민가 소각사건을 계기로 조사한 이 지역 화
전민 1449호의 입산 원인을 보면 다음과 같다.[24]

 (1) 농촌에서 채무로 인하여 소유 토지를 다 팔아버리고 살길이 없어진 자
   189호
 (2) 의외의 재난으로 도산한 자 386호
 (3) 수확이 점감하여 생활이 곤란해진 자 603호
 (4) 상업에 실패한 자 39호

---

23)『동아일보』 1929년 1월 16일자.
24) 金在錫, 앞의 기사(7), 『조선일보』 1931년 3월 20일자.

(5) 전주지(前住地) 중국에서 쫓겨온 자 61호

(6) 분가하였으나 분배받은 토지가 없는 자 160호

(7) 미신으로 인하여 이전해온 자 3호

(8) 기타 8호

이들 가운데 의외의 재난으로 도산한 자와 상업에 실패한 자, 중국에서 쫓겨난 자, 미신 때문에 옮겨온 자 등은 농촌궁핍화에 직접 연관되지는 않는다 해도 나머지는 모두 직접 간접으로 농촌경제의 파탄과 관계 있다고 볼 수 있으며 그것을 합치면 952호, 즉 전체의 65.7%에 해당된다. 더구나 의외의 재난이라는 것도 대부분 수재·한재를 가리키는 것이라 생각되며 한번 재난을 당하면 파산하여 유리(流離)하지 않을 수 없을 만큼 영세화된 농민의 경우라 할 수 있다. 이것까지를 합치면 화전민이 된 농민의 92.4%가 식민지시대의 농촌경제의 파탄 때문이라고 볼 수 있을 것이다. 참고로 이들 1449호가 화전지대로 들어온 직접적인 동기를 들어보면 다음과 같다.[25]

(1) 친척지기(親戚知己)의 권유에 의하여 그 앞에 온 자를 의뢰하고 입산한 자 532호

(2) 소작지를 얻기 위하여 들어온 자 224호

(3) 화전을 매수하여 지주가 되고 싶어서 다소의 자본을 가지고 들어온 자 133호

(4) 화전민의 용인(傭人)이 되어 들어왔다가 독립한 화전민이 된 자 177호

(5) 그곳에 농경 적지(適地)가 있다는 풍문만 듣고 들어온 자 186호

---

25) 같은 기사.

(6) 우연히 왔다가 화전 적지를 발견하고 고향에 돌아가 가족을 인솔하고
　　온 자 196호

　이들 가운데 '화전을 매수하여 지주가 되고 싶어 다소의 자본을 가지
고 들어온 자'를 제외한 나머지 대부분은 거의 무일푼으로 화전지대에
들어온 사람들이라 볼 수 있으며 이들이 전체의 90% 이상에 해당하는
셈이다.

　화전민 증가의 가장 근원적인 원인이라 할 수 있는, 이 시기 농민 영
세화의 한 원인은 이 책의 제1장 부분에서 상세히 다룬 것과 같이 식민
지 농업정책의 결과로 소작농민이 급증한 위에 그들의 소작조건이 크
게 나빠진 데 있었으며, 그 결과는 많은 농민의 이농화를 가져왔고 이농
민의 상당한 부분이 화전민화했다.

　1925년의 1년간에 농촌을 떠난 인구는 15만 명이었고 그 가운데 가족
전체가 이산한 경우가 6825명이었다.[26] 또 1926년의 조사에 의하면 전
국의 영세민수는 215만 명에 이르러서 전체 인구의 11%에 해당했고[27]
1930년에는 봄철에 식량이 떨어진 춘궁민이 자작농·자소작농·소작농
을 합쳐 125만 명으로 집계되었으며 전국의 걸인수도 1926년에는 1만
66명으로 통계되었으나[28] 1931년에는 5만 3939명으로 증가했다.[29] 이
들 통계가 얼마만큼 정확한가 하는 문제도 고려되어야겠지만, 어떻든
여기에 나타나는 세궁민·춘궁민·걸인·이산가족이 바로 화전민 창출의
원천이었음을 쉽게 짐작할 수 있는 것이다.

26) 善生永助 「朝鮮に於ける貧富考察」, 『朝鮮』 1928년 2월호 44~45면.
27) 朝鮮總督府 農林局 『朝鮮ニ於ケル小作ニ關スル參考事項摘要』, 1933, 24면.
28) 善生永助, 앞의 글.
29) 朝鮮總督府 農林局 『農村窮民の實情と農村救濟對策案參考資料』, 1932.

일제시대에 들어와서 전국의 화전민수가 급격히 증가해간 원인을 피상적으로만 생각해보면 조선총독부의 관리들이 보고한 것과 같이 무상으로 농토를 쉽게 얻을 수 있으며 조세부담이 적은데다 총독부의 행정적 간섭을 피할 수 있는 점 등을 들 수 있으며, 한편 일제시대 이전부터도 언제나 있었던 빈번한 재해의 결과로 나타나는 농민의 화전민화 현상의 연속일 뿐이라고 말할 수도 있을 것이다. 그러나 이조시대 농민의 화전민화 현상과 식민지시대의 그것은 앞에서 말한 바와 같이 양적인 차이뿐만 아니라 질적인 차이가 있음을 간과할 수 없다. 이 점에 관해 『조선일보』에 「화전민의 장래」를 연재한 '칠석생(漆石生)'은 다음과 같이 말하고 있다.

그러나 여기에 또 한가지 음미해볼 문제는 옛날의 금지와 금일의 금령이 규정한 이유와 동기가 상이한 것이다. 옛날에는 삼림에 방화를 행치 않았더라도 평지에는 광대한 옥토와 허다한 생도(生途)가 있었던 것이다. 그러나 그곳을 버리고 세금이 없고 기경(起耕)이 용이하며 농법이 간편하고 안락한 화전을 경작하는 유민(遊民)과 나민(懶民)을 절적(絶跡) 또는 징계하기 위하여 대전(大典) 혹은 세율을 제정했던 것이다. 그러나 금일의 백만을 넘는 화전민은 평지에 옥토와 고향에 재산을 남겨두고 안락과 간편한 생활을 탐하여 산에 들어와 사는 자는 없을 것이다. 만일 있다 하더라도 만에 일인이요 천에 한 사람일 것이다. 그러면 금일의 금령은 옛날의 그것과 같이 만인이나 천인에 일인 또는 전연 없을는지도 모르는 놀기 위한 화전민, 고향에 옥토와 재산을 두고 산에 와서 방화개간을 하고 있는 가증한 자를 상대로 하고 제정한 것이냐 하면 적어도 금일의 위정자는 그렇지는 않을 것이다. 그들의 전부가 토지겸병의 결과 소유하였던 토지를 잃었으며 농업의 합리화·기계화로 인하여 소작권을 빼앗기었으며 우둔한 소치로 재산을 잃어버린 가련한 자들이다.[30]

이조시대의 화전민과 일제시대의 그것이 본질적으로 다르며 일제시대의 화전민이 식민지 농업정책으로서의 '토지조사사업'이나 '산미증식계획' '영농합리화' 등으로 소작권을 빼앗긴 농민들임을 어느정도 선명히 밝히고 있음을 볼 수 있다. 또한 앞에서 소개한 김재석도 이조시대부터의 화전민과 일제시대 이후의 화전민을 구분하여 전자를 '구화전민'이라 하고

전자는 수십 년 내지 수백 년 동안을 대대손손 상속하여 화전경작을 해서 생활해온 자인데 그들은 그동안에 시행된 토지조사와 임야조사 당시에 그 토지를 수십 년 동안 경작했다는 연고권으로써 넉넉히 자기의 소유로 사정(査定)할 수 있었음에 불구하고 애매한 그들은 사정 후의 세금을 무서워했으며 출원수속의 번잡을 피하기 위하여 또는 그 시기를 놓치며 그 방법을 알지 못하여 그 경지가 국유림으로 편입된 까닭에 화전민이라 부르게 된 자들이다.[31]

라고 했다. 이들은 '토지조사사업' 과정에서 그들이 경작하던 토지가 국유림으로 편입되었기 때문에 화전민의 범주 속에 들었을 뿐 수전경작(水田耕作)이 아닌 한전경작(旱田耕作)에 종사하고 있다는 차이점 이외에는 일반 농민과 사실상 차이가 없었던 것으로 볼 수 있다. 그렇기 때문에 이들 '구화전민'은 비교적 문화가 보급된 곳, 교통이 일찍 발달한 지방에 널리 분포되어 있었고

구(舊)·반(半) 화전민 중에는 수천의 재산과 광대한 화전을 소유하여 그들

---

30) 『조선일보』 1931년 2월 17일자.
31) 金在錫, 앞의 기사(13), 『조선일보』 1931년 4월 2일자.

174

은 경지의 확장과 금전의 취리(取利)로써 점점 재산을 증식해가는 자가 한마을에 몇 명씩 되어 평지의 자작농이나 소지주에게 손색없는 향락을 해가는 자가 드물지 않은 현상이며 그들은 그 화전의 대부분을 타인에게 소작시키며 자본을 주어 신규개간을 함에 의하여 점점 더 큰 지주가 되어가는 것이다.[32]

라고 한 것과 같이 특히 겸화전민은 '원시적' 생활과는 거리가 있는 이름만 화전민들이었다. 물론 이조시대부터의 화전민이라 하여 모두 이와 같은 경제력을 가진 것은 아니었겠지만 적어도 화전민 생활로서도 일단 안정된 사람이 많았을 것이라 추측할 수 있다. 그러나 그가 '신화전민'이라 명명한 일제시대 이후에 새로 발생한 화전민은 그렇지 않았다.

근자 급격히 농촌에까지 침입한 자본가에게 생도(生途)를 빼앗긴 자, 기계문명에게 직업을 박탈당한 그들, 불황으로 돌아온 노동자, 압박으로 되돌아온 만주이민의 후신이 그 대부분을 점령한 현상이다. 이 종류의 화전민들은 임야의 경계가 엄하게 된 이후에 발생된 자이며 교통 편리한 곳은 전부 그들의 선배가 먼저 기경(起耕)한 뒤의 입산자들인바 그들이 오기를 기다리며 그 후진에게 밥을 주는 곳은 교통이 심히 불편한 심산의 국유림이며 국경의 벽지와 강원도의 험한 산이다. 앞에서 든 순화전민, 국유림 내 거주 화전민은 전부 여기에 속한다.[33]

일제시대 이후의 화진민은 식민지 자본주의의 희생자임을 분명히 하고 있으며 일제시대를 통해 벽지 국유림 내에서 '원시적인' 생활을 하던

---

32) 같은 기사.
33) 같은 기사.

화전민의 대부분이 이들 '신화전민'임을 말해주고 있다.

한편 이 시기 화전농업의 중심이라고 할 수 있는 갑산(甲山) 화전지대를 탐방하여 1931년 『동아일보』에 그 탐방기를 연재한 양천(梁泉)은

> 이 갑산(甲山) 화전은 10년 전부터 개간하기 위시(爲始)한 것인데 현재는 수십만의 생령이 생을 구하고 있는 중요지이다. 이 지구상에서 가장 비참하고 헐벗고 불쌍한 생애를 하고 있는 민중을 찾는다면 나는 갑산 화전촌을 지적하려 한다. 급속도로 닥쳐온 자본주의 문명에 패배를 당한 우리의 농민은 산재사방하여 지동지서(之東之西)로 지향 없이 방황하는 참패 유리군만이 갑산 화전굴에 운집하였으니 그들의 생활상 참경이야 실로 언어도단이다.[34]

라고 하여 갑산지방의 화전개간이 이보다 10년 전 즉 1920년경부터 '자본주의 문명에 패배당한 우리의 농민'들에 의해 시작되었음을 말해주고 있으며, 이어서 그가 탐방한 후복동(厚福洞)·자문령(自門嶺)·큰웅덩·남양동(南陽洞)·봉흥리(鳳興里) 등이 갑산 화전촌 굴지의 중심지라 하고

> 이 지방은 원래 10년 전까지 새들과 맹수류의 놀이터였고 겨우 2, 3호의 인가가 있던 적막한 한촌이었던 곳이 금일은 그 무진장의 삼림을 개간코 엄연한 대촌락을 건설하였으니 인간의 노력이란 진실로 귀한 것이다.[35]

하여 10년 전, 일제 식민정책이 만들어낸 새로운 화전민이 몰려오기 이전의 갑산지방과 그 이후의 갑산지방을 비교했다. 이들 동리에 10년 전

---

34) 梁泉「甲山火田農村探訪記(1)」, 『동아일보』 1931년 3월 3일자.
35) 같은 기사(2), 『동아일보』 1931년 3월 4일자.

부터 있었던 '겨우 2, 3호의 인가'는 이조시대부터의 화전민이었다고 생각되며, '대촌락'을 이룬 화전민은 모두 일제시대 이후의 '토지조사사업' '산미증식계획' '경제공황' '영농합리화' 등으로 농촌을 쫓겨난 농민들이라 볼 수 있는 것이다. 다음, 총독부 관리의 조사보고를 하나만 더 들어보자.

압록강 상류에 있어서의 유일한 도시 혜산진(惠山鎭)에서 함북 길주(吉州)로 통하는 도로의 혜산진에서 대략 30리쯤 되는 지점에 대오시천(大五是川)이란 부락이 있다. 호수 280호가 있는데 극히 최근에 발달한 것이다. 1919년까지는 겨우 80호 내외에 지나지 않았으나 지금은 그 3배로 팽창하였다. (…) 대오시천과 같이 급격한 발달이 이루어지는 원인은 실로 부근에 있어서의 화전경작자의 격증에 있다. 즉 신화전지역이 오지로 들어감에 따라 지방시장이 이를 따라 이동한 예이다.[36]

국경지대의 오지에 신화전민이 모여듦으로써 그 중심지대에 새로운 시장이 생기고 인구가 증가하는 현상을 말해주고 있다. 식민지 치하에서 농촌이 피폐해지면 그곳에서 쫓겨난 인구가 도시로 집중되게 마련이지만 식민지 경제체제가 이를 수용할 수준에 이르지 못하였으므로 그 가운데의 상당수가 화전지대로 옮겨갔고 이 때문에 오지에 새로운 시장이 형성되고 있었던 것이다.

---

36) 「火田に關する調査概要」, (秘)『火田調査報告書』 28면.

3. 화전의 경작방법과 작물

구한말에 일본인들이 조사한 '한국토지농산조사보고'에 의해 경사도 15도 이하의 전국 미경지(未耕地)를 대충 계산해보면 250만 정보나 된다. 이 정도의 미경지를 두고도 보통 경사도 22~23도, 심하게는 40~50도, 60~70도에 이르는 비탈진 곳에서[37] 그것도 엄한 관헌의 감시를 피해가면서 산림에 불을 질러 경작지를 얻는 것이 화전민 생활이지만 그것 역시 쉽사리 얻어지는 것은 아니었다. 화전민들이 화전경작지로 즐겨 택하는 지역은

(1) 가능하면 수목(樹木)의 성장이 좋고 또 아직 경작된 일이 없는 곳이었고

(2) 왜목림(矮木林)보다도 교목림(喬木林), 그리고 침엽수림보다 활엽수림 내지 침·활 혼효림을 택했는데 그것은 교목림이 왜목림보다 땅이 기름지기 때문이며 침엽수림보다 활엽수림이 역시 비료분이 높기 때문이었다.

(3) 양수림보다 음수림을 택했는데 양수림은 비료분이 낮은 곳이거나 한 번 화전을 경작한 지역이 많았기 때문이며 반대로 음수림은 역시 비옥한 임지(林地)이기 때문이다.[38]

이와 같은 경작대상지가 결정되면 대체로 봄에서 가을에 이르는 시기에 불을 지르거나 혹은 가을에 벌채해두었다가 다음 해의 해빙기에 개간하는 경우도 있으며, 나무가 크고 벌채하기가 곤란할 때는 그대로

---

37) 朝鮮總督府 山林部 (秘)『火田整理に關する參考書』第五 朝鮮部落調査報告(第一冊 火田之分) 127면.

38) 같은 곳.

불을 지르고 나무가 타고 없는 곳만 골라서 기경(起耕)하기도 하고, 면적이 광대할 때에는 주위의 나무만을 벌도(伐倒)하고 불을 지르기도 했다. 화입작업(火入作業) 즉 산림에 불을 지르는 작업과정에 대해 김재석의 기사는 다음과 같이 전하고 있다.

> 화입작업 중에 가장 주목할 바는 야간화입이다. 취체가 그리 심하지 아니하며 교통이 불편한 깊은 산중의 화입은 대낮에 마음놓고 버젓이 방화를 할수 있으나 관리의 순행(巡行)이 빈번하고 보는 눈이 많은 비교적 부락에 가까운 곳에서는 야간에 행하니 그중에도 달도 없고 바람도 없는 캄캄한 밤 늦게화입하는 것이다. 이것은 전연 발각을 면하기 위하여 하는 것이다. 또 주야의화입을 물론하고 방화를 해놓은 다음에 불이 잘 탈 가능성이 있으면 곧 부근의 다른 높은 산이나 나무 없는 산등으로 도망하여 불타는 것을 바라보고 앉았으며 이는 연소의 현장에 관리가 와서 진화를 하는 경우에는 화입은 희생이나 처벌은 면하게 되는 까닭이다. 우리가 춘추의 화입기에 심산지대를 여행할 때에는 하룻밤에도 한눈에 적어도 십여 곳에서 화기가 충천함을 볼 수있으니 그것은 전부가 화전을 목적한 화입이요 춘추의 대산화는 대부분 이로써 생기는 것이다.[39]

화전경작을 위한 방화작업의 어려움을 말하고 그러면서도 화전민이될 수밖에 없는 농민이 증가함에 따라 심산지대에서 화입이 성행하고있는 사실을 전해주고 있다. 밀림지대에 불을 질러 화전을 개간하려는화전민과 이들의 입산개간을 방지하려는 관헌의 불가피한 대치상황을전해주는 신문기사 하나를 더 들어보자.

---

39) 金在錫, 앞의 기사(17), 『조선일보』 1931년 4월 10일자.

지난달 10여 일을 계속하여 평북과 함남의 국유림 4만여 정보가 소실한 후 그 손해액은 아직 조사되지 않았으나 2백 년래 도끼를 보지 못한 노목지대거나 또는 조림(造林)할 필요가 없는 치수(稚樹) 밀생림이거나 또는 조림한 지 얼마 안 된 어린 양령임야(養齡林野) 등의 대부분이 잿밥이 되어버렸으므로 그 손해는 50만~60만 원의 막대한 액수에 달하리라고 한다. 원인도 아직 미상하나 화전민의 불인 듯한데 이 대산화의 소문을 들은 각지의 화전민은 최근에 그 불탄 자리를 목표로 몰려들어 산림감시원의 눈을 피하여 입산하고자 부근 촌락에 집합하여 어느 날에 들어갈지는 알 수 없으며 한번 들어가기만 하면 용이하게 내어몰 수는 없어 임정상 큰 손해가 있으리라 하여 산림부에서는 그 입산을 철저히 저지하고자 6년도(쇼오와) 예산에 3만 4천여 원을 계상하여 순시원 3만 7천~8천 인(연인원)을 임시 증원하기로 하였다.[40]

이 기사는 화전민의 입화(入火)가 거의 무절제한 것으로 표현하고 있다. 그러나 실제에 있어서는 화입하는 화전민들이 수림의 연소(延燒)를 피하기 위해 바람이 불지 않는 날을 택해 화입하거나, 혹은 "화전민 사이에는 특히 새로 심은 어린 나무는 이를 존중하여 뽑아버리거나 불태워버리지 않는 풍습이 있어서 자기가 경작하는 화전에 관에서 식림을 실시하여 경작할 여지가 없어지면 어쩔 수 없이 다른 곳으로 이동하게 마련이며 이 때문에 그들에게 침간모경(侵墾冒耕)된 국유임야를 회복하는 길은 식림하는 것이 최상책이다"[41]라고 한 총독부 관리의 보고가 있는 것과 같이 화전민들의 화입작업에도 삼림보호를 위한 그들 나름대로의 일정한 배려가 있었음을 알 수 있다.

---

40) 『동아일보』 1930년 11월 18일자.
41) 「火田に關する調査槪要」, (秘)『火田調査報告書』 40면.

일단 화입한 지역을 경작함에 있어서도 평지의 경작과 달라서 어려움이 많았다. "경사가 완만한 곳이나 기경이 용이한 곳에서는 강장(强壯)한 두 마리의 소가 끄는 여경(犁耕)을 하지만 보통 경사가 급한 곳이나 암석의 노출이 많은 곳은 개간 당초에는 우경(牛耕)·수경(手耕)을 막론하고 4~5치의 깊이까지 갈아야 하며 기경은 되도록이면 화입 후 비가 한번 내린 뒤에 하는"[42] 등 평지에서의 개간보다도 어려운 점이 많았던 것이다.

따라서 비록 토지매입비는 들지 않는다 하더라도 화전경작에는 상당한 노력이 필요했으며 그것도 지역에 따라 차이가 있었으나 대표적인 4개 지역의 경우를 들어 1단보 개간비를 금액으로 환산한 것을 보면 다음과 같다.[43]

(1) 평북 강계(江界)지방의 경우 1단보의 개간을 위한 벌목에 식사 제공 없이 1일노임 60전의 인부 2명 내지 4명이 필요하여 그 노임이 1원 20전 내지 2원 40전이 들며, 화입 및 쟁기질 과정에서 인부 1.5명 내지 2명이 필요하여 그 노임이 90전 내지 120전, 그리고 하루 빌리는 데 2원이 드는 소가 반일간(半日間) 필요하여 1원 등으로 합계 3원 10전 내지 4원 60전의 비용이 필요했다.

(2) 평북 중강진(中江鎭)의 경우 역시 1단보 개간을 위한 벌목에 1일 60전의 인부 6명이 필요해서 그 노임이 3원 60전, 기경에 필요한 인부 2명의 노임 1원 20전, 소 반일(半日)에 1원 등 합계 5원 80전의 비용이 들었고

(3) 평북 후창(厚昌)의 경우 벌목에 6명의 인부가 필요하여 그 노임 3원, 기경에 1.5인의 인부와 소 반일이 필요하여 90전과 1원 등 합계 4원 90전이 필

---

42) 朝鮮總督府 山林部 (秘)『火田整理に關する參考書』第五 朝鮮部落調査報告(第一冊 火田之分) 129면.

43) 金在錫, 앞의 기사(17), 『조선일보』1931년 4월 10일자.

요하였으며

(4) 함남 삼수군(三水郡) 운성(雲城)의 경우 벌목에 2.5명의 노임 1원 50전과 기경에 1명의 인부와 1마리의 소를 합하여 2원 60전, 그리고 개간한 땅을 고르고 밭두둑을 만드는 데 인부 반일과 소 반일을 합하여 1원 30전, 총합계 5원 40전의 경비가 필요하였다.

요컨대 벌목과 화입, 기경 등 화전 1단보 즉 300평을 개간하는 데 대체로 3원 10전 내지 5원 80전의 비용이 든 셈이다.

이와 같은 과정을 통해 개간된 땅을 통칭 화전이라 하지만 그것은 세분하면 화덕(火德), 화전(火田), 산전(山田)으로 3분된 것 같다. 화덕은 '부댁'이라 하여 처음으로 화입하여 개간한 1년간의 땅을 말하며 보통 화전이라 부르는 것은 개간한 지 2년째부터의 땅을 말한다. 화전은 경작이 계속되면 지력이 소모되어 수확량이 감소되므로 이를 버려두었다가 수목이 무성해지면 다시 벌채하여 경작하는 이른바 윤경(輪耕)을 하게 마련이다. 윤경 연수는 토질과 경사도 등에 따라 다르지만 대체로 3~4년 경작에 5~6년 휴경한다 했다. 산전은 산간지역의 부락 근처에 있는 화전으로서 계속 경작함으로써 토지의 상황이 보통의 전지(田地)와 큰 차이가 없이 된 땅을 가리키며 산전 역시 1년 내지 5년쯤 경작하고 1년 내지 7~8년간 휴경하며 일반적으로 화전보다 윤경이 빈번한데 그것은 화전보다 토지의 수용도가 높기 때문이라 했다.[44]

화전경작에 있어서 윤작이 불가피한 이유는 화입한 후 일정 기간은 불탄 후의 재가 거름이 되어 수확고가 높지만 시비(施肥)를 하지 않고 계속 경작하므로 곧 지력이 소모되어 수확이 떨어지기 때문이다. 위원

---

44) 『火田の現狀』 46~48면.

(渭原)지방의 경우를 예로 들면, 1차년도는 대체로 조를 심는데 시비를 하지 않아도 숙전(熟田)에서의 수확보다 3할 내지 4할 증수되고, 2차년 도 역시 조를 심는데 숙전보다 1할 5분 내지 2할 가량 증수되며, 3차년 도는 콩을 심는데 그 수확량이 숙전의 그것과 비슷하며, 4차년도는 지 력이 떨어져서 팥을 심는데 숙전보다 3할 내지 4할 가량 감수되며, 5차 년도는 지력이 더욱 떨어져서 메밀과 옥수수를 심는데 숙전보다 4할 내 지 5할이 감수되며, 6차년도는 메밀만을 심는데 지력이 아주 떨어져서 숙전보다 6할 5분 가량 수확이 떨어진다 했다.[45]

지력이 떨어짐에 따라 작물의 종류가 달라지고 또 수확량이 떨어지다 가 결국에는 휴경하고 새로운 화전을 개간하지 않을 수 없었으며 이 때 문에 화전민의 생활은 이동성이 높을 수밖에 없는 것이었다. 화전민들 의 이동성에 대해 총독부 관리의 한 보고서는 다음과 같이 말하고 있다.

함남 북청(北靑) 풍산군(豐山郡) 지방과 같이 일찍부터 개간되어 화전경작 이 이루어지고 있던 곳에서는 지난날에 실시된 토지조사 때 경지로서 등록되 고 과세되던 땅이지만 이미 소유자가 이를 버리고 다른 곳으로 이전한 경우 가 적지 않다. 풍산군 안산면(安山面) 노은리(老隱里)는 그 현저한 실례로서 1922년까지 약 700호의 거주자가 있었으나 1928년 3월 말에는 대략 500호가 되었고 다시 동년 6월 말 현재의 호구조사에 의하면 430호로 감소되었다. 경 지를 그대로 방기하고 이전함으로써 지세의 징수가 불가능하게 된 곳이 적지 않은바 그 면적은 대략 150필지, 200일경(日耕) 즉 80정보에 이르고 있다.[46]

---

45) 朝鮮總督府 山林部「營林署長會議答申事項」, (秘)『火田整理に關する參考書』(第三冊) 105면.
46)「火田に關する調査概要」, (秘)『火田調査報告書』10면.

'토지조사사업' 이전부터 이미 화전으로 개간되어 있었고 따라서 그 소유권이 인정된 경지라 해도 지력이 다하면 버리고 떠날 수밖에 없었던 사정을 전해주고 있으며, 화전민들이 경작지를 버리고 떠난 뒤의 상황과 또 경작지를 버리지 않으면 안 되었던 사정을 이 보고서는 또 다음과 같이 전하고 있다.

> 함북 무산군(茂山郡) 삼장면(三長面) 관내 농사동(農事洞)에서부터 삼상동 (三上洞)에 이르는 일대 고대(高臺)의 경지의 2분의 1 혹은 상세히 조사하면 3분의 2까지도 휴한지로 방기되어 있음을 볼 수 있는데 이 땅은 모두 표토가 얕아서 2~3촌이며 1척 내외가 누적된 산화회(山火灰) 지층이어서 농작물을 4~5년 내지 10년을 심고 나면 거의 지력이 소모되어 10년 내지 20년간 휴한 (休閑)하지 않으면 재간(再墾)할 수 없으며 재간한 땅은 2~3년이면 또 농작물 재배에 부적당하게 된다.[47]

결국 2~3촌 깊이의 표토 위에 화입으로 덮인 1척 가량의 산화회 지층이 비료가 되어 4~5년 내지 10년간 농작물을 재배할 수 있는 것이 화전이라 할 수 있으며, 그 비료기가 다하고 나면 휴한지로 버리고 다른 화전을 개간해가는 것이 본래의 화전민 생활이라 할 수 있다. 다시 말하면 화전민의 잦은 이동과 윤작은 경작지에 시비를 하지 않는 데 그 원인이 있는 것이라 볼 수 있다. 따라서 화전에는 왜 시비를 하지 않는가 하는 문제를 생각해볼 필요가 있다. 이 점에 관해 「조선의 화전과 화전민 생활」을 쓴 김재석은 다음과 같이 그 이유를 여덟 가지로 요약하고 있다.

---

47) 같은 글 10~11면.

(1) 화전은 일반으로 토질이 팽연(膨軟)하며 작토(作土)가 척박한 경사지이므로 비가 오면 비료 성분을 전부 유실케 되니 시비는 노력(勞力)과 경비의 손실이 될 뿐이다.

(2) 퇴비는 겨울철에 한번 얼면 봄 해빙기에 이르도록 녹지 않으므로 운반이 불편하며 분해가 불완전하므로 효과가 적다.

(3) 지금 갈고 있는 화전의 비옥도가 감퇴하여도 새로운 화전 적지가 풍부하니 한곳에 시비 집착할 필요가 없다.

(4) 신간(新墾) 화전경작은 경제적으로 유리한 이외에 그 이상 정신적 쾌감과 만족을 느낀다.

(5) 토지의 경작권이 불완전하여 자본과 노력을 들여 시비함에는 위험성이 많다.

(6) 밀림지대에는 퇴비의 원료가 결핍되어 있다.

(7) 기후, 새나 병충해로 인하여 수확의 안전을 보장할 수 없다.

(8) 가옥과 화전과의 거리가 멀어 비료의 운반이 곤란하다.[48]

화전이 대체로 함경남북도와 평안남북도 등 북쪽 국경지대에 집중되어 있어서 기온이 낮고 일찍 서리가 내리는 지방인데다가 대부분 비탈진 곳이며 또 시비를 거의 하지 않는 영농이었으므로 그 작물도 몇 가지로 한정되어 있었다. 화전이 가장 많은 10개 지역에 있어서 1918년부터 1927년까지 10년간의 평균 첫서리·끝서리·첫얼음 시기를 조사한 통계를 들어보면 표 2-10과 같다.[49] 표에서 보는 바와 같이 이들 화전지대는 대체로 9월 초·중순경부터 서리가 내리고 9월 하순과 10월 초순경

---

48) 金在錫, 앞의 기사(18), 『조선일보』 1931년 4월 12일자.
49) 「火田に關する調査槪要」, (秘)『火田調査報告書』 53~54면 '北鮮火田地帶における氣象調(其二)'. 이 표는 1918년부터 1927년까지 10년간의 평균치이다.

표 2-10_ 1918~27년 화전지대의 기상변화

	初霜			終霜			初氷		
	最早期	最晚期	평균	最早期	最晚期	평균	最早期	最晚期	평균
	월 일	월 일	월 일	월 일	월 일	월 일	월 일	월 일	월 일
江界	9 12	10 11	9 25	5 21	5 4	5 12	9 26	10 20	10 5
慈城	9 18	10 11	9 28	5 8	4 11	4 26	9 26	10 20	10 7
厚昌	8 27	10 5	9 17	5 23	4 23	5 7	9 26	10 20	10 7
中江鎮	9 16	10 5	9 24	6 2	5 3	5 17	9 18	10 10	9 29
惠山鎮	8 22	9 25	9 12	5 17	4 19	4 29	9 18	10 15	10 1
長津	9 12	9 28	9 17	6 21	5 4	5 25	9 12	10 12	9 23
三水	8 26	9 30	9 9	6 15	4 26	5 18	9 17	10 12	9 27
豊山	8 26	9 18	9 9	6 15	4 22	5 22	9 21	10 12	10 1
甲山	8 27	9 29	9 14	6 15	4 16	5 10	9 14	10 14	9 29
茂山	9 21	10 10	10 3	5 15	3 30	5 12	9 22	10 20	10 11

에 얼음이 얼기 시작하여 다음 해의 5월 중·하순경까지 서리가 내리고 있어서 작물의 생육기간이 짧다. 따라서 작물도 조, 마령서(馬鈴薯) 즉 감자, 콩, 팥, 연맥(燕麥) 즉 귀리와 교맥(蕎麥) 즉 메밀, 옥수수, 피 등으로 한정되어 있으며 그것도 토질과 개간연차에 따라 작물이 달랐다. 표 2-11에서 보는 바와 같이[50] 토질이 나쁜 화전은 개간 6년차부터 대체로 휴한기에 들어가며 토질이 좋은 땅이라 해도 7년차 이후부터는 그 작물이 귀리나 메밀 등으로 한정되어감을 알 수 있다.

표 2-11은 대체로 1928년 이후에 조사된 것이라 추측되며 이 무렵에는 조선총독부의 화전개간 금지 정책이 상당히 강화되어가던 때였으므로 화전민들이 신개간지를 얻기가 어려워져서 경작연수가 10년까지 연

---

50) 「火田に關する調査概要」, (秘)『火田調査報告書』 5~6면 '火田における農作方式調査'.

표 2-11_ 화전에서의 농작방식

	地質	1년차	2년차	3년차	4년차	5년차	6년차	7년차	8년차	9년차	10년차	휴경연수
熙川郡	上田 山腹新墾田	조	팥	조	콩	조	팥	조	콩	차조	메밀	약 15년간
	上田 山項新墾田	감자	조	감자	조	콩	메밀	休閑	休閑	休閑	休閑	약 10년간
	上田 熟田에 가까움	팥	조	팥	조	콩	메밀	休閑	休閑	休閑	休閑	약 5년간
	中田 普通休閑火田	조	팥	조	콩	메밀	休閑	休閑	休閑	休閑	休閑	약 10년간
	下田 荒廢한 火田	조	팥	조	콩	메밀	休閑	休閑	休閑	休閑	休閑	약 10년간
江界郡	最上田	조	콩	조	팥	조	팥	감자	메밀	休閑	休閑	5년 내지 10년
	上田	조	감자	콩	조	메밀	콩	메밀	休閑	休閑	休閑	"
	中田	팥	조	콩	조	메밀	休閑	休閑	休閑	休閑	休閑	"
	下田	조	콩	조	팥	메밀	休閑	休閑	休閑	休閑	休閑	"

장되는 경우가 있었지만 이보다 약 3년 전의 조사에도 부식지(腐植地), 비옥지, 보통지라야 4년 내지 5년간 경작하고 척박지는 3년밖에 경작하지 못하는 것으로 나타나 있다.[51]

---

51) 1924년에 조사된 것으로 생각되는 『火田の生活』에서의 농작방식은 다음 표와 같다.

경지 종별	1년차	2년차	3년차	4년차	5년차	6년차
腐植地	감자	조	콩, 팥	귀리	메밀	휴경
비옥지	조	팥	조, 옥수수	귀리, 메밀	휴경	휴경
보통지	조	팥	조, 옥수수	콩	메밀	휴경
척박지	귀리	메밀	귀리	휴경	휴경	휴경

화전농법의 특징은 무시비(無施肥) 휴한농법에 있으며 그 때문에 그들의 생활은 또 대단히 비정착적이었다. 경작지에 시비를 하지 못하는 이유는 앞에서도 여러가지로 살펴보았지만, 화전경작이 시비가 가능하게 되고 따라서 영구적인 경작이 이루어질 수 있다면 그것은 이미 숙전화하여 화전의 범주에서 벗어나게 된다. 식민지 농업정책의 결과로 농촌에서 쫓겨난 농민들이 시비도 할 수 없는 비탈진 산간지대에 불을 질러 밭을 이루고 산화회층(山火灰層)이 비료 역할을 해줄 때까지만 조·감자·콩·옥수수 등을 심어서 겨우 연명하다가 지력이 소모되면 다시 다른 곳으로 옮겨가서 새로운 땅에 불을 질러 농토를 얻는 것이 전형적인 화전민 생활이었던 것이다. 따라서 조선총독부의 화입금지책이 강화되면 될수록 화전민의 생활범위는 그만큼 좁아지게 마련이지만 그런데도 불구하고 화전민화하는 농민이 계속 증가하기만 하는 것은 곧 일제식민지 농업정책의 하나의 결과였던 것이다.

4. 화전민의 경지 상실과 소작인화

이조시대까지의 화전민이 그 경작지를 보유하는 길은 '무주공산(無主空山)'으로 되어 있는 일정한 산림에 불을 질러 지력이 다하기까지 이를 경작하는 것이었으므로 경작지 확보에 금전의 거래가 있을 수 없었으며 또 지주·소작 관계가 이루어질 근거도 없었다. 다만 화전이 숙전화하는 경우 그 소유권이 생기고 따라서 매매나 지주·소작 관계도 이루어질 수 있었던 것이라 생각할 수 있다. 총독부 관리들의 조사보고에서 "토지조사 때 경지로서 등록되고 과세된 땅이지만 이미 소유자가 이를 버리고 다른 곳으로 이전한 경우가 적지 않다"[52]고 한 것과 같이 설사 소유권을 인정받은 화전이라 해도 그 지력이 다해 쓸모없게 되면 버리고 딴 곳으로 가지 않을 수 없는 사정이므로 사실 화전의 경우는 본래 소유권 문제가 그다지 중요하지 않았다고 볼 수 있다.

따라서 『화전의 현상』에 의하면 1916년에 화전을 조사할 때까지도 갑산군(甲山郡)에서의 화전 기경(起耕)은

> 본군의 산야는 국유지인 경우 화전경작에는 하등의 제한이 없고 다만 화입시에 화입자의 부주의와 기타의 실화로 대면적의 삼림을 태우는 경우가 많다. 근년 경찰관헌이 가능한 한 화입을 허가 안 할 방침을 취함으로써 다만 하초(下草)만을 베고 경작한다. 그러나 벽원지방(僻遠地方)으로서 교통이 불편한 장소에는 무허가로 화입하는 자들이 있다.[53]

고 하여 관헌의 허가에 의해 혹은 허가가 없이도 국유지에 있어서는 제한 없는 개간이 이루어지고 있음을 말해주고 있다. 이 경우 산림을 매입하지 않고도 화입할 수 있었으리라 어렵지 않게 짐작할 수 있다. 한편 이 시기 갑산지방 화전경작에 있어서는 "화전을 기경하기 적당한 토지가 광범하며 또 필요에 따라 자유로이 경작할 수 있기 때문에 소작을 해야 할 사람이 없다" 하고 화전의 매매는 부락 부근을 제외하고는 그다지 이루어지지 않으나 가격은 1일경(日耕) 즉 약 1200평에 제일 좋은 땅이 10원이며 중간 땅이 2원 50전, 제일 나쁜 땅은 1원 이내인데 1원 이내의 땅이 대부분이라 했다. 그리고 지가가 대단히 싸서 화전은 전당물건으로는 부적당하기 때문에 전당되는 경우는 거의 없고 화전의 상속

---

52) 「火田に關する調査槪要」, (秘) 『火田調査報告書』 10면.

53) 『火田の現狀』 79면, 1916년 5월 5일 보고.

은 일반 토지와 동일하다 했다.[54]

　이와 같은 사정으로 미루어 보아 이 무렵까지도 화전민 부락 근처에 있는 일부의 화전을 제외하고는 매매되는 일은 없었고 화전경작을 원하는 농민은 별다른 제한 없이 땅을 가질 수 있었으며 이 때문에 구태여 남의 땅을 소작할 필요는 없었던 것이다. 더구나 이곳 화전지대에는 화전민들이 경작하다가 지력이 다해버린 휴경지들이 있어서 일정한 기간이 지나 지력이 회복되면 다시 이를 경작할 수 있었다. 그것의 지주즉 본래의 개간자가 아니라 하더라도 지주가 경작 포기를 선언한 경우와 지주가 일정 기간 경작하다가 다른 지방으로 이전하고 없을 때는 다른 사람이 이를 경작할 수 있었기 때문에[55] 매입하지 않더라도 경작지를 얻기는 그다지 어렵지 않았다. 이상과 같은 갑산지방의 ‘화전현상’은 1916년 5월 5일에 조사 보고된 것이며 역시 같은 시기에 조사된 삼수군(三水郡)·풍산군(豐山郡)·신흥군(新興郡) 등도 모두 비슷한 사정이었다.

　그러나 화전민들의 경작지 확보가 언제까지나 이렇게 쉬운 것은 아니었다. 그들의 경작지 확보가 어려워지게 되는 가장 큰 원인은 역시 화입금지책의 강화에 있었다. 『화전의 현상』은 벽동군(碧潼郡)의 화전민 생활을 전하면서 “타이쇼오(大正) 5년(1916) 이래 임정상(林政上) 화전의 화입을 제한함으로써 일반 화전민은 구습에 반하여 각자 자유로이 화전의 화입을 못하게 되었다. 따라서 경작면적이 현저하게 감소되었고 일단 화입 개간한 땅은 이를 수개년간 계속적으로 경작하게 됨으로써 지미(地味)가 쇠퇴되어 점차 수확고가 감소된다”하고 동군(同郡) 송서면(松西面) 송삼동(松三洞) 완항리(完項里)에 사는 화전민 이용하(李

54) 같은 책 80면.
55) 같은 곳.

龍河) 외 11명의 생활상황을 조사했다.

　그것에 의하면 이들 12명의 화전민 가운데 자작농은 1명밖에 없으며 나머지 11명이 소작화전민이고 자기 소유의 가옥을 가진 사람은 7명이며 소작료 수납방법은 12명이 모두 정조제(定租制)였다.[56] 1924년에 실시된 이 조사는 특정 지역에 한정되어 소작화전민의 비율이 너무 높다고 생각되지만 조선총독부의 화입금지정책이 화전민의 경작지 상실과 더 나아가서 소작인화의 가장 중요한 원인의 하나가 되었음은 더 말할 나위가 없다. 화입금지정책이 점점 강화되어 화전개간이 어려워지게 되자 화전민 사회에는 화전조성을 청부하는 사람이 나타나기도 했다. 이제 그 계약서를 하나 들어보자.

계약서[57]

　우(右) 계약사실은 사기덕(沙器德)에 있는 개간할 만한 화전평수 4백장(丈)을 우인(右人)에게 매도(賣渡)함에 있어서 총가격을 140원으로 결정하고 계약금으로써 50원을 선급하는바 만약 을의 화전에 대하여 경관의 취체 등 사법판명되는 일은 을이 전부 담당할 것을 정하고 우계약을 체결함.

타이쇼오(大正) 14년(1925) 8월 13일

을　　황운기(黃雲己)

보증　　백용기(白龍起)

입회인　　방운여(方雲興)

동　　김고정(金考鼎)

갑　　박춘엽(朴春燁) 전(殿)

---

56) 같은 책 127~28면.

57) 「火田に關する調査概要」, (秘)『火田調査報告書』 30면.

표 2-12_ 1916년 화전 1일경 평균 면적 및 가격표 (단위: 町步, 원)

도	군	면적	가격			도	군	면적	가격		
			상	중	하				상	중	하
함경북도	茂山	0.4	8	4	2	평안북도	慈城	0.5	8	6	4
	富寧	0.34	8	5	3		厚昌	0.5	?	?	?
	鏡城	0.33	5	3	1		江界	1.16	4.2	2	0.5
	明川	0.32	3	2	1		渭原	0.5	7	6	4.5
	吉州	0.33	2	1.5	0.5		碧潼	0.36	12	10	8
함경남도	三水	0.46	10	7	4		楚山	0.33	12	7	4
	甲山	0.32	3	1.5	0.7		熙川	0.36	10	6	2
	豊山	0.4	7	4	1		寧邊	2.67	14	10	8
	長津	0.4	5	3	1		雲山	0.3	7	5	3
	端川	0.5	8	5	2	평안남도	寧遠	0.4	10	4	1
	北靑	0.32	20	10	2		德川	0.4	15	5	2
	新興	0.36	8	5	2		孟山	0.4	?	?	?
	咸興	0.40	?	?	?		평균	0.51	8.46	5.09	2.6

이 계약서는 후창군(厚昌郡)의 사기덕(沙器楰)에 있는 산림의 일부를 황운기가 박춘엽에게 140원을 받고 화전으로 개간해주되 화입을 금지하는 경찰관서에 발각되는 경우 그 책임은 모두 화전개간 청부업자라고 생각되는 황운기가 진다는 내용으로 되어 있어서 화전개간이 어려워져가고 있는 실정을 말해주고 있다.

한편 화전개간이 어려워짐에 따라 일단 개간된 화전의 상품화 경향이 높아져갔고 그 가격도 또한 높아져갔다. 1916년 7월에 조선총독부의 임시 토지조사국이 조사한 함경남북도 평안남북도 화전지대의 화전 가격은 표 2-12와 같다.[58] 이 표에 의하면 화전 1일경(日耕)은 최고 2정(町) 6단(段) 7무(畝)에서 최하 3단보까지 있어서 그 면적이 일정하지 않으나 평균 5단 1무이며, 그 가격 역시 최고 20원에서 최하 1원까지 있어서 차이가 심하지만 상급전(上級田)의 평균 가격은 8원 46전이며 중급전의 평균 가격은 5원 9전, 최하전의 평균 가격은 2원 60전이다. 북청 지방의 화전이 가장 기름져서 단위면적도 가장 좁은 편이고 값도 높다. 그러나 이보다 12년 후인 1928년에 보고된 것으로 추측되는 『화전조사보고서』는 다음과 같이 말하고 있다.

오수덕(烏首橞) 개운성리(開雲城里) 등의 대지(臺地)의 보통 화전 1일경 (1200평)은 40원 전후의 가격을 가지고 있으며 아무리 불량한 땅이라도 10원 이하로 내려가는 것은 드물다.[59]

10여 년 사이에 화전의 가격이 상당히 오른 것을 알 수 있으며 그 가장 근본적인 원인은 역시 조선총독부의 화입금지정책으로 새로운 화전의 개간이 어려워진 데 있었다고 보여지는 것이다.

새로운 화전의 개간이 어려워지고 이 때문에 개간된 화전의 가격이 높아지는데도 불구하고 화전민화하는 농민의 수는 계속 증가하였으므로 경작지를 가지지 못한 화전민이 증가하게 마련이며 또 화전경작에 있어서도 토지겸병 현상이 나타나게 됨으로써 자연히 지주·소작 관계가 나타나게 마련이었다. 앞에서도 논급한 것과 같이 1916년에 조사된 『화전의 현상』에서는 갑산·삼수 등 중요 화전지대에 화전으로 기경할 수 있는 땅이 광범하고 자유로이 경작지를 얻을 수 있었기 때문에 지주·소

---

58) 朝鮮總督府 山林部「蓋馬臺地郡別火田統計」, (秘)『火田整理に關する參考書』第五 朝鮮部落調査報告(第一冊 火田之分). 이 통계 중 영원군(寧遠郡)의 1일경 평균면적이 넓은 것은 지질이 대단히 나쁘기 때문이라 하였다.
59)「火田に關する調査槪要」, (秘)『火田調査報告書』29면.

작 관계가 성립되지 않는다고 했으나 1920년대에 들어오면서는 화전경작에도 지주·소작 관계가 현저하게 나타났다.

이 무렵에 이르러서는 화입금지책이 강화되어갔을 뿐만 아니라 화전지대로 흘러들어오는 농민들 중에는 화전개간에 필요한 최소한의 비용마저도 가지지 못한 사람들이 많아서 화전을 남의 비용으로 개간하여소작인이 되는 경우가 나타났다. 총독부 관리들의 보고는 다음과 같이새로 입산하는 화전민들이 처음부터 소작인화했음을 전하고 있다.

> 다른 지방에서 화전민을 불러들이고 이들에게 양식 기타의 필수품을 공급하여 국유림 내의 화전 적지에 화입 침간하게 하는 자가 있다. 이런 경우에도화전개간의 노력(勞力)은 일체 입산자가 이를 담당하되 2년 정도의 면조기간(免租期間)을 두어 그동안의 소작료는 면제하고 이후에는 이를 자기 소유의화전으로 하여 소작료를 받으며, 그 가운데는 평지대(平地帶)에 거주하는 약삭빠른 자산가로서 화전민 중의 무뢰한 자를 그 앞잡이로 삼아 많은 화전민들을 불러모으고 비밀리에 자본을 공급하여 국유림에 화입 침간함으로써 폭리를 탐하는 자가 적지 않다.[60]

이밖에도 개간비용을 가지지 못하고 화전지대에 들어온 농민들이 개간에 필요한 금전과 도구 등을 빌렸다가 최저 3분 내지 3분 5리 이상인고율의 이식(利息)에 몰려 결국에는 개간한 화전을 채권자에게 넘겨주고 소작화전민으로 전락하는 경우도 있었다.[61] 이와 같은 길을 통해 생겨난 소작화전민이 전체 화전민의 몇 할이나 차지했는지 전국적으로

---

60) 같은 글 31면.
61) 같은 글 30면.

표 2-13_ 1927년 평북 자성군의 소작화전민 (단위: 호, %)

호수 면명	화전민 총호수	순소작호	자작 겸 소작호	소작호 계	소작호 비율
閭延面	1,319	246	21	267	20
長土面	616	77	22	99	16
계	1,935	324	43	366	19

표 2-14_ 1927년 평북 후창군의 소작화전민 (단위: 호, %)

호수 穗名	자작호수	소작호수	계	소작호 비율
新興穗	16	20	36	56
鳥木穗	29	33	62	53
沙器穗	21	21	42	50
早粟穗	27	3	30	10
永豐穗	55	22	77	29
계	148	99	247	40

통계를 구할 수는 없다. 다만 조선총독부의 관리들이 1927년에 평안북도 자성군(慈城郡)과 후창군(厚昌郡) 일대의 화전지대를 조사하여 소작화전민의 통계를 내어놓은 것을 보면 표 2-13·표 2-14와 같다.[62]

이 두 표에서는 유감스럽게도 지주호수가 밝혀져 있지 않아서 화전농업에 있어서의 지주의 비율을 알 수 없지만, 후창군의 경우 전체 화전농가호의 40%가 소작화전민호이며 자성군의 경우도 순소작화전민호가 전체 화전민호의 16.7%, 순소작과 자소작을 합치면 전체 화전민호의 약 19%가 된다. 아직 평지의 일반농촌에 있어서의 소작농가 비율보

---

62) 같은 글 31~32면.

다는 상당히 낮지만[63] 화전농업에 있어서도 이미 화전민의 소작민화가 상당히 진행되고 있었음을 알 수 있다.

한편 이보다 4년 후인 1931년의 통계에 의하면 강원도 평창군(平昌郡)의 화전농가는 지주(갑)이 13호, 지주(을)이 656호, 자작이 4105호, 자작 겸 소작이 3919호, 소작이 1479호로 되어 있다.[64] 지주(갑) 즉 순수한 지주는 전체 화전농가의 0.12%밖에 되지 않지만 지주(을) 즉 자작과 지주를 겸하는 지주는 6.4%나 되고 자작 화전농가는 40.4%, 자작 겸 소작 화전농가는 38.5%, 그리고 소작화전민은 14.5%이다. 이 통계가 평창군만의 통계이기 때문에 그것으로 전국적인 추세를 내다보기는 어렵지만 참고로 같은 1931년의 일반농가의 경우와 비교해보면 지주(갑)은 전체 농가호수의 1.12%이며 지주(을)은 2.45%, 자작농은 16.2%, 자작 겸 소작농은 25.3%, 소작농은 52.7%이다.[65] 화전농가의 경우가 일반농가의 비율에는 미치지 못하지만 조선총독부의 화입금지책이 강화됨에 따라, 일반농민의 파산이 증가함에 따라, '원시적인' 화전민 사회에도 화폐경제가 침투함에 따라, 계급분화가 일어나고 이 때문에 소작화전민이 증가해가고 있었던 것이다.

화전농업에 지주·소작 관계가 나타남으로써 자연히 소작조건이 생기게 마련이지만 화전지대의 소작인은 일반농촌을 떠나 화전지대로 옮겨온 직후의 사람들이 많았으므로 소작조건도 그것을 따르는 특징이 있었던 것 같다.

---

63) 朝鮮總督府 殖産局『朝鮮の農業事情』, 1930, 25면에 의하면 1927년의 전국 소작농 비율은 전농가의 43.8%이고 자소작은 32.7%이다.

64) 『조선일보』 1931년 11월 7일자.

65) 印貞植『朝鮮の農業機構』, 東京: 白揚社 1940, 78면. 이 통계는 1936년도에 간행된『朝鮮總督府統計年報』에 의한 것이다.

소작조건은 지방에 따라 꼭 같지는 않다. 지금 북선지방(北鮮地方)에 있어서 가장 보통으로 행해지고 있는 수입 분배방법은 대체로 두 종류로 분류할 수 있다. 첫째는 경작기간 중 즉 소작계약 당시부터 수확기에 이르기까지 지주로부터 식량의 공급을 받고 수확물을 지주와 소작인 간에 절반하는 방법이며, 둘째는 식량의 선대(先貸)를 받지 않고 수확물을 지주 3분의 1 소작인 3분의 2의 비율로 분배하는 방법이다. 그리고 첫째의 경우에 소작인은 식량의 선대에 대하여 따로이 자기의 소득분에서 지주에게 갚지 않아도 됨은 물론이다. 소작계약은 구두로 함이 보통이며 따라서 그 기간 같은 것도 특별히 정하는 일이 없다.[66]

경작기간에 지주로부터 식량이나 농구 등을 선대받아야 할 화전소작인이 많았으리라 생각되며 이 경우 수확물의 절반을 소작료로 바쳐야 하지만 그렇지 않은 경우는 소작료가 3분의 1밖에 되지 않아서 평지의 수전(水田)농업에서의 소작조건보다는 대체로 유리했다고 생각된다. 특히 소작기간 같은 것도 정해진 기간이 없었지만 소작권도 어느정도 안정되어 있었던 것이 아닌가 한다. 그러나 화전지대에 있어서도 특히 그 농법의 특수성 때문에 소작화전민의 지주에 대한 예속도는 점점 높아져갔던 것 같다. 조선총독부 관리들의 조사는 다음과 같이 화전지대의 소작농민 생활의 일면을 말해주고 있다.

일반적으로 화전에서 얻은 수확은 적으면서도 차재(借財)의 이자가 고율이어서 1년의 수확에서 소작인의 수중에 남는 것은 대단히 적다. 따라서 생계의 부족을 가져오게 되고 이 때문에 다시 지주와의 채무관계가 거듭되기 쉬

---

66) 「火田に關する調査概要」, (秘)『火田調査報告書』 32면.

워서 차재의 부담이 해마다 가중됨으로써 지주와의 관계가 끊어지기 어렵고 가족이 모두 지주에 예속되는 노동자 또는 노예와 같은 처지에 빠지는 경우가 적지 않다.[67]

이와 같이 화전농업 자체 내의 농민층 분화에 의해 지주·소작 관계가 발달해가고 있었던 사실도 뚜렷하지만, 한편 화전농민이 대량으로 또 급진적으로 소작인화하는 조건은 딴 곳에도 있었다. 즉 화전농민의 대부분을 차지하는 국유림 내의 화전민들이, 종래 '무주공산'을 오랫동안 경작하여 자기의 소유가 되었다고 생각하던 땅의 소유권이 '토지조사' '임야조사' 등에 의해 하루아침에 박탈되는 경우가 허다했던 것이다. "종래 자기에게 영대(永代) 소유권이 있다고 믿었던 화전을 갑자기 국유림에 편입당하고 생활이 불가능해져 수초(水草)를 따라서 중국에라도 이주할 수밖에 없다"[68]고 탄식하는 경우도 그러하지만 다음과 같은 신문기사도 화전민들이 어느정도 숙전화한 경지의 소유권을 잃어버리는 경위를 잘 말해주고 있다.

명천군(明川郡) 상가면(上加面) 북간동(北間洞) 서화덕촌(西火德村) 화전민 15~16호는 자기가 경작하니 자기의 것인가 하고 있다가 하루아침에 1평에 3전이라는 돈으로 매수(買受)하지 않으면 생활하지 못하고 떠나게 된다는데 이제 그 조사한 내용을 들으면, 이 마을은 궁벽한 산간이므로 1915년 토지측량 시에도 미조사지(즉 화전지)였는데 1922년 임야조사 시 이 마을 사람들이 당시 측량기수에게 간청하여 신고하려 한즉 기수의 말이 이 마을은 원

---

67) 같은 곳.
68) 朝鮮總督府 山林部 (秘)『火田整理に關する參考書』第五 朝鮮部落調査報告(第一冊 火田之分) 146면.

래 산골이라 필수(1필이 많은 것이 6백~7백 평 적은 것이 4백~5백 평)는 많은데 모두 각기 신고하면 임야할(林野割, 신고료)만 하여도 토지 실제 가격의 3배나 된즉 대표 3명가량을 선정하여 기간·미간을 합하여 3필로 신고하는 것이 좋다 하기로 마을사람들은 이에 찬동하여 그 지방에 제일 유력하다고 인정하는 김이권(金利權) 외 2명을 선정하여 정규의 임야할을 납부하고 측량케 하였던바 작년 말에 연고림양여원(緣故林讓與願)을 수속하려 조사한즉 의외에 그때부터 현시까지 면장으로 있는 김덕선(金德善)의 친동생 김수억(金秀億)의 명의로 12정 3반 9묘보가 사정되고 그 전시(前時) 면장 유동찬(劉東燦)의 친동생 유동수(劉東璲)의 명의로 10정 8반보가 사정되어 있음을 알게 된 마을사람들은 그 이유를 물은즉 그때 검사위원 일본인 나까오(中尾)가 자기의 소유로 만든 것이라고 하나 (…)[69]

앞에서도 말한 바와 같이 이 경우의 화전은 상당히 숙전화한 땅이라 볼 수 있으며 농민들은 정당한 방법에 의해 소유권을 얻었다고 생각하고 있었으나 하급 관리들의 농간으로 그 소유권을 박탈당한 예를 볼 수 있다. 화전의 신간(新墾)이 그 금지책에 의해 점점 어렵게 되어갈 때 이와 같은 방법으로 화전지대의 경지가 겸병되고 따라서 화전민들은 소작인화해갔던 것이다. 위의 명천군 화전의 경우는 타인에게 소유권이 넘어간 예이지만 사유지로서의 소유권이 확실한 화전이 국유지로 편입되어 경작이 금지되는 경우도 허다했다. 한 가지 경우만 예를 들어보자.

함남 단천군(端川郡) 수하면(水下面) 은흥리(殷興里) 동춘성(董春成) 외 7인의 화전민은 지난 봄에 소유 화전에 파종까지 하고 있을 즈음에 돌연히 그곳

---

69) 『동아일보』 1928년 3월 14일자.

영림서장(營林署長) 이하 종무원(從務員)이 출장하여 국유임야라는 구실로 화전 약 37일경(日耕)에다 낙엽송(落葉松) 5만 그루와 적송종(赤松種) 한 말을 심었으므로 피해가족들은 할 수 없이 이주하려 하나 여비 한푼도 없으므로 가도 오도 못하는 비참한 처지에 있다 함은 이미 보도한 바이어니와 (…) 그 화전은 약 50년 전에 개간한 것으로서 연고(緣故)에 상당한 증빙서류로 인정할 만한 명문(明文)도 있는 동시에 또는 그곳 면사무소의 결수연명부(結數連名簿)를 조사하면 그곳에 당당히 등록(登錄)되어 있는바 (…)[70]

50년 이상 경작하던, 따라서 이미 숙전화했고 또 소유권을 인정받을 만한 충분한 증거가 있는 땅이 국유림으로 편입됨으로써 화전민들이 경작지를 잃어가던 사정을 전해주고 있다.

일본인들과 결탁한 하급 관리들의 횡포나 사유지의 국유화로 화전민들이 경작지를 잃게 되는 경우가 전국의 화전지대 도처에 있었지만 화전민들이 경작지를 잃게 되는 가장 큰 원인은 조선총독부가 '산림조사'를 통해 대부분의 산림을 국유림화하고 이를 다시 스미또모회사(住友會社)와 같은 일본의 재벌회사에 대부하여 이들 회사로 하여금 화전지대에다 식림(植林)하게 하는 데 있었다.

평남 개천군(价川郡) 외동면(外東面)·내동면(內東面)·북면(北面) 등지는 험악한 산골인데 이 지방에서 전연히 생명을 붙이는 주민은 근 2천여 호로 주민들은 험한 황무지를 개척하는 화전민이었는데 그들이 개척하던 수만 정보는 그만 일본에 있는 스미또모회사의 손에 국유산림대부(國有山林貸付)가 되어 동 회사에서는 타이쇼오 11년(1922)부터 식림에 착수하였는데 동 회사에서

---

70) 『동아일보』 1927년 8월 9일자.

각처에 산림감독을 두고 화전을 금지하므로 장차 이곳에서 사는 주민들은 모두 떠날 지경이라 하며 지금부터 매년 수십 호씩 남부여대로 유랑의 길을 떠나는 중이라더라.[71]

'토지조사사업'으로 '국유지'화한 농토를 경작하던 농민이 그것을 대부받은 동양척식회사 등의 소작인으로 전락했다가 소작조건의 악화 등으로 결국에는 파산하여 농촌을 떠나지 않으면 안 되었던 실정을 우리가 알고 있지만, 조선총독부가 국유림화한 임야를 조림을 이유로 일본의 재벌회사에 대부했고 이 때문에 농촌에서 쫓겨나 화전민이 된 농민들이 다시 화전경작지마저 잃게 되는 실정을 볼 수 있는 것이다. 화전마저 잃게 된 일부 농민들은 화전민동맹을 조직하여 재벌회사의 횡포에 대항했다.

평남 개천군 내동면 지방에서는 금년 음력 1월경에 화전민동맹회(火田民同盟會)란 것을 조직하는 동시에 회원 30여 명을 모아놓고 박연양(朴連陽)이란 사람이 강연을 하고 다시 북면(北面)에 가서 또한 강연을 한 일이 있었는데 근일 당지 경찰서 고등계에서는 돌연히 대활동을 개시하여 화전민동맹회 간부 최병두(崔炳斗) 등을 모두 인치하고 이래 엄중한 취조를 하는 중이라는데 탐문한 바에 의하면 내동면 지방은 원래 화전농사를 하여오던바 근래 스미또모회사에 모두 대부가 되었으므로 화전민들은 점점 생활이 궁박함과 동시에 원성이 높던 중 박연양이가 조선총독 정치를 반대하며 스미또모회사의 강포한 행동에 반항하자는 현하 정치상 불온한 말을 많이 하였다는 관계로 그와 같이 검거한 것이라더라.[72]

---

71) 『동아일보』 1927년 3월 3일자.

조선총독부의 화전정책에 대한 농민들의 저항운동에 관해서는 다음에서 따로 살펴보기로 하고, 우선 소위 국유림의 일본 재벌회사에의 대부와 이들 재벌회사의 식림사업 때문에 화전민의 생활이 구체적으로 어떻게 바뀌어갔는가 하는 문제를 개천(价川)지방을 중심으로 더 추적해보자. 개천지방 화전민들이 스미또모회사의 식림사업 때문에 화전 경작이 불가능하게 되었다는 1927년의 신문보도가 있은 지 4년 후 즉 1931년의 한 신문기사는 이 지방의 화전민 사정을 다음과 같이 보도하고 있다.

평남 개천군(价川郡) 외동면(外東面) 중리(中里)·길상(吉祥)·봉하(鳳下)·오봉(五峰)·용소(龍沼)와 북면(北面) 남전(藍田)·용담(龍潭)·인흥(仁興)·삼봉(三峰), 조양면(朝陽面) 용봉(龍峰) 등지는 대부분 국유산림이 많은 곳으로 극빈한 1천여 호의 농민들이 대개 화전으로 농작하여 생활이라고 하여오던바 타이쇼오 12년(1923)부터 일본 오오사까에 본소를 둔 스미또모회사(住友會社) 임업소(林業所) 개천지소(价川支所)가 생긴 이후로 매년 수백만 그루 식림을 하여오는 관계로 차츰 구축을 당하여 산지사방으로 헤어지는 동시에 그동안 산림령 위반으로 처벌당한 사람이 부지기수이었던바 요사이 경찰서에서 또다시 산림령의 위반 죄명으로 화전민 검거에 착수 중이라는데 벌써 검속하여 벌금 30원, 20원씩 받고 구류시킨 사람이 18명이라 하며 아직도 50~60명가량 검거하겠다고 한다.[73]

우선 1927년에 2천여 호이던 개천지방의 화전민이 4년 후에는 1천

---

72) 『동아일보』 1928년 4월 10일자.
73) 『조선일보』 1931년 6월 30일자.

여 호로 줄어들었음을 알 수 있으며, 이들 남은 1천여 호를 쫓아내기 위해 소위 삼림령 위반을 핑계로 계속 탄압을 가하고 있었던 사실을 알수 있다.

일본의 대재벌 스미또모회사를 비롯하여 회사와 개인이 식림(植林)을 이유로 대부받은 국유림은 개천지방에만 한정되지 않고 전국의 중요한 산림지대에 모두 걸쳐 있었다. 그 대충만 들어보아도 강원도 평강군(平康郡)의 구룡산(九龍山)·조덕산(鳥德山)·광암산(廣巖山)·망월산(望月山)·무여산(霧餘山)이 스미또모회사에 대부되어 해마다 식목됨으로써 화전민들이 쫓겨나고 있었고[74] 역시 강원도 이천군(伊川郡) 일대의 산림도 스미또모회사에 조림을 이유로 대부되었으며,[75] 평남 덕천군(德川郡)의 백운산(白雲山)과 장안산(長安山)은 스미또모회사에 천성산(天聖山)은 나까무라구미(中村組)에 대부되었고[76] 오오사까(大阪)에 본점을 둔 노무라임야주식회사(野村林野株式會社)라는 것도 춘천군(春川郡) 동산면(東山面) 일대 6천여 정보의 산림을 대부받아 이 지방 화전민과의 사이에 분규가 끊이지 않았으며[77] 함남 고원군(高原郡) 수동면(水洞面) 일대도 스미또모회사에 대부되었고[78] 강원도 지방의 임야 약 10만 6천 정보가 미쓰이회사(三井會社)·스미또모회사(住友會社)·코오시부동산회사(甲子不動産會社)·시도오농산회사(思頭農産會社)·노무라임야주식회사(野村林野株式會社)·부민협회(富民協會)·산요오농림회사(三陽農林會社) 등과 나까무라 미나또(中村湊)·나까무라 타헤이(中村太平)·

74) 『동아일보』 1929년 8월 30일자.

75) 『동아일보』 1929년 5월 4일자.

76) 『동아일보』 1925년 4월 7일자.

77) 『동아일보』 1930년 11월 25일자.

78) 『동아일보』 1930년 2월 21일자.

요네다 젠시로오(米田善四郎) 등 일본인 및 김기옥(金基玉)·김기환(金基煥)·남상학(南相鶴) 등 조선인에게 대부되어 화전민들을 괴롭혔다.[79]

한편, 국유림을 대부받은 회사나 개인들이 식림을 하기 위해서는 결국 화전민들을 산림에서 쫓아낼 수밖에 없는 일이었지만 미처 그들을 쫓아내지 못하는 경우 소작료를 징수함으로써 화전민을 소작인화해갔다. 「조선의 화전과 화전민 생활」을 쓴 김재석은 다음과 같이 국유림에서의 화전민의 소작인화 경위와 소작료율, 경작료율을 대충 전해주고 있다.

국유림이 일차 자본가의 손에 불하 또는 대부되자 그 속에 화전을 경작하여 먹고살던 사람들은 당장에 못 살게 되며 혹 거주하더라도 과중한 화전소작료의 압박은 말할 수 없게 되며 (…) 지금 그 대부지 속에 거주하는 화전소작인에게서 징수하는 상황을 보면 최고율은 강원도 화성사(華成社) 대부림으로서 매년 전수확의 5할, 최소는 전남 소재 동대(東大) 연습림이니 매년 전수확의 1푼, 보통 널리 실행되는 율은 2할 내지 3할이요 그 반당(反當) 최고경작료는 충북 오오시께 키요시(大池澄)의 대부림 내의 1반보 3원, 최소는 반당 7전, 가장 보통 실행되는 것은 1원 내외이다.[80]

김재석이 밝힌 바와 같이 대부된 국유림 내 화전의 소작료는 일정하지는 않았고, 보통 현물수취의 경우 수확량의 2할 내지 3할이어서 앞에서 본 바와 같이 화전농업지대에서 자연발생적으로 나타난 지주·소작관계에 있어서의 소작료 중 식량을 선대하지 않는 경우의 3분의 1 수취

79) 『조선일보』 1931년 3월 25일자.
80) 金在錫, 앞의 기사, 『조선일보』 1931년 3월 31일자.

제와 비슷했으며, 금납제의 경우도 지방에 따라 혹은 국유림을 대부받은 회사에 따라 차이가 있었다. 예를 들면 나까무라구미(中村組)가 대부받은 평남 맹산(孟山)지방의 경우 화전 1일경 즉 대체로 4단보에 연 1원 50전의 소작료를 받았고 덕천(德川)지방의 경우 1일경에 70전을 받는 곳도 있었고[81] 또 1원 50전을 받는 곳도 있었다.[82]

한편 조선총독부는 이와 같은 산림 대부회사나 개인이 소작료를 받는 문제에 대해 원칙적으로는 받을 수 없는 것이라 하면서도 대체로 전수확의 2할 정도 받는 것을 인정했다.

> 강원도에는 좌기(左記)와 같은 자본가들에게 대부(貸付) 중에 있는 임야 10만 6768정 3단보 중에 화전민이 4795호(경작면적 2583정보)나 되는 터로 그중에는 대부림 내 화전민으로부터 무리한 소작료를 거두어 대부사업 기타에 보태 쓰는 경향이 많이 있다 한다. 앞서 강원도 당국에서는 이에 대한 상세한 조사보고를 각 군에 명함과 동시에 금후로는 절대로 대부림 내의 화전민으로부터 소작료를 받지 말 것을 원칙으로 하고 애림계(愛林契) 기타 지방민에 유익되는 공공단체사업에 쓰고자 받더라도 총소출의 2할 이내로 할 것을 엄명하였다고 한다.[83]

일본인 회사에 대부된 산림 내 화전의 소작료 문제는 당연히 분규의 불씨가 될 수밖에 없었다. 산림이 대부되기 이전에는 자작농과 다름없는 경작조건이던 것이 산림의 대부로 하루아침에 소작화전민으로 전락한데다 대부받은 회사나 개인이 계속 소작료를 인상해갔으므로 화전

---

81) 『동아일보』 1926년 7월 11일자.
82) 『동아일보』 1925년 4월 7일자.
83) 『조선일보』 1931년 3월 25일자.

농민들이 당연히 이에 대항할 수밖에 없었던 것이다. 춘천군 동산면 지방을 한 예로 들어보자

오오사까에 본점을 둔 노무라임야주식회사(野村林野株式會社)가 쇼오와 3년(1928)에 춘천군(春川郡) 동산면(東山面) 일대 6천여 정보의 산림을 대부할 때 그 지역 원주민과 그 산속에 거주하는 화전민 350여 호는 그 산야를 노무라회사에 대부하면 생활에 관련되는 일이 많다 하여 일대 소동을 일으킨 일까지 있어 노무라회사와 그 지방주민 간에는 오늘날까지 분규를 거듭하여오던바 금년에 또 분규를 보게 되었다 한다. 그 이유는 본년의 풍작을 짐작하고 노무라회사에서는 종래 화전 1일경에 상답으로 조 1말씩 받던 것을 껑충 뛰어 8말로, 기타 좋지 않은 화전이라도 그 비례로 소작료를 올려 독촉하였으므로 화전민들은 생활의 위협이라 하여 방금 그 대책을 강구 중이라 하며 그 화전에 소작료를 정하기는 노무라회사가 대부를 받을 때 당국의 양해로 화전민과 협정한 것이라 한다.[84]

화전이 있는 국유림의 회사 내지 개인에 대한 대부는 자작화전민들을 갑자기 소작화전민이 되게 했고 이를 대부받은 회사들이 그들이 생산하는 잡곡의 소작료마저 터무니없이 올려 받으려 함으로써 화전민들의 생활을 더욱 궁지로 몰아넣었지만, 한편 더 나아가서 화전이 있는 산림을 대부받은 회사에서는 이들의 소작권을 박탈하고 있었다.

함남 고원군(高原郡) 수동면(水洞面)에 위치를 둔 스미또모회사 고원주재 소원(高原駐在所員) 이익룡(李翊龍)이란 간수는 지난 17일에 3백여 명 화전

---

84)『동아일보』1930년 11월 25일자.

민의 소작권을 박탈한다고 선언하였다. 이와 같은 청천의 벽력을 만난 3백여 명 화전민은 생사문제가 급박하였으므로 우선 회사 당국과 도 당국에 진정서를 제출할 터이라는데 3백여 명 화전민의 소작권을 돌연히 박탈한 스미또모 회사의 무리에 대하여 이곳 각 사회단체는 극도로 분개하여 궐기하는 동시에 대책강구회를 열고 신중히 토의들을 하는 중이라더라.[85]

이조시대는 더 말할 것 없고 일제시대 초기까지는 적어도 화전농업에서 경작지의 부족 현상은 없었으며 따라서 화전민 사회에서 지주·소작 관계가 발생할 만한 요인은 없었다. 그렇기 때문에 사회적·경제적 혹은 정치적 이유로 일반 농촌사회에서 살 수 없게 된 사람들이 마지막 갈 곳으로서의 화전지대는 그 나름대로의 특징을 가진 곳이었다. 그러나 식민지 지배정책이 심화됨에 따라 농촌에서 쫓겨나는 일종의 예비화전민수는 급격히 증가하는 데 반해 조선총독부의 화전금지정책은 계속 강화되어갔으므로 농경지를 확보하지 못하는 화전민이 불어나는 한편 화전개간을 위한 최소한의 경비도 가지지 못한 채 농촌을 떠나 화전지대로 들어오는 농민들이 많아지고 또 '원시적'이었던 화전민 사회에 상품화폐경제가 침투함에 따라 화전농업에도 지주·소작 관계가 성립되어갔다.

그러나 이와 같은 과정 이외에 화전민이 대규모로, 그리고 또 급격히 소작인화한 것은 조선총독부가 국유산림을 스미또모회사를 비롯한 일본의 재벌회사 등에 대부하고 이를 대부받은 회사들이 그 속에 있는 화전에 소작료를 부과했기 때문이었다. 이 때문에 화전민의 대부분을 차지하는 국유림 내의 화전민들은 종래의 자작화전민의 위치에서 하루아

---

85) 『동아일보』 1930년 2월 21일자.

침에 소작화전민으로 전락했고 이들은 앞에서 든 김재석의 조사에 의하면 수확물의 최고 5할에서 최저 1푼까지, 그리고 보통 2할 내지 3할의 소작료를 물지 않으면 안 되었던 것이다. '토지조사사업'으로 종래 자작농적인 일반농민들이 갑자기 소작농민으로 전락한 사실을 우리는 알고 있지만 그 결과로 농촌에서 쫓겨나 화전지대로 들어간 농민들이 다시 소작화전민으로 변해간 사실을 추적할 수 있는 것이다.

5. 화전민의 가계수지

화전민의 대부분이 평지 농촌에서 자작지는 물론 소작지마저 가질 수 없어서 유리하다가 목숨을 부지하기 위한 마지막 방법으로 화전지대로 찾아든 사람들이었지만 이조시대나 식민지시대의 초기까지도 평지 농촌에서 그다지 멀지 않은 곳에 화전을 가질 수 있었으므로 그들의 생활이 평지 농민의 생활과 그다지 큰 차이가 없었다고 생각된다. 그러나 식민지 경제정책의 결과로 이농민이 계속 분출되고 식민지 지배당국의 화전금지책이 점점 강화됨에 따라 화전지대는 깊은 산속으로 확대되어갔고 따라서 그들의 생활과 평지 농민 생활과의 차이도 점점 커져간 것이라 생각된다. 깊은 산속으로 쫓겨들어간 화전민 생활은 문명생활과는 거의 단절된 그야말로 '원시적인' 생활이 될 수밖에 없었고 거의 완전한 자급자족적인 생활이 될 수밖에 없었으며 잉여생산을 가질 만한 조건이 되지 못한 반면 그들의 농경생활은 자연의 재해에 대단히 약한 것이었으므로 일단 재해를 만나면 그대로 아사하거나 또 유랑할 수밖에 없는 절박한 생활이었다.

『화전의 현상』은 화전민의 의식주 생활을 전하면서 "4계절을 통하여 조잡한 목면의를 입으며 침구를 가진 경우가 적고, 아침과 점심에는 감자나 또는 풀뿌리, 나무열매에다 약간의 옥수수나 귀리, 콩, 팥을 섞어 지은 밥이나 국을 먹고 저녁에는 조와 옥수수 조각을 섞은 죽이나 귀리가루, 메밀가루를 국물에 풀어서 먹으며 겨울철에는 점심을 먹지 않는 것이 보통이다. 부식물은 김치를 먹고 육식을 하는 일은 거의 없으며 일반적으로 1년 먹을 식량을 저장하고 있는 사람이 적고 농번기가 되면 이미 식량이 떨어져서 다른 곳에서 융통하지만 충분하지 못하며 이 때문에 노동능률이 감퇴하고 건강상태가 나쁘다. 일반적으로 강변이나 산록과 같은 곳에 일시적으로 집을 짓고 살아서 산사태나 홍수를 만나면 생명의 위협을 받는 일이 많고 집은 판자나 풀로 지붕을 덮은 2간 내지 5간 정도이다"라고 하여[86] 목숨만을 이어가고 있는 그들의 생활을 비교적 상세하게 전해주고 있다.

1923년에 강원도의 삼림보호구역에 있는 춘천·삼척·양양·양구·통천·이천·인제 등 7개 군의 화전민 가운데 10세대를 뽑아 1년간의 가계 수지를 조사한 것을 보면 다음의 표 2-15와 같다.[87] 표에서 보는 바와 같이 평균 5인가족의 평균 연간수입은 108원 72전이며 평균 연간지출도 같은 액수여서 여축이 전혀 없고 평균 지출액 중에서 평균 식비가 차지하는 비율이 83%나 되어 엥겔계수가 대단히 높았음을 말해주고 있다. 이들 10세대가 가진 화전면적은 모두 14.1정보이고 10세대의 가족수는 모두 55명이어서 1인당 평균 경작면적은 0.26정보인데 9인가족을 가진 F가족의 경우 평균 경작면적보다 더 많은 2.3정보를 가졌으면서도 그 식생활비는 전체 지출의 90.6%이며 1인가족의 D가족도 평균 경작

---

86) 『火田の現狀』 103면.
87) 같은 책 105면.

표 2-15_ 1923년 강원도 지방의 화전민 1년수지 통계 (단위: 정보, 명, 원)

종류 세대	경작 면적	가족수			연간수입				연간지출				
		남	녀	계	작물	부업	기타	계	식비	衣住費	공과금	기타	계
	정보	명			圓				圓				
A	1.4	6	1	7	122.8	20.0	0	142.8	126.0	15.0	1.8	0	142.8
B	1.2	2	1	3	47.0	34.0	0	81.0	66.8	8.0	1.2	5.0	81.0
C	1.6	5	2	7	109.0	40.0	0	149.0	114.0	25.0	1.75	8.25	149.0
D	0.4	1	0	1	9.3	0	45.0	54.3	49.3	3.0	0	2.0	54.3
E	1.0	2	4	6	55.2	20.0	0	75.2	54.82	16.0	0.38	4.0	75.2
F	2.3	5	4	9	220.0	0	0	220.0	199.3	20.0	0.7	0	220.0
G	2.0	5	2	7	98.0	30.0	0	128.0	98.0	29.3	0.7	0	128.0
H	0.7	1	1	2	20.2	0	30.0	50.2	44.78	4.0	0.42	1.0	50.2
I	2.2	4	2	6	42.0	30.0	40.0	112.0	83.66	20.0	0.34	8.0	112.0
J	1.3	2	5	7	66.7	0	8.0	74.7	66.7	6.7	1.3	0	74.70
평균	1.41	3	2	5	79.02	17.4	12.3	108.72	90.34	14.70	0.86	2.82	108.72

면적보다 많은 0.4정보를 경작하지만 식생활비가 90.8%나 되어 그야말로 먹는 데만 급급한 생활이었음을 그대로 나타내고 있다. 그런데도 불구하고 비록 전지출액의 평균 0.79%밖에 안 되지만 한 가족을 제외하고는 모두 공과금을 부담하고 있는 것도 주목되며 평균 부업수입이 전체 수입액의 16%밖에 안 되어 화전민 수입의 대부분이 농작물 수입에 의존하고 있었음을 말해주고 있다.

또한 평균 5인가족인 이들 화전민의 평균 연간수입이 108원 72전이어서 1개월 평균 수입은 대개 9원 정도이며 그것을 모두 쓰고 있지만 5인가족의 1일생활비는 30전, 한 사람의 1일생활비는 6전이 되는 셈이다.

1923년에 조사된 표 2-15는 연간 수입액과 지출액이 같이 계산된 비교적 기계적인 화전민 가계수지표이지만 이후에도 총독부 관리들에 의

한 화전민의 연간 가계수지 통계표를 여러가지 구할 수 있다. 우선 1927 년에 조사된 함경남도와 평안북도 지방 화전민 세 가족의 연간 가계수 지 통계표를 제시해보면 다음 표 2-16의 A, B, C와 같다.[88] 총독부의 기사 코이즈미(小泉)에 의해 조사된 이들 세 가족은 모두 부부와 아이 셋을 가진 5인가족으로 그 가운데 노동력이 있는 사람은 3명이며 화전민 중에도 중류 정도의 생활을 하는 자작화전민 가족이라 했다.

표에서 보는 바와 같이 세 가족 가운데 함경남도 장진군 군내면의 화전민 가족은 연간 9원 84전의 흑자가 있고 두번째의 장진군 신남면 가족은 연간 21원 5전의 흑자를 내고 있으며 세번째 가족은 7원 66전의 적자를 내고 있다.

표 2-15에서 본 강원도 지방 화전민 열 가족의 연간 평균수입이 108 원 72전이었던 것과 비교하면 이들 세 가족의 그것은 82원 6전에 지나지 않으며 세 가족의 평균 부수입액은 수입 총액의 17%여서 앞에서 본 강원도 지방 화전민 열 가족의 그것보다는 약간 높지만 그 수입의 대부분이 역시 농작물 수입에 의존하고 있음을 알 수 있다. 신남면 가족만이 군대 마량용(馬糧用) 귀리 운반으로 연간 10원의 노동임금 수입이 있다. 세 가족의 평균 세금 및 공과금이 전지출의 3.7%나 되어 앞의 강원도 지방 화전민 열 가족의 0.79%보다 4배 이상이나 되는 것이 특히 주목된다. 참고로 이들 세 가족의 1인당 1일식생활비를 계산해보면 장진군 군내면 가족은 1.9전, 장진군 신남면 가족은 2.0전, 후창군 동흥면 가족은 3.4전이다. 같은 5인가족인 이들 세 가족의 연간수입이 83원, 82원 60전, 82원 20전으로 거의 비슷한데도 불구하고 두 가족은 흑자가계이

---

88) 朝鮮總督府 山林部 (秘)『火田整理に關する 參考書』第五 朝鮮部落調査報告(第一冊 火田 之分) 135면 '火田民一個年收支統計表'.

표 2-16_ 1927년 함남·평북지방 화전민 1년수지 통계

| | | 수입 | | | | 지출 | | | |
		종별	수량	단가	가격	종별	수량	단가	가격
				石	圓	圓		石	圓	圓

A 咸鏡南道 長津郡 郡內面 火田民

수입				지출			
종별	수량	단가	가격	종별	수량	단가	가격
		石	圓	圓		石	圓	圓
귀리	15.00	2.00	30.00	귀리	6.00	2.00	12.00
감자	20.00	1.00	20.00	감자	10.00	1.00	10.00
메밀	1.00	5.00	5.00	조	1.00	5.00	5.00
무	2.00	1.00	2.00	콩	.55	6.00	3.30
피	.50	3.00	1.50	소금	.60	2.00	1.20
苧麻	.30	10.00	3.00	부식물	–	–	4.00
大麻	10把	.20	2.00	기구비	–	–	5.00
담배	5貫	.40	2.00	피복비 기타	–	–	12.00
소계	–	–	65.50	소계	–	–	52.50
돼지	1頭	6.00	6.00	諸税及公課	–	–	3.66
닭	3羽	.35	1.05	교제비 기타	–	–	7.00
계란	300個	.01	3.00	小計	–	–	10.66
벌꿀	5升	.40	2.00	담배	–	–	6.00
蜂蜜蠟	1.5斤	.30	.45	술	–	–	3.00
숯	10駄	.50	5.00	기타	–	–	1.00
소계	–	–	17.50	소계	–	–	10.00
계	–	–	83.00				
收支差引 (一個年의 純益)	–	–	9.84	계	–	–	73.16

(수입 좌측 구분: 農作物에 의한 수입 / 부업에 의한 수입)
(지출 우측 구분: 生活지출 / 의무지출 / 사치지출)

B 同 長津郡 新南面 火田民

수입				지출			
종별	수량	단가	가격	종별	수량	단가	가격
		石	圓	圓		石	圓	圓
귀리	12.00	2.00	24.00	귀리	7.30	2.00	14.60
감자	30.0	1.00	30.00	감자	14.60	1.00	14.60
보리	2.0	4.00	8.00	콩	.30	6.00	1.80
무	.5	1.00	.50	소금	.26	2.50	.65
담배	.50貫	1.00	.50	부식물	–	–	5.00
大麻	30把	.20	6.00	기구비	–	–	5.00

(수입 좌측 구분: 農作物에 의한 수입)
(지출 우측 구분: 生活지출)

	종별	수량	단가	가격		종별	수량	단가	가격
	소계	-	-	69.00		피복비			6.60
부업에 의한 수입	돼지	1頭	3.00	3.00	의무지출	소계	·	-	48.25
	닭	3羽	.20	.60		諸稅及公課	-	-	1.60
	노동임금	-	-	10.00		교제비 기타	-	-	2.70
	소계	-	-	13.60		소계	-	-	4.30
					사치지출	담배	-	-	5.00
	계	-	-	82.60		술	-	-	3.00
						기타	-	-	1.00
						소계	-	-	9.00
	收支差引	-	-	21.05		계	-	-	61.55

		수입				지출			
	종별	수량	단가	가격	종별	수량	단가	가격	
		石	圓	圓		石	圓	圓	
농작물에 의한 수입	조	5.00	5.00	25.00	생활지출 조	5.85	5.00	29.25	
	콩팥	4.00	5.00	20.00	감자	5.11	1.00	5.11	
	귀리	3.00	2.50	7.50	팥	2.92	5.00	14.60	
	메밀	2.00	4.00	8.00	콩	1.00	5.00	5.00	
	감자	5.00	1.00	5.00	소금	.60	1.50	.90	
	피	2.00	2.50	5.00	부식물	-	-	7.00	
	소계	-	-	70.50	기구비	-	-	5.00	
					피복비	-	-	10.00	
부업에 의한 수입	돼지	1頭	5.00	5.00	소계	-	-	76.86	
	닭	2羽	.35	.70	의무지출 諸稅及公課	-	-	3.00	
	계란	100個	.01	1.00	교제비 기타	-	-	2.00	
	蜂蜜及蠟	1斗	5.00	5.00	소계	-	-	5.00	
	소계	-	-	11.70	사치지출 담배	-	-	5.00	
					술	-	-	2.00	
	계	-	-	82.20	기타	-	-	1.00	
					소계	-	-	8.00	
	收支差引(不足)	-	-	7.66	계	-	-	89.86	

평안북도 후창군 동흥면 화전민 C

며 나머지 한 가족이 적자가계인 것은 바로 생활비 지출 차이에 있음을 알 수 있다.

화전민 사회의 중류 정도 생활이 이런 정도의 가계였다면 그 이하의 화전민이 어느 정도의 생활을 했는가 짐작할 수 있겠지만 이 통계표는 적자가계를 어디에서 메우는지 설명하지 않고 있다. 한편 1928년에 총독부 관리에 의해 작성된 비밀문서 『화전조사보고서』에는 함경남북도 및 평안북도 지방 화전민 17세대의 가계가 비교적 상세히 조사되어 있다.[89] 이 조사는 자작 이상 화전민만을 대상으로 했고 또다른 조사자료에 비해 화전민의 생활이 비교적 여유있는 것으로 조사되어 있어서, 이것으로 이 시기 화전민 전체의 생활정도를 가늠하기에는 상당한 위험성이 있다고 생각되지만, 화전민의 경제생활을 어느정도 상세히 제시하고 있는 자료이므로 일단 모두 소개하고 이를 다시 분석해보기로 한다. 이들 17세대는 그 생활정도에 따라 대체로 상·중·하급으로 구분할 수 있다.

(1) 중등 이상 혹은 부유한 생활을 하는 것으로 조사된 가족

(A) 함남 삼수군(三水郡) 관흥면(舘興面) 개운성리(開雲城里) 최용만(崔庸萬)

가족수: 16명, 남대인 4명, 남소인 5명, 여대인 4명, 여소인 3명

노동력: 남 4명

자산: 당 지방에 28정보, 본적지인 북청(北靑)에 23.2정보의 토지를 소유

생활정도: 당 지방의 제1자산가

---

89) 「火田に關する調査槪要」, (秘) 『火田調査報告書』 15~25면.

가축: 소 5마리, 말 1마리, 돼지 4마리, 닭 5마리

경작면적: 6정보(소유지)

경작명세: 귀리 4정보, 보리 0.4정보, 감자 1.2정보, 대마(大麻) 0.4정보

연간수입: 220원

수입명세: 태마운임(駄馬運賃) 20원, 북청 소작료 200원

연간지출: 187원 4전

지출명세: 의복비 100원, 부식물비 30원, 지세 1원 80전, 면세 21원 14전, 농회비·축산회비·삼림조합비 1원 60전, 이동비(里洞費)·의생비(醫生費) 2원 50전, 잡비 30원

연간수지차액: 흑자 32원 96전

 이 가족은 조사내용에서 지적한 것과 같이 이 지방 제일의 자산가로서 전체 소유 토지 51.2정보 가운데 6정보만을 자작하고 나머지는 소작시킴으로써 연간 200원의 소작료 수입을 얻고 있다. 수입 부분에서 농작물 수입이 전혀 없는 것으로 미루어보아 자작하는 6정보에서의 수확은 16명 가족의 식량으로 충당되었고, 그러므로 지출 부분에서 주식비 지출은 전혀 없고 부식비 지출만 계산된 것 같다. 자작하는 6정보에서의 수확을 금액으로 환산하지 않았기 때문에 전체 지출액 중에서 식생활비가 어느 정도 차지하는지 산출할 수 없다. 다만 제세(諸稅) 및 공과금은 전체 지출액의 14.5%나 되어 상당히 높은 비율을 차지하고 있다.

 (B) 함남 삼수군 관흥면 개운성리 이태년(李太年)

가족수: 8명, 남 4명(고용인 1명 포함), 여 4명

노동력: 남 3명

자산: 특기할 것이 없음

생활정도: 유복한 생활을 하고 있음

가축: 성우(成牛) 2마리, 송아지 3마리, 돼지 4마리, 닭 10마리

경작면적: 화전 3.05정보

경작명세: 귀리 2정보, 보리 0.2정보, 감자 0.8정보, 대마 0.05정보

연간수입: 248원

수입명세: 귀리 130원 30전, 보리 15원 20전, 감자 102원 50전

연간지출: 173원

지출명세: 의복비 65원, 부식물비 25원, 세금 및 공과금 22원 50전, 기구비
  7원, 잡비(석유 5원, 약대 5원, 용인 25원, 교제 13원 50전, 기타 5원) 계
  53원 50전

연간수지차액: 흑자 75원

이 가족은 3.05정보를 자작할 뿐이지만 귀리 경작과 감자의 전분에서
많은 소득을 얻고 있으며 세금과 공과금이 전체 지출의 13%를 차지하
고 있다. 이 가족의 가계 흑자 75원은 17세대 전체를 통하여 가장 높다.
이 조사가 모두 수입과 지출 부분에서 주식비를 제외했으므로 정확한
엥겔계수를 산출할 수 없다.

(C) 평북 자성군(慈城郡) 오수덕(烏首橞) 권시성(權時成)

가족수: 6명, 대인 5명, 소인 1명

노동력: 5명

자산: 미상

생활정도: 중등 이상의 생활을 함

가축: 소 1마리, 돼지 2마리

경작면적: 6정보

경작명세: 피 30석, 옥수수 15석, 팥 15석, 메밀 15석, 대마 45속(束)

연간수입: 141원 50전

수입명세: 피 15원, 옥수수 24원 50전, 콩 60원, 감자·마늘 12원, 대마 30원

연간지출: 112원 70전

지출명세: 식량비 백미 5두 11원 50전, 부식물비(소금 1석 8원 50전, 어육魚肉 등 20원) 계 28원 50전, 의복비(목면 2필 26원, 면 5원) 계 31원, 세금 및 공과금(지세 및 면세 4원 80전, 농업단체비 부담 50전, 도로부역대 2원 40전) 계 7원 70전, 기구비 10원, 잡비(석유 12원, 술 12원) 계 24원

연간수지차액: 흑자 28원 80전

이 가족의 경우 경작면적 6정보의 경작내용은 밝혀져 있지 않고 수확고만 조사되어 있다. 유일하게 식량비가 계산되어 있는데 화전에서 생산되는 잡곡 이외에 이 가족은 연간 5두의 백미를 먹고 있으며 콩과 대마 경작에서 많은 수입을 얻고 있다. 그러면서도 세금 및 공과금 부담이 전체 지출의 6.8%밖에 안 되어서 비교적 부유한 화전민 중에서는 그 비율이 낮은 셈이다.

(D) 함남 갑산군(甲山郡) 보혜면(普惠面) 포태리(胞胎里) 모(某)

가족수: 6명, 남 4명, 여 2명

노동력: 남 3명

자산: 무

생활정도: 중등 이상의 생활을 함

가축: 소 1마리, 돼지 2마리, 닭 3마리

경작면적: 화전 3.5정보

경작명세: 귀리 2정보, 피 0.1정보, 감자 1정보, 대마 0.4정보

연간수입: 92원 50전

수입명세: 귀리 12원, 감자 10원, 마포(麻布) 2원 50전, 돼지 1마리 7원, 닭

및 계란 3원, 농한기의 노역 18원, 소에 의한 임운(賃運) 수입 40원

연간지출: 87원 35전

지출명세: 의복비 45원, 부식비 15원, 세금 및 공과금 4원 35전, 기구비 5원,

잡비(석유, 연초, 교제비) 18원

연간수지차액: 흑자 5원 15전

이 가족은 화전민이면서도 농작물 수입은 전체 수입의 26.5%에 지나지 않고 약간의 가축사육으로 인한 수입 이외에 62.7%의 수입이 농한기를 이용한 노임 수입과 소 한 마리로 재목을 운반하여 얻은 수입으로 되어 있으며 그것으로 연간 5원 15전이란 흑자가계를 유지하고 있는 것이 특징이다. 세금 및 공과금의 내역을 보면 지세는 없고 다만 호별세로 연간 75전을 내고 있으며 농회비가 30전, 축산보합비가 30전, 이동비(里洞費) 부담이 3원으로 되어 있으며 전체 지출의 5.0%로 비교적 낮다.

(E) 함남 신흥군(新興郡) 동상면(東上面) 원풍리(元豊里) 모(某)

가족수: 7명, 남 4명, 여 3명

노동력: 남 3명, 여 1명

자산: 미상

생활정도: 비교적 여유있는 생활을 함

가축: 소 2마리, 송아지 1마리, 닭 3마리

경작면적: 화전 4.7정보

경작명세: 귀리 2정보, 감자 2.7정보

연간수입: 79원 50전

수입명세: 귀리 37원, 감자 24원, 마포 5원, 송아지 1마리 10원, 닭과 계란 3
　　원 50전

연간지출: 69원 24전

지출명세: 의복비 35원, 부식물비 7원, 세금 및 공과금 11원 24전, 기구비 2
　　원, 잡비 14원

연간수지차액: 흑자 10원 26전

　이 가족은 가족수가 비슷한 다른 가족에 비해 부식비가 훨씬 적게 드
는 반면 세금 및 공과금이 전체 지출의 16.2%로 비교적 높은 편인데 그
내역은 지세는 없으나 면비가 8원 4전이고 농회비 30전, 축산조합비 30
전, 기업조합비 10전, 이동비 2원, 의생비 50전 등으로 되어 있다.

　(F) 함남 삼수군 관흥면 개운성리 오태봉(吳泰鳳)

가족수: 16명, 남대인 5명, 남소인 2명, 여대인 5명, 여소인 4명

노동력: 남 5명

자산: 평가(評價) 약 200원

생활정도: 유복한 생활을 함

가축: 소(預托) 4마리, 말 1마리, 돼지 3마리, 닭 3마리

경작면적: 화전 10정보

경작명세: 귀리 7.6정보, 감자 2정보, 대마 0.4정보

연간수입: 195원

수입명세: 귀리 60원, 감자 20원, 마포 45원, 노임 20원, 기타(주로 태마운
　　임) 50원

연간지출: 186원

지출명세: 의복비 120원, 부식비 30원, 세금 및 공과금 16원, 잡비 20원

연간수지차액: 흑자 9원

이 가족은 16명의 대가족이며 농작물 수입은 전체 수입의 64%이고 나머지는 노임 및 운임 수입이다. 연간수입이 상당히 높은 편이지만 대가족이어서 생활비 지출이 그만큼 많으며 따라서 연간이익이 9원밖에 되지 않는데 생활정도는 유복한 것으로 조사되어 있다. 소를 4마리나 배내하고 있으므로 그것에서의 수입이 있었을 것이다. 공과금 및 세금의 내역은 지세는 없고 면세가 12원 70전, 농회비가 30전, 축산조합비가 1원, 이동비가 2원으로 되어 있으며 전체 지출의 8.6%로 비교적 낮은 편이다.

(G) 함북 무산군(茂山郡) 영북면(永北面) 양수동(梁水洞) 김태섭(金泰涉)

가족수: 8명, 남 3명, 여 5명

노동력: 남 3명, 여 1명

자산: 미상이나 대차(貸借) 없음

생활정도: 대농에 속함

가축: 소 2마리, 개 1마리, 닭 5마리

경작면적: 화전 7.5정보

경작명세: 귀리 1.5정보, 보리 2.25정보, 조 1.5정보, 콩 0.75정보, 메밀 1정
　　보, 감자 0.5정보

연간수입: 28원

수입명세: 귀리 18원, 가축사육 및 노임을 합쳐서 10원

연간지출: 23원

지출명세: 의복비 10원, 세금 및 공과금 3원 50전, 기구비 4원 50전, 잡비 5원

연간수지차액: 흑자 5원

이 가족은 대농으로 조사되어 있고 경작면적은 비교적 넓은 편이지만 연간수입이 28원에 지나지 않으며 따라서 수지차액도 흑자 5원에 불과하여 상등 화전농가로 취급될 수 있을지 의문스럽다. 그러나 화전민의 경작면적이나 가계수지가 지방마다 차이가 있어서 일률적으로 이해하기가 어려우며 아마 대농으로 조사된 것은 경작면적이 비교적 넓었기 때문이 아닌가 한다. 이 가족은 세금 및 공과금이 표시되어 있지 않은데 이 가족과 같은 무산군 내의 다른 두 가족도 공과금과 세금이 표시되어 있지 않다. 무산군 화전민은 전혀 세금 및 공과금 부담이 없었는지, 혹은 조사에서 빠진 것인지 분명하지 않다.

(H) 함남 삼수군 관흥면 개운성리 최기홍(崔基弘)

가족수: 4명, 남대인 2명, 여대인 2명

노동력: 남 2명

자산: 밭 4정보를 소유하고 2정보를 소작 주고 있다.

생활정도: 다소 유복한 생활을 함

가축: 소 2마리, 돼지 3마리, 닭 2마리

경작면적: 2정보

경작명세: 귀리 1.2정보, 감자 0.6정보, 대마 0.2정보

연간수입: 83원

수입명세: 귀리 50원, 대마 3원, 송아지 1마리 10원, 기타(주로 소를 이용한 운임) 20원

연간지출: 78원 86전

지출명세: 의복비 35원, 부식비 15원, 세금 및 공과금 20원 86전, 잡비 8원

연간수지차액: 흑자 4원 14전

이 가족은 소유 토지 4정보 가운데 2정보를 소작 주고 2정보를 자작하고 있는 소위 지주(을)에 속하는 가족이다. 그러면서도 수입 부분에서 소작료 수입이 계산되어 있지 않은 것이 이상하며, 세금 및 공과금이 전체 지출의 26.5%를 차지하여 상당히 높은 편인데 그 내역은 지세가 1원, 면세가 15원 76전, 농회비 30전, 삼림조합비 1원 30전, 이동비 2원, 의생비 50전으로 되어 있다. 다른 화전농가에 비해 면세(面稅)와 이동비 부담이 대단히 높은 것이 특징이다. 연간수지에서 불과 4원 14전의 흑자를 내고도 '다소 유복한 생활을 하는 가족'으로 조사된 것이 이상하지만, 수입 부분에서 소작료가 계산되지 않은 것을 감안해야 할 것 같다.

이상의 8세대가 부농, 대농, 부유한 생활을 하는 농가 등으로 조사된 세대이다. 그러나 우리가 보는 바와 같이 이들 화전농가들은 경작면적이나 연간수입 면에 있어서 서로 큰 차이가 있다. 경작면적이 최고 10정보에서 최하 2정보까지로 차이가 있으며 연간수입에 있어서도 최고 248원에서 최하 28원까지 있어서 차이가 대단히 크다. 그리고 연간 가계수지는 모두 흑자를 내고 있기는 하지만 그 액수는 최고 75원에서 최하 4원 14전까지로 차이가 있다. 참고로 이들 8세대의 주식비를 제외한 가족 1인당 1일생활비를 계산해보면 A가족이 3.2전, B가족이 5.9전, C가족이 5.1전, D가족 4전, E가족 2.7전, F가족 3.2전, G가족 0.8전, H가족 5.4전으로 서로 상당한 차이가 있고 8세대 전체의 평균은 3.79전이다.

(2) 중등의 생활 혹은 중농으로 조사된 가족

(I) 함남 풍산군(豐山君) 이인면(里仁面) 순금리(舜金里) 김유신(金裕信)
가족수: 9명, 남 5명, 여 4명
노동력: 남 3명

자산: 미상

생활정도: 중등의 생활을 함

가축: 소 2마리(예탁), 돼지 5마리, 닭 4마리

경작면적: 2.4정보

경작명세: 귀리 1.5정보, 기타 곡물 0.2정보, 감자 0.66정보, 대마 0.04정보

연간수입: 47원

수입명세: 귀리 12원, 감자 6원, 대마 6원, 소(2년에 1마리) 10원, 돼지(1년
　　에 2마리) 10원, 닭 2마리 및 계란 100개 3원

연간지출: 38원

지출명세: 의복비 7원(대부분 마포를 쓰고 목면은 마포와 교환하여 쓰기
　　때문에 현금 지출이 적다), 부식비 12원(주로 소금과 콩), 세금 및 공과금
　　2원(지세 없음), 기구비 2원(주로 농구), 잡비(농우사용료 10원, 기타 5
　　원) 계 15원

연간수지차액: 흑자 9원

　조사자들의 말에 의하면 이 가족은 화전지대로 들어온 지 비교적 오
래된 가족이라 했는데 화전지대에 자리잡은 화전농가의 표본적인 가족
이 아닌가 한다. 보는 바와 같이 수입은 농작물 수입과 가축사육 수입이
그 전부이며 소 2마리를 배내 하여 2년에 소 한 마리를 얻고 있으며 세
금 및 공과금은 전체 지출의 5.2%이다. 조사자들이 말한 것과 같이 의
복지로는 자가생산의 마포를 주로 쓰고 필요한 목면은 생산되는 마포
와 교환해 씀으로써 9명 가족의 연간 의복비가 7원밖에 들지 않고 있다.

　(J) 함남 삼수군 관흥면 개운성리 이송식(李松植)

　가족수: 10명, 남 5명, 여 5명

노동력: 남 4명

자산: 미상(성우 2마리를 대여하고 있음)

생활정도: 중등의 생활을 함

가축: 소 2마리, 송아지 3마리, 돼지 3마리, 닭 3마리

경작면적: 화전 3.8정보

경작명세: 귀리 2.8정보, 감자 1정보

연간수입: 151원

수입명세: 귀리 51원, 감자(澱粉) 100원

연간지출: 137원 50전

지출명세: 의복비 55원, 부식비 24원, 세금 및 공과금 21원 50전(지세는 없고 기부금 포함), 기구비 5원, 잡비 32원

연간수지차액: 흑자 13원 50전

이 가족은 조사자들이 신간(新墾) 화전지대 가족이라 밝히고 있다. 수입은 완전히 농작물 수입뿐인데 성우(成牛) 2마리를 배내 준 데서 들어오는 수입이 계산되어 있지 않다. 세금 및 공과금의 비율이 15.6%나 되어 상당히 높은 편이다.

(K) 함북 무산군 어하면(漁下面) 오봉동(五峰洞) 이동규(李東奎)

가족수: 5명, 남 2명, 여 3명

노동력: 남 2명, 여 1명

자산: 미상이나 대차 없음

생활정도: 중농에 속함

가축: 소 1마리, 개 1마리, 돼지 1마리, 닭 6마리

경작면적: 화전 5.24정보

경작명세: 귀리 1.04정보, 보리 1.72정보, 조 1.14정보. 메밀 0.6정보, 감자
  0.74정보

연간수입: 18원 50전

수입명세: 귀리 9원, 메밀 4원 50전, 가축사육·노임·기타를 합쳐서 5원

연간지출: 20원

지출명세: 의복비 8원, 세금 및 공과금 3원 50전, 기구비 3원 50전, 잡비 5원

연간수지차액: 적자 1원 50전

이 가족은 농작물 수입이 있는 귀리·메밀 이외에 보리·조·감자 등도 경작하고 있으나 아마 식량에 충당되어 수입은 없었던 것 같다. 지출 부분에서 부식비가 명시되어 있지 않은데 화전민 부식비의 대부분이 콩과 소금 구입비였으므로 이 가족의 경우 콩을 경작하여 자급할 수 있었다 해도 소금값은 계산되지 않을 수 없을 것이다. 중농이라 조사되었는데도 연간 1원 50전의 적자가계인 것이 주목된다.

(L) 함남 갑산군 동인면(同仁面) 신성리(新成里) 모(某)

가족수: 8명, 남 3명, 여 5명

노동력: 남 3명

자산: 미상

생활정도: 중등의 생활을 함

가축: 소 1마리, 돼지 3마리, 닭 6마리

경작면적: 4.5정보

경작명세: 조 0.2정보, 피 0.15정보, 보리 0.45정보, 귀리 2.2정보, 메밀 0.2정보, 감자 1.3정보

연간수입: 67원

수입명세: 귀리 24원, 감자 14원, 가축 16원(돼지 2마리), 닭 3원, 노임 10원

연간지출: 57원 80전

지출명세: 부식비 15원, 의복비 26원, 세금 및 공과금 2원 80전, 기구비 3원,
　　의약비 3원, 잡비 8원

연간수지차액: 흑자 9원 20전

　경작하는 농작물의 종류가 여러가지이지만 모두 자가소비에 충당되
고 농작물 수입은 귀리와 감자에 한정되고 있다. 따라서 가축과 노임 등
비농작물 수입이 그만큼 높다. 의약비가 따로 계산되어 있고 세금 및 공
과금의 비율은 4.8%이다.

　(M) 함남 갑산군 동인면 이교리(伊橋里) 모(某)

가족수: 7명, 남 4명, 여 3명

노동력: 남 3명

자산: 미상

생활정도: 중등의 생활을 함

가축: 소 2마리, 돼지 1마리, 닭 2마리

경작면적: 4.7정보 숙전(熟田)

경작명세: 조 0.4정보, 피 0.1정보, 보리 0.6정보, 밀 0.2정보, 옥수수 0.1정보,
　　귀리 1.9정보, 콩 0.4정보, 팥 0.1정보, 녹두 0.1정보, 메밀 0.2정보, 감자
　　0.4정보, 대마 0.2정보

연간수입: 59원 40전

수입명세: 마포 12원, 소 25원(2년에 1마리), 닭과 계란 5원 40전, 노임 10
　　원, 땔나무 7원

연간지출: 57원 60전

지출명세: 부식비 20원, 의복비 14원(마포를 쓰므로 비용이 적다), 세금 및

공과금 5원 60전, 기구비 3원, 의약비 2원, 잡비 13원

연간수지차액: 흑자 1원 80전

이 농가의 경우 경작지가 화전이 아닌 숙전이라 했다. 원래는 화전이었으나 지력이 다했을 때 폐기하고 다른 곳으로 옮겨가는 것이 아니라 시비 등을 통해 계속 같은 농지를 경작하게 된 경우를 말한다. 숙전이기 때문인지는 모르지만 이 농가의 농작물 종류는 대단히 다양하다. 그러나 그 대부분이 7명 가족의 자수용(自需用)으로 충당되고 전혀 판매되지는 않은 것 같다. 따라서 농작물 수입은 마포에서의 12원밖에 없고 수입의 대부분이 가축사육과 노임 및 땔나무 장사에서 얻은 것이다. 의복비의 경우 마포를 씀으로써 비용이 적게 든다 했는데 이 농가뿐만 아니라 중등 이하의 화전민들은 대부분 스스로 생산하는 마포를 복지로 이용한 것이라 생각된다. 연간 가계 흑자가 1원 80전이란 사실은 그야말로 겨우 살아나가기에만 급급한 생활이지만 그런데도 불구하고 세금 및 공과금이 전체 지출의 9.7%나 된다.

중농 혹은 중등생활로 조사된 이상 다섯 가족 역시 경작면적이나 가계수지에 상당한 차이가 있는데 그 이유 역시 지방에 따라 화전민의 생활정도의 차이가 컸기 때문이라 생각된다. 경작면적은 최고 5.24정보에서 최하 2.4정보까지 있고 가계수지 역시 연간 13원 50전의 이익을 내고 있는 농가가 있는가 하면 1원 50전의 적자를 내고 있는 가족이 있다. 이들 5세대의 1인당 1일생활비를 계산해보면 I가족은 1.2전, J가족은 3.8전, K가족은 1.1전, L가족은 2전, M가족은 2.3전이며 5세대 평균은 2.08전으로서 앞에서 본 부농 혹은 부유한 생활을 하는 것으로 조사된 화전민 8세대의 1인당 1일 평균 생활비 3.79전보다 훨씬 낮다.

(3) 소농, 중등 이하의 생활, 최하위의 생활로 조사된 가족

(N) 함남 삼수군 관흥면 개운성리 권삼덕(權三德)

가족수: 10명, 남대인 2명, 남소인 4명, 여소인 4명

노동력: 남 2명

자산: 차금(借金) 80원

생활정도: 최하위의 생활을 함

가축: 소 2마리(예탁), 돼지 2마리

경작면적: 1.2정보

경작명세: 귀리 0.8정보, 감자 0.4정보

연간수입: 10원

수입명세: 동계(冬季) 피용임금 10원

연간지출: 28원 26전

지출명세: 의복비 10원, 부식비 10원, 세금 및 공과금 5원 26전, 잡비 3원

연간수지차액: 적자 18원 26전

이 가족은 조사대상 17가족 가운데서 가계수지가 가장 나쁜 가족이
다. 1.2정보의 화전을 경작하고 있으나 거기에서의 생산물은 모두 자가
수요에 충당되고 수입은 겨울철을 이용한 임노동으로 얻는 10원이 그
전부이다. 가족구성 역시 여자어른이 없고 남자어른 2명에 소아 8명이
있어서 노동력도 가족수에 비하여 대단히 낮은 가족이다. 이와 같이 어
려운 가계인데도 세금 및 공과금은 5원 26전으로 전체 지출의 18.6%에
해당하며 그 내용을 보면 지세는 없으나 면세가 76전, 농회비·축산조합
비가 1원 60전, 이동비(里洞費)·의생비(醫生費)가 2원 50전으로 되어 있

다. 잡비에도 '석유대불요(石油代不要)'라고 설명되어 있는 것으로 보아 등화용(燈火用) 석유를 못 쓰고 있음을 알 수 있고, 연간 18원 26전이 부족한 생활비를 "임시수입에 의하여 보충하지만 항상 부족하다"했는데 그 결과 차금이 80원이나 있는 것은 오히려 당연하다 할 것이다. 부채금에 대한 이자 지출이 계산되어 있지 않다.

(O) 한남 삼수군 관흥면 개운성리 여녹훈(呂錄燻)

가족수: 8명, 남 5명, 여 3명

노동력: 남 3명(이 가운데 1명은 용인으로 귀리 12석을 지급한다)

자산: 없음

생활정도: 중등 이하의 생활을 함

가축: 소 1마리, 송아지 1마리, 돼지 3마리, 닭 4마리

경작면적: 화전 3.6정보

경작명세: 귀리 2.4정보, 기타 곡물 0.2정보, 감자 1정보

연간수입: 131원

수입명세: 귀리 33원, 감자 98원

연간지출: 128원 50전

지출명세: 의복비 40원, 부식비 23원, 세금 및 공과금 15원, 기구비 5원 50
　　전, 잡비 45원

연간수지차액: 흑자 2원 50전

이 가족은 화전 3.6정보를 경작하면서 용인 1명을 고용하고 있는데 잡비 지출이 45원이나 되는 것은 이 용인의 노임이 포함된 것이라 생각된다. 감자 경작면적의 1정보에서 98원의 수입을 얻고 있으며 그것이 수입의 대부분을 차지하고 있다. 세금 및 공과금의 비율은 11.7%이다.

(P) 함북 무산군(茂山郡) 어하면(漁下面) 오봉동(五峰洞) 방세규(方世奎)

가족수: 4명, 남 1명, 여 3명

노동력: 남 1명, 여 1명

자산: 미상이나 대차 없음

생활정도: 소농에 속함

가축: 소 1마리, 개 2마리, 닭 7마리

경작면적: 화전 2.5정보

연간수입: 9원

수입명세: 귀리 6원, 가축사육 및 노임 3원

연간지출: 13원 50전

지출명세: 피복비 5원, 세금 및 공과금 3원 50전, 기구비 1원 50전, 잡비 3원
  50전

연간수지차액: 적자 4원 50전

이 가족도 적자가계 가족인데 4인가족의 연간수입이 9원에 지나지
않으므로 적자가계인 것이 당연하다 하겠다. 9원 수입에 세금 및 공과
금이 3원 50전이나 되어 수입의 39%나 되는 셈이며 지출의 26%나 된
다. 이 가족의 경우는 부족가계를 어떻게 충당하는지 설명되어 있지 않
으며 차금(借金)도 없는 것으로 조사되어 있어 조사가 불충분했음을 말
해주고 있다.

(Q) 평북 자성군(慈城郡) 오수덕(烏首穗) 모(某)

가족수: 6명

노동력: 3명

자산: 미상

생활정도: 중등 이하의 생활을 함

가축: 돼지 2마리, 닭 5마리

경작면적: 2정보

경작명세: 조 15석, 옥수수 3석, 콩 3석, 메밀 1석, 감자 5석

연간수입: 50원 50전

수입명세: 조 12원, 옥수수 8원, 콩 12원, 돼지 1마리 5원, 개 4마리 2원, 닭

 및 계란 3원 50전, 노임 8원

연간지출: 47원 89전

지출명세: 부식물비 5원, 의복비 12원, 세금 및 공과금 4원 39전, 기구비 2

 원, 의약비 1원 50전, 잡비로는 부채이자 3원 80전, 석유비 1원 20전, 연

 초 및 주대 13원 20전, 기타 4원 80전, 계 23원

연간수지차액: 흑자 2원 61전

이 가족은 세금 및 공과금의 내용이 특이하다. 지세 및 면세 1원 54
전, 농업단체비 50전, 도로부역대 95전 등은 다른 가족에게서도 볼 수
있지만 이밖에 구장급(區長給)이 65전, 통수급(統首給)이 75전 지출되
고 있는 것은 다른 가족에게서 볼 수 없는 일이다. 모든 화전민들이 구
장이나 통수의 급료를 분담했다고는 생각되지 않으며, 다음 절에서 언
급되겠지만 화전민 사회는 일종의 자활조직을 가지고 있었던 곳이 있
는 것 같은데 여기에서의 구장이나 통수는 이와 같은 자활조직의 간부
들이며 그 수당이 일반 화전주민들에게 부과된 것이 아닌가 한다. 이 가
족에게서 처음으로 이자 지출이 보이고 있으나 부채액이 얼마 되었는
지는 조사되지 않아서 역시 조사의 불충분성을 나타내고 있다.

최하위 생활, 소농, 중등 이하의 생활 등으로 조사된 이들 네 가족은
화전민 중에서도 영세민에 속한다. N가족은 가족 10명이 1.2정보를 경

작하고 있어서 적자가계를 면할 수 없었고 O가족은 8명이 3.6정보를 경작하여 연간 2원 50전의 흑자수지를 내고 있으나 그야말로 겨우 연명해나가는 가족이다. P가족 역시 4명이 2.5정보를 경작하여 연간수입 겨우 9원을 얻고 있는 최영세 가족으로 적자가계임은 당연하다. Q가족도 6명이 2정보를 경작하여 연간 2원 61전의 흑자를 내고 있지만 부채를 가지고 이자를 물고 있는 가족이다. 따라서 이들 4세대의 주식비를 제외한 1인당 1일생활비를 산출해보면 N가족은 0.8전, O가족은 4.4전, P가족은 0.9전, Q가족은 2.2전으로 4세대 평균이 2.08전으로 중등생활의 가족들과 거의 같으며 17세대 전체의 1인당 1일 평균 생활비는 2.86전이다.

이들 17세대 화전민의 가계수지를 조사, 보고하면서 총독부의 조사관리는 "화전민 정리에 관하여 종래 인습적으로 얘기돼오던 것과 같은 화전경작의 이윤은 어디에서나 박하고 화전민은 모두 빈약하며 불쌍한 사람들이라는 생각을 일소하고 그 지방에 따라 농업경영상의 제요소를 충분히 조사 연구하고 이를 근거로 적당한 처리를 할 필요가 있다고 인정한다"[90]고 했다. 17세대 가운데 8세대가 대농이거나 부유하다고 생각한 화전농가이고, 5세대가 중등 정도의 생활을 한다고 보고 조사한 농가이며, 가장 가난하다고 생각하고 조사한 농가는 4세대이다. 8 대 5 대 4의 비율이 화전농가 전체적인 비율이 아님은 물론이며 상·중·하 등의 정도도 어느 정도 정확하게 파악했는지 생각해볼 여지가 있다.

한편 이와 같은 총독부 관리의 화전조사보고보다 3년 후인 1931년에 조선일보사의 김형식(金瀅植)이 조사한 경기도 화천군(華川郡) 화천면(華川面) 수상리(水上里) 35세 차기남(車基男) 가족의 가계수지를 들어

---

90) 「火田に關する調査槪要」, (秘)『火田調査報告書』15면.

보면 다음과 같다.[91]

생활정도: 중등생활

소유 동산: 돼지 1마리 가격 2원

경작면적: 화전 3일경(국유지 내)

연간수입: 29원

수입명세: 조 12원, 콩 4원, 팥 2원, 메밀 4원, 부업수입 약 5원

연간지출: 48원

지출명세: 식비 40원(1인 평균 13원), 의복비 5원, 공과세금 2원, 기타 1원

연간수지차액: 적자 19원

이 가족의 경작면적 '화전 3일경'은 1일경의 면적이 지방에 따라 달라서 분명히 밝힐 수 없으나 1일경은 대체로 800평이 많고 1200평 또는 1500평인 경우도 있다. 따라서 800평으로 잡으면 3일경은 2400평 즉 0.8정보가 되고 1200평으로 잡으면 1.2정보가 되며 1500평으로 하면 1.5정보가 된다. 위에서 보는 바와 같이 연간수입이 29원이라 했으나 명세에서 보면 27원밖에 되지 않는다. 부업수입은 가마니짜기와 누에치기 등으로 얻고 있으며, 지출 부분에서 전가족의 연간식비를 40원으로 계산했으므로 1인당 약 13원이 되는데 이를 근거로 1인당 1일식비를 계산하면 3.6전이 된다. 다만 여기에서 식비가 주·부식을 포함한 것인지 앞의 17세대와 같이 자가생산의 주식비를 제외한 것인지는 분명하지 않다. 공과금의 전지출 비율은 4.2%에 해당한다. 앞의 17세대 중에

---

91) 『조선일보』 1931년 7월 14일자.

도 K가족이 그러했지만 차기남 가족도 중등 정도의 화전민인데도 연간 19원의 적자수지이다.

1932년에 『동아일보』 고원(高原)지국의 김병식(金炳湜)은 이 무렵의 화전농업이 아예 수지가 맞지 않음을 증명하기 위해 오조밭(早熟粟田), 중등전 1일경의 수지결산을 다음과 같이 제시하고 있다.[92]

> 연간수입: 4원 70전
> 수입명세: 1일경(3단보) 수확고 7두, 1두 대금 60전, 계 4원 20전, 짚 1속 1전, 50속 50전
> 연간지출: 12원 71전
> 지출명세: 종자대 5전, 비료 30관대 90전, 인부노임 15명 7원 50전, 농우 2두 임대(賃代) 1원, 지세 16전, 지가 이자 3원 10전
> 연간수지차액: 적자 8원 1전

이 경우는 이미 시비(施肥)하는 것을 전제로 하고 있다. 이 무렵에는 화전농업도 시비 없는 이동개간이 엄격히 금지되어갔으므로 시비를 전제로 하지 않을 수 없었다. 이 수지결산에 의하면 1일경에 연간 8원 1전의 결손이 나지만 지출 부분에서 노임과 지가이자(地價利子)를 계산하지 않으면 겨우 2원 59전의 이익이 있는 셈이다.

한편 이보다 8년 후인 1940년에 「화전농업의 일연구(一硏究)」를 발표한[93] 인정식(印貞植)은 소위 북선개척사업(北鮮開拓事業)이 상당히 진

---

92) 『동아일보』 1932년 10월 16일자.

93) 印貞植 「火田農業の一硏究 — 指導區の實態調査」, 『朝鮮總督府調査月報』 11卷 9號, 1940년 9월호. 이 자료에 나오는 각 항목의 합계에 오류가 있지만 세부 항목의 누락 가능성을 고려해 자료 그대로 이용했다.

행된 당시에 "평균 1.9정보의 화전만을 경작하고 있는 순화전민은 모두 1년의 대부분을 초근목피로 목숨을 이어가지 않으면 안 되는 궁지에 빠져 있다. 그러므로 아예 통계를 원용할 필요도 없으며 그들은 근본적으로 기아민이다. 순화전민의 수지 상황을 여기에 상세히 검토하는 것은 무용지사(無用之事)다"하고 대신 겸화전민 3세대의 1938년도 가계수지를 소개하고 있다. 여기에서는 그 가운데 비교적 자료가 충실한 두 가족만을 소개한다.

(갑) 함북 무산군(茂山郡) 풍계면(豐溪面) 용천동(龍川洞) 김모(金某)

가족수: 10명, 남 6명, 여 4명

노동력: 남 2명, 여 2명

경작면적: 5.5정보

경작명세: 귀리 0.6정보, 보리 1정보, 조 1.5정보, 콩 1정보, 옥수수 0.2정보, 채소 0.4정보, 감자 0.08정보

연간수입: 225원

수입명세: 농작물 판매 198원, 부업품 판매 2원, 연료 판매 25원

연간지출: 235원

지출명세: 농사비 75원, 세금 및 공과금 20원, 식량비 40원, 피복비 50원

기타 지출: 40원

연간수지차액: 적자 10원

겸화전민인 이 가족의 경작면적 5.5정보 가운데 화전이 얼마나 되고 숙전이 얼마나 되는지 구분되어 있지 않으나 이 가족은 1924년에 이곳 용천동으로 입산하여 이후 14년간 정착하고 있는 가족이며 농사비로 75원이나 지출하고 있는 것 등으로 미루어보아 이미 시비를 하고 있는

숙전이 더 많은 농가가 아닌가 한다. 인정식은 그의 논문에서 "이 농가의 수확량 중 약 40%는 시장에서 판매되고 나머지 60%여가 자가의 소비에 충당된다"했고 또 "이만큼의 광대한 경지로써도 이 농가는 식량의 부족과 부채의 증가를 면할 수 없다"했다. 식량비 40원이 자가생산의 농산물에서 충당되는 금액인지 혹은 자가생산 이외의 곡물을 구입하는 대금인지 분명하지 않다.

(을) 함북 무산군 풍계면 용천동 주모(朱某)

가족수: 6명, 남 3명, 여 3명

노동력: 남 2명, 여 2명

경작면적: 3.33정보

경작명세: 귀리 0.3정보, 보리 0.4정보, 조 0.6정보, 콩 0.4정보, 옥수수 0.1정보, 채소 0.13정보, 감자 0.4정보

연간수입: 113원 30전

수입명세: 농작물 판매 99원 30전, 부업수입 2원, 연료 판매 10원, 기타 수입 2원

연간지출: 118원

지출명세: 농사비 35원, 세금 및 공과금 8원, 식량비 25원, 피복비 25원, 기타 25원

연간수지차액: 적자 4원 70전

이 가족은 1926년부터 12년간 용천동에 살고 있으며 수확농작물의 52%는 자가 소비하고 나머지 48%를 시장에 내다 판다고 했다. 그러면서도 식량가 25원이 지출되고 있으며 또 "부족식량을 보충하기 위해서는 새로이 50원의 부채를 지지 않을 수 없다"했다. 다소 이해하기 어려

운 점이 있는 가계수지인데 수확물 중 자가 소비하는 52% 이외에 또 연간 25원의 식량비가 들며 그러면서도 또 식량비 보충을 위해서 50원의 부채를 지게 되는 것인지 분명하지 않다. 만약 그렇다면 이 농가의 가계수지는 적자 4원 70전이 아니라 54원 70전이 되는 셈이다. 참고로 다시 이 두 가족의 1인당 1일생활비를 계산해보면 갑 가족은 6.4전, 을 가족은 5.4전이 된다. 두 가족이 모두 적자가계이면서도 앞에서 든 17세대의 그것과 비교하면 생활비가 비교적 높은 편이다.

이상에서 우리는 1923년에서부터 1938년까지 15년간에 걸친 33세대 화전농가의 가계수지를 들어 일단 분석해보았다. 대부분 총독부 관리들에 의해 실시된 이들 조사가 그 대상을 얼마나 고루 선택했는가 하는 문제, 또 그 조사 자체가 얼마나 정확하게 이루어졌는가 하는 문제 등이 있기는 하지만 지금의 우리가 구할 수 있는 일제시대 화전민에 대한 가장 상세하고 구체적인 가계수지 계산표라 할 수 있다. 그러나 다음과 같은 몇 가지 점을 유의할 필요도 있음을 간과할 수 없다.

첫째, 우리가 이미 지적한 것과 같이 일제시대의 화전민 중에는 지주도 있었고 자작농도 있었으며 또 소작화전민이 한편으로 증가하고 있었다. 그런데도 불구하고 앞에서 보인 33세대의 화전농가는 그 가계수지의 지출 부분에서 소작료 지출이 계산된 가족은 전혀 없었다. 따라서 이들 세대는 상당한 흑자가계를 내고 있는 농가가 있는 한편 적자가계에 시달리는 농가가 많다 해도 모두 자작화전민이었다는 점이다. 따라서 이들 33세대의 가계수지 상황을 가지고 일제시대 화전민 전체의 가계나 생활상을 이해하기는 어려운 일이다.

둘째, 다소 여유있는 생활을 하던 화전농가라 해도 그들의 영농이 평지 농가의 그것보다 훨씬 재해에 약했으므로 한번 자연의 재해가 지나고 나면 거의 파산 상태에 빠지는 것이었다. 그러므로 우리는 총독부 관리들이 조사한 가계조사자료만을 가지고 화전민의 경제생활의 실제를 이해할 수는 없으며 좀더 그들의 생활에 밀착될 수 있는 다른 측면에서의 접근을 시도하지 않을 수 없는 것이다.

6. 화전민 경제생활의 실제

앞에서 든 33세대 화전농가의 가계수지가 이 시기 화전농가 일반의 그것을 어느 정도 대표할 수 있을지 의문이 많다. 더구나 이들 33세대가 모두 자작화전민 이상이었다고 생각되므로 그것을 가지고 화전민 일반의 경제생활상을 가늠하기는 더욱 어려움이 있다. 그러나 앞에서도 말한 바와 같이 지금의 우리가 구할 수 있는 자료가 그것에 한정되어 있으므로 일단 그것을 바탕으로 하여 먼저 이 시기 화전농가의 경제생활과 일반농가의 그것을 비교해보기로 한다.

33세대 가운데 1923년에 조사된 강원도 지방 화전농가 10세대는 표 2-15에서 보는 바와 같이 연간수입과 지출이 그런대로 균형을 유지하고 있었다고 볼 수밖에 없을 것 같다. 다음 1927년에 작성된 『화전정리에 관한 참고서』의 「화전에 대한 취조국(取調局) 조사서」에 실린 3세대와 1928년에 조사된 『화전조사보고서』의 「화전에 관한 조사 개요」에 실린 17세대 및 『조선일보』 1931년 7월 14일자에 실린 경기도 화천군의 차기남(車基男) 가족, 그리고 1938년에 조사된, 인정식의 논문에 실린 두 가족 등 모두 23세대의 가계수지를 한번 더 들어보면 표 2-17과 같다.

표 2-17에서 보는 것과 같이 연간수입은 최고 248원에서 최하 9원까지 있고 지출은 최고 235원서 13원 50전까지 있으며 수지차는 최고 흑

표 2-17_ 1923~38년 화전민 가족의 가계수지

가족별	연간수입	연간지출	차액
郡内面 가족	83원 00전	73원 16전	+9원 84전
新南面 가족	82원 60전	61원 55전	+21원 05전
東興面 가족	82원 20전	89원 86전	-7원 66전
A가족	220원 00전	187원 04전	+32원 96전
B가족	248원 00전	173원 00전	+75원 00전
C가족	141원 50전	112원 70전	+28원 80전
D가족	92원 50전	87원 35전	+5원 15전
E가족	79원 50전	69원 24전	+10원 26전
F가족	195원 00전	186원 00전	+9원 00전
G가족	28원 00전	23원 00전	+5원 00전
H가족	83원 00전	78원 86전	+4원 14전
I가족	47원 00전	38원 00전	+9원 00전
J가족	151원 00전	137원 50전	+13원 50전
K가족	18원 50전	20원 00전	-1원 50전
L가족	67원 00전	57원 80전	+9원 20전
M가족	59원 40전	57원 60전	+1원 80전
N가족	10원 00전	28원 26전	-18원 26전
O가족	131원 00전	128원 50전	+2원 50전
P가족	9원 00전	13원 50전	-4원 50전
Q가족	50원 50전	47원 89전	+2원 61전
車基男 가족	29원 00전	48원 00전	-19원 00전
甲가족	225원 00전	235원 00전	-10원 00전
乙가족	113원 30전	118원 00전	-4원 70전
평균	97원 65전	90원 08전	+7원 57전

* 원자료를 그대로 인용하면 계산상의 오차가 생기나 그대로 싣는다.

표 2-18_ 1930~32년 일반농가 가계수지

연도	지방	농가 종별	농가총소득	가계비	차액
1930	경기	자작농	679원 82전	701원 69전	-21원 87전
		자소작농	392원 99전	473원 08전	-80원 09전
		소작농	298원 00전	327원 61전	-29원 61전
		평균	456원 94전	500원 79전	-43원 86전
1930	전남	자작농	479원 53전	507원 29전	-27원 76전
		자소작농	484원 60전	468원 04전	+16원 56전
		소작농	397원 86전	427원 99전	-30원 13전
		평균	454원 00전	467원 77전	-13원 77전
1931	경남	자작농	615원 67전	948원 64전	-332원 97전
		자소작농	505원 73전	588원 25전	-82원 52전
		소작농	434원 04전	480원 06전	-46원 02전
		평균	518원 48전	672원 32전	-153원 84전
1931	평남	자작농	147원 92전	122원 04전	+25원 88전
		자소작농	226원 81전	171원 06전	+55원 75전
		소작농	107원 90전	121원 71전	-13원 81전
		평균	160원 87전	138원 27전	+22원 60전
1932	함남	자작농	797원 07전	765원 68전	+31원 39전
		자소작농	489원 28전	453원 32전	+35원 96전
		소작농	459원 90전	501원 36전	-41원 46전
		평균	582원 08전	573원 45전	+8원 63전
농가 종별 평균		자작농	544원 00전	609원 07전	-65원 07전
		자소작농	419원 88전	430원 75전	-10원 87전
		소작농	339원 54전	371원 75전	-32원 21전

자 75원에서 적자 19원까지로 그 차이가 대단히 크다, 이들 23세대의 평균 연간수입은 97원 65전, 평균 지출은 90원 8전으로서 평균 7원 57전의 흑자를 내고 있는 셈이다. 이들 23세대의 가계수지를 조사한 연대도 1923년, 1927년, 1928년, 1931년, 1938년의 5기로 되어 있어서 그것을 그때마다의 일반 평지 농가수지와 비교할 자료를 얻기가 어렵지만 가능한 한 이들 화전농민의 가계와 이 무렵의 일반 평지 농민의 그것을 비교해봄으로써 화전농민의 생활을 좀더 실제적으로 이해할 수 있지 않을까 한다.

우선 1930년대 초엽에 조선농회(朝鮮農會)가 실시한 '농가경제조사'에 의하여 이 무렵의 농가소득과 가계비를 비교해보면 표 2-18과 같다. 이 조사는 도별로 종별 농가 3호의 총소득과 가계비를 평균해서 산출한 것이다.[94]

앞에서 보인 표 2-17의 화전민 가계수지 통계표는 특정 화전농가 23세대에 대한 통계이고 표 2-18의 일반농가 가계수지 통계표는 각 도의 종별 농가 3호에 대한 평균치 통계이기 때문에 이 두 통계를 산술적으로 비교하면서 화전농가와 일반농가의 가계수지 차이점을 말하기는 어려운 점이 많다. 그러나 이런 점을 감안하면서도 몇 가지 뚜렷한 차이점을 지적할 수 있지 않을까 한다.

첫째, 가장 두드러진 것으로 화전농가와 일반농가의 가계규모에 대단히 큰 차이가 있다는 점이다. 1923년에 조사된 10세대를 제외한 23세대의 화전농가를 대체로 자작화전민이라 추정했지만 그들의 평균 연간지출이 90원 정도에 지나지 않는 데 비해 일반농가의 그것은 자작농의

---

94) 조선농회에 의한 이 조사는 경기도·전라남도·경상남도·평안남도·함경남도 등의 5개도만 실시되었다.

609원은 그만두고라도 소작농의 371원도 화전농가의 그것보다 4배가 넘는다. 앞의 두 통계에 가족수의 평균치가 산출되지 않았다는 문제가 있기는 하지만 이 시기 일반농가와 화전농의 가족수에 그다지 큰 차이가 없었으리라 추측되므로 큰 문제가 없다고 생각되며 따라서 대체로 화전농가의 살림규모는 일반농가 중의 소작농가와 비교해도 그 4분의 1에 미치지 못했다고 할 수 있을 것이다. 또 화전농가의 가계수지가 대부분 1920년대 후반기에 조사된 것인 데 반해 일반농가의 그것이 1930년대 초반기에 조사된 것이어서 그동안의 물가상승으로 일반농가의 가계통계액이 그만큼 높아졌으리라는 점도 간과할 수 없지만 그 점을 고려한다 해도 화전농가의 살림규모가 일반농가의 그것보다 훨씬 떨어지고 있었음은 쉽게 이해할 수 있다. 화전농민의 대부분이 일반농촌에서 소작지마저 얻지 못해 화전지대로 들어간 사람들인데다 화전경작지마저 총독부의 금압으로 넓게 차지할 수 없었으므로, 이 무렵 일반농촌의 소작농민도 그 경작지가 축소되어가고 있었음에도 불구하고, 화전농민의 살림규모는 그들에게 훨씬 못 미치고 있었던 것이다.

둘째, 통계상으로 23세대 화전민의 가계수지가 흑자 7원 57전으로 나타나 있고 일반농촌의 소작농민은 그것이 적자 32원 21전, 자작농은 이보다 훨씬 많은 65원 7전으로 나타나 있는데 이것을 어떻게 이해해야 할 것인가 하는 점이다. 화전민의 평균 가계가 약간의 흑자를 나타내고 있다 해도 앞에서 말한 것과 같이 일반농민보다도 훨씬 재해의 피해가 심하다는 점을 고려하지 않을 수 없다. 이 점에 대해서는 다음에서 다시 상세히 살펴보기로 하고 우선 그들의 약간의 가계 흑자가 어디에서 오는가 하는 문제를 생각해볼 필요가 있다. 앞 절에서 제시한 표 2-15의 열 가족은 1인당 1일 평균 생활비가 6전이었고, 1927년에 조사된 장진군(長津郡)의 군내면(郡內面)과 신남면(新南面), 그리고 후창군(厚昌

242

郡) 동흥면(東興面) 등 세 가족의 1인당 1일 평균 생활비는 2.4전이었으며 1928년에 조사된 17세대의 그것은 주식비를 제외하고 부농층이 평균 3.8전, 중농층이 2.1전, 소농층이 평균 2.1전이었으며 경기도 화천군(華川郡)의 차기남(車基男) 가족은 3.6전, 1928년에 조사된 갑·을 두 가족의 그것은 각각 6.4전과 5.4전이었다.

한편 1930년에 조사된 경기도 수원군(水原郡) 반월면(半月面) 당수리(棠樹里)의 소작농 3세대의 1인당 1일 평균 가계비는 17.5전으로 계산되고[95] 역시 1930년에 조사된 전라남도 나주군(羅州郡) 송촌리(松村里)의 소작농 3세대의 1인당 1일 평균 가계비는 14.4전으로 계산되며[96] 1931년에 조사된 경상남도 밀양군(密陽郡) 산외면(山外面) 남근리(南近里)의 소작농 3세대는 10.3전으로 계산되는데 이 가운데 한 가족이 특수한 가족이어서 평균 2전밖에 되지 않고 나머지 두 가족만의 평균은 14.5전으로 나온다.[97] 역시 1931년에 조사된 평안남도 순천군(順川郡) 사인면(舍人面) 사회리(社會里)에 사는 소작농 3세대의 1인당 1일 평균 가계비는 5.3전으로 비교적 낮게 산출되며[98] 1932년에 조사된 함경남도 함주군(咸州郡) 상조양면(上朝陽面) 상간리(上間里)의 소작농 3세대의 그것은 15.8전으로 계산된다.[99]

이와 같이 일반농가의 소작농 1인당 1일 평균 생활비가 평안남도의 경우만 앞에서 보인 갑·을 화전민 가족과 비슷하고 나머지는 화전민의

95) 朝鮮農會『農家經濟調査』(京畿道分) 1930. 농가 호별 조사분의 소작농 갑·을·병의 가계비에서 산출.
96) 같은 책(全羅南道分)에서 같은 방식으로 산출.
97) 같은 책(慶尙南道分).
98) 같은 책(平安南道分).
99) 같은 책(咸鏡南道分.)

그것보다 훨씬 높다. 지금까지 제시한 화전 및 일반농가의 생활비를 나타난 그대로 평균치를 대충 구해보면 화전민의 1인당 1일생활비는 약 4전이 산출되고 일반농민의 그것은 12.7전으로 계산되어 일반농민의 생활비가 화전민의 그것보다 3배 이상임을 알 수 있다. 일반농민과 화전민의 생활이 다 같이 영세화하고 있었지만 일반농민은 하루에 한 사람이 대략 12.7전을 쓰면서 적자생활을 하고 있던 셈이며 화전민은 4전을 쓰면서 어느정도 균형된 가계를 유지하고 있었던 것이라 할 수 있다. 따라서 일반농민의 생활도 '원시적인' 생활에 못지않은 것이었지만 화전민의 생활은 더욱더 '원시적인' 생활이었던 것이다. 참고로 이 무렵에 농촌을 떠나서 철도부설공사, 수리조합공사 등에 인부로 취업하고 있던 공사장 막일꾼의 생활과 비교해보자. 1924년의 안주(安州) 수문공사에 취업하고 있던 일반인부의 1일노임은 최고 68전에서 최하 40전이었고,[100] 1928년에 조사된 국내의 각종 공사장에 취업한 인부들의 4인 가족 1일 평균 생활비가 76.8전이어서 1인당 1일생활비가 19.2전이었던 것과[101] 우리가 산출한 화전민의 생활비를 비교해보면 이 시기 화전농민들의 생활이 어떤 수준의 것이었는지 어느정도 짐작할 수 있을 것이다.

　한 가지 구체적인 예를 들어보자. 앞에서 든 화전민 33세대 가운데 가장 부유한 가족의 하나인 A가족, 즉 함남 삼수군 관흥면 개운성리의 최용만(崔庸萬) 가족은 가족수 16명의 연간지출이 의복비 100원, 부식비 30원, 공과금 27원 4전, 잡비 30원뿐인데 경상남도 밀양군 산외면 남근리의 한 소작농은 가족 14명의 연간지출이 주거비 4원 7전, 음식비 422

---

100) 『동아일보』 1924년 4월 9일자.
101) 조선토목건축협회가 발행한 『朝鮮工事用各種勞動者實狀調』에서 산출한 것이며 이 조사는 1928년에 실시되었다.

원 39전, 피복비 9원 1전, 광열비 67원 66전, 집기비 1원 19전, 교육비 58원 65전, 교제비 15원 86전, 공과금 5원 31전, 기호비 7원 65전, 보건위생비 75전, 관혼상제 경상비 80전, 기타 12원 71전, 가사미불금 38원 70전 등으로 합계 649원 43전으로 되어 있다. 화전민 최용만 가족은 지출항목에 주식비가 포함되어 있지 않고 밀양군의 소작농가는 그것이 포함되어 있으며, 화전민 가족은 광열비가 지출되지 않은 데 반해 밀양군 농가는 그 비용이 상당히 높다. 또 화전민 농가는 목면이 생산되지 않아서 의복비가 100원이나 들지만 밀양군의 농가는 의복비 부담이 대단히 적다. 이와 같이 화전민 농가와 일반농가 사이에는 가계비 지출에 여러 가지 차이점이 있지만, 일반농가에서 보이는 교육비·교제비·기호비 등은 화전농가에서는 볼 수 없는 항목들이며, '당 지방 제1일의 자산가'로 표현된 화전민 최용만의 16명 가족이 1년에 187원 4전을 생활비로 써서 가족 1인당 1일 평균 3.2전을 쓴 데 비해 밀양군의 소작농 가족 14명은 1년에 649원 43전을 써서 가족 1인당 1일 평균 12.7전을 쓰고 있다. 이것으로 화전민과 일반농민의 생활규모 및 수준의 차이가 대단히 큰 것임을 알 수 있지만, 그렇다고 해서 일반농민의 생활수준이 높았다는 것이 아니다. 그들 역시 적자가계에 허덕이면서 최소한의 생활정도에서 벗어나지 못하고 있었지만 화전민의 생활비는 그들의 3분의 1에도 미치지 못하고 있었던 것이다. 신문기자들의 현지 답사기록을 통해 몇가지 경우를 예로 들어보자. 1929년에 화전민 생활 조사기 「고해순례(苦海巡禮)」를 『동아일보』에 연재하였던 최용환(崔容煥)은 이기영(李岐永)이란 중류 이상 화전민 가족의 생활상태를 다음과 같이 전하고 있다.

가족은 남자 세 명 여자 두 명 모두 다섯 식구, 경작하는 화전면적은 엿새갈이(6日耕, 1일경은 1200평가량)다. 약간 부속작물(作物)을 심었으나 그로 보면 메밀 나흘갈이, 감자 이틀갈이인데 평년작으로는 메밀 하루갈이에 20두(20말) 평균이라 한다. 이로 계산하면 그 총소출이란 메밀 나흘갈이에 40두, 감자 이틀갈이에 40두인데 그중에서 파종(播種) 시기에서 뿌린 종자 메밀 10두와 감자 20두를 제하고 나면 1년 실수익고는 메밀 30두와 감자 20두 모두 다 50두라는 것이 그들 다섯 식구의 1년 동안 목숨을 이어가는 양식이 되는 것이다. 이것을 가격으로 환산하면 메밀 30두에 24원(이것은 육군창고陸軍倉庫에서 작년 말 먹이로 매매한 가격으로 1두 80전 계산), 감자 20두 12원(이는 시장가격)으로 모두 36원이다. 이것이 다섯 식구의 1년 살아가는 생활비로 한 명의 1년 생활비는 7원 20전이요 한 달 생활비는 60전, 하루 생활비는 단 2전이 되는 것이다.[102]

화전민 1인당 1일생활비를 2전으로 계산하고 있어서 앞에서 제시한 총독부 관리들의 조사결과보다 조금 낮지만 큰 차이는 없다. 그는 또 김성삼(金成三)이란 70세의 대가족 화전민의 생활상을 다음과 같이 상세히 전하고 있다.

온 집안 식구는 김성삼씨의 늙은 부부와 아들 삼형제 그들의 처자권속 모두 아이들까지 14명이다. 온 가족이 부치는 화전은 작금 양년 엿새갈이가량인데 흉년이라는 작년은 총수확이 8섬밖에 아니 되었다 하니 그를 표준할 것은 없으나 평년작으로 그 수확은 조는 심어야 되지 않으니 말할 것 없고 콩·강냉이·감자를 심어서 소리치고 나야 20석 내외라 하니 20석이라야 한 달에 평균 두 섬 반을 가져야 먹는 이 집 식구로는 여덟 달 식량밖에 아니 된다고 한다. 이것이 사실이라면 4~5년이 되도록 입쌀밥 한 그릇을 못 먹어보았다는

---

102) 『동아일보』 1929년 6월 25일자.

이 집 늙은이의 말이 거짓이 아님이 사실일까 한다. 그래서 나머지 넉 달 동안의 식량이나 또는 일상생활에 없지 못할 피륙과 솜, 소금과 석유와 같은 것은 순전히 숯이나 나무팔이로 대지 아니할 수 없게 되었다.[103]

이와 같이 화전민의 생활수준이 전반적으로 일반 소작농민의 그것과 비교해도 훨씬 낮은 것이었지만, 그런 조건 아래서나마 어느 시기까지는 그런대로 수입과 지출의 균형이 어느정도 이루어지고 있어서 일단은 안정된 생활을 유지할 수 있었던 것같이 보인다. 그러나 이와 같은 화전민들의 최소한의 생활상의 안정도 한번 재해가 닥치면 쉽게 무너졌고, 또한 신화전(新火田)개간 금지 정책이 점점 강화됨에 따라 결정적으로 파탄에 빠져갔다. 우선 재해의 경우를 보면, 깊은 산중의 가파른 고지에서 영농에 종사하고 있는 화전민들이기 때문에 설해·풍수해·한해 등 어느 것에도 쉽게 피해를 입게 마련이며 따라서 재해를 입지 않는 해가 없을 정도이지만 여기서 1931년 봄부터 1932년 봄까지 1년간의 화전민의 피해사례를 몇 가지 소개해본다.

함남 신흥군(新興郡) 동상면(東上面)은 해발 5천여 척의 고원지대로 수천여 화전민과 수천여 세농민들은 춘궁을 당하여 그날그날을 감자(馬鈴薯) 몇 개씩으로도 연명할 길이 극난하여 하루바삐 파종하려고 그 준비에 분망하던 중 지난 15일 이른 아침부터 16일 저녁까지 때아닌 눈이 산 위에 척여(尺餘)나 쌓이고 평지엔 세 치나 넘어 음지오전(陰地奧田)은 염천(炎天)에 가도 눈이 녹을 듯싶지 않다 하여 고원지대의 파종의 표준인 곡우(穀雨)가 지나서도 백설이 쌓인 설상에서 전야(田野)를 가리기 힘들게 되어 수천 농민들은 설상가

103) 『동아일보』 1929년 6월 28일자.

상으로 부득이 폐농하게 되어 일반 인심이 극히 불안한 중에 있다.[104]

화전지대는 대체로 고지대이며 또 산간지대이므로 작물의 성장기간이 대단히 짧게 마련이다. 4월 중순에 많은 눈이 내리는 경우 화전농업은 자연히 큰 타격을 받게 마련이며 더 나아가서는 화전민들이 폐농하게 마련이었다. 더구나 화전이 집결되어 있는 평안도나 함경도 지역은 기온이 낮은 지역일 뿐만 아니라 화전은 대부분 깊은 산속이나 고지대에 있었으므로 봄철에 일어나는 설화(雪禍)가 화전농업에 미치는 영향은 대단히 큰 것이었다.

> 봉화군(奉化郡) 춘양면(春陽面) 황지·천평 부근은 산중이니만큼 한 마지기도 확실한 전지는 없고 모두 화전(火田)을 일으켜 먹는 화전민들인데 작년에는 장마와 폭풍으로 강낭·서속·감자 등을 하나도 먹게 되지 못하여 올봄에 먹을 것이 없어서 농사를 지으려도 배고픔에 못 이겨 소나무 가지를 깎아 먹다가 그것도 때가 늦어 먹지 못하고 나무열매와 기타 사람이 먹지 못할 것을 다 먹다가 지금은 다 시기가 늦어 먹을 것이 없어서 요즈음은 5일 평균 한 사람씩 굶어 죽는다 한다.[105]

이런 현상은 평야지대의 농촌에도 있을 수 있겠지만 깊은 산속에 격리된 화전민의 경우 그 피해는 더욱 클 것이며 교통이 불편하고 개방되지 못한 지역이기 때문에 달리 식량을 구하기도 어려웠다. 신문기사가 말해주는 것과 같이 그야말로 초근목피로 연명하다가 그것도 불가능하

---

104)『조선일보』1931년 4월 24일자.
105)『조선일보』1931년 6월 2일자.

게 되면 결국 아사하는 길밖에 없었던 것이다.

　강원도 평창(平昌) 일대의 화전민들은 험악한 산간벽지에 단간 '마가리(斗屋)'와 1천~2천 평의 산전을 경작하고 있던바 기보한 바와 같이 금년 여름에 전선적(全鮮的)으로 있은 풍수재로 인하여 곡식 뿌리는 다 패어지고 말았다. 산전에 목숨을 바치고 있는 화전민들은 갈 바를 찾지 못하여 방황하고 있던바 할 수 없이 집을 버리고 남부여대하여 정처없이 간 자가 무수하나 그중에도 진부(珍富)·도암(道岩) 양면에는 더욱 심하여 현재 버리고 간 집 수가 약 4백~5백 호에 달하여 명춘에는 더욱 심하리라 한다.[106]

　화전민들의 생활이 평상시에 최소한의 안정을 얻었다 해도 이 기사가 전해주는 것과 같이 화전민은 한번 풍수해를 겪고 나면 곧 유랑민이 될 수밖에 없었다. 화전민이란 본래 지력이 다한 농토를 버리고 새로운 개간지를 찾아 옮겨다니는 것이지만 개간금지정책 때문에 일단 억지로 정착했다 해도 그 농토가 재해에 대단히 약하기 때문에 한번 재해를 만나면 이재 유랑민이 될 수밖에 없었던 것이다. 재해를 만난 화전민의 정황을 하나만 더 들어보자.

　전고 미증유의 풍수재를 당한 강원도 일대 화전민들은 작년의 풍수해로 농작물은 전멸 상태인데도 불구하고 점차 가혹해지는 당국의 취체와 거기에 따라가는 그들의 참상은 연일 발표되는 통계표를 보더라도 넉넉히 추측할 수 있는 것이다. 이제 각지로 순회하여 조사한 바에 의하면 인제군 남면 일대만 하더라도 총호수 1800호 중에 풍수재 피해가옥이 539호이며 그 가족이 2816명

---

106)『조선일보』 1931년 12월 27일자.

이라는바 지난 31일 전후로 근래에 드문 1척 이상의 적설로 조석난보(朝夕難保)의 처지에서 신음하던 이재민은 더구나 식량이 두절된 중에 시가지를 떨어져 있는 깊은 산벽지에서 일절 왕래가 끊이게 되니 그들의 생사여부가 근심되며 아사자(餓死者)도 속속 판명되리라는바 먹지 못하는 대신 입지도 못하여 헐벗고 떨며 지냄으로 말미암아 동상자(凍傷者)도 속출하는 중이다.[107]

화전민들이 일단 재해를 만나면 심한 경우 그대로 굶어 죽거나 그렇지 않으면 집을 비우고 유랑민이 되게 마련이며 굶어 죽거나 유랑민이 되는 것을 겨우 면할 수 있다 해도 최소한의 생활로 겨우 유지되던 그들의 가계는 이 때문에 무너지게 마련이며 결국 부채를 지지 않을 수 없었다. 앞의 화전민 가계조사에서도 권삼덕(權三德) 가족 즉 N가족의 경우 연수(年收) 10원이면서 80원의 빚을 지고 있는 것을 볼 수 있었지만 화전민 사회에는 일반농촌에 못지 않은 고리대가 성행하고 있었다. 총독부 관리들의 조사에 의하면

　　화전민 사이의 물품 또는 금전 대차의 이식(利息)은 최저 3분 내지 3분 5리 이상의 고율로서 일단 채무를 진 사람은 그 이자도 지불할 수 없게 되고 결국 에는 저당한 전을 채권자에게 인도하지 않을 수 없게 된다.[108]

했고, 1933년에 소위 북선개척과 관련한 임정사무협의회(林政事務協議會)가 내놓은 '화전정리책'에도

---

107) 『조선일보』 1932년 1월 16일자.
108) 「火田に關する調査槪要」, (秘)『火田調査報告書』 30~31면.

고리대금업자의 발호가 심하여 심한 자는 월 3분(연 3할 6분)의 고리를 취득하고 있으므로 금융조합 방면과 협의하여 화전민의 금융을 개선할 것.[109]

등이 들어 있는 것으로 보아 대체로 월 3부 이상의 고리채가 화전민 사회 금융의 일반적인 사정이었던 것 같다. 또한 앞에서도 인용했지만 1924년경에 조사된 『화전의 현상』에서는 아직도 "지가(地價)가 대단히 싸서 화전은 전당물건으로는 부적당하기 때문에 전당되는 경우가 거의 없다"[110]고 했으나 금압정책으로 화전의 신간(新墾)이 어려워지자 화전도 전당물건이 되어갔고 따라서 부채 때문에 경지를 잃은 화전민이 점점 많아져갔음을 알 수 있게 한다.

재해의 영향이 평지 농업보다 훨씬 큰 화전농업이라 해도 화입금지 정책이 강화되지 않았을 때는 재해를 입은 화전민이 신간지를 얻기가 쉽고 따라서 재해를 극복하기가 쉬웠으나, 신간지를 얻기가 어려운 조건 아래서는 재해 뒤의 생활안정을 얻기는 더욱 어렵고 그것이 또한 부채가 많아지는 원인이기도 했다. 「고해순례」는 이 시기 화전민 사회의 실정을 잘 전해주고 있다.

제일 주목되는 것은 일반으로 보아 부채(負債)가 많은 것이다. 최근 이곳을 관할하는 하갈우리(下碣隅里) 경찰서의 조사에 의하면 신남면(新南面) 수직리(水直里) 송금돌(宋今突)은 총자산이 30원밖에 아니되는데 부채는 60원이요 동면 전직리(田直里) 한석유(韓錫維)는 총자산이 70원인데 부채는 150원이라는 등 면민의 대부분이 빚쟁이임에 놀랐더니 그것이 실지 조사와 틀림없

---

109) 『동아일보』 1933년 2월 11일자.
110) 『火田の現狀』 80면.

음에 한번 더 놀랐다. 그 원인을 알아본즉 방화모경(放火冒耕)을 그토록 심히 금하지는 않던 4~5년 전에는 1년 수확이 험식(險食)이나마 배불리 먹을 만하였으나 영림서와 경찰서의 취체와 금지가 날로 심한 작금에 와서는 어쩔 수 없이 진퇴유곡(進退維谷)의 난경에서 부득이 수확 없는 화전을 그대로 붙잡고 있기 때문이라 한다.[111]

이때보다 4~5년 전 즉 앞에서 말한 것과 같이 『화전의 현상』이 조사되던 1924년경까지도 신화전의 개간이 쉬웠고 따라서 비록 '험식'이나마 호구는 가능했는데 화입금지책의 강화로 지력이 떨어진 구화전만을 경작함으로써, 부채가 늘어가게 되었으며 여기에 재해가 겹치는 경우는 더 말할 나위가 없었을 것이다.

식민지 치하의 농촌사회 일반이 그러했지만 특히 교통이 나쁜 산간벽지에 자리잡은 화전민 사회에는 일반농촌과 또다른 갖가지 수탈제가 나타나게 되었고 이 때문에 화전민의 생활은 점점 최소한의 균형마저도 잃어갔다. 1932년의 『동아일보』에 「고원(高園) 화전민 생활상 답사」를 연재한 『동아일보』 고원지국의 김병식(金炳湜)은 화전민을 수탈하는 몇 가지 경제적인 양상을 다음과 같이 지적했다.[112]

　ㄱ 품삯제의 착취

금년 여름의 실제를 들어보면 화전민의 대부분이 기근에 헤매게 되어 쌀되를 구하러 부잣집으로 폭주하게 되므로 이 기미를 안 부잣집에서는 자기가 가지고 있는 곡식은 불경기 모르는 고가로 주고 품삯은 또한 엉터리 없는 염

---

111) 『동아일보』 1929년 6월 25일자.
112) 『동아일보』 1932년 10월 21일자.

가로 사역시켰다. 우선 옥수수 한 말에 60전의 매매가격을 정해놓고는 품삯은 한 사람 하루 임금을 10전 미만으로 계산하여 10여 명을 사역시켰다 한다. 그들이 마음껏 전횡함을 알 수 있으며 이렇게 전횡한다 하더라도 전반이 품삯 팔기에 덤벼들므로 부자들의 전횡도 감수치 않을 수 없었다는 것이다.

ⓛ 장리제(長利制)의 질곡

이 장리라고 하는 것은 궁하(窮夏)에 주림에 시달리는 화전민(궁민)이 곡식 한 말을 가져다 먹고는 2~3개월 지난 후 타작기 추수기에 와서는 그 곱을 지불하는, 한 말에 두 말을 주는 제도이다. 이것을 일러서 '곱장리'라고 한다. 가령 옥수수 한 말을 가져다 먹었으면 옥수수 두 말, 그렇지 않으면 좁쌀(粟米) 한 말을 지불하여야 되는 것이요 조(粟) 한 말을 가져다 먹었으면 좁쌀로 한 말을 가져다 주어야 되는 것이다.

ⓒ 폭리배(暴利輩)의 도량(跳梁)

궁민들이 양식이 절핍되어 굶주리게 되었으나 만주속(滿洲粟) 같은 것을 사들일 현금을 갖지 못하였다. 그러니 외상으로 가져올 수밖에 없다. 그러나 영리에 눈이 밝은 상인배들이 그들에게 외상을 주기를 즐길 까닭이 없다. 가옥·토지·산림 등을 전집(典執)하고 외상 '통쌀'(여기 말로 통쌀이라고 하는데 만주속을 이름이다)을 맡아오는데 현금 매매가격 7원이면 외상으로 8원 50전의 엉터리 없는 값으로 정하고 추수기에 무서운 고리(高利, 4分利)로 본병리(本竝利)해서 판상하여야 되는 것이다. 그러므로 현금 매매가격 7원의 시세일 것 같으면 2~3개월 후에는 10여 원 이상에 달하는 것이다. 이것은 간상배뿐만 아니라 지방 부호들도 이런 폭리를 취하는 것인데 고가의 매매가격으로 주고 차금증서(借金證書)를 받아 차금의 형식을 갖게 하고 가을에 와서는 으레 참락(慘落)되는 곡가로 판상하게 만드는 것이다.

ⓔ 예매제(預買制)의 폐해

이 역시 간상배들의 폭리정책에서 나온 것이다. 궁하(窮夏)에 생활자금이 절핍된 궁민에게 얼마간의 차금을 주고 추수기에 농산물로 압수해오는 것이다. 맨 처음 대차관계는 순전히 고리대금업적 형식을 취하여 변리 비싸게 주고 농작물을 받을 때엔 시세를 따라 하고 또다시 '뒷되'라는 명목으로 한 말에 한 되씩을 으레 무상 지불해야 되는 것이다. 이 '뒷되'라는 말을 한자로 쓰면 후두(後斗)라는 말인 듯한데 차금(借金)에 해당한 수량을 주고도 뒤에 다시 1두에 1승(升), 1석이면 1두, 열 섬이면 한 섬을 무상으로 지불하는 것이다. 요컨대 이 예매제는 고리대금업을 마음껏 하는 동시에 또한 곡물에 폭리를 볼 수 있는 민첩한 상술이다.

1920년대 후반기 이래의 경제공황과 곡가하락 때문에 식민지 치하의 조선 농촌경제가 급격히 악화했고 이를 틈탄 일본인 고리대금업자가 농촌 깊숙이 침투했던 사실을 알고 있지만 이와 같은 현상이 화전민 사회에도 그대로 나타나서 그들을 괴롭히고 있다.

8천여 호에 화전민이 반수 이상을 차지한 산간벽지에 있는 강원도 양구군(楊口郡)은 날로 증가되어오는 것은 단지 일본인 고리대금업자와 사법대서인 밖에는 없다는바 작금 양년에 말할 수 없는 심각한 공황에 (…) 더욱이 곡가 폭락에 화전농민은 이중타격을 받아온다 함은 일반이 다 아는 바이며 근일에 이르러서도 춘궁을 당한 화전민들이 고리대금업자 집에 금전대차 관계로 매일 답지를 한다는데 배가 부른 대금업자들은 자기의 욕망을 다 채우고야 대부를 한다 하며 수입면(水入面) 점방리(點方里)에 사는 화전민 모(某)는 50원을 차용한 데 대하여 이자금이 매월 5원씩 즉 1할이란 폭리를 한다는바 근일에 이르러서도 위의 사실 이외에도 다수라 한다.[113]

표 2-19_ 1938년 함북 무산구 화전민호의 부채상황

借人處	부채호수	부채총액	호당 부채액	이자율
금융조합	65호	5,000원	76원 92전	3부 5리
고리대업자	90호	10,200원	114원 44전	연 2할 5부 및 3할
기타	50호	3,500원	70원 00전	

일본의 식민지로 전락한 후 그 농업정책의 결과로 파산하여 농촌에서 쫓겨난 농민의 일부가 마지막으로 찾아간 곳의 하나가 화전지대였다. 깊은 산속에 격리된 화전민 사회는 어느 기간까지는 식민지 경제정책 밖에 있을 수 있었고 따라서 '원시적인' 생활이기는 했지만 그 나름대로의 균형을 유지할 수 있었으며 그 때문에 화전민 사회가 계속 확대되어가기도 했다. 그러나 곧 식민지 지배당국의 '화전정리책'이 실시되기 시작했고 그것은 한때 격리되어 있던 화전민 사회를 통치권 내지 식민지 경제권 안으로 휩싸여 들어가게 했으며 이 때문에 화전민의 최소한의 생활균형도 무너져갔던 것이다. 조선총독부의 소위 북선(北鮮)개척정책이 본격화했던 1938년경 '지도구(指導區)'로 설정된 함경북도 무산군(茂山郡) 내 무산구(茂山區) 화전민호 299호의 부채상황은 표 2-19와 같다.[114]

표에서 보는 것과 같이 299호 가운데 205호, 즉 68.6%가 부채를 지고 있으며 그것도 공적 금융기관에서 차금(借金)할 수 있는 화전농가는 전체 부채농가의 약 32%에 지나지 않고 나머지는 고리대금업자나 기타의 길을 통해 차금하고 있으며 이들의 호당 평균 부채액은 91원 22

113) 『조선일보』 1931년 4월 2일자.
114) 印貞植, 앞의 글 15면.

전에 이르고 있다. 한편 이들 화전농가의 부채동기를 보면 식량 부족으로 인한 부채가 6000원으로 전체의 32%나 되고 다음이 영농비 부족으로 인한 부채가 5500원, 부업자금 부족으로 인한 부채가 4000원, 기타가 3200원으로 되어 있어서 인정식이 지적한 것과 같이 "확대재생산적인 소위 진보적 부채는 하나도 없다. 영농비의 경우나 부업자금의 경우도 종전 그대로의 경영을 유지하기 위한 자금 부족에 기인하는 부채이지 새로이 영농을 확장하거나 기술향상을 하기 위한 생산적인 부채는 전연 아니다."[115] 이 시기의 일반 농민생활이 그러했던 것같이 화전농민도 파탄으로 치닫고 있었던 것이다.

요컨대, 식민지시대로 접어들면서 농촌에서 쫓겨난 인구의 일부가 화전지대로 모여들게 된 것은 화전민 생활에서 일단 호구지책을 구할 수 있기 때문이었다. 화전민의 가호당 평균 생활비가 일반농촌 소작농가의 3분의 1에도 미치지 못할 만큼 대단히 낮은 것이기는 했으나 일단은 가계수지의 균형이 그런대로 취해질 수 있었고 그렇기 때문에 어느 기간까지는 농촌에서 쫓겨난 인구가 계속 화전지대로 모여들었다. 그러나 이와 같은 화전민 가계수지의 최소한의 균형도 무너질 요인은 많았다. 우선 화전지대의 영농은 평지의 그것보다 재해의 영향이 훨씬 컸으며 한번 그것이 지나가고 나면 화전지대에서는 아사자와 유랑민이 속출했고 그것을 면할 수 있었던 화전민이라 해도 가계수지의 균형은 깨어지게 마련이었다.

다음, 화전민들이 '원시적인' 생활을 함으로써 일정한 안정을 얻을 수 있었던 것은 식민지 지배정책이 화전지대에까지 본격적으로 미치기 이전의 상황이었고 화전개간 금지 정책이 본격화함에 따라 화전지대의 농

---

115) 같은 글 16면.

민생활도 역시 일반농촌의 그것과 같은 길을 걷게 되었다. 화전농민은 그들이 화전지대에 들어오기 이전 일반농촌에서 겪은 부채의 시달림을 다시 받게 되었고 또한 화전금지정책의 시달림을 받게 되는 것이다.

7. 화전민의 사회생활

화전민도 농민임에 틀림없으며 화전민 사회도 농촌사회이지만 일반 평지 농촌과는 달리 한랭(寒冷)한 고지대인 깊은 산속에 형성되어 있었으므로 평지 농촌과의 접촉이 거의 두절되다시피 했다. 따라서 화폐경제의 침투도 원활하지 못한 한편 화전민의 생활이 이동성이 높아서 의식주 생활 전반에 걸쳐 그 나름대로의 특성이 있었다. 우선 주생활(住生活) 면에 있어서도 화전민은 산속의 추운 지방을 이동해 다니기 때문에 그들의 집은 일반 농촌의 그것과 차이가 있었다. 함경남도 장진군(長津郡) 신남면(新南面) 일대의 화전지대를 답사하고 「고해순례」를 쓴 최용환은 화전민의 집을 직접 보고 다음과 같이 쓰고 있다.

양지바른 산비탈에는 거의 빈틈이 없이 연접된 화전이 있고 물 흐르는 좁은 골짜기마다 '틀거리'의 집이 있으니 그는 산에서 나무를 베어온 채 별로 다듬지도 않고 네 귀를 맞추어 덧놓고 덧놓아 기둥(柱)도 일없이 지어놓은 집이다. 그 덧놓고 덧놓은 틀거리 사이에 바람을 막기 위하여 흙을 엷게 바르고 한편에 들고 나는 문이 있으니 이것이 곧 순화전민들의 일시 우거하는 안식처(安息處)라 한다. 그 안을 들여다보니 방 안에 온돌은 있으나 방과 부엌에 바람벽도 없이 화통하였고 어느 해에나 창호질을 하였는지 더럽다 못하여 검고 절어서 방 안에서 햇빛이라고는 구경도 할 수 없이 되었다.[116]

'틀거리'라고 하는 화전민 특유의 건축방법을 소개하고 있는데 목재가 흔한 곳인데다 목수를 고용하여 집을 지을 사정이 못 되므로 원목을 쌓아 올려 그대로 벽이 되게 하는 건축방법이 유행했던 것이다. 이와 같은 화전민 사회의 건축방법에 대하여 다른 자료에서는 다음과 같이 그 구조를 좀더 상세히 전해주고 있다.

가옥의 제도는 한아름씩 되는 재목을 쌓아 올려 기둥 없는 집을 짓고 지붕에도 판장을 덮고 큰 돌로 눌러놓아 바람에 날아가지 못하게 하며 우(牛)양간은 함경도의 풍속대로 부엌에 달아 지어 정지간(방과 부엌을 한데 만든 방)에서 사람과 서로 바라보며 자게 된다. 재목이 풍부한 관계이겠지만 뒷간 하나 짓는 재목을 가졌으면 서울집 열 간은 지을 수 있을 듯하다.[117]

또한 「고원 화전민 생활상 답사」에서 『동아일보』 고원지국의 김병식은 화전민들의 주거생활을 다음과 같이 제법 풍자적으로 표현하고 있다.

화전민의 주택이란 것은 실로 콧살 찡그리지 않고는 볼 수 없는 것이다. 잡목으로 집엉터리를 만들고 풀을 베어서 지붕을 덮었으나 바람과 비에 부대껴서 바람벽이 퇴폐하여지고 서까래는 팔뚝질을 하고 있는 것이다. 그리고 농구와 가구가 불규칙하게 여기저기 진열되어 있으며 방 안에 돗자리는 거적, 밀짚 등으로 깔려 있는 집도 있어 먼지와 음식이 서로 혼인을 지내고 있으며 (…)[118]

---

116) 崔容煥 「苦海巡禮(3)」, 『동아일보』 1929년 6월 31일자.
117) 『동아일보』 1928년 6월 22일자.
118) 『동아일보』 1932년 10월 16일자.

겨우 호구책을 세우기 위해 화전지대로 찾아든 화전민들이라 그들의 주거가 변변할 리는 아예 없었다. 이와 같이 허술한 집에서 사는 화전민들의 가재도구 또한 제대로 갖추어졌을 리 없었다. 「고해순례」의 최용환이 본 화전민의 살림형편을 들어보자.

거적자리를 깔아놓은 캄캄한 그 방 안에 그 살림이란 극히 간단하니 방 안의 의장(衣欌)이 없고 또한 침구(寢具)가 없다. 부엌에는 솥(鼎)이나 냄비(鍋) 한두 개가 걸리고 상, 사발 몇 개가 있을 뿐이다. 뜰에서 장독대를 볼 수 없음은 물론이다. 원래 화전만을 경작하는 순화전민이란 어디서나 오랫동안 자리를 잡고 정주(定住)하는 백성이 아니라 한다. 그는 화전 본래가 허락 없는 국토에 비료도 없이 씨를 뿌리었다가 거두는 자연농법 그대로이기 때문에 아무리 기름진 토지라도 2, 3년 내지 3, 4년을 그대로 부치고 나면 수확은 연년이 감수(減收)되기 때문이라 한다. 부득이 수익의 이해를 따라 한곳에 영주(永住)치를 못하고 경작의 임기가 다하면 그같은 간단한 살림살이를 소 등에 싣고 늙은이는 소 끌고 어머니는 아이 업고 손에 손을 잡고 이 산에서 저 산으로 살 곳을 찾아 옮기지 아니하면 아니 되는 까닭이니 그들의 살림살이가 그 꼴임은 괴이한 일이 아니다.[119]

의장은 물론 침구도 장독대도 없는 화전민 생활상을 여실히 말해주고 있지만, 가난하기도 하며 또 이동이 심한 순화전민 생활에는 가구를 제대로 갖출 수 없었을 것은 당연하다. 그들의 생활상을 좀더 구체적으로 이해하기 위하여 몇 가지 자료를 더 들어보자.

---

119) 『동아일보』 1929년 6월 23일자.

밤이 되면 불을 켜야 할 터인데 석유는 물론 없다. 따라서 '람포'도 물론 없다. 명절이나 당하면 그래도 석유를 구해다가 사기잔에 반딧불 모양으로 점화를 해놓을 뿐이라니 얼마나 기막히는 일이냐. (…) 그러면 그들은 무엇으로 밤을 지나는가. 즉 그들의 말로 하면 '솔강불'이란 것이니 솔나무 옹이를 따가지고 이것을 소위 '고쿨'이라고 하는 벽에 붙여 만든 토굴 속에다 불 켜놓은 것이라. 하루 저녁만, 아니 반시간만 그 연기를 호흡하면 콧속이 '연소굴'과 같이 연기가 메우게 되는 것이다.[120]

다음, 화전민의 식생활은 앞에서도 이미 본 것과 같이 백미를 먹는 경우는 극히 드물고 그들의 생산물인 감자·조·귀리 등이 주식물이었다. 옷도 아마 당초에는 짐승가죽이나 마포를 주로 입었던 것 같으나 차차 정착된 생활을 하게 됨에 따라 바뀌어간 것 같다. 다음의 자료가 그 실정을 나타내주고 있다.

순전히 평지와의 교섭을 끊어 닭을 키우거나 돼지를 먹여 고기를 먹고 산채와 소금으로 반찬을 하며 귀리에 감자 섞은 밥을 상식으로 하고 좁쌀밥을 별식으로 먹기는 고금이 일반이나 차차 시대가 변천함에 따라 순전한 화전민이 없어지고 도시와의 교통이 빈번하게 되자 요사이에는 개가죽으로 만든 옷이나 베옷을 벗어버리고 차차 광목에 솜을 두어 입으며 짚신을 벗어버리고 고무신을 신게 되었다.[121]

이 자료는 정착생활을 하고 있는 화전민의 생활상을 말해주는 것이

---

120) 金炳淢「高原 火田民 生活相 踏査」,『동아일보』 1932년 10월 16일자.
121)『동아일보』 1928년 6월 22일자.

라 생각되는데 그들도 귀리에 감자 섞은 밥이 상식(常食)이며 좁쌀밥이 별식인 생활이었고 얼마 전까지도 겨울에는 개가죽옷을 입고 여름에는 삼베옷을 입었음을 말해주고 있다. 이 시기에도 순화전민은 아직 개가죽과 삼베옷을 입었으리라 생각할 수 있다.

한편 화전민들의 부락도 그 규모에는 차이가 많았다.「조선의 화전과 화전민 생활」을 쓴 김재석은 화전민을 부락을 구성해 사는 집단화전민과 단가(單家)로 사는 독주(獨住)화전민으로 나누었다.

전자는 몇 가족 또 수십 호의 화전민이 대촌(大村) 또는 소부락을 구성한 후 상호 부조하면서 소위 사회생활을 하는 자인바 정착화전민, 구화전민, 국유림 거주 화전민, 반화전민은 거개 여기에 속한다. 후자 독주(單家)화전민은 부득이 또는 고의로 부락에 살지 않고 부락에서 멀리 떨어져 외따로 집을 짓고 사는데 그 대부분은 이동화전민, 신화전민, 사유림 거주 화전민, 순화전민이다.[122]

1932년에『동아일보』혜산(惠山)지국의 양일천(梁一泉)이「갑산(甲山) 화전민 궁촌(窮村) 순례기」를 쓰면서

50리 자동차를 달려서 다시 대오시천(大五是川)으로 와서 심심산곡으로 향하였다. 백설은 한 길 넘어서 한 발짝을 내어디디기가 어려웠다. 자문령(自門嶺)과 큰웅덩이는 6백여 호의 화전민이 잠복한 빈민굴이다. 지난 가을철부터는 큰웅덩이에다 장(場)을 열고 4·9일마다 화전민의 매매가 자못 성황이다 한다.[123]

---

122)『조선일보』1931년 4월 8일자.

라고 한 것을 볼 수 있다. '큰웅덩이'란 산간지대에 형성된 분지 같은 곳이라 추측되지만 이곳에 6백 호 정도의 화전민 부락이 형성되었고 이렇게 되니까 자연히 정기장시(定期場市)가 발달한 것이다. 이 정도의 화전민 부락은 아마 전국적으로도 가장 큰 것이 아니었던가 하며 이미 이조시대부터 어느정도 형성되어 있었던 화전민 부락이 식민지시대에 들어오면서 화전민의 증가로 급격히 커진 것이라 생각된다. 앞에서 김재석이 말한 집단화전민 사회의 대표적인 경우라 할 수 있을 것이다. 한편 화전민 부락이 많았던 함경남도 장진군의 경우는

장진군은 그 면적 332방리(方里) 반으로서 전선(全鮮)의 각 군 중 가장 넓은 군이지만 그 인구는 겨우 4만 5674인 즉 1방리에 138인의 비율이다. 따라서 부락 같은 것도 삼삼오오로 점점산거(點點散居)하는 상태이며 행정상 같은 리나 동이라도 마을에서 마을까지는 2리 혹은 3리의 무인지경을 지나지 않으면 안 된다.[124]

했고, 같은 군 신남면의 중앙부이던 서흥리의 부락구조를 보면

계천(溪川)의 좌안(左岸)에 연해 있는 이 부락은 민가가 거의 일렬로 천하(川下)의 동쪽에서 천상의 서쪽으로 줄지어 있으며 그 호수는 39호, 그 가운데 6호는 이미 비어 있다. 가장 오래된 서흥리 이외에 각각 작은 부락들이면서 작은 이명(里名)이 8개나 있는 것은 하나하나씩 개발된 화전민 부락의 특

123) 『동아일보』 1932년 12월 24일자. 여기의 양일천은 앞에 나온 양천(梁泉)과 같은 사람인 것 같은데 두 가지 이름을 쓰고 있다.

124) 朝鮮總督府 山林部 (秘)『火田整理に關する參考書』第五 朝鮮部落調査報告(第一冊 火田之分) 137면.

질이라 볼 수 있을 것이다. 현재의 33호에 16성(姓)이 있다. (…) 서부 즉 천상에는 6~7년래 타처에서 내주(來住)한 자가 8호나 있으며 그 가운데 5호는 화전으로만 생활을 지탱한다. 그들의 본적을 조사하였더니 평안남북도가 4호이고 나머지는 함경남도의 평야지대에서 온 자들이다.[125]

라고 했다. 이 부근에서 가장 오래된 화전민 부락이며 또 신남면의 중앙부인 서흥리가 33호로 이루어져 있었다는 것으로써 이 지역 화전민 부락의 규모를 대강 짐작할 수 있다. 그 근처에 형성된 8개의 부락은 이보다 규모가 작은, 즉 10호 내지 그 이하의 부락들이 아니었던가 한다. 서흥리의 경우 33호가 16종의 성씨로 이루어졌다는 것은 평지 농촌과는 달리 씨족부락이 아님을 말해주고 있다. 각 지방에서 농토를 잃은 농민들이 모여들어서 형성한 부락이기 때문에, 또 부락이 형성되어 여러 세대를 지나지 않았기 때문에 동족부락이 될 수 없었던 것이다. 이 점은 화전민 부락이 일반농촌의 부락구성과 특히 다른 점이라 할 수 있으며 이밖에도 일반농촌과의 차이점은 장진군의 경우를 예로 들 수 있다.

군내 현 주민의 선조는 오래되어야 4~5대를 지났을 뿐이며 함흥 부근을 비롯하여 평안남북 2도에서 와서 사는 자들이다. 각 지방으로부터의 집합이며 그 기초가 화전경작이므로 이들이 정주하여 구성된 부락도 중선(中鮮)이나 남선(南鮮) 등에서와 같은 대부락이 적고 또 동족이 결합해 있는 경우가 적다. 따라서 계(契)와 같은 것도 그 수가 적고 겨우 혼인계나 장의계가 있을 뿐이며 산신령에의 제사 같은 것도 같은 지점에서도 가호마다 따로따로 하도록 되어 있다. 노동력도 거의 자급하며 공동경작과 같은 것은 실시되지 않고 있

---

125) 같은 책 141면.

다. 사망자의 후계자가 없을 때는 그 재산을 계의 적립금으로 하는 관례가 있는데 그것은 거래정(去來定) 없는 그들의 생활을 말해주고 있는 것일 것이다. 그들은 조금이라도 재산을 이루면 다시 고향으로 돌아가지만 이런 경우가 적으므로 가족 중의 장자(壯者)가 고향에 있는 선조의 분묘를 돌보기 위하여 1년 1회 귀향하는 것이 상례이다.[126)

화전민 부락이 대부분 여러 지방 사람들이 모여서 이루어진 것이기 때문에 그들의 민속신앙도 아직 공통성이 형성되지 않았으며 따라서 뿌리 깊은 일반 농촌사회에서 흔히 볼 수 있는 농사철의 '품앗이' 같은 것도 그다지 찾아볼 수 없었던 것 같다. 화전민 사회에 계가 적다고 말하고 있지만 혼인계나 상계(喪契) 정도가 있게 된 것도 화입금지책이 강화되어 그들의 이동성이 약화된 이후의 일이라 할 수 있을 것이다. 이동성이 심한 사회에 동족부락이나 계가 발달할 수도 없는 것이다. 「갑산 화전농촌 탐방기」를 쓴 『동아일보』 혜산지국의 양일천은 그가 직접 답사한 화전민 사회의 모습을 전하면서

저녁에 동리 사람이 한방에 모였다. 그들의 경력을 물으매 거개 관북수재(關北水災) 통에 혹은 흉작으로 부채로 몰려온 궁민들이라, 단천(端川)·길주(吉州) 혹은 북청(北靑)·함흥(咸興) 등지에서, 멀리는 강원도, 삼남지방에서 이 백두봉하(白頭峯下)를 찾아온 것이다. '이문둥이' 하는 경상도 친구도 있고 '왔소고마' '치매등이오다' 가지각색 방언이 터져 나오는데 13도 친구가 한방에 모인 감이 있다.[127)

126) 같은 책 138면.
127) 『동아일보』 1931년 3월 4일자.

라고 하여 화전민 사회의 한 단면을 전하고 있다. 폐쇄적이고 안정된 일반농촌과는 비교될 수 없는 사회였던 것이다.

전국 각지에서 모여든 농민들이 갑자기 만들어놓은 화전민 부락에는 공동의 부락신(部落神)도 없었고 공동경작의 풍속도 아직 이루어지지 않았기 때문에 농번기에 노동력을 얻기가 어려웠고 이 때문에 데릴사위제(豫婿制)와 같은 풍속이 다시 나타나고 있었던 한편 부녀자의 야외노동이 일반화해가고 있었다.

> 그들의 경작면적은 3정 내지 5정을 표준으로 하지만 노력자급의 경영에 의존하는 그들은 유일한 노동력 보급의 방법으로서 데릴사위(率婿)의 습관이 있다. 그들은 결핍되는 노력(勞力)을 고용할 여유가 없으므로 딸을 가진 집에서는 장래의 결혼을 약속하고 10세 정도의 여아를 두고 15~16세가량의 남자를 미리 데리고 오게 되어 있다. 15~16세의 남자는 한 사람 몫의 노동이 가능하기 때문이다. 남선지방에서 잘 볼 수 없는 여자의 야외노동이 행해지는 것도 역시 노동력 보급(補給)의 한 습관이며 15세쯤부터 종사한다.[128]

일반농촌보다 경작지를 얻기가 어느정도 수월한 상황에서 일반농촌보다 품팔이 노동자를 구하기 어려운데다 또 화전민 부락이 가진 특징 때문에 '품앗이'에 의한 노동력의 충당이 어려워서 데릴사위와 부녀노동이 성행하게 되었던 것이다. 신남면 서흥리의 경우 33호 가운데 9호가 데릴사위를 가지고 있었다 한다.[129]

한편 화전민 사회의 종교보급률은 비교적 낮은 편이었다. 어느정도

---

128) 朝鮮總督府 山林部 (秘)『火田整理に關する參考書』139면.
129) 같은 책 142면.

정착한 화전민이라야 종교를 가질 수 있었겠지만 그들이 믿은 종교의 종류는 비교적 다양한 편이다. 1927년에 함경남도 경찰부가 조사한 내용을 가지고 분석해보기로 하자. 이 도의 함흥(咸興)·덕흥(德興)·안변(安邊)·문천(文川)·고원(高原)·영흥(永興)·정평(定平)·신흥(新興)·홍원(洪原)·북청(北靑)·단천(端川)·풍산(豊山)·갑산(甲山)·삼수(三水)·장진(長津) 등 15개 지역의 화전민호 1만 6036호의 주민 9만 2017명을 대상으로 조사한 결과 예수교 신자가 162호에 703명이었고, 천도교 신자가 457호에 2274명, 보천교(普天敎) 신자가 278호에 1618명, 시천교(侍天敎) 신자가 18호에 110명, 백백교(白白敎) 신자가 13호에 65명, 인천교(人天敎) 신자가 11호에 56명, 청림교(靑林敎) 신자가 17호에 91명, 수운교(水雲敎) 신자가 4호에 8명으로 되어 있으며 무종교가 5069호에 8만 7055명이었다.[130]

이를 구성비율로 살펴보면 종교를 가지고 있는 화전민이 전체의 5.4%에 지나지 않으며 나머지 94.6%는 무종교자이다. 화전민 사회에 가장 많이 보급되어 있는 종교는 천도교로서 전체 유종교자의 45.8%를 차지하고 있으며 다음이 보천교로서 전체의 32.6%이다. 기독교도 비교적 비율이 높은 편이어서 전체의 14.2%로 세번째이며 나머지 군소종교는 모두 합쳐서 6.7%밖에 되지 않는다. 전국의 각 농촌에서 쫓겨난 농민들이 다시 모여서 이룬 것이 화전민 사회이므로 그들의 종교는 다분히 본래 그들이 살던 고향에서 가졌던 것을 그대로 지속한 것이라 생각된다. 따라서 농촌사회에 뿌리가 깊던 동학의 후신인 천도교 신자가 많은 것이며, 또 이 시기 농민층에 상당한 뿌리를 내리고 있었던 흠치교

---

130) 朝鮮總督府 山林部 「火田調査要綱」, (秘)『火田整理に關する參考書』(第二冊) 18면. 여기에도 신도수의 통계에 오차가 있다.

(吘哆敎)계의 보천교 신자가 많은 것도 이상하지 않다. 다만 화전민 사회에 기독교가 상당히 보급되어가고 있던 것은 다소 의외라 할 수 있는데 화전민 부락에 교회가 있었다는 기록은 볼 수가 없고 이들도 고향에 있을 때 기독교 신자가 된 사람들이 아닌가 한다.

이조시대의 화전민 부락에 서당과 같은 교육기관이 있었는지 밝힐 만한 자료를 가지고 있지 못하지만, 1924년에 벽동군(碧潼郡) 송서면(松西面) 송삼동(松三洞) 완항리(完項里)에 사는 화전민 이용하(李龍河) 외 11명의 생활을 조사한 기록에 의하면 "보통학교에 통학하는 사람은 물론 한 사람도 없고 서당에 다니는 사람도 하나도 없다"[131]고 했다. 화전민 사회에 보통학교가 있을 수는 없을 것 같고 생활정도가 넉넉한 가정에서는 평지에 있는 보통학교에 통학시킬 수는 있었겠지만 그런 여유를 가진 화전민이 얼마나 있었을지 의문이다.

보통학교는 있을 수 없다 해도 화전민이 조금씩 정착하고 부락을 이루게 되자 곧 서당교육은 실시된 것 같다. 앞에서 든 장진군 신남면 서흥리의 경우 33호 가운데 8호의 화전농가가 농부계(農夫契)를 만들었는데 이 계에서 서당을 만들어 야학을 한다 했고[132] 「갑산 화전민 궁촌 순례기」에서 양일천(梁一泉)은 화전민 사회의 교육사정에 대해 다음과 같이 전하고 있다.

보전리(保田里)에는 보성학교(普成學敎)가 있다. 메이지(明治) 43년(1910) 창립으로 장구한 역사를 가지고 많은 수재를 양성하여왔다는데 최근에 와서는 재정의 고갈로 일대 난관에 봉착하였는바 지난 12월 12일 윤형주(尹亨周)·

---

131) 『火田の現狀』 128면.
132) 朝鮮總督府 山林部 (秘) 『火田整理に關する參考書』 第五 朝鮮部落調査報告(第一冊 火田之分) 142면.

장형규(張亨奎)·방우련(方雨連) 외 여러 사람의 알선으로 각 리 각 동에서 앞다투어 의연(義捐)하여 천여 원의 기금을 모집하였으니 현재 자기는 불운에 빠졌을지라도 훗날을 위하여 자제를 교양하겠다는 화전민의 열렬한 마음에 감복지 않을 수 없었다.[133]

보성학교의 규모가 어느 정도인지 알 수 없으나 1910년경에 이미 학교가 세워졌다면 보전리는 아마 이조시대부터 이미 형성된 비교적 오랜 화전민 부락이라 생각할 수 있겠으며 이동성이 심한 순화전민 부락이 아니라 비교적 정착성이 높은 겸화전민 부락이라 볼 수 있을 것이다. 갑산지역의 어느정도 규모가 큰 화전민 부락에는 이후에도 보성학교와 같이 화전민들이 스스로 출자하여 세운 학교들이 더러 설립·운영되고 있었던 것 같다. 역시 양일천의 순례기에 의하면

보흥리(保興里)라는 산촌, 여기에는 감격할 일이 하나 있으니 그것은 용광학교(勇光學敎)를 위하여 화전민이 열렬한 노력으로 막대한 공헌을 하였다. 특히 박춘영(朴椿英)씨는 이 학교의 설립자로서 4년 전 씨가 갖은 고초를 다겪으며 학교는 해 무엇하느냐는 비난을 들어가며 화전민을 격려하여 거동일치(擧洞一致)로 혹은 노임을 저(貯)하며 공동작업으로 그야말로 혈전(血錢)을 모아 현재 기금이 2천 원에 달하였다 하니 그 성과 열을 감사하는 동시에 이 학교의 앞날을 축복하였다.[134]

라고 하여 앞서 보전리의 이웃 마을인 보흥리에 새로운 용광학교가 설

---

133) 『동아일보』 1932년 12월 28일자.
134) 같은 곳.

립된 경위를 소개해주고 있다.

화전민 사회가 전국 각지에서 모여든 빈농들에 의해 이루어졌고 따라서 서로 풍속과 생활방식에 차이가 있을 뿐만 아니라 협동작업 같은 것도 잘 이루어지지 않고 농촌사회에 널리 보급되어 있던 계도 혼인계와 상계 정도에 한정되어 있어서 부락민 사이의 협력이 평지 농촌사회의 그것보다 훨씬 떨어졌던 것은 사실인 것 같다. 그러나 위에서 든 두 마을에서 보는 것과 같이 부락민의 협동에 의해 학교가 설립되어간 사실은 화전민 사회가 안정되어감에 따라 부락구성원의 협력이 이루어져가고 있었음을 말해주고 있는 것이다. 양일천은 또 화전민 사회가 몇 사람의 지도적인 인물을 중심으로 새로운 질서를 수립해가는 과정을 다음과 같이 전해주고 있다.

> 운총(雲寵) 노동리(蘆洞里)는 40호 한마을이 다복하게 살아가는 곳이다. 이 마을에 일미풍(一美風)이 있으니 그것은 6년간 금주를 해왔다는 것이다. 일찍이 조성범(趙聖範)씨 외 유지 청년이 협동일치하여 조선농민사(朝鮮農民社) 지부를 두고 공동경작, 야학 등을 시작하여 부단한 노력을 했던 것이다. 때에 금주론이 일어 10여 호의 술집을 모두 없애고 노소를 물론 한잔 술을 마시지 못하도록 엄금하고 면사무소에다 노동리에는 매주(賣酒)를 절대 허하지 않도록 굳게 약속하였다.[135]

화전민 사회에 생겨나기 시작한 이와 같은 부락민 사이의 단결심은 교육활동이나 금주운동 등으로 나타나기도 했지만 한편으로는 그것이 총독부의 화전민정책에 대항하는 화전민동맹 이민회(里民會) 등으로

---

135)『동아일보』 1932년 12월 23일자.

조직되어 부락민의 권익을 옹호하는 운동이 이루어졌다. 한 가지 예를 들어보자.

　　총독부 산림부에서 화전을 정리·구제하려고 화전조사를 시작하여 조사반이 11일 경성발 평남·평북·함남·함북·강원의 각 도에 출장하였던바 평남지방의 화전민 중에는 자위책으로 화전농민동맹을 조직하고 투쟁위원을 선출하여 화전민 이외자의 침입을 방지하고 있는 곳도 있어서 이 조사는 비상히 곤란할 모양이므로 산림부에서는 만일 조사반이 가해를 당치 않을까 하여 경관의 경호하에서 조사하기로 하였다더라.[136)]

화전농민의 자위조직이 상당히 큰 규모여서 조선총독부의 화전조사사업이 방해를 받을 정도였음을 볼 수 있지만, 화전농민들이 단체행동으로 총독부의 정책에 대항한 뚜렷한 예는 1929년에 일어난 함경남도 갑산군(甲山郡) 보혜면(普惠面) 대평리(大坪里)의 속칭 '펑펑물'사건에서 볼 수 있다.[137)] 1928년의 함경도 일대 수재민들이 모여 만든 이 화전민 부락 80여 호에 혜산진 영림서 직원들이 불을 지른 사건인데 피해를 당한 화전민들은 대표를 서울에 보내 전국적인 여론을 일으킴으로써 '갑산 화전민 구축사건 대책강구회'를 조직하여 총독부를 궁지에 몰아 넣었다.

한편 화전민 부락은 주로 북쪽 국경지대에 집결되어 있었고, 이곳에 모인 주민들이 모두 일제 식민정책의 직접적인 피해자들이었으므로 어

---

136) 『동아일보』 1928년 5월 15일자.

137) 이 사건에 관해서는 旗田巍先生古稀記念會 編 『朝鮮歷史論集』 下卷(東京 1979)에 실린 카지무라 히데끼(梶村秀樹) 교수의 논문 「甲山火田民事件(1929年)について」에 상세히 밝혀져 있다.

느정도의 안정이 이루어지자 곧 독립군의 근거지가 되었다. 예를 들면 1923년의 신문기사에 이미

평남 영원군(寧遠郡) 지방은 산이 높고 골이 깊으며 종래 화전민이 많기로 유명한 곳이다. (…) 평안남도청에서는 어떤 이유하에 타이쇼오 8년(1919)부터 그들을 몰아낼 작정으로 무척 애를 써왔으나 그들은 갑자기 갈 곳이 없으므로 부모처자를 이끌고 이리저리 방황하다가 농사 때만 되면 다시 오뉴월 '파리' 모양으로 또다시 모여들기를 시작하여 도 당국의 머릿살을 아프게 하는 동시에 아직도 남아 있는 호수가 447호나 되며 매양 독립단(獨立團) 등이 그곳에 우거하여 소동을 일으키는 일이 종종 있다고 도 당국에서는 이 집들을 전부 헐어 없앨 계획으로 (…)[138]

라고 한 기사가 있어 447호나 되는 대규모 화전민 부락이 독립군의 근거지가 되어 있음을 말해주고 있으며, 1930년대에 들어와서는 화전지대가 사회주의운동의 근거지로 되어가서 소위 북조선개척에 관련한 임정사무협의회(林政事務協議會)가 "최근 적색분자가 엄중한 취체를 벗어나 비밀히 입산하는 경향이 있으므로 경무국과 연락하여 엄중히 취체할 것"을 결정하고 있음을 볼 수 있다.[139]

요컨대, 전국의 일반농촌에서 경작지를 잃어 쫓겨난 농민들이 주로 함경남북도·평안남북도의 깊은 산속에 들어가 새로 만든 화전민 사회는 그렇기 때문에 평지 농촌과는 여러가지 다른 점이 많았다. 우선 화전민 부락은 동족부락이 아니어서 한마을에 여러가지 성씨가 모여 사는

---

138) 『동아일보』 1923년 11월 23일자.

139) 『동아일보』 1933년 2월 11일자.

부락이었다. 따라서 평지의 농촌에서 활발하였던 계조직도 그다지 성행하지 못하였고 일반농촌에서 일반화되다시피 하였던 농경에 있어서의 '품앗이' 노동 같은 것도 없었으며 대신 부족한 노동력을 보충하는 방법으로 데릴사위제(豫婿制)가 성행하고 있던 것이 특징적이다.

의생활(衣生活)에 있어서도 당초에는 여름에는 자가생산의 마포와 겨울에는 개가죽 같은 것을 의료로 삼았으나 차차 광목으로 재료가 바뀌어가고 있었다. 또한 "사모관대로 육례를 갖춘다고 하는데 혼인은 대개가 갓 쓰고 서로 만나게 되는 모양이며 어찌 그리 관(冠)과 탕건을 많이 쓰며 복인(服人)이 아닌데도 두건(頭巾)을 많이 쓴다"[140]고 한 것과 같이 평지의 일반농촌과는 의생활의 차이도 다소 있었던 것 같으며 한랭한 산간지대이기 때문에 주택의 구조가 일반농가와 다른 것은 오히려 당연한 일이었다.

화전민 사회가 '품앗이'도 없고 또 공동의 부락신도 가지고 있지 않은 등 일반농촌에서 볼 수 있는 전통적인 습속은 그곳에 연장되지 않았다 해도 학교의 설립, 금주운동, 총독부 정책에 대한 단결된 저항 등 새로운 차원에서의 공동이익을 위한 협력은 이루어져가고 있었음을 우리는 볼 수 있으며 그 때문에 화전민 사회가 국경을 넘나드는 독립군의 근거지가 될 수 있었음도 이해할 수 있다.

8. 지배당국의 화전민 대책

문호개방 이전의 조선왕조시대에도 화전을 금지하지 않은 것은 아니

---

140) 『동아일보』 1928년 6월 22일자.

었지만, 이미 개간된 화전은 그 경작을 인정하고 양안(量案)을 작성하여 화전세를 받은 것으로 보아[141] 화전개간에 대한 금지정책은 그다지 엄하지 않았다고 할 수 있을 것이다.

근대적인 법령으로 화전개간을 처음으로 금지한 것은 대한제국 정부가 1908년에 삼림법(森林法)을 제정·반포하면서부터인 것 같다. 이해 1월에 법률 제1호로 반포된 삼림법은 그 제12조에서 "농상공부대신의 허가가 없으면 삼림 산야를 개간할 수 없음"이라 하고 그 제14조에서는 "지방관 또는 경찰관리의 허가를 받지 아니하면 삼림 산야에 입화(入火)할 수 없음"이라 하여 허가 없는 화전개간을 금하는 한편 그 제17조에서 "제12조 내지 제14조의 규정 또는 제17조 명령에 위배한 자는 금옥(禁獄) 또는 1환 이상 200환 이하 벌금에 처함"이라 하여[142] 허가 없이 화전을 개간하는 데 대한 벌칙규정을 두었다.

이 시기의 근대적 법령에 의한 화전개간 금지 정책이 실제로 얼마만큼의 효과가 있었는지 의문이지만 식민지시기로 들어오면서 그 금령은 더 가혹해져갔다. 식민지화한 다음 해인 1911년에 조선총독부는 삼림령(森林令)을 제정하고 그 제18조에서 "경찰관리의 허가를 얻지 않고는 삼림 또는 이에 접근된 토지에 화입을 할 수 없다" 하고 제19조에서 "타인의 삼림에 방화하는 자는 10년 이하의 징역에 처한다. 자기의 삼림에 방화한 자는 3년 이하의 징역 또는 3백 원 이하의 벌금에 처한다. 남의 삼림을 소훼(燒燬)하는 자는 5년 이상의 징역에 처한다"[143] 하여 그 처벌규정이 훨씬 높아졌음을 볼 수 있다.

그러나 이와 같은 가혹한 금령의 발표에도 불구하고 화전민이 되는

---

141) 申虎澈, 앞의 글 참조.

142) 宋炳基 外 編『韓末近代法令資料集』6卷, 大韓民國 國會圖書館 1971, 233면.

143) 朝鮮總督府『朝鮮法令輯覽』第11輯, 1940, 44~45면.

농민은 계속 증가했고 따라서 이 삼림령은 그대로 적용될 수 없었다. 조선총독부는 1912년의 이른바 각 도 장관회의에서 1년 전의 삼림령보다 훨씬 후퇴한 '화전정리안'을 제시했다.

그것은 첫째 경사 35도 이상(화강암 지대에서는 30도)의 국유임야에서 화전을 개간한 자에 대해서는 1913년까지 경작을 허가하고 1914년부터 경작을 금지하되 돌담 등을 설비하여 토사(土砂)가 무너질 우려가 없는 경우는 당분간 이를 묵인할 것, 둘째 경사 35도 미만의 국유임야에서 이미 화전을 개간한 자에 대해서는 당분간 이를 묵인할 것, 셋째 사유임야 내 경사 35도 이상에서 이미 화전을 개간한 자에 대해서는 타일러서 가능한 대로 임업을 장려할 것 등을 지시하는 한편, 화전을 새로 개간하는 경우도 경사도 30도 미만의 지대에서는 화전으로 사용한 후 나무를 심는다는 조건으로 혹은 이른바 혼농임업(混農林業)을 장려한다는 조건으로 허가하게 했다.[144]

이와 같은 '화전정리안'은 1916년에 와서도 이른바 '내훈(內訓)' 제9호를 통해 "국유임야 구분조사의 결과 '요존예정임야(要存豫定林野)'에 편입된 구역 및 '요존예정임야'라 인정되는 임야"가 아닌 경우 "국유임야로서 경사 35도(화강암 지대에서는 30도) 이상의 토지 및 국토 보안상, 기타의 특별한 사유가 있는 토지에서는 새로이 화전을 목적으로 하는 화입 또는 경작을 금지하는 방침"이지만 "경사도 35도 미만의 임야에서는 국토보안, 기타 특별한 사유가 없는 한 당분간 종전의 관습에 의함을 금하지 않는다"[145] 하여 다소 범위가 좁혀지기는 했어도, 화전개간을 전혀 금할 수는 없음을 인정하고 있다.

---

144) 『火田の現狀』 144~145면.
145) 朝鮮總督府 山林部 「大正5年樹立火田整理方案」, (秘)『火田整理に關する參考書』(第二冊).

한편 이 '내훈' 제9호는 '요존예정임야' 안에 있는 화전민들을 적당한 경작지를 선정하여 이전시킬 것을 함께 지시하고 있어서 이때부터 이른바 '화전정리'가 본격적으로 실시된 것이라 할 수 있다. 그러나 그것이 화전민을 감축시킬 수 없었던 사정을 뒷날의 『동아일보』는 다음과 같이 전하고 있다.

화전민의 산림 남벌이 심하여 피해가 막대하다 하여 조선총독부에서는 타이쇼오 5년(1916)부터 이에 대하여 훈령(訓令)을 발표하고 화전민의 정리를 시작하였는데 (…) 타이쇼오 8년(1919) 독립운동 당시 이후는 적당한 대책이 없었고 오직 고식적(姑息的) 박멸책(撲滅策)을 취한 듯하며 이에 따라 정확한 조사도 없었다. (…) 또 한편으로는 구제를 한다 하지만 5, 6년 동안에 불과 3천여 원 돈으로 6천여 호를 정리하였음은 그 수단이 여하히 고식적이며 따라서 그 성직도 짐작할 만하다. 통계상으로는 6천여 호가 감소하였다 하나 그 실은 관헌의 금지가 심함에 따라 그들은 점점 당국의 눈에 띄지 않을 깊은 산골로 피해 들어감에 지나지 못한 것이요, 결코 수효는 얼마 줄지 않았을 것은 근래에 자주 일어나는 화전민의 참상을 보아 가히 짐작할 것이다.[146)

식민지 지배당국의 소위 화전정리정책에도 불구하고 농촌에서 파산한 농민의 화전민화는 계속되었다. 특히 1920년대 후반기에 와서 세계 공황의 영향으로 파산하는 농민이 많아지고 이 때문에 화전민의 수는 계속 증가했고 따라서 조선총독부의 이른바 화전정리정책도 적극화했다.

1927년에는 화전정리의 방법을 강구하기 위해 식민지 지배당국은 전국 도지사회의, 중추원회의(中樞院會議), 영림서장회의 등을 잇따라 열

---

146)『동아일보』1924년 5월 3일자.

고 '화전정리에 관한 특종기관(特種機關)'의 설치를 결정하기에 이르렀다.[147] 이 시기에 그 면적이 40만 정보, 그 인구가 1백만 명으로 파악된 화전과 화전민 문제를 해결하기 위해 '화전 및 화전민의 정리구제위원회'를 설립하기로 한 조선총독부는 '화전정리'를 위해 다음과 같은 방법을 제시했다.

첫째, 정리·구제의 목표를 화전민 자제에 두고 성장 후 화전민으로부터 이탈케 할 방침으로 자제 교육에 치중할 일.

둘째, 총독부의 삼림정책에 지장이 없는 한도에서 현재의 화전 중 장래 농경을 지속하더라도 생활 가능한 지역에 있어서는 가급적 정착 거주케 하되 한편으로 농사의 개량지도를 행하여 보통 농민에 화성(化成)케 할 일.

셋째, 총독부의 삼림정책에 지장이 있는 지역 내지 정착 거주하나 금후의 생활이 용이치 못한 지역에 있어서도 정주지를 선정하여 적당한 땅에 옮겨 살게 할 것.

넷째, 농사지도원 배치 등과 같은 화전민 선도기관을 설치할 일.[148]

이후 조선총독부는 화전민 및 화전 대책을 위해 일본 쿄오또대학 하시끼(橋木) 교수를 중심으로 하는 31명의 화전조사대를 만들어 함경남북도·평안남북도·강원도 등지의 화전 및 화전민 실태를 조사하게 했다.[149] 그러나 이 화전조사대의 성과는 거의 기대할 수 없었음을 당시의 신문기사가 전하고 있다.

---

147) 朝鮮總督府 山林部「道知事會議答申事項」, (秘)『火田整理に關する參考書』.
148) 『동아일보』 1927년 10월 5일자.
149) 『동아일보』 1928년 5월 9일자.

10만 원의 거액을 들여 화전민조사대라는 것을 조직하여 지난 6월에 평안북도와 함경남북도의 화전민이 가장 많이 사는 산골을 탐방 조사하였으나 조사대의 공헌이라는 것은 생활상태를 촬영하여온 사진 몇 장에 지나지 못하고 평지로부터 화전으로 들어간 경로라든지 화전민의 소질 같은 것은 그 진상은 알지 못하고 오직 피상적 관찰에 멈추었을 뿐인데, 총독부 관리의 일부에서는 생활조사가 끝나는 대로 함경북도의 개발되지 못한 미간지가 30여만 정보에 달하니 그중의 일부에 불쌍한 그들을 옮기자는 의견을 가지고 오던바 요사이에 이르러 그 미간지를 화전민에게 주지 않기로 작정되었다는데 이렇게 된 이유는 일본 재벌이 책동한 결과라고 하는바, 이로써 10만 원의 화전민구제책 수립 사업도 허사로 돌아갔으며 더욱이나 이번 수해로 인하여 화전민은 더 증가할 경향이라 하여 총독부 안에도 비난이 있다더라.[150]

화전민을 집단적으로 옮길 대상지이던 미간지만 재벌에게 넘어간 것이 아니라 화전민이 경작하고 있는 화전도 영림(營林)을 이유로 일본의 재벌들에게 넘어감으로써 화전민들은 일시에 농토를 잃고 유리할 수밖에 없었다. 화전민 이전 사업이 계획대로 진행되지 않은 채 화전정리의 이름으로 화전지대에 식림(殖林)이 강행됨으로써 화전민들은 다시 유리될 수밖에 없었던 것이다.

화전민 정리로 인하여 함남 신흥군(新興郡) 동상면(東上面)에 몰려든 화전민은 면 당국의 조사에 의하건대 실로 그 수가 1천여 호에 달하는바 얼마 전 총독부 와따나베(渡邊) 산림부장이 다녀간 후로부터 소위 화전민 정리 문제가 대두되어 주민에게 일대 공포를 느끼게 한다는데 그중 3백여 호는 조선수

---

150) 『동아일보』 1923년 10월 2일자.

전사(朝鮮水電社) 농림부 용지에 수용되리라고 관측되나 그 나머지 7백여 호는 하등의 시설도 없이 단순히 정리만 한다고 선전되므로 수많은 화전민은 장차 어떠한 구렁에 빠질는지 몰라 극도의 불안 중에 있다더라.[151]

개천(价川)지방 4만여 정보의 국유산림이 일본의 대자본가인 스미또모회사 손에 모두 대부된 이후 외동(外東)·내동(內東)·북면(北面) 등지에 사는 화전민들은 생활하던 전지를 모두 빼앗기고 매년 수십 호씩 정처 없이 유리하는 현상인데 금년도 내에 스미또모회사에서는 제1차 계획으로 북면(北面) 용담리(龍潭里) 사는 화전민 전부를 철퇴시킬 계획이라는데 장차 수백여 호에 달하는 개천 화전민들은 어디 가서 활로를 구할는지 앞길이 아득하다더라.[152]

화전을 정리하고 화전민을 구제하기 위한 사업을 벌인다 했지만, 사실은 별다른 정리방안이 없었고 결국 화전지대에서 화전민을 쫓아내고 그 땅을 재벌에게 대부해서 나무를 심게 하는 방법에 지나지 않았던 것이다. 조선총독부의 이와 같은 화전정리정책은 농촌을 떠나 화전민으로 일단 정착했던 농민들을 또 한번 유리되게 하는 정책에 지나지 않았으며 화전민 생활에서까지 쫓겨난 농민들의 상당한 부분은 국경을 넘어 간도(間島)지방으로 옮겨갈 수밖에 없었다.

16일 안주(安州) 성내를 지나는 50여 명의 남녀 동포가 있었다. 이들은 살길을 찾아 정든 고국산천을 버리고 간도로 가는 이민의 무리로 평남 순천군 봉명면 봉창이라는 산골에서 화전을 경작하여 그날그날을 지내던 화전민들

---

151) 『동아일보』 1929년 9월 15일자.
152) 『동아일보』 1929년 9월 27일자.

로서 당국에서 화전경작을 금지한 후부터 생계를 유지할 수가 없어 부득이 1 부락 50여 명이 살길을 찾아 적설도 불구하고 도보로 머나먼 곳을 떠나는 길이라는데 겨우 노비만 장만하여 가지고 있다더라.[153]

강원도 이천군(伊川郡)은 원래 산다야소(山多野少)한 지역으로 종래 화전에 의하여 생활을 유지하여오던바 스미또모회사 조림과 또한 국유림의 정리 이후로부터 더욱이 화전민은 생활상 위협을 받아 북간도로 이주 유리한 수가 쇼오와 3년(1928) 말까지 5년간에 5천여 명에 달하는바 군 당국으로부터는 이 구제책을 강구 중이나 하등의 확정한 방책이 수립되지 못한 모양이며 (…)[154]

1930년대로 들어서면서 일본이 대륙침략의 길에 나서고 그 통치체제가 점차 파쇼체제화함으로써 화전민정책도 한층 더 가혹해져갔다. 식민지화 직후에 제정된 삼림령이 국유림이나 남의 임야에 방화하는 경우 10년 이하의 징역에, 허가 없이 국유지를 개간하는 경우 2백 원 이상의 벌금에 처하도록 되어 있었으나 "실제에 있어서 이것을 범한 자는 설유·훈계방면 또는 몇십 원의 벌금, 며칠 동안의 구류에 처하여 문제를 해결했던 것이 과거나 현재에 취한 방침이었다."[155]

그러나 1931년의 전국 판·검사회의에서는 산림에 대한 소유권이나 임야에 대한 사용수익권(使用收益權)이 없는 화전민의 화전개간을 위한 화입은 방화죄로 다스린다는 결정을 했다. 식민지 지배당국의 화전금지정책이 급격히 강화되어감을 말하는 것이다. 임야의 소유권이나 사용권을 가지고 화전민이 되는 사람이 있을 수 없는 실정이었음을 당시

---

153) 『동아일보』 1927년 3월 18일자.
154) 『동아일보』 1929년 5월 4일자.
155) 「火田民의 將來(上)」, 『조선일보』 1931년 2월 15일자.

의 신문기사는 다음과 같이 전하고 있다.

　백만 화전민의 생활문제를 가지고 고등법원 주최의 판·검사회의 결의와 방화죄 적용 등 문제에 대하여는 다방면으로 연구와 이론이 전개되는 중인데 이제 총독부 법무국에서는 방화(放火)·입화(入火)를 엄격하게 구별하고 그 경우를 따지기 위하여 산림에 대한 소유권과 임야의 사용수익권이 없는 화전민은 입화를 한다 할지라도 방화죄로 엄격하게 처단할 것이라 하였는데 조선의 화전민으로 위의 양 이권(利權)을 소유한 자 그 얼마나 되는지가 의문으로 결국 가련한 화전민에게는 위의 결의에 하등 변통이 없는 방침이라 하겠다.[156]

　전국 판·검사회의의 결정은 특히 북부지방을 중심으로 설치된 36개소의 영림서와 1백여 개소의 삼림보호구 그리고 240여 명의 산림주사(山林主事)들에 의해 강력히 적용되어갔다. 실례를 들어보자.

　화전민에 대하여 평양 복심법원에서는 징역 1년이라는 엄벌(嚴罰)을 언도하였다. 영원군(寧遠郡) 대흥면(大興面) 흑수리(黑水里) 이보근(李保根, 50세)·노하룡(盧河龍, 41세) 두 사람에 관한 삼림령 위반 피고사건은 22일 오전에 평양 복심법원 후지무라(藤村) 재판장으로부터 징역 1년을 언도하였는데 이것은 화전민 취체상 전대미문의 판례일 것으로 피고 두 명은 산간벽지에서 화전농사를 짓기 위하여 산에 불을 놓았다는 사실로 덕천지청(德川支廳)에 징역 6개월 판결을 받고 불복 공소하여왔던 것이 일약 1년의 판결을 받은 것인 바 (…)[157]

---

156) 『조선일보』 1931년 3월 1일자.
157) 『조선일보』 1931년 10월 24일자.

1930년대로 들어오면서 조선총독부가 화전금지정책을 강화해간 것은 그 대륙침략정책이 본격화하면서 함경남북도와 평안남북도 지방의 울창한 산림을 유지하여 자원으로 이용하려는 데 목적이 있었던 것이다. 그러나 화전민화하는 농민들의 생활로가 딴 곳에서 마련되는 근본적인 대책을 세우지 않고는 엄벌정책만으로 화전개간이 그치고 산림자원이 유지될 수 없었다.

소위 강국(強國)이라 하는 곳에서 가난한 백성이 화전하여 먹는 것을 금하는 본의는 어디에 있는가. 그들은 이로써 산림을 보호하는 방편이라 할 것이다. 그러나 산림은 무슨 까닭으로 보호하는가. 그들은 말하되, 산림을 보호함은 국리와 민복을 위하여 하는 일이라고 할 것이다. 국리를 위하여 민복을 위하여 산림을 보호하는 일이 도리어 백성의 생활을 근저로부터 파괴시키는 결과를 지음은 이 과연 어떠한 모순이리오. 우리는 이러한 점에 있어서 비로소 모든 일에 선후와 완급을 구별할 필요를 발견하게 되는 것이 아닌가.[158]

이 논평과 같이, 순화전민만도 1백만 명이 넘었던 화전민 문제를 금압정책 일변도의 엄벌주의만으로 해결하려 하는 것은 전혀 근본적인 해결책이 못 되었다. 조선총독부의 이와 같은 엄벌주의에 대해서는 식민지의 일본인 경찰간부까지도 반대했던 경우를 볼 수 있다. 당시의 사에끼(佐伯) 평안남도 경찰부장은 "화전민의 수효는 상당히 많아 고정화전민과 유랑화전민으로 분류할 수 있어 모 관청에서는 엄벌주의를 주장하나 그것으로 그리 큰 효과를 얻을 수 없고 다만 화전민구제책을 강구하는 기관을 두어 10년, 20년의 장구한 세월을 정하여 점차 금지함이

---

158) 『동아일보』 1924년 4월 19일자.

가장 적당하다고 생각하였다."[159]

엄벌주의만으로 화전민 문제의 해결이 불가능하게 된 조선총독부는 화전민을 정착농민화하여 삼림을 보호하고 그 보호한 삼림을 채벌하여 큰 수익을 얻으려 한 이른바 '북선개척사업(北鮮開拓事業)'을 계획하게 되었다.

이 계획은 압록강·두만강의 상류지역 8개군, 무산군·갑산군·삼수군·풍산군·장진군·자성군·후창군·강계군 등의 216만 정보에 서 있는 3억 7660만 척체(尺締)의 나무와 그 안에 있는 30만 정보의 농경적지(農耕適地)를 대상으로 해서, 첫째 삼림의 이용·개발을 위한 삼림철도 및 궤도(軌道)의 부설과 간이제재공장(簡易製材工場) 건설, 둘째 화전민 3만 570호, 17만 7184명과 화전면적 7만 4978정보에 대한 정리, 셋째 삼림의 보호를 목적으로 한 계획이었다.[160]

이 사업계획은 1932년부터 1946년까지 15년간 계속될 예정으로 세워졌으며 그 소요 경비는 총 1218만 3천 원을 투입하도록 되어 있었고 15년 동안 임산수익(林産收益)으로 총 3075만 원을 얻도록 되어 있었다. 총 투자액 1218만 3천 원은 무산·갑산 지방의 삼림 약 80만 정보를 벌채할 목적으로 한 무산·백암 사이의 척식철도 부설 중심의 첫번째 사업비로 610만 2356원, 화전정리를 중심으로 한 두번째 사업비로 203만 7648원, 삼림보호를 중심으로 하는 세번째 사업비로 394만 2996원 투입될 예정이었고 첫해인 1932년에는 총 33만 4천 원이 투입될 예정이었다.

그 가운데 두번째 사업, 화전정리 부분을 좀더 자세히 보면 화전민의

159) 『조선일보』 1931년 11월 6일자.
160) 朝鮮總督府 (秘)『北鮮開拓事業計劃書』, 1932년 4월.

종래와 같은 '약탈농법(掠奪農法)'을 금하고 그들을 자작농으로 만들기 위해 화전민 사회의 현장에 5백 호당 1명 비율의 지도원을 두고 지도원 10명에 1명 비율의 감독을 두어 화전민들의 주·부업을 '지도'하게 하되 처음 5개년간 1호당 매년 50전의 시비장려금을 지급하여 정착농업을 하게 하며, 농경적지로 지정한 곳으로 옮겨 정착하기를 원하는 경우 1호당 평균 20원의 이전비를 지급하기로 되어 있었다.[161]

화전민의 이전농법(移轉農法)을 금하고 정착농업화함으로써 삼림을 보호하고 그 보호된 삼림을 벌채하여 투자액 3배가량의 수익을 얻으려는 데 목적이 있었던 조선총독부의 이른바 '북선개척사업'은 그러나 계획대로 잘 진행되지는 않은 것 같다.

　총독부 새 정책의 하나로서 북선개척사업의 한 부분인 화전민정리사업은 책상 위에서 꾸며낸 계획안과 실제 사업의 거리는 상당히 큼을 면치 못하여 정리사업 착수 이래로 상당한 곤경을 당하고 있다. 즉 당국이 방침으로 새로 규정한 지도수(指導手)라든가 감독기수(監督技手)는 취체관헌 같은 태도를 취하여 화전민과 접촉하게 되므로 벌써부터 지도원과 화전민 사이에는 반목이 생기게 되어 앞으로 예기한 성적을 도저히 기대할 수 없다는데, 대개 한 사람의 지도수에 대하여 화전민 5백 호씩을 분담케 하고 무상(無償)으로 토지를 분배해준다는 소문에 뒤를 이어 산으로 밀려들어오는 화전민은 한목으로 쇄도하여 벌써 한 사람 지도원이 1200~1300호씩이나 분담할 상태에 빠졌다. 이와 같은 형편으로서는 도저히 예정대로 친절한 지도를 할 수 없을 터로 금후 방침으로서는 금후 화전민의 입산을 조절하는 동시에 지도수들이 종래의 태도를, 관헌과 같은 태도를 고치고 실제로 명목과 같이 친절한 지도를 하지 않

161) 같은 책.

으면 화전민정리사업도 실패에 돌아갈 것으로 관측된다고 한다.[162]

조선총독부가 고심 끝에 안출한 '북선개척사업' 계획이 그 시행과정에서 부딪힌 문제점은 여러가지 있었지만, 역시 가장 근본적인 문제는 화전민정리사업에 편승하고자 모여든 화전민 수의 급증에 있었으며 그 정리사업이 조선총독부 측의 편의와 이익을 중심으로 일방적으로 계획되어 화전민을 강제로 정리해나가려 한 데 있었던 것 같다. 정리사업이 시작되던 1932년에 고원(高原)지방의 화전민 생황을 답사한 『동아일보』 고원지국의 김병식 기자는 '북선개척사업'에 대해 다음과 같은 의견을 제시하며 답사기를 마치고 있다.

참말로 구제책은 무엇일까, 아무리 생각하여도 묘연한 일이다. 오인의 견지로서 말하라면 첫째 북선개척사업을 조선인 본위로 하라는 것이다. 이것을 순전히 조선인 본위로 하고 다량 이민을 장려하는 것이 상책일 것 같다. 그런데 그 계획은 우선 (1) 경지면적은 매호당 5정 이상으로 할 것(5정 이상이라야 수확고에 있어서는 평지 1정도 못 된다), (2) 화전개간에서는 목재는 화전민의 부업으로 하게 하되 당국이 이를 알선할 것, (3) 이주기는 5개년 이내로 하되 매년 3만 호 이상으로 할 것, (4) 저리 자금을 융통시켜 매호당 2백 원의 농자를 주고 상환법은 30년부로 할 것, (5) 농사경영은 집단농장으로 하여 노력·농구 등 부담을 경감케 하는 동시에 수확 증진을 도모하여 전 소유는 집단관리로 하여 채무자의 발호를 방지할 것.[163]

---

162) 『조선일보』 1932년 1월 27일자.
163) 「高原 火田民生活相 踏査(完)」, 『동아일보』 1932년 10월 26일자.

김병식이 제안한 '북선개척사업'의 방향이 조선총독부 측의 그것과 크게 다름을 볼 수 있다. 총독부 측의 '개척사업'은 15년간에 약 1200만 원을 투입하되 보호된 삼림의 채벌을 통해 2~3배에 가까운 3075만원의 수익을 얻는 데 주된 목적이 있었다. 그것은 총독부 본위의 '개척사업'에 지나지 않았던 것이다.

그러나 김병식이 제시한 조선인 본위, 화전민 본위의 '개척사업'이 그것과 크게 다른 점은 무엇보다도 총독부가 '개척사업'에서 가장 노렸던, 따라서 철도를 놓아 실어 나름으로써 사업비를 제하고도 2천만 원에 가까운 수익을 얻을 수 있다고 계획한 목재업을 화전민의 부업으로 알선할 것을 요구하고 있다는 점이다. 또한 총독부가 1호당 매년 50전의 시비(施肥)장려금을 지급할 계획을 세웠던 데 비해 김병식은 매호당 일시로 2백 원을 저리 융자할 것을 제의하고 있으며 경지도 호당 5정보씩 지급하라 했다. 총독부의 사업수익을 배제한 조선인 본위의, 근본적이고 항구적인 사업안이었던 것이다.

다음, 김병식의 '개척사업' 방안 제의 중 다섯번째의 방안은 주목할 만하다. 먼저 노동력과 농구 등의 부담을 덜기 위해 화전민 사회의 농사경영을 집단농장제로 하자는 안이다. 영세농 중에도 영세농인 화전농민을 정착농민화하고 자립농화하기 위한 방법의 하나로 국유임야 안에 집단농장을 만들어 그들을 수용하자는 방안은, 채권자의 횡포 앞에서 그들을 보호하기 위해 화전민의 전체 소유를 집단관리로 하자는 안과 함께 이 시기의 '조선인 본위' 화전정리방안으로 제시되었다는 점에서 주목되는 것이다.

그러나 '북선개척사업'의 일환으로서의 화전민정리는 총독부의 방법대로 실시되었고 그 결과에 대해서는 1940년에 쓴 인정식의 「화전농업의 일연구―지도구(指導區)의 실태조사」에서 어느정도의 모습을 볼 수

있다.[164)

'북선개척사업'은 1940년경에 와서는 북선지방의 화전지대에, 즉 함경남도는 장진군(長津郡)에 7개 구(區), 풍산군(豐山郡)에 6개 구, 중평군(仲坪郡)에 7개 구, 평안북도는 강계군(江界郡)에 8개 구, 후창군(厚昌郡)에 9개 구, 함경북도는 무산군(茂山郡)에 3개 구 등 총 40개 지도구(指導區)를 두고 있었다. 인정식의 실태조사는 그중 백두산 기슭의 넓고 울창한 고원지대에 있는 무산군 내의 연사구(延社區)·무산구·연암구(延岩區) 등의 3지도구를 대상으로 한 것이다.

이 무렵의 화전농업은 영림서에 의한 임야벌채 엄금과 엄벌 방침 아래서 순화전의 확장은 거의 불가능했고 전부터 있던 화전의 척토화(瘠土化)가 촉진되어 화전면적이 해마다 축소되어가지만 순화전의 숙전화(熟田化)도 또한 쉽지 않다 했다.

조사구역 안의 화전농가 총호수는 299호, 인구는 1981명이었고, 총경작면적은 922.15정보, 그 가운데 국유임야의 순화전은 58.2%인 537.15정보였고 민유지의 숙전은 자작지가 전체의 36.9%인 340정보, 소작지가 4.9%인 45정보였다. 또한 총농가호수 299호 중 순화전만을 경작하는 농가는 34.4%인 103호였고 나머지는 숙전을 겸작하고 있었다.

순화전민의 1호당 평균 경작면적은 1.9정보에 지나지 않았고 숙전을 겸작하는 화전민의 평균 경작면적은 화전 1.73정보, 숙전 1.8정보여서 합계 3.53정보였다. 앞에서도 말한 것과 같이 1.9정보를 경작하는 순화전민 103호는 1년의 대부분을 초근목피로 연명했고 역시 앞에서 제시한 것과 같이 이곳의 겸화전민 두 가족도 연간 각각 10원과 5원의 적자가계였다. 또한 299호 중 205호가 고리채에 시달리고 있었고, 1호당 부

---

164) 印貞植, 앞의 글 1~16면.

채액은 65호가 76원 92전, 90호가 113원 33전, 50호가 70원이었다.

1932년부터 본격적인 화전민정리정책으로 조선총독부에 의해 '북선개척사업'이 추진되었으나 8년이 지난 태평양전쟁 직전까지도 오히려 화전개간의 엄금으로 경작면적이 감소하는 반면 화전민구제책은 뚜렷한 성과를 내지 못한 채 그들의 부채만 증가시키고 있었던 것이다.

인정식은 그의 글 마지막 부분에서 화전민들의 앞길을 말하면서 "그들은 어쩔 수 없이 종래의 화전경지를 포기하게 된다. 별도로 민유지의 소작권을 얻지 못하는 한 이동과 방랑을 계속한다. 그 이동에는 두 가지의 경우가 있다. 첫째는 북선개척사업이 현재 개시하고 있는 신화전지대에 계획적으로 이동되거나 아니면 분산 고립된 채로 하산하여 간도로 이주하거나 혹은 숙전 한 뙈기를 얻어 조선 안에 머물거나 할 것이다"라고 했다. 식민지시기를 통해 새로운 빈민으로 급증한 화전민 문제는 결국 식민지 기간에는 조선총독부의 몇 가지 대책 수립에도 불구하고 거의 해결되지 못한 채 해방 후의 문제로 그대로 남겨진 것이다.

제3장

토막민의
생활

제3장

토막민의 생활

1. 토막민의 생성

1940년에 경성제국대학(京城帝國大學) 의학부 4학년생 20명이 서울 부근의 토막민(土幕民)을 조사해서 출판한 『토막민의 생활·위생』에서는 토막(土幕)을 A형과 B형의 두 가지로 나누어 A형은 "가장 원시적 토막가옥으로, 단적으로 형용하면 초가의 기둥과 벽이 없이 지붕을 바로 지면에 닿게 한 형태이다. 대개 온돌이 없고 내부는 1평 내외의 토방으로 되어 있고, 겨울이 되면 추위를 막기 위해 밖에서 두텁게 흙을 덮어 굴같이 된다" 했고 B형은 "조잡하게나마 지붕과 벽이 갖추어져 있으나 지붕은 낮고 내부도 좁아서 대개 1평 반 정도의 방 하나가 있을 뿐이다"[1] 했다.

또한 조선총독부의 관리였던 젠쇼오 에이스께(善生永助)는 그의 논문 「특수부락과 토막부락」에서 토막과 토굴(土窟)을 구분해서 토막은

---

[1] 京城帝國大學 衛生調査部 『土幕民の生活·衛生』, 東京: 岩波書店 1942, 140면.

땅을 파서 그 위에 세운 집이라 하고 토굴은 토막보다 더 조잡한 혈거 (穴居)라 했으며[2] 「토막민과 그 처치에 대하여」를 쓴 초오고오 에이지 (長鄕衛二)는 토막을 "땅을 파서 온돌을 만들고 짚, 거적때기로 지붕과 출입구를 만든 집"이라 했다.[3]

한편 토막민에 관한 기록으로서는 비교적 식민지시기의 말기에 속하는 1944년에『조선과 건축』이란 잡지에서는 토막과 불량주택을 구별하여 "토막이란 국유지 또는 민유지를 무단 점거하고 지면을 파서 그 단면을 벽으로 삼거나 혹은 땅 위에 기둥을 세우고 거적 등을 드리워서 벽으로 삼고 헌 양철이나 판자로 간단한 지붕을 만든 원시적 주택을 말한다"했고 불량주택은 "토막을 개조 또는 보수한 것으로 어느정도 가옥의 형태를 갖추었지만 위생상 유해하거나 또는 보안상 위험하다고 인정되는 조악한 주택을 가리킨다"[4] 했다.

이밖에도 토막의 실상을 전해주는 자료가 많지만, 1924년에 토막민의 집을 직접 탐방한『동아일보』의 한 기자가 쓴 다음의 기사는 토막의 구조와 토막민의 생활을 비교적 생생하게 전하고 있다.

발길을 돌리어 등 너머 있는 공동묘지의 20여 가호 움집생활을 살펴보면 더 한층 형언할 수 없는 참상을 목도하게 된다. (…) 무덤이 집안 같고 집안이 무덤 같다. 이마 위에 주름살이 수없이 놓여 있고 백발이 뒤덮인 수척한 늙은 할머니가 누더기 속에 파묻힌 어린아이를 무릎 위에 앉히고 거적문을 열고 내다보며 울음 섞인 말소리로 기자를 향하여 (…) 이와 같이 흙바닥 위에다 그대로 초색 한 잎만 말고 자노라니 정말 허리와 다리가 너무 추워서 물러나

---

2) 善生永助「特殊部落と土幕部落」,『朝鮮』1932년 10월호 55~56면.

3) 長鄕衛二.「土幕民と其處置に就いて(1)」,『同胞愛』1938년 1월호 37면.

4) 朝鮮建築協會「土幕民の生活環境と衛生狀況」,『朝鮮と建築』22卷 3號, 1944.

는 것 같고 거기다가 이불이라고 그나마 한 개 있는 것이 솜을 못 두고 겹이불을 덮고 있는 까닭에 (…)5)

이상의 기록들을 종합해보면 토막이란 일정한 깊이로 땅을 파고 그 위에 삼각형으로 짚을 덮은 움집형과 거적으로 된 벽과 온돌을 갖춘 가옥형으로 크게 나눌 수 있으며 토막민이란 바로 이런 집에 사는 빈민들을 가리키는 것이었다.

이들 토막민들은 전국 각처의 도시 및 그 주변의 공유지나 민유지의 공지(空地)에 불법적으로 토막을 짓고 사는 "인간으로서는 최저라 생각되는 비참한 빈곤생활"을 하고 있었지만, 일본인 조사원들이 말한 것과 같이 "토막민이란 특수한 명칭에도 불구하고 그들은 결코 조선사회 내에서 고립된 특수한 하나의 사회를 형성한 것은 아니었다. 조선의 일반사회와 혈족적으로도 동일 요소를 가졌고 또 그 생활도 사회적으로 경제적으로 다른 일반사회와 긴밀한 연관 아래 소장(消長)하고 그 생활양식도 다른 조선인의 그것과 본질적으로 하등의 차원(差遠)이 없다. 다만 그들이 극도로 빈곤하기 때문에 생활의 고도의 간이화와 왜곡화가 보이지만 그것은 토막민의 특이점이 아니고 전체 조선의 도시 및 농촌 빈곤자에 공통적인 것이었다."6)

다시 말하면 토막민이라 해도 이들은 백정(白丁)이나 일본의 부라꾸민(部落民)같이 특수한 사회를 이룬 하나의 사회적 계급은 아니었으며 식민지 조선의 도시와 농촌에서 흔히 볼 수 있는 빈민의 한 형태에 지나지 않았다. 따라서 토막민은 곧 식민지시기 조선인의 하나의 모습에 지

---

5) 『동아일보』 1924년 11월 15일자.
6) 朝鮮建築協會, 앞의 글.

나지 않았던 것이며 그것은 그들이 바로 식민지시기에 들어와서 비로소 나타난 빈민들이라는 점에서도 명백하다.

토막민이 언제부터 형성되었는가 하는 문제에 대해서 일본인 조사자 및 논자들은 중세사회의 유민(流民)들이 토막 생활을 했을 가능성을 일부 말하면서도 역시 식민지 통치의 산물임을 솔직히 시인하고 있다. 경성제대 의학부의 『토막민의 생활·위생』에서는

> 오늘날 보는 것과 같은 토막의 발생은 조선에 근대 자본주의가 유입한 '일한병합' 이후의 일이며, 사회문제의 대상으로 떠오르게 된 것은 더 늦었음을 1910년에 조선총독부에서 편찬한 『조선어사전』에도 아직 '토막'이란 어구가 수록되어 있지 않은 것으로도 유추할 수 있다.[7]

했고, 앞에서 든 초오고오 에이지도 "역사에서 살펴보아도 지난날의 조선에는 도시에 토막민이란 명칭의 주민은 존재하지 않았다. 따라서 이 명칭은 '일한합병' 이후의 것이며 사실 타이쇼오(大正) 연간의 초기에 실시된 조선토지조사 이전까지는 토막이란 명칭은 그다지 쓰이지 않았다"[8]고 하여 이른바 토지조사사업 후 농촌에서 쫓겨난 농민들이 토막민이 되었음을 비치고 있다.

식민지시대로 들어와서 언제부터 토막민이 생겼는지 정확하게 밝힐 만한 자료가 없지만 토막민촌이 본격적으로 형성되고 따라서 사회적 관심의 대상으로 떠오르기 시작한 것은 대체로 1920년대 초엽부터 아닌가 한다. 먼저 서울의 경우를 보면

---

7) 京城帝國大學 衛生調査部, 앞의 책 44면.
8) 長鄕衛二, 앞의 글 38면.

시내 황금정(黃金町) 7정목 1번지 성랑(城廊) 밑은 경성부 소유지인데 타이쇼오 10년부터 빈민들이 모여 움집을 묻기 시작하여 지금은 24호의 가옥에 50채의 식구와 약 30호의 움집이 있는데 여기에 사는 200여 명은 거의 전부가 극빈자로 그날그날의 목숨을 이어가는 사람들인데 기보(旣報)한 바와 같이 경성부에서는 이번에 '그라운드'를 만들고자 거기 사는 전부를 지난 20일까지를 기한하고 그 안에 다른 곳으로 옮겨가라는 명령이 내려 (…)[9]

라고 한 것과 같이 지금의 을지로 7가 서울운동장 자리에 타이쇼오 10년, 즉 1921년부터 토막민촌이 형성되어 있었음을 알 수 있으며, 평양의 경우도 1924년의 기사에

그 빈민소굴의 생활상태를 본즉 빈민굴이라 할 만한 곳은 만수대(萬壽臺) 아래 일원을 위시하여 창전리(倉田里) 북부와 본정(本町), 남정(南町), 유정하동(柳町下洞), 신양리(新陽里) 일부분, 암정(巖町) 일부분, 행정(幸町) 일부분 등과 또는 토성(土城) 일대의 토막 생활 등이 가장 적빈자들인데 그들은 모두 하루 한 끼도 변변히 못 하는 가련(可憐) 인생들로서 그 수가 무려 5천 명에 달하는 참담한 현상이라고[10]

하여 이 시기에 이미 토막민촌이 형성되어 있었음을 말해주고 있다. 또한 부산의 경우도 1925년에는

부산에 있는 조선인은 평지에 집을 얻지 못하여 부산진 본정(本町) 사면팔

---

9) 『동아일보』 1925년 3월 25일자.
10) 『동아일보』 1924년 6월 28일자.

방으로 산상(山上)에다 집을 짓고 음료수를 구하려면 금보다 더 귀하다 하며 그나마 집에도 있지 못하고 토굴 속에서 긴 목숨을 끊을 수가 없어 하루 한 끼로 겨우 연명하는 동포가 40여 호나 된다고[11]

하여 역시 토막민촌이 형성되어 있었음을 말해주고 있다.

이와 같이 식민지시대에 들어와서 전국의 도시와 그 주변에 새로 나타난 도시빈민층으로서의 토막민은 대부분 식민지 농업정책의 결과로 농촌에서 쫓겨난 농민 출신이었다. 농촌을 떠난 인구의 대부분이 일단 도시로 나왔지만 그들에게는 도시에서 집을 마련할 만한 재력이 없었고 그렇다고 하여 식민지 지배당국이 그들을 수용할 만한 시설을 갖추지 못했으므로 어쩔 수 없이 도시 주변 공지에다 토막을 세워 살게 마련이었던 것이다.

앞에서 든 경성제대 의학부생들이 1940년에 서울과 그 주변 토막민 3천 수백 호, 1만 수천 명 중 용두정(龍頭町)·제기정(祭基町)·한강(漢江)·영등포(永登浦)·아현정(阿峴町)·홍제정(弘濟町)·돈암정(敦巖町)[12] 기타 지역에서 556호를 골라 조사한 바에 의하면 그 세대주의 전직은 230명이 농업이고 135명이 자유노동자라 했다.[13] 즉 조사대상 토막민 세대주의 41.37%가 농민 출신이었고 24.28%가 농촌의 농업노동자나 도시의 날품팔이 일고노동자 출신이었다. 자유노동자들도 대부분 농촌을 한걸음 먼저 떠나 일고노동자가 된 사람들이라 할 수 있으므로 결국 토막민의 65% 이상이 농민 출신이었다고 할 수 있을 것이다.

또한 전직이 농업인 토막민 세대주 80호 중 자작 및 자소작농이 19

---

11) 『동아일보』 1925년 6월 20일자.

12) 동명(洞名)을 정(町)으로 표시한 것은 일본식이지만 여기서는 원문 그대로 쓴다.

13) 京城帝國大學 衛生調査部, 앞의 책 83~84면 '第22表 世帶主の前職業' 참조.

호, 소작농이 57호, 농고(農雇) 즉 농업노동자가 4호였고, 이들이 농촌을 떠난 이유는, 오랫동안의 농사 부진으로, 농사보다 유리한 직업으로 전환하기 위해, 불합리한 영농에 실패하여, 남의 부채에 연대보증인이 되었다가 실패하여, 한발·수해 때문에, 소작지를 빼앗겼거나 소작지가 줄어들어서, 분가할 농경지 부족 때문에 등의 비율이 높다.[14]

이와 같이 도시지역 토막민의 많은 수가 농업정책에 희생된 농민 출신들이었지만, 토막민촌 형성 초기에는 농촌을 떠난 인구가 바로 토막민이 되는 경우는 그다지 많지 않았고, 본래 도시지역에 살던 주민으로서 파산하여 토막민이 되는 경우도 또한 적지 않았다. 서울의 경우를 예를 들면 1928년의 『동아일보』는

> 각 경찰의 조사에 의지하면 바로 시골에서 오면서 움막생활을 시작하는 사람은 1할가량에 지나지 못하고 9할은 시내에서 살다가 생존경쟁에 이기지 못하여 쫓겨 나간 사람들이라 한다.[15]

고 전하고 있다. 경성제대 의학부생들의 조사에 의하여 앞에서 든 서울 시내 및 그 주변의 토막민호 533호 중 그 전 거주지가 서울 부근의 다른 토막지대인 경우가 47.5%인 253호였고, 서울 부근의 비토막지대인 경우가 16.5%인 88호, 서울 이외의 지방인 경우가 36%인 192호였다.[16]

1920년대 후반기에는 농촌을 떠나서 바로 토막민이 되는 경우의 비율이 10% 정도로 낮았으나 1940년경에는 그 비율이 35%로 높아졌고 서울의 비토막민이 토막민으로 전락하는 경우와 합치면 전체 토막민의

---

14) 같은 책 86~89면 참조.

15) 『동아일보』 1928년 10월 27일자.

16) 京城帝國大學 衛生調査部, 앞의 책 80~81면.

절반 이상이 그 전 거주지가 비토막지대일 만큼 새로 토막민이 되는 인구의 비율이 높아갔다. 식민지시기가 길어진 결과일 것이다.

토막민촌의 형성 과정을 좀더 추적해보자. 앞에서 든 젠쇼오 에이스께의 조사에 의하면 당시의 경기도 고양군(高陽郡) 한지면(漢芝面) 신당리(新堂里) 즉 지금의 서울시 신당동에 형성된 토막민촌은, 1918년경 전염병 등에 걸린 사람들이 가주(家主) 또는 고주(雇主)로부터 추방되어 이곳에 토막을 짓기 시작했고, 그후 각 방면으로부터 생활난에 쫓긴 사람들이 감시가 소홀한 것을 기화로 토막·토굴을 짓게 됨으로써 증가한 것이라 했다.[17] 또한 부산의 범일정(凡一町) 조선방적공장 뒤편에 형성된 토막촌과 같이 전국 각지로부터 나환자가 치료를 위해 나병원에 입원하고자 왔다가 입원이 거부되자 귀향비가 궁하여 토막을 만들어 살기 시작한 경우도 있었다.[18]

그러나 이런 예는 토막민촌 형성의 특수한 경우이고 대개의 경우 이농민(離農民) 이외에 도시 내의 빈민들에 의해 토막촌이 만들어졌다. 서울의 경우 몇 가지 예를 들면

시내 연건동(蓮建洞) 그전 연못자리 근처 일대는 경성대학(京城大學) 건축 기지로 들어가게 되어 와가·초가 수십 채를 헐어 올봄에는 땅 다지는 공사를 시작하리라는데 원래 그 근처 집들은 대개 일인의 손에 넘어간 것을 가난한 조선사람들이 세로 들어 있었던바 (…) 집주인 일인으로부터 내어놓으라는 독촉을 여러 번 받았으나 (…) 빈민구제금이나 그렇지 않으면 전전걸식을 하여 겨우 그날그날 연명을 하며 오던 터에 비바람이나 간신히 어거하고 지

17) 善生永助, 앞의 글 56~57면.
18) 같은 글 61면.

내던 단간 흙방마저 쫓겨나게 되므로 여러 번 일인에게 애걸을 하다시피 했으나 무정한 집주인은 재작일 비가 오는 밤중에 곡괭이를 들고 와 인부를 시켜 덮어놓고 기와를 벗기고 벽을 털어서 사람이 누워 자는 방 안에 흙벼락이 나리고 (…) 그네들의 갈 곳은 어디일는지 거지들의 움이나마 빈 곳이 있는가 없는가.[19]

하고 도시빈민들의 처절한 정경을 전하고 있지만, 이들이 토막민이 될 수밖에 없음을 쉽게 짐작할 수 있다.

식민지 지배당국이 운동장이나 대학을 건설하면서 그곳에 살던 도시빈민들을 대책 없이 쫓아냄으로써 그들이 토막민으로 될 수밖에 없는 경우도 있었지만 또한 식민지 지배당국의 사회정책의 한계성이 토막민과 같은 도시극빈층을 만들어간 예를 볼 수 있다.

경성부영주택(京城府營住宅)은 원래 빈민을 구제하는 의미에서 훈련원(訓鍊院)에 60호, 봉래정(蓬萊町)에 28호, 도합 88호를 건축하여 매삭 3원의 가옥 수선 등 실비를 받고 의지가없는 88호를 들이어 빈민들의 주택 곤란에 다소의 도움을 주어오던 중 최근에 이르러 부(府) 당국에서는 종래의 목적과는 전연히 다른 방침으로 부(府)의 용인(傭人)들의 생활에 도움을 주기 위하여 금후로는 부용인(府傭人)에게만 한하여 빌려줄 작정이라는데 (…) 그나마 부의 사택 모양으로 되면 현재의 들어 있는 88호, 350여 명의 가족들은 어디다 몸을 부치며 금후로는 집 못 얻어 한데 선 빈민들은 어디다 수용할 터인가 함이 일반의 주목거리인데 (…)[20]

---

19) 『동아일보』 1925년 3월 25일자.
20) 『동아일보』 1925년 9월 13일자.

도시빈민에게 제공하기 위해 건조된 극히 제한된 부영주택(府營住宅)에서마저 빈민들이 쫓겨나 결국 토막민이 될 수밖에 없을 사정을 이 기사가 전해주고 있다. 또한 서울의 경우 한강에 홍수가 나서 수재민이라도 생기면 별수 없이 토막민이 될 수밖에 없었으며 그 한 예를 한강 변 이촌동민(二村洞民)의 경우에서 볼 수 있다.

> 이촌동 토굴민 60여 인이 경성부청에 몰려와서 하사금을 분배하여달라고 헌소하다가 돌아갔다 함은 기보한 바어니와 (…) 그들의 하는 말을 들으면 그들은 대개가 지난번 물에 거처하던 곳을 잃어버리고 부에서 설치하여준 '바라크'에 수용되어 있었는데 거기서 내어쫓긴 뒤로는 부지할 곳이 없어 움을 파거나 초막을 짓고 사는 사람인데 (…)[21]

라고 한 것과 같이 한강 변에서 수재를 만난 사람들이 식민지 지배당국의 구제정책 부재로 결국 토막민이 될 수밖에 없었던 것이다.

결국 일제 식민지시기 조선사회의 3대 빈민층의 하나이던 도시빈민으로서의 토막민은 대체로 '토지조사사업'이 끝난 1920년대 이후 농촌에서 쫓겨난 인구들이었다. 식민지 산업구조가 이들 이농민을 공장노동자로 수용할 만하지 못했고 또한 식민지 구빈사업(救貧事業)이 이들에게 집을 마련해줄 만한 조건에 있지 못했기 때문에 이들은 굴을 파서 살거나 매우 조잡한 가건물을 지어 사는 토막민이라는, 식민통치가 만들어놓은 하나의 빈민층이 될 수밖에 없었던 것이다.

---

21) 『동아일보』 1925년 9월 23일자.

2. 토막민수의 증가와 그 분포

서울과 같은 도시지역의 빈터에 움막을 치거나 토굴을 파서 사는 토막민의 수가 얼마나 되었는지 또 어느 정도 증가해갔는지 정확하게 밝힐 만한 통계를 얻기는 어렵다. 식민지 경찰당국은 어느정도 통계를 가지고 있었으리라 짐작되지만 『조선총독부 통계연보』 등에는 따로 통계되어 있지 않다.

토막민에 관한 비교적 이른 통계는 역시 신문 쪽에서 구할 수 있다. 1927년 8월 말의 『동아일보』는 서울 시내의 토막·토굴민이 447호에 약 3천 명이라 보도하고 있는데 아마 지금의 우리가 구할 수 있는 최초의 토막민 통계가 아닌가 한다.

고루거각이 즐비하고 화려한 점포가 나열하여 사람의 눈을 끄는 서울에도 이로 감히 형용치 못할 만한 비참한 생활을 하는 부민(府民)이 447호, 인구 약 3천 명이 산재하여 있다. 그들의 생활을 보면 주택은 모두 토막과 토굴로 원래가 비바람을 능히 가릴 여지가 없는 것은 둘째로 그나마 절반씩 허물어져 있는 현상이며 먹는 것은 대개가 노동을 하는 사람이 많으나 실지로 일을 할 만한 장정 한 사람에 딸린 식구(어린아이와 여자)는 5, 6인씩 되는 터이므로 한 사람의 하루 동안 생활비가 5전이나 6전에 지나지 못한다 하며 따라서 몸에 길친 남루한 의복은 사시를 통하여 한 벌로 통용하는 사람이 대부분이라 한다.[22]

---

22) 『동아일보』 1927년 8월 31일자.

표 3-1_ 1927년 서울 시내 토막민호 분포

新堂里	169호	需昌洞	5호
古市町	14호	淸溪川堤防	89호
吉野町	8호	東部二村洞	40호
黃金町 6丁目	1호	西部二村洞	30호
芳山町	2호	阿峴里	5호
蓬萊町 4丁目	12호	新孔德里	8호
竹添町 3丁目	8호	元町	17호
冷洞	16호	彌生町	8호
竹添町 2丁目	15호	計	447호

하여 서울 시내 토막민들의 생활상을 전하고, 이때의 서울 시내 토막민호의 분포를 다음의 표 3-1과 같이 전해주고 있다.

표에서와 같이 신당리의 169호가 제일 큰 토막민촌이었고 다음은 청계천 제방의 89호와 동부이촌동의 40호, 서부이촌동의 30호가 많은 편이며 나머지는 대체로 10호 내외의 토막촌이 서울 주변 약 20개소에 형성되어 있었다.

그러나 이 무렵부터 서울의 토막민호는 급격히 증가해갔던 것 같다. 다음해인 1928년에는 동대문서 관내에 687호, 본정서(本町署) 관내에서 128호, 용산서 관내에 200호, 서대문서 관내 62호, 종로서 관내 14호 등 합계 1091호로 증가했고 그 인구수도 1호당 7~8명으로 잡아 8천 명 이상으로 본 기사가 있다.[23] 1년 동안에 서울 주변만도 호수(戶數)로 두 배 이상 증가했고 인구는 2.5배 이상 증가한 셈이다. 이 시기는 세계공황의 영향이 크게 미치기 시작하던 때였으므로 이농민의 토막민화가 크게 촉진되고 있었다고 할 수 있을 것이다.

---

23) 『동아일보』 1928년 10월 27일자.

표 3-2_ 1931~38년 서울 시내 토막민호 증가 (단위: 호, 명)

연도	토막호수	토막민수	서울 총인구수
1931	1,538	5,092	514,755
1932	-	-	538,123
1933	2,870	12,478	563,636
1934	2,902	14,179	592,278
1935	3,576	17,320	637,697
1936	-	-	677,241
1937	3,248	14,993	706,396
1938	3,316	16,644	-

1930년대로 접어들면서 서울의 토막민호는 계속 증가했고 이 시기에 오면 공식통계도 어느정도 이루어지고 있다. 당시의 경성부(京城府) 당국은 1938년에 『경성부 토막민 조사서』를 발행했는데 그것에 의해 1931년부터 1938년까지의 서울 시내 토막민 증가상을 보면 표 3-2와 같다.[24)]

1930년대로 들어서면서 토막민수가 계속 증가하다가 1935년을 고비로 다소 감소되고 있는데 이것은 당시의 경성부 당국이 사회사업으로서 홍제정(弘濟町)과 돈암정(敦巖町)의 수용부락에 수용한 약 700호가 토막민 통계에서 빠졌기 때문이며, 이들을 함께 계산하면 서울만도 매년 200호, 700명 내외가 증가하고 있었던 것이다.[25)] 그리고 이 무렵에 서울의 토막민수는 전체 서울 인구의 약 2% 내지 3%에 가까웠음을 알 수 있다.

---

24) 京城帝國大學 衛生調査部, 앞의 책 62면.

25) 長鄕衛二, 앞의 글 41면.

1931년의 서울 시내 토막민호수가 1538호로 통계되었을 당시 『조선일보』는

　　최근 경성부 조사에 의하면 신당리(新堂里) 등 부외(府外)를 제하고도 호수로 1538호, 인구로 5093인의 다수에 달한다는바 거금 3년 전 조사에 비하여도 180호가 증가되었는데 부외까지 계산하면 실로 700호가 증가된 셈이다. 그중에도 더욱 참담한 혈거생활(穴居生活)을 하는 자는 모두 158호라는바 현재 그 생활이 참담함은 물론이어니와 앞으로 일기가 더욱 추워지면 그들의 생활은 장차 어찌 될는지 실로 한심한 일이다.[26]

하고 표 3-3과 같은 토막민호의 분포를 전하고 있다. 다시 말하면 표 3-2의 토막민 통계는 당시 행정구역상의 경성부 내 토막민호에만 한정된 것이며 아직 행정구역상으로 경성부에 포함되지 않았지만 사실상 서울생활권에 속하던 변두리 지역의 토막민호는 포함되지 않은 것임을 알 수 있다.

　　그러나 한편 이와 같은 당시 경성부 당국의 토막민조사 역시 그다지 정확한 것은 아니며 실제 토막민호는 이보다 더 많았던 것이 아닌가 한다. 1931년에 조사된 표 3-3의 송월동·중림동·관동·행촌동·현저동 지역의 토막민호가 153호에 551명으로 조사되어 있지만 같은 1931년 『조선일보』 기사는

　　서대문(西大門) 밖 행촌동(杏村洞)·현저동(峴底洞) 일대의 성벽에 의지하여 유지하는 움집 45호에 대하여 목하 그 일대에 새로 주택을 속속 건축 중인 서

---

26) 『조선일보』 1931년 11월 20일자.

표 3-3_ 1931년 서울 시내 토막민호 분포 (단위: 호, 명)

지역	토막호수	토막민수	지역	토막호수	토막민수
古市町	11	44	竹添町	40	150
吉野町 1丁目	63	250	蓬萊町 3·4丁目	42	171
東四軒町	15	60	松月洞 中林洞 舘洞	153	551
芳山町	26	100	杏村洞 峴底洞		
昌信町	220	660	錦町 靑葉町	155	465
崇仁町	150	500	彌生町	115	450
鍾路 6丁目 忠信洞	340	955	桃花洞	130	455
新堂里 부근			阿峴里	20	60
苑洞	4	16	孔德里	15	62
需昌洞	5	20	靑葉町 大島町 西界	24	96
靑雲洞 都染洞 玉仁洞	5	8	洞 麻洞 淸水町 錦町		
通洞			三坂通		
冷洞	5	20	계	1,538	5,093

대문 외 영천 주택경영소(住宅經營所)에서는 즉시 퇴거(退去)를 요구하는 동시에(…)[27]

　땅을 파고 자리조각을 덮고 원시적 생활을 하는 소위 토막민이 시내·시외의 산곡과 개천가에서 수백 수천을 헤아리게 되며 그 토막이나마 유지하지 못하여 구축을 받으며 방황하고 있는 것이 많다. 시내 송월동(松月洞) 경성중학교(京城中學校) 뒷산 일대에 모여 있는 170여 호의 토막민 8백 명은 동 토지 소유자인 경성중학교로부터 철거명령을 당하고 장차 임박하는 엄동을 앞에 두고 갈 곳이 없어 방황하게 되어 (…)[28]

---

27)『조선일보』1931년 1월 23일자.
28)『조선일보』1931년 10월 7일자.

표 3-4_ 1939년 서울 일원 이외의 지방토막민 부락 (단위: 호, 명)

지역	토막민호수	토막민수
京畿 仁川府 松林里·松峴里	515	2,189
忠南道 論山郡 論山面 本町	7	21
全南 求禮郡 內山面 佐沙里	65	300
慶南 釜山府 凡一町 城內	8	28
慶南 釜山府 凡一町 朝鮮紡績工場 後方	9	22
慶南 東萊郡 西面 戡蠻里	11	34
黃海 海州郡 錦山面 蒼洞·栢田洞	6	16
黃海 海州郡 高山面 土峴里 隅平洞	47	130
黃海 延白郡 海城面 梅井里	11	41
平南 鎭南浦府 碑石里	13	51
平南 鎭南浦府 漢頭里	13	62
江原 高城郡 西面 百川橋里 梨木洞	23	92
咸北 鏡城郡 漁郎面 松興洞	59	213
계	787	3,199

라고 하여 행촌동·현저동·송월동의 토막민을 합쳐 호수로는 45호와 170여 호를 합친 215호 이상이었으며 인수로는 송월동만도 8백 명이었다고 전하고 있는 것이다.

한편 1930년대 초엽의 서울을 제외한 각 지방 토막민촌의 실정에 대해서는 앞에서 든, 1930년의 조사를 근거로 한 젠쇼오 에이스께(善生永助)의 논문 「특수부락과 토막부락」이 어느정도 밝히고 있다. 그것에 의하면 서울 일원을 제외한 각 지방의 토막민 부락을 표시해보면 표 3-4와 같다.[29] 합계 787호에 3199명이 되지만, 이 조사 역시 정확한 것은 못 된다. 먼저 평남 진남포(鎭南浦) 비석리(碑石里)의 경우 이보다 2년

29) 善生永助, 앞의 글 58~64면

전인 1929년에

진남포부 소유지인 동부 비석리 1번지에는 약 30호의 빈민(貧民)들이 '게딱지' 같은 가옥들을 세우고 살아오는 터인데 (…)[30]

라고 한 것과 같이 이미 30여 호의 빈민 부락이 형성되어 있었고, 같은 시기 부산의 경우도 젠쇼오 에이스께의 논문에 나오는 범일정 일대 이외에

부산 매축광장(埋築廣場)의 이곳저곳과 광무천(光武川) 제방에 움막(幕)을 매고 있는 이가 9개월이 되는 지금에 매축광장 50여 호, 광무천변 60호의 움막으로 2천여 명에 달하였다.[31]

고 한 것과 같이 더 많은 토막민 부락이 있었다. 또한, 충청남도 대전의 경우도 젠쇼오 에이스께의 논문에서는 조사되어 있지 않지만, 이미 토막민 부락이 형성되어가고 있었다.

근래 대전 시내에는 인구가 증가됨에 따라 극빈촌인 토막민도 증가되는 현상이어서 당국에서는 신설 도시 건설상 또는 풍기(風紀) 및 위생상 그대로 둘 수 없다 하여 목하 처치를 고려 중이라는데 (…) 최근 조사한바 토막민호수 및 인구는 아래와 같다 한다. 대전읍 11호 54명, 외남면(外南面) 6호 21명.[32]

---

30) 『동아일보』 1929년 6월 7일자.
31) 『조선일보』 1931년 9월 11일자.
32) 『조선일보』 1931년 12월 6일자.

이상은 대개 1930년대 초엽까지의 서울을 비롯한 전국 각지 토막민의 분포와 그 수적 증가상을 자료를 중심으로 정리해본 것이다. 그러나 이밖에도 이 시기의 전국 각 도시에는 토막민과 다름없는 도시빈민들이 증가하고 있었다. 서울의 경우 1932년의 통계에 의하면 '등록세민(登錄細民)'이 4731호에 2만 610명, '미등록세민'이 4653호에 2만 527명이어서 합계 9384호에 4만 1137명이나 있었으며[33] 평양의 경우도 1929년의 기록에

　　작년 말 현재 평양시 관내의 적빈자의 수는 한술 밥을 빌어먹는 걸인 98명을 합하여 남녀 8799명으로 (…) 대동서 관내의 기림리(箕林里)와 같은 곳에는 1300호나 되는 곳이 거개 세민(細民)·궁민(窮民)들이라는데[34]

라고 한 것과 같이 1920년대 후반기에는 대규모의 빈민촌이 형성되어가고 있었던 것이다.

한편 조선총독부는 1930년에도 이른바 '토막 및 불량주택 조사(土幕及不良住宅調査)'를 해온 것 같으나[35] 지금 우리가 구할 수 있는 것은 『조선총독부 조사월보』(약칭 『조사월보』)의 1942년 3월호와 1944년 6월호에 실린 「토막 및 불량주택 조사」뿐이다. 이 두 편의 글에는 1939년부터 1942년까지 4년간의 토막민 및 불량주택 통계가 있는데 그것을 표시하면 표 3-5와 같다. 그리고 이 조사에서는 토막은 "지면을 파내려가서

33) 『조선일보』 1932년 11월 26일자.
34) 『동아일보』 1927년 1월 9일자.
35) 예를 들면 『동아일보』 1930년 1월 19일자에는 서울·인천·군산·목포·부산·평양·진남포·신의주·청진 등 9개 도시의 토막과 불량주택수가 게재되어 있는데 이것은 신문사 자체 조사가 아니라 식민지 통치당국의 조사인 것 같으며 『土幕民の生活·衛生』이 이용한 자료에도 1938년에 경성부가 발간한 『京城府土幕民調査』 등이 있다.

표 3-5_ 1939~42년 전국 토막 및 불량주택 조사 (단위: 호, 명)

조사연월일	토막 거주자		불량주택 거주자		계	
	호수	인구	호수	인구	호수	인구
1939. 10. 1	2,779	11,709	23,957	104,250	26,736	115,959
1940. 10. 1	4,877	19,567	29,213	124,697	34,090	144,264
1941. 10. 1	3,397	14,599	32,938	147,297	36,335	161,896
1942. 10. 1	3,731	9,604	29,609	128,858	33,340	138,462

토벽으로 하고 간단한 지붕을 덮은 원시적 주택"을 말한다 했고 불량주택이란 "위생상 유해 또는 보안상 위험하다고 인정되는 오두막과 같은 조악한 주택"을 말한다 했다.[36]

표 3-5에서 보는 바와 같이 1939년 이후에도 토막민 인구와 불량주택 주민은 계속 증가하다가 태평양전쟁이 막바지에 들어선 1942년에 가서야 약간 줄어들고 있다 1930년대 전반기의 전국적인 통계를 얻을 수 없어서 장기간에 걸친 비교는 어렵지만 토막민의 경우만 1940년에는 1939년보다 호수는 2098호, 75.5% 증가했고 인구수는 7858명, 67.1%가 증가했으며 1941년에는 1940년보다 호수나 인구수가 모두 줄었지만 대신 불량주택민이 크게 증가하여 전체적으로 호수는 2245호, 6.6%가 증가했고 인구수로는 1만 7632명, 12.2%가 증가하고 있는 것이다. 토막민이 감소하고 불량주택민이 증가한 것이라 할 수 있을 것이다.

또한 1930년대 초엽의 통계가 있는 서울의 경우 그것과 1940년대 초엽을 비교해보아도 10년 동안에 토막민과 불량주택민이 크게 증가했음을 알 수 있다. 1931년의 서울 시내 토막민은 앞의 표 3-3에서와 같이 합계 1538호에 5093명이었으나 1940년 10월 1일 현재의 조사에 의하

---

36) 『朝鮮總督府調査月報』 13卷 3號, 1942년 3월호 28면

면 토막민 호수는 2758호, 인구수는 1만 1197명으로 증가하여[37] 9년간에 호수는 1220호 79.3% 증가했고 인구수로는 6104명, 119.9% 증가했음을 알 수 있다. 여기에 1940년의 불량주택이 4545호에 인구수는 2만 3119명이나 되었으므로 이들을 합친 서울의 빈민수는 9년간에 7배가량 증가한 것이다.

그러나 1940년의 조선총독부 조사가 서울 시내의 토막민을 2758호에 1만 1197명으로 통계한 것도 실제 수와는 다른 것 같다. 즉 같은 해에 조사된 『토막민의 생활·위생』에 의하면 "현재에 있어서의 토막의 수는 4292호, 2만 911인으로 되어 있으나 우리들이 현지에서 본 바에 의하면 부(府)가 제시한 수는 실수보다 더 적었던 것 같다. (…) 현재 경성부 내·외에 거주하는 토막민은 3만 인을 훨씬 넘는다고 본다"[38]는 것이다.

한편 1930년대 초엽에는, 비록 그 조사가 불완전한 것이기는 하지만 젠쇼오 에이스께의 논문에서 보는 것과 같이 토막민 부락의 분포가 일부 대도시 지역에만 한정되었지 전국적인 것은 아니었다. 그러나 1940년대에 와서는 그것이 전국의 시·읍 지역으로 확대되어갔음을 알 수 있으며, 표 3-6이 그것을 잘 말해주고 있다.[39]

표에서와 같이 서울을 비롯한 당시의 전국 20개의 부(府), 즉 지금의 시(市)에는 거의 대부분 토막민이 있었고 불량주택은 20개 부에 모두 다 있었다. 토막민은 역시 서울이 제일 많아서 호수로는 전국의 70%가 넘었으며 인구수로는 67%가 넘었다. 1940년대에 와서는 토막 이외에

---

37) 같은 책 35면 '各府竝隣接地域に於ける土幕及不良住宅表' 참조.

38) 京城帝國大學 衛生調査部, 앞의 책 63면.

39) 『朝鮮總督府調査月報』 13卷 3號 35~37면 '各府竝隣接地域に於ける土幕及不良住宅表' 참조. 원자료 합계의 일부 오류가 있는 부분은 수정했다.

표 3-6_ 1940년 각 부의 토막 및 불량주택 호수

부명	호수			인구수		
	토막	불량주택	계	토막	불량주택	계
서울	2,775	4,737	7,512	11,204	23,943	35,147
仁川	477	1,867	2,344	2,802	6,387	9,189
開城	32	157	189	121	624	745
大田	21	227	248	82	866	948
群山	112	3,995	4,107	420	15,470	15,890
全州	27	114	141	120	519	639
木浦	–	473	473	–	2,365	2,365
光州	10	198	208	22	739	761
大邱	159	1,343	1,502	493	4,496	4,989
釜山	9	92	101	125	3,674	3,799
馬山	–	7	7	–	241	241
晉州	4	20	24	21	234	255
海州	65	198	263	248	618	866
平壤	185	3,922	4,107	766	18,301	19,067
鎭南浦	5	156	161	20	723	743
新義州	4	517	521	16	2,377	2,393
咸興	3	34	37	18	160	178
元山	5	196	201	28	954	982
淸津	5	457	462	20	1,633	1,653
羅津	41	196	237	153	663	816
계	3,939	18,906	22,845	16,679	84,987	101,666

* 각 부의 인접지역 포함.

도 불량주택이 크게 증가하여 전국적으로 토막의 4배에 가까운 수가 있
었다. 결국 도시지역의 빈민수가 그만큼 증가한 것이다.

　이들 20개 부는 당시 대도시 지역이어서 농촌을 떠난 인구가 집결되
던 곳이며 따라서 토막민이나 불량주택민이 증가할 만했지만 1940년대

에 와서는 부 지역뿐만 아니라 그보다 더 작은 도시인 읍(邑) 지역에까지도 토막과 불량주택이 생겨나고 있었다. 조선총독부의 조사에 의하면 수원읍을 비롯한 전국의 43개 읍 중 27개 읍에 토막민호가 있었고 42개 읍에 불량주택이 있었으며 이들 읍 지역과 인접 지역의 토막호수는 473호, 토막민수는 1876명, 불량주택호수는 4945호에 불량주택민수는 1만 9651명이나 되었다.[40)]

이것을 1930년대 초기의 토막민 부락의 분포와 비교해보면 그것이 얼마나 전국적으로 확대되어갔는가를 알 수 있다. 즉 식민지시기가 길어짐에 따라 토막민·불량주택민 등 도시지역의 빈민들이 증가해갔고 또한 대도시는 물론 지방의 중소도시 지역에까지 확대되어갔던 것이다. 이와 같은 도시지역에서의 토막민과 불량주택민의 증가는 이농민의 도시 유출로 인한 도시 인구의 증가와 단순한 주택난의 결과로만 볼 수 없으며, 결국 식민지시기가 길어짐에 따라 지주층이나 일부 자산계급을 제외한 민중사회 전체가 빈곤화한 결과이며 거기에 식민지 피지배사회의 특징이 있었던 것이다.

3. 토막민의 생업

식민지시기 도시빈민으로서의 토막민은 본래 대부분 식민지 농업정책의 결과로 농촌을 쫓겨난 이농민들이었다. 따라서 이들은 도시로 나와 초기 자본주의 산업구조의 값싼 노동력이 될 만했지만 식민지 산업구조가 이들을 수용할 만한 조건에 있지 못했고 따라서 이들은 대부분

---

40) 같은 책 37면 '各府並隣接地域に於ける土幕及不良住宅表' 참조.

날품팔이 노동자나 잡역부 등이 될 수밖에 없었다.

1931년 서울의 토막민 조사는

토막민들의 직업을 조사한 바에 의하면 물론 일용인부(日傭人夫)가 가장
많은데 462명에 달하고 그다음은 '지게꾼' 164인, 공사장 인부가 202인이요
그밖에는 행상(行商)·인력거부·직공·운동점 인부 등인데 최다수를 점령한
일용인부라는 것은 물론 무직업과 같은 것이요 제일 부유하다고 할 만한 인
력거부는 겨우 6명에 불과한바 그들의 생활은 실로 참담하다고 한다.[41]

하여 토막민의 생계는 날품팔이가 가장 많고 다음으로 지게품팔이와
수리조합시설 및 건축공사장의 인부 등이 대부분이었음을 말해주고 있
다. 서울뿐만 아니라 지방도시의 경우도 대부분 같았다. 평양의 경우도

빈민굴로 유명한 부외 서성리(西城里)와 기림리(箕林里) 일대에는 빈민들
이 4백여 호 1천여 명이 있어 그들은 거의 전부가 매일 남의 삯짐이나 져서 평
균 10~20전에 불과한 수입을 가지고 온갖 고통을 맛보아가며 근근이 그날그
날을 지내오던바 (…)[42]

라 하여 그들이 대부분 지게꾼이었음을 말해주고 있다. 또 진남포(鎭南
浦)의 경우도 앞에서 든 비석리(碑石里)의 빈민들이 "매일을 하루같이
부두(埠頭)·가두(街頭)에 나가서 일가노동(日稼勞動)을 하여가지고 3, 4
명 혹은 5, 6명의 식구와 같이 간신히 그날그날의 구차한 생활을 하여가

41) 『조선일보』 1931년 11월 20일자.
42) 『동아일보』 1926년 2월 13일자.

던 형편"[43]이라 하여 그들의 대부분이 부두노동자이거나 날품팔이였음을 전해주고 있으며, 역시 앞에서 예로 든 부산 매축광장과 광무천변에 형성된 토막민촌의 경우도

> 매축광장의 50호는 모(某) 정미공장(精米工場)의 제승(製繩)을 하게 되고 광무천 변 50호는 시내·시외의 지게품팔이를 하여 하루 20~30전의 수입으로 그날그날을 그 가족과 간신히 생명을 이어가는 판이었는데[44]

라고 한 것과 같이 역시 날품팔이나 지게품팔이가 대부분이었다. 농촌에서 갓 쫓겨난 이들이 특별한 기술이 없어서 기술노동력이 될 수도 없었으며, 대부분 파산한 이농민들이어서 상업을 영위할 만한 자본이 있을 리 없었으므로 결국 날품팔이 노동자가 될 수밖에 없었던 것이다.

한편 앞의 젠쇼오 에이스께의 논문도 토막민의 직업을 어느정도 밝히고 있다. 그것에 의하면 경성부 고시정(古市町) 토막민의 생업은 날품팔이가 과반수를 차지하고 기타는 잡화나 화초 등의 행상이었으며, 경기도 고양군 한지면 신당리의 토막민은 날품팔이와 넝마주이, 걸인이 대부분이고, 경기도 고양군 연희면 아현리의 토막민들은 그 생업이 지게꾼과 걸인이었고, 도심지에 비교적 가까운 경성부 도화동의 토막민은 날품팔이가 대부분이지만 개중에는 잡업자와 소상인·어부·선부(船夫) 등도 있었다.[45]

지방 토막민의 경우도 대부분 날품팔이가 그 생업이며 전라남도 구례군(求禮郡) 내산면(內山面) 좌사리(佐沙里)의 경우는 전체 부락민이

---

43) 『동아일보』 1929년 6월 7일자.
44) 『조선일보』 1931년 9월 11일자.
45) 善生永助, 앞의 글 55~64면.

농업에 종사하여 임간(林間)의 공지에다 감자·밤·콩 등을 경작했고 부산 범일정의 조선방적공작 뒤편 토막민은 모두 일정한 생업 없이 부산 시내에서 걸식했고 역시 부산 도심지와 가까운 동래군(東萊郡) 서면(西面) 감만리(戡蠻里) 토막민도 모두 걸식했다. 또한 황해도 해주군(海州郡) 금산면(錦山面) 창동(蒼洞)과 백전동(栢田洞)의 토막민은 모두 숯장수였고 연백군(延白郡) 해성면(海成面) 매정리(梅井里)의 41명 토막민은 모두 어부였으며 해주군(海州郡) 고산면(高山面) 토현리(土峴里) 우평동(隅平洞)의 130명 토막민은 모두 '토공(土工)'이라 했다.

또한 앞에서도 든 평안남도 진남포부 비석리에는 토막민이 13호, 51명 있고 토막 생활에 가까운 빈민이 11호, 52명 있었는데, 토막민의 생업은 지게꾼이 13명, 잡역노동이 12명, 걸식이 5명이고 토막 생활에 가까운 빈민은 지게꾼 32명, 잡역노동이 69명, 무녀(巫女) 1명, 고물행상 1명, 매약(買藥)행상 1명이며, 기타는 무직이라 했다.[46] 토막민의 생업이 비교적 여러가지로 나타났지만 역시 모두 별다른 기술과 자본을 요하지 않는 날품팔이와 같은 생업이 대부분임을 알 수 있다.

한편 사꾸라이 요시유끼(櫻井義之)가 1932년에 쓴 논문 「조선의 룸펜」에는 1928년과 1931년에 조사한 서울 시내 토막민의 생업통계가 나와 있는데 그 내용은 표 3-7과 같다.[47] 1928년과 1931년의 조사 모두 날품팔이의 비율이 제일 높고 다음은 지게꾼이 높으며, 생업의 종류도 비교적 다양해져가고 있음을 볼 수 있다.

한편 1938년에 쓴 초오고오 에이지의 「토막민과 그 처지에 대하여」에는 당시의 경성부가 집계한 서울 시내 토막민호 3316호, 1만 6644명

---

46) 같은 곳.

47) 櫻井義之「朝鮮のルムペン」, 『社會政策時報』 159號, 1933년 12월호. 원자료에는 1931년의 합계가 1538로 되어 있으나 1536으로 수정했다.

표 3-7_ 1931년 서울 시내 토막민의 생업 (단위: 명, %)

생업별	1928	비율	1931	비율
지게꾼	91	8.0	164	10.7
날품팔이	361	31.6	462	30.1
運送店 人夫	7	0.6	32	2.1
商店 雇人	28	2.4	36	2.3
會社職工	15	1.3	26	1.7
공사장 인부	-	-	200	13.0
織物職工	11	1.0	25	1.6
製紙職工	-	-	80	5.2
과일행상	11	1.0	33	2.1
야채행상	15	1.3	32	2.1
기름행상	4	0.3	14	0.9
소금행상	-	-	6	0.4
인력거꾼	25	2.2	35	2.3
손수레꾼	16	1.4	53	3.5
미장이	1	0.1	10	0.7
목공	28	2.4	38	2.5
석공	20	1.7	20	1.3
기타	510	44.6	270	17.6
계	1,143	100	1,536	100

의 생업이 밝혀져 있는데 표 3-8이 그것이다.[48] 남자가 여자보다 약 1
천 명이나 많으며 약 10년 전의 통계인 표 3-7에서보다 직업이 세분되
어 있지 못하다. 전체의 46.3%가 날품팔이를 생업으로 하고 43.6%가
무직이라는 데서 토막민 사회의 실정이 잘 드러나 있다.

초오고오 에이지의 논문은 또 당시의 신당정(新堂町)과 신설정(新設

---

48) 長郷衛二, 앞의 글 42면 '第2表 土幕民の職業別及生計狀況'.

표 3-8_ 1938년 서울 시내 토막민의 생업 (단위: 명, %)

생업별	남	여	계	비율
일용노동자	6,268	1,437	7,705	46.3
농업	298	110	408	2.5
상업	612	597	1,209	7.3
행상	5	-	5	-
점원	4	1	5	-
인력거꾼	5	-	5	-
기타	30	21	51	0.3
무직	1,609	5,647	7,256	43.6
계	8,831	7,813	16,644	100

町) 토막민의 실태를 좀더 상세히 분석하고 있는데, 먼저 신당동의 경우 전체 토막민 인구 1450명 중 생업을 가진 사람은 416명으로 28.7%이며 그 구체적 내용은 표 3-9와 같다.[49] 서울의 도심지와 비교적 가까웠던 신당동의 경우도 날품팔이가 54.3%로 절반이 넘었으며, 이들은 1개월에 15일 내지 20일만 취업할 수 있었다고 했다.

다음, 1931년 통계인 표 3-7에서는 회사직공이 1.7%에 불과했으나 여기서는 공장직공이 15.1%로 비교적 높아져가고 있음을 볼 수 있다. 1930년대 후반기 이후 일본의 대륙침략이 본격화하면서 식민지 조선에도 일본 독점자본 중심의 식민지 군수공업이 어느정도 발달해가고 있었으며 따라서 공장노동자의 수도 그만큼 증가하고 있었다. 그 영향이 토막민 사회에도 어느정도 미쳤다고 생각할 수 있시 않을까 한다.

또한 초오고오 에이지의 논문에는 서울 근교 신설정의 토막민 실정도 일부 조사되어 있다. 이 시기에는 돈암정의 토지구획 정리를 진행하

---

49) 같은 글 '新堂町土幕民の實狀'.

표 3-9_ 1938년 서울 신당동 토막민의 생업 (단위: 명, %)

직업별	남	여	계	비율
일용노동	226	-	226	54.3
마부	9	-	9	2.2
행상	26	3	29	7.0
洋服職工	13	4	17	4.1
공장직공	50	13	63	15.1
목공	14	-	14	3.4
洋鐵工	7	-	7	1.7
店舗 傭人	9	1	10	2.4
기타	37	4	41	9.9
계	391	25	416	100

여 이 구역 안의 토막민을 한자리에 모아 수용하려 하였고 이 때문에 신
설정 일대의 토막민 362세대, 1921명을 옮기게 되면서 그 생활실정을
조사한 것이다. 이 조사는 토막민의 생업을 세대별로 나누었는데 그것
을 표시하면 표 3-10과 같다.[50]

역시 노동으로 분류된 날품팔이가 전체의 47.5%로 거의 절반이나 되
며 나머지는 그 생업이 상당히 다양해졌음을 알 수 있다. 상업의 비율이
상당히 높고 직공으로 표시된 노동자의 비율은 신당동의 공장노동자와
달리 4.1%에 불과하지만, 의생·회사원·집배인·점원·관공리 등 1920년
대나 30년대 초기의 토막민에게서는 볼 수 없었던 직업이 나타나고 있
음을 볼 수 있다.

앞에서 든 「토막민의 생활환경과 위생상황」이 지적한 것과 같이 토
막민이란 결코 조선사회 안에서 고립된 특수한 사회를 형성한 사람들

50) 같은 글 '新設町 土幕民の一部實狀'.

표 3-10_ 1938년 서울 신설정 토막민의 생업 (단위: 호, %)

직업별	호수	비율	직업별	호수	비율
상업	50	13.8	직공	15	4.1
鐵業	2	0.6	회사원	4	1.1
노동	172	47.5	집배인	2	0.6
음식점	6	1.7	冶匠職	3	0.8
목공	15	4.1	醫生	1	0.3
土工	4	1.1	관공리	2	0.6
마부	14	3.9	농업	2	0.6
행상	23	6.4	무직	31	8.6
공업	4	1.1	기타	6	1.7
점원	6	1.7	계	362	100

이 아니었으므로 도시지역에서 자리잡은 후 어느정도의 기반이 잡히면 그 주거도 토막에서 불량주택 정도로 바뀔 수 있었으며 그 직업도 날품 팔이만이 아닌 다소 고정적이고 안정된 것으로 차차 바뀌어갈 수도 있었던 것 같다.

1940년에 토막민 생활을 비교적 소상하게 조사한 『토막민의 생활·위생』은 서울 시내 556호, 2648명의 생업을 조사한 결과를 싣고 있다.[51] 조사대상자 2648명 중 생업을 가진 사람은 남자 736명, 여자 83명 합계 819명으로 전체의 약 31%에 불과하다.

그 가운데 남자 736명이 가진 생업은 무려 81종으로 구분되어 있다. 역시 가장 많은 사람이 종사한 직종은 301명, 40.9%를 차지하는 일가노동(日稼勞動) 즉 날품팔이이며, 이밖에 10명 이상이 종사한 직종을 들어 보면 13명의 수레·마차부, 12명의 운반인부, 15명의 지게꾼, 12명의 청

---

51) 京城帝國大學 衛生調査部, 앞의 책 96~110면 참조.

소부, 12명의 공장노동자, 13명의 인쇄공, 40명의 목공, 27명의 기타 직공, 15명의 넝마주이, 15명의 기타 상인, 24명의 기타 행상, 12명의 점원, 20명의 직업불명 등이어서 앞의 신당동 토막민이나 신설동 토막민의 경우와 비슷하게 나타나고 있다. 또한 여자 83명의 경우는 기타 직공 24이 가장 많고 떡장사 7명, 바느질 품팔이 8명, 기타 행상 7명, 날품팔이 4명, 작부(酌婦) 4명, 술장사 3명, 직업불명 3명 등이 많은 편이다.

종사자가 가장 많은 날품팔이의 경우 조사자들은 "이들은 모두 특수한 기능도 일정한 직장도 없고 체력을 유일한 자본으로 하여 그날그날의 형편에 따라 일거리를 얻어 그날의 양식을 마련하는 자들이다. 토역(土役)이건 공사장 일이건 조건이 좋은 일거리가 있다고 들으면 서로 권해서 하고 그 일거리가 끝나면 또다른 일거리로 옮겨다니며 노력을 팔고 다니며, 일거리가 없을 때는 그들의 유일한 생업도구인 지게를 지고 네거리나 정거장 등의 붐비는 곳에 앉아서 짐 운반이나 달리 고용될 것을 기다리는 것이다. 다만 힘만 좀 있으면 되는 제일 쉬운 생업이어서 농촌에서 나와 자본도 기술도 없고 의지할 곳 없는 노동자는 대체로 먼저 이 단계를 거쳐서 점차 보수가 나은, 안정성이 있는 인부·행상 기타의 생업으로 옮겨가는 것이다"[52] 하여 대부분의 토막민이 생업으로 택하는 일가노동, 즉 날품팔이의 실정을 전해주고 있다.

남자의 경우 날품팔이 다음으로 많은 목공은 "근년 경성 인구의 팽창, 교외로의 주택 범람에 따라서 생긴 직업이다. 그들 자신은 집이라 말하기 어려운 보잘것없는 주거에 살면서 남의 주택을 짓는 일에 종사하는 것은 풍자적이다" 했고 역시 종사자가 많은 기타 직공에 대해서는 "이들은 대개 수공업류의 경공업 종사자로서 최근 갑자기 발달한 중공

---

52) 같은 책 102~103면.

업 또는 시국공업(時局工業, 군수공업? — 인용자)에 종사하는 자는 극히 드물다"[53] 한 것과 같이 이 시기 토막민의 일부가 날품팔이를 벗어나고 있기는 했으나 역시 날품팔이나 그다지 다름없는 불안정 고용직이 대부분이었음을 알 수 있다.

또한 역시 토막민들의 중요한 생업 중의 하나이던 행상 및 상인에 대해서는 "대부분 행상이고 상인이라 해도 노천상인류가 많고 일정한 점포를 가지고 있는 자는 극히 적다. 연중 일정한 상품을 취급하는 자는 대단히 적고 계절에 따라 야채·과류(瓜類)·서류(薯類)·명태·석수어 등을 지게 또는 손수레에 싣고 특별한 어투로 외치며 길거리를 돌아다닌다. 어느정도의 자본을 요할 뿐만 아니라 상품의 매입과 판매에 요령을 요하므로 상당한 장기간 서울 생활에 익숙한 자에 한해서 가능한 생업이다. 따라서 서울 원주 토막민이 많고 농촌 출신자의 행상인은 비교적 적다"[54]고 했다.

1920년대와 1930년대 초기 토막민의 생업이 날품팔이에 치중되어 있었던 데 비해서 1930년대 말 내지 1940년대로 들어오면서 날품팔이의 비율이 계속 높기는 하지만 그 생업이 어느정도 다양해져간 것은 사실이다. 그러나 그 생업은 역시 비고정적이며 불안정한 직종에 한정되어 있었고 전체 토막민 중 유업자(有業者)의 비율도 낮았다. 일본의 경우 1922년의 「세민(細民) 생계상태 조사」에서 나타난 빈민 전인구에 대한 유업자 비율이 39.5%였고 1932년의 「토오꾜오시(東京市) 요보호자 생계조사」에서는 31.3%였으나 1940년 경성제대 의학부의 서울 토막민 조사는 30.9%로 낮았던 것이다.[55]

---

53) 같은 책 104면.
54) 같은 책 105면.
55) 같은 책 109면 '有業者數の全人口に對する比率'.

한편 이 시기 전국 토막민의 생업 조사를 보면 경성제대 의학부가 조사한 서울 시내 토막민의 그것과는 상당한 차이가 있음을 볼 수 있다. 조선총독부의 후생국이 실시한「토막 및 불량주택 조사(土幕及不良住宅調査)」에는 1939년부터 1942년까지 4년간의 직업별 조사가 있는데 표 3-11이 그것이다.[56]

표에서 보는 바와 같이 전국적으로 인부로 표시된 날품팔이 토막민이 약 40%를 차지하고 있어서 농촌지역이나 지방의 중소도시에서도 그 비율이 상당히 높았음을 알 수 있다. 농업을 직업으로 하는 토막민이, 이들의 거의 대부분이 농업노동자였으리라 생각되지만, 계속 증가해가고 있었다는 점이 주목되지 않을 수 없다.[57] 이 점은 1920년대 내지 1930년대 초기에 주로 대도시나 그 주변에만 있었던 토막민들이 식민지시기가 길어짐에 따라 농촌지역에도 형성되어갔다는 사실을 뒷받침하고 있는 것이라 할 것이다.

표 3-11에서 나타난 토막민 문제의 주목할 만한 또다른 변화는 소상인·행상인·직공 등 토막민 중에서도 비교적 생활정도가 나았으리라 생각되는 생업의 소유자가 1940년대의 일본제국주의의 파쇼화, 침략전쟁의 확대 과정에서 점점 감소되어가고 있었다는 점이다. 즉 소상인의 경우 1939년에는 전체 토막민의 8.2%였으나 1942년에는 4.7%로 줄었고 행상인은 같은 기간에 10.3%에서 6.1%로, 직공은 13.3%에서 8.9%로 줄어들고 있는 것이다.

요컨대 토막민이란 식민지시기 대체로 1920년대 이후 농촌을 쫓겨난 인구를 중심으로 도시지역과 그 변두리에 모여든 빈민들이었다. 따

---

56) 『朝鮮總督府調査月報』 13卷 3號 및 15卷 6號.

57) 1939년 및 1940년의 조사와 1941년 및 1942년의 농업을 생업으로 하는 토막민통계 사이에는 너무 급격한 증가가 있어서 조사에 문제가 있는 것이 아닌가 하는 생각도 있다.

표 3-11_ 1939~42년 토막 및 불량주택민의 생업 (단위: 호, %)

	1939		1940		1941		1942	
농업	2,713	10.1	3,706	12.2	7,139	19.6	7,216	21.7
소상인	2,195	8.2	1,705	5.6	1,903	5.2	1,544	4.7
행상인	2,750	10.3	3,021	10.0	2,247	6.2	2,014	6.1
직공	3,545	13.3	3,187	10.5	3,095	8.5	2,942	8.9
인부	9,910	37.1	14,054	46.3	17,221	47.4	13,057	39.3
기타	3,958	14.8	3,505	11.6	3,574	9.8	5,205	15.7
무직	1,665	6.2	1,149	3.8	1,156	3.2	1,204	3.6
계	26,736	100	30,327	100	36,335	100	33,182	100

라서 이들은 초기 자본주의의 값싼 노동력으로 수용될 만한 인구들이었으나 식민지 산업구조의 취약성 때문에 그것이 거의 불가능했으므로 대부분 도시지역의 일고노동자, 즉 날품팔이를 생업으로 할 수밖에 없었다.

토막민촌은 당초 대체로 도시지역을 중심으로 형성되었고 또 토막민들의 도시 생활이 길어짐에 따라 그 생업도 날품팔이 중심이긴 하면서도 행상 등 상대적으로 다소의 자본을 요하는 생업이나 공장노동자·회사원 등 약간의 안정성이 있는 생업을 가지는 경우도 늘어나고 있었다.

그러나 식민지 피지배 기간이 길어짐에 따라 토막민촌은 도시지역뿐만 아니라 전국의 농촌지역으로 확산되어갔으며, 비교적 안정된 생업에 종사하는 토막민의 비율도 일본의 침략전쟁이 본격화하던 1930년대 후반부터 1940년대 초엽에 걸치는 시기에는 점점 낮아져가고 있었다. 식민지 지배정책의 결과로 생성된 도시빈민 거주지로서의 토막민촌이 식민지 피지배 기간이 길어짐에 따라 전국 농촌지역으로까지 확산되어간 사실, 그리고 토막민이 계속 안정된 생업을 가질 수 없었던 점 등에 식민지 지배정책의 특징이 가장 잘 나타난 것이라 할 것이다. 식민지 산업구조는 결코 이들을 수용할 만한 측면을 가지지 못하고 있었던 것이다.

4. 토막민의 주생활·의생활

앞에서 여러 번 논급된 것과 같이 토막민이란 국유지나 사유지를 막론하고 공지(空地)만 있으면 움집이나 움막을 지어 사는 사람들을 가리키며, 그들이 움집을 짓는 곳은 주로 산언덕이나 성벽 밑, 제방이나 하천 변, 다리 밑 등이었다. 예를 들면 서울의 경우 송월동 토막민촌은 경성중학 뒷산 일대에 형성되어 있었고[58] 서대문 밖 행촌동·현저동 일대의 토막민촌은 성벽을 의지해서 형성되었으며[59] 창신동 산비탈이나 청계천 제방 위,[60] 한강 변의 동부·서부 이촌동, 광희문 밖의 화장장 주변,[61] 서대문 밖 죽첨정(竹添町) 3정목에 있는 금화원(金華園) 부근 속칭 '동구재고개'[62] 등은 비교적 일찍 토막민촌이 형성된 곳이었다.

토막·움막·움집 등의 이름에서 이미 그들의 주생활(住生活)이 어떤 것이었는가 짐작할 수 있으며 토막민이란 말 자체가 그들의 주생활을 통해서 붙여진 것이지만, 그 주생활을 좀더 상세히 살펴보면 토막민 생활의 실상을 쉽게 이해할 수 있을 것이다.

1940년의 경성제대 의학부 학생들의 조사가 토막의 종류를 A형과 B

58) 『조선일보』 1931년 10월 7일자.
59) 『조선일보』 1931년 1월 23일자.
60) 『동아일보』 1927년 6월 24일자.
61) 『동아일보』 1928년 7월 30일자.
62) 『동아일보』 1928년 5월 12일자.

토막의 종류

A-1형 토막가옥

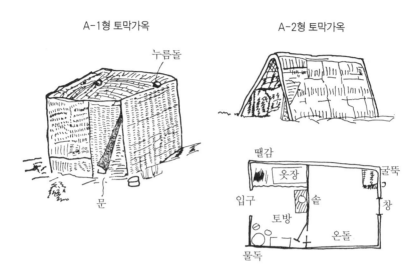

누름돌

문

A-2형 토막가옥

땔감
옷장
굴뚝
입구
솥
창
토방
온돌
물독

B형 토막가옥

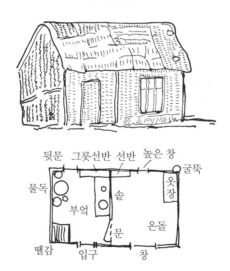

뒷문 그릇선반 선반 높은 창
물독
굴뚝
옷장
부엌
솥
온돌
땔감
문
입구
창

형으로 나누었다고 앞에서 말했지만 그것을 그린 그림을 보면 앞과 같다. 그림에서 보는 바와 같이 A형은 두 가지 있는데 A-1형은 "다리 밑 같은 데서 쉽게 볼 수 있으며 4면을 거적으로 두르고 위에는 양철조각으로 덮고 돌을 눌렀다. 내부는 흙바닥에 자리를 깔았고 입구는 문 대신 거적을 드리웠다. 온돌은 물론 없고 취사는 밖에서 한다. 빈 석유 깡통을 이용해서 곤로를 만들어 쓰고 있다"[63]고 설명하고 있다. 토막 중에서도 가장 조악한 형태라고 할 수 있을 것이다.

한편 A-2형은 "독특한 형이다. 내부는 방과 부엌 겸 헛간으로 되어 있다. 방은 온돌인 경우도 있고 그렇지 않은 경우도 있다"[64] 했고 B형은 "지붕은 짚으로 덮었고 벽은 흙벽이다. 왼편 벽에는 비가 치는 것을 막기 위해 거적을 쳤다. 내부는 방과 부엌으로 구분되어 있다. 이런 집의 방은 대부분 온돌"[65]이라고 했다.

그러나 토막민촌의 주거라 해서 모두 A형과 B형과 같은 움막으로만 되어 있었던 것은 아니며 지형에 따라 토굴이 있었는가 하면 또 어느정도의 형식을 갖춘 한옥도 있었다. 이와 같은 실정에 대해 『토막민의 생활·위생』은 "그 생활정도에 있어서 상층에서 하층에 이르는 여러가지 단계가 있는 것과 같이 그 주거도 위로는 기와지붕에 회벽을 가진 훌륭한 것에서부터 아래로는 혈거(穴居)와 같은 조잡한 움집에 이르기까지 잡다한 모양이 있다" 하고 앞에서 든 A형, B형 이외에 어느정도 한옥의 모양을 갖춘 것을 C형이라 하면 조사한 556호 중 A형 68호, 12.2%, B형은 221호 39.7%, C형은 267호 48%라 했다.[66]

---

63) 京城帝國大學 衛生調査部, 앞의 책 137면.

64) 같은 책 138면.

65) 같은 책 140면.

66) 같은 책 139면.

또한 초오고오 에이지의 「토막민과 그 처치에 대하여」에서도 토막민의 주거를 역시 순토막식과 어느정도의 집을 갖춘 것, 제법 정돈된 가옥 등의 세 가지로 나누고 순토막식은 3316호 중 442호, 13.3%라 했다. 그리고 토막민의 주거 중 보존등기가 되어 있고 가옥세를 바치는 집이 전체의 26%라 했다.[67] 여기에서의 보존등기된 토막민 주거와 앞의 『토막민의 생활·위생』이 분류한 C형 등이 『조선총독부 조사월보』가 조사한 '토막 및 불량주택 조사' 중에서 불량주택에 해당되는 것이라 보여진다. 1920년대 초엽 토막민촌이 처음 형성될 때는 A형, B형이 대부분이었으나 경성제대 의학부나 『조선총독부 조사월보』의 조사가 실시된 1940년대에 와서는 그 일부가 C형과 같이 어느정도 한옥으로서의 형태를 갖추어간 것이라 하겠다.

한편 토막민의 가족수를 보면, 1925년의 어느 빈민굴의 조사에는 1인 가족이 5호, 2인가족 11호, 3인가족 14호, 4인가족 17호, 5인가족 10호, 6인가족 6호, 7인가족 1호로[68] 평균 1가족 3.6인으로 계산되었다. 그러나 앞의 표 3-2에서 보이는 서울 토막민의 경우 1931년에는 1가족 평균 3.3명, 1933년에는 평균 4.3명, 1934년에는 4.9명, 1935년에는 4.8명, 1937년에는 4.6명, 1938년에는 5.0명으로 점점 증가해가고 있음을 볼 수 있다.

또한 서울을 제외한 지방 토막민의 경우 1930년에 조사된 표 3-4에서는 전국 1호당 평균 4.1명이며 표 3-5의 1939년 이후 조선총독부 조사의 전국 '토막 및 불량주택 조사'에서는 1939년이 토막민 1호당 평균 4.2명에 불량주택민 4.4명, 1940년이 토막민 4.0명에 불량주택민 4.3명,

---

67) 長鄕衛二 「土幕民と其處置に就いて(2)」, 『同胞愛』 1938년 2월호 9면.
68) 藤井忠治郞 『朝鮮無産階級の硏究』, 帝國地方行政學會朝鮮本部 1926, 67면.

1941년이 토막민 4.3명에 불량주택민 4.5명, 1942년이 토막민 2.6명에 불량주택민 4.4명이었다. 그리고 표 3-6의 전국 각 부(府)의 경우도 토막민은 1호당 평균 4.2명이며 불량주택민은 4.5명으로 되어 있어서 대체로 이들 빈민의 1호당 평균 가족수는 1930년대 초엽까지 3명을 조금 넘었으나 1930년대 후반기 이후 4명 이상으로 증가했음을 알 수 있다.

범위를 조금 좁혀서 1938년에 조사된 서울 신당동 토막민의 경우를 보면 조사대상 362세대 중 1인가족이 8세대, 2인가족이 27세대, 3인가족이 59세대, 4인가족이 49세대, 5인가족이 68세대, 6인가족 52세대, 7인가족 51세대, 8인가족 21세대, 9인가족 10세대, 10인가족 6세대, 11인가족 3세대, 12인가족 2세대, 14인가족 4세대, 15인 이상 2세대로 되어 있어서 1호당 평균 5.3명으로 높으며 최다가족은 31명까지 있었다.[69]

식민지 피지배 기간이 길어질수록 토막민 및 불량주택민 호수와 인구수가 증가해가는 한편 이들 빈민호 1호당의 평균 가족수가 증가하여 그들의 주거조건이 더 나빠져갔음을 알 수 있다. 그리고 이들 빈민의 주거조건의 악화 문제는 또한 그 1인당 주거면적에서도 나타나고 있다.

1940년의 경성제대 의학부 학생들의 조사에 의하면 조사대상 556호 중 1간(약 1평 반)에 살고 있는 가족이 365호로 전체의 66%이며, 2간을 가진 가족이 126호로 23%이고, 3간 이상을 가진 가족은 44호로 7.9%이다. 또한 1인당 차지하는 면적은 0.2~0.4평이 280호로 제일 많고 다음이 0.4~0.6평의 149호이며 0.2평 미만이 13호, 1평 이상이 14호였다. 그리고 그것을 일본 빈민의 경우와 비교하면 토오쿄오 시내 극빈 생활자의 1인당 차지하는 면적이 왜돗자리(畳) 1.6장인 데 비해서 서울 토막민은 0.9장밖에 되지 않았다.[70]

---

69) 長鄕衛二「土幕民と其處置に就いて(1)」45면.

또한 난방은 대체로 온돌로 되어 있어서 서울 토막민의 경우 556호 중 522호, 93.9%가 온돌이었다. 또한 그 집의 소유관계를 보면 556호 중 스스로 집을 지어 사는 호수가 221호 39.7%였고, 집을 남으로부터 사서 살고 있는 호수가 212호 38.1%였으며, 전세로 빌려서 사는 경우가 56호 10.1%, 월세로 빌려서 사는 경우가 53호 9.5%여서[71] 토막마저도 약 20%가 남의 집에 살고 있었음을 알 수 있다.

1927년의 『동아일보』가 서울 토막민촌의 실정을 전하면서

경성 부근에는 전부터 집 없는 사람들이 혹은 산비탈 혹은 개천가에 있는 국유사정지(國有査定地)에 움집을 지어가지고 그에 의지하여 살아나가며 한 푼 두 푼 절약하여 그 움집을 차차 보기에 흉하지 아니하게 만들어 사는 곳이 많은 터인데 최근에 이르러 주택난이 심하여가는 동시에 상당한 자본을 가진 사람까지 종래 관청에서 빈민을 위하여 국유지에 이러한 움집 짓는 것을 묵 인하여오는 것을 달콤하게 생각하고 이러한 국유사정지에 침범하여 집을 지 어가지고 매매까지 하는 일이 있으므로 (…)[72]

한 것과 같이 토막민촌에도 집의 매매는 어느정도 있었던 것이다.

한편 경성제대 의학부의 조사에는 서울 토막민 556호 주민의 의복 사 정도 조사하고 있는데 그 일부를 들어보면 다음과 같다.

춘추에는 겨울옷의 솜을 빼어버리고 입는 일은 일반 조선인 사이에도 상당히 넓게 있는 일이지만, 그들 극빈계급은 의복 부족 때문에 그 경향이 더욱 심

---

70) 京城帝國大學 衛生調査部, 앞의 책 142~44면.

71) 같은 책 149면.

72) 『동아일보』 1927년 6월 24일자.

하다. (…) 여름옷의 천은 목면·인견·조선마포 등이 사용되는데 빈곤과 근래의 의복지 품귀 때문에 새로 지어 입기 어렵고 여러 번 기워도 옷은 이름뿐이고 살을 가릴 수 없는 남루를 입고 있는 자가 적지 않다.[73]

하고 의생활(衣生活)조사 결과를 표시했다. 그것에 의하면 여름옷의 경우 입고 있는 옷 한 벌뿐인 호수가 556호 중 282호, 51%로 제일 많고 옷 두 벌을 가진 경우가 195호, 35%이며 세 벌 이상의 경우가 39호, 7%에 지나지 않았다. 또한 한 벌도 못 가진 경우가 23호, 4.1%인데 이 경우는 "주로 다리 밑이나 강가의 하계층(下階層) 토막민에서 볼 수 있는 예로서 어른은 어떻든 아이들은 전혀 옷이라고 볼 수 없는 남루조각으로 다만 허리를 둘렀을 뿐이다"[74] 했다.

한편 겨울옷의 경우도 한 벌만 가진 가족이 293호, 53%나 되며 두 벌 가진 가족이 170호, 30.6%였으며 겨울옷이 한 벌씩도 되지 않는 30호는 여름에 겨울옷의 솜을 빼내고 뒤집어 입었다가 겨울이 되면 다시 뒤집어서 솜을 넣어 입는지 분명하지 않다고 했다. 그리고 겨울옷 한 벌씩을 가진 경우와 한 벌씩도 못 가진 323호, 58%는 갈아 입을 옷을 못 가진 사람들로서 겨울에는 여름과 달리 쉽게 빨래를 할 수도 없으므로 한 겨울 내내 한 벌의 옷으로 지낸다고 볼 수밖에 없다고 했다.

또한 침구의 경우도 어린아이용까지 합쳐서 1호당 평균 이불 1.6장, 요 1.4장에 지나지 않았으며 "1호당 이불 1장 이하가 295호, 조사된 총 호수 556호의 53%를 점하여 과반수가 1가족이 한 장의 이불을 덮고 밤을 지낸다"[75]는 실상을 전하고 있다. 호구책이 급했던 그들의 의생활

---

73) 京城帝國大學 衛生調査部, 앞의 책 152~53면.
74) 같은 책 153면.
75) 같은 책 155면.

사정이 얼마나 극악의 상태에 있었던가를 잘 말해주고 있다. 또한 앞에서 든 후지이 주우지로오(藤井忠治郎)의 『조선 무산계급의 연구』에서도 식민지시기 조선사람들의 의생활 일반에 대해 다음과 같이 그 실정을 전하고 있다.

조선의 전도(全道)는 그 계급을 막론하고 남녀노소를 물론하고 4계절을 통해 흰옷을 입는다. 빈부의 정도에 따라 그 질을 달리하는 것은 물론이다. 상·중류층에서는 견포나 '옥양목'이라고 하는 금건(金巾) 등을 보통 사용하고 하층 빈민은 포(布)와 같은 거친 수직(手織)목면 '북대기목면'을 사용하는 것이 보통이다. 그밖에 '광목'이라고 하는 천립목면(天笠木綿) 등도 많이 사용하지만 빈민굴 생활자의 경우 옷을 새로 해 입을 생각조차 할 수 없을 정도로 먹는 일에 모든 것을 빼앗겨 의복을 생각할 여유가 없다. 걸인이 아니더라도 그 행색은 걸인과 조금도 다르지 않다. 남루를 걸치고 있건, 꿰맨 옷이건, 안남미 푸대건, 썩은 보자기이건, 너덜너덜한 외투조각이건, 이들은 전혀 개의치 않고 옷의 모양에는 초연한 상태이다.[76]

5. 토막민의 생계

식민지 조선에 와서 20여 년간을 살면서 "통역으로서, 또 가난한 일개의 전도자로서 깊이 조선인과 접촉하여, 특히 하급 빈민과 친하게 침식을 함께함으로써 다소 하층사회의 실상을 알게 되었다"[77] 하고 1926

---

76) 藤井忠治郎, 앞의 책 68면.
77) 「自序」, 같은 책.

년에 『조선 무산계급의 연구』를 쓴 후지이 주우지로오는 그의 저서에서 영국 빈민 연구자의 설을 들어 빈민이란, 첫째 그 생활이 야만적 상태에 있는 사람, 둘째 일정한 수입이 없거나 일정한 일에 종사하지 않는 사람으로서 때때로의 수입으로 겨우 생명을 이어가고 있는 사람, 셋째 일정한 수입은 없지만 날마다 부정(不定)의 수입이 있고 정해진 일을 해서 생활하는 사람, 넷째 일정한 수입으로 그럭저럭 생활하고 있는 사람이라 했다.[78]

그에 의하면 영국 런던의 경우 4인가족으로서 주수입(週收入) 10원 50전 이하가 빈민이고 일본의 경우는 그 내무성 조사가 월수입 20원 이하, 집세 3원 이하를 빈민으로 하고 있다 하고 조선의 경우 그가 실사(實査)한 빈민굴 67호는 월수 5원 이하가 15호, 10원 이하가 31호, 20원 이하가 17호, 20원 이상이 4호여서 평균 월수입은 12원이었다고 전하고 있다.[79] 영국은 월수 60원 이하가 빈민이어서 일본의 빈민보다 그 수입이 3배나 높고 조선의 빈민굴 주민은 조사대상 67호 중 63호가 일본 빈민의 월수 20원 이하였던 셈이다.

빈민들의 수입액은 같은 식민지시대라도 해도 시기에 따라 다를 수 있겠다. 1920년대 전반기의 조사에 근거한 『조선 무산계급의 연구』가 월수 20원 이하를 빈민으로 간주하고 있는 것과 비교하여 토막민과 같은 도시빈민들의 중요한 직업이던 지게꾼의 경우 1930년대에 들어와서도 월수는 그 이하였음을 볼 수 있다.

정거장 서편쪽 봉래정에 있는 지게청이다. 그들은 집에 세 식구, 네 식구씩

---

78) 같은 책 64면.
79) 같은 책 64~66면.

두고 종일 그곳에 와 있다. 손님과 물건을 한꺼번에 실어가는 '택시' 자동차에게 여지없이 박멸을 당한 그들이라도 많을 때는 40~50명, 적을 때는 20~30명이나 모인다. (…) 남대문서 종로로 온대야 겨우 20전이나 30전을 받는다고 한다. 요새 세말을 당하여 일거리가 좀 늘었다고 해도 하루 다섯 번 하기가 어렵고 평균치면 세 번이라고 하니 한 번에 20전을 치면 한 달에 18원이다. 정거장을 제외하고 다른 방면에 있는 지게꾼들은 이만치도 못 된다 하니 그들의 생활을 가히 알 것이다.[80]

가장 일자리가 많은 서울역 근처의 지게꾼의 수입이 하루 60전인 셈인데 1932년의 서울·목포·대구·부산·평양·신의주·원산·청진 등 8개 도시 비숙련노동자 임금 중 지게꾼 임금이 58전으로 되어 있는 것을 보면[81] 앞의 신문기사가 정확함을 알 수 있다.

서울역 근처 지게꾼이 4인가족이라 했을 때 그 1인당 1일생활비는 15전이고 지게꾼의 연간수입은 2백 원이 넘는 셈이지만 당시 모든 도시빈민의 생활이 이런 수준은 아니었다. 1933년의 『부산일보』 기록에 의하면 대구부(大邱府) 내 '극세민' 198호에 대한 생활상태조사 결과 1인당 1일생활비는 6전 2리로 나타났다. 그들의 직업은 대부분 야채 및 어물 행상과 지게꾼 일용노동자들이며 1세대의 인원은 4.4명이었고 1세대 1년간 평균 수입은 1백 원이어서 1인당 1일생활비는 6전 2리로 나타난 것이다.[82]

같은 도시빈민의 경우도 서울과 지방도시 사이에 상당한 생활의 차가 있던 것 같지만 1938년에 조사된 서울 토막민의 경우 그 생활상이

---

80) 『동아일보』 1931년 1월 2일자.
81) 櫻井義之, 앞의 글 26면 '제4표' 참조.
82) 같은 글 32면.

표 3-12_ 1938년 서울 토막민의 직업별 생계 (단위: 원)

직업	토막민수		1일 평균 수입		1호당 1개월생활비				1일 1인
	남	여	남	여	식비	의복	기타	계	평균 식비
일용노동자	6,268	1,437	0.85	0.55	15.00	4.00	5.00	24.00	0.25
농업	298	110	0.70	0.30	16.00	4.00	4.00	24.00	0.30
상업	612	597	1.10	0.95	18.00	6.00	8.00	32.00	0.35
행상	5	-	0.80	-	21.50	2.00	0.50	24.00	0.15
점원	4	1	0.65	0.40	17.00	2.00	1.00	20.00	0.17
인력거꾼	5	-	0.80	-	13.00	3.00	-	16.00	0.20
기타	30	21	0.80	0.40	13.00	3.00	2.00	18.00	0.15
무직	1,609	5,647	-	-	-	-	-	-	-
계 및 평균	8,831	7,813	0.81	0.52	16.21	3.43	3.42	22.57	0.22

비교적 상세히 나타나 있다. 1938년의 서울 시내 토막민호는 모두 3316호, 1만 6644명으로 통계되었는데, 그 직업별 수입과 생활비를 조사한 결과는 표 3-12와 같다.[83]

3316호에 1만 6644명이면 1호당 인구가 대체로 5명이 되며 남자의 1일수입은 평균 81전, 여자는 52전이다. 1개월생활비는 상업의 32원이 제일 높고 대체로 20원 이상이나 인력거꾼과 기타의 경우가 20원 이하로 되어 있다. 1호당 1개월 평균 생활비는 22원 57전이며 1인당 1일 평균 식비는 22전으로 되어 있다. 그러나 이 통계는 잘못된 것 같다. 평균 5인가족으로 잡고 1호당 1개월 식비 16원 21전을 30일로 나누면 실제의 1인당 1일 식비는 10전밖에 되지 않으며 1호당 1개월 평균 생활비 22원 57전을 5인가족으로 계산하면 1인당 1일 평균 생활비는 15전밖에

---

83) 長鄕衛二, 앞의 글 42면, '第2表 土幕民の職業別及生計狀況'.

표 3-13_ 1938년 신당정 토막민 생계상황

가족수 월수	1인	2인	3인	4인	5인	6인	7인	8인	9인	10인	11인	계
5~10원	4	2	3	-	-	-	-	-	-	-	-	9
15원 이하	5	14	12	14	2	2	-	-	-	-	-	49
20원 이하	1	25	33	37	18	5	-	-	-	-	-	119
25원 이하	-	2	16	13	21	9	2	-	-	-	-	63
30원 이하	-	1	4	13	6	13	3	4	-	-	-	44
35원 이하	-	-	3	2	6	2	1	3	1	-	-	18
35원 이상	-	1	-	3	2	4	3	3	1	1	5	23
계	10	45	71	82	55	35	9	10	2	1	5	325

되지 않는다.

「토막민과 그 처치에 대하여」를 쓴 초오고오 에이지는 "1호당 1개월 평균 생활비 22원 57전, 1일당 1인 평균 식비 22전은 결코 혜택받은 생활이라 말할 수는 없지만, 실제의 토막민은 평균 1개월생활비 10원 이하, 식비 1인 1일당 8전 내지 10전 이하인 것을 생각해보면 이들 토막민 1만 6644명의 대부분은 제2종, 제3종 토막민임이 분명하다"[84] 하여 다소 넉넉한 토막민으로 보고 있다. 그러나 이들의 실제 1인 1일식비는 10전밖에 되지 않아서 결코 넉넉한 토막민은 아니었다.

한편 「토막민과 그 처치에 대하여」는 또 신당동 토막민과 신설정 토막민의 '생계상황과 월수' 등을 따로 조사하고 있는데 먼저 신당동의 경우를 표시하면 표 3-13과 같다.[85] 먼저 신낭농 토막민의 경우 전체 조사대상 325호 중 4인가족이 82호로 제일 많고 그다음이 3인가족으로

84) 같은 글 42~43면.
85) 같은 글 43~45면.

71호이며 그다음이 5인가족으로 55호이다. 그리고 수입 면에 있어서는 15원 이상 20원 이하가 119호로 전체의 36.6%나 되어서 앞의 후지이 주우지로오가 지적한 빈민의 기준으로서의 월수 20원 이하가 제일 비율이 높음을 알 수 있으며 다음이 25원 이하 20원 이상의 63호, 그 다음이 15원 이하 10원 이상의 49호 순이다.

이들 신당동 토막민 325호의 총월수입은 7338원이어서 1호당 평균 수입은 22원 57전이라 했고[86] 표에서 보는 바와 같이 4인가족으로 20원 이하 15원 이상의 수입이 있는 가호가 37호로 제일 많다. 이 경우 그 월수입을 중간인 17원 50전으로 잡으면 4인가족의 1인당 1일생활비는 14.6전이 된다. 또 10원 이상 15원 이하의 수입으로 6인이 생활하는 가족이 두 가족이나 있는데 이 경우 1인당 1일생활비는 6.9전밖에 되지 않아서 가장 가난한 가족이며 가족수가 제일 많은 11인가족의 수입을 35원으로 잡는 경우 1인당 1일생활비는 10.6전이 된다.

그리고 이때의 실제 조사결과로는 1인당 1일생활비가 10전 이하인 가호가 16호, 10전 내지 15전인 가호가 65호, 15전 내지 20전인 가호가 146호, 20전 내지 30전인 가호가 65호, 30전 내지 40전인 가호가 22호, 40전 내지 50전인 가호가 8호, 50전 이상인 가호가 3호여서[87] 같은 지역에 사는 토막민끼리도 생활수준의 차가 상당히 있었음을 말해주고 있다. 또한 이들 325호의 신당동 토막민들은 266호가 토막을 스스로 소유하고 있었고 26호는 그것마저도 전세로, 33호는 월세로 들어 있어서 전체의 18% 이상이 남의 토막에 살고 있었다. 토막마저 만들 재력이 없었거나 아니면 당국의 감시로 새로운 토막을 만들기가 어려운 사정이

---

86) 같은 곳. 44면에는 1세대 평균을 21원 27전이라 했는데 계산 잘못인 것 같다.
87) 같은 곳.

표 3-14_ 1938년 신설정 토막민의 월수

月收	세대	月收	세대	月收	세대
10원 이하	1	50원 이상	25	100원 이상	9
10원 이상	35	60원 이상	13	120원 이상	1
20원 이상	143	70원 이상	2	150원 이상	1
30원 이상	94	80원 이상	2	180원 이상	-
40원 이상	35	90원 이상	-	200원 이상	1

표 3-15_ 1938년 신설정 토막민 자산정도

자산	세대	자산	세대
10원 미만	22	800원 이상	2
10원 이상	20	1,000원 이상	10
50원 이상	71	1,500원 이상	1
100원 이상	71	2,000원 이상	4
200원 이상	71	3,000원 이상	1
300원 이상	39	5,000원 이상	5
400원 이상	8	8,000원 이상	-
500원 이상	2	10,000원 이상	4

었을 것이다.

한편 신설동 토막민 362세대의 경우는 월수별 세대수와 자산액이 조사되어 있는데 그 내용은 표 3-14 및 표 3-15와 같다.[88] 표 3-14에서 나타난 것과 같이 이들의 월수는 최하 10원 이하로부터 최고 200원 이상까지 있으며 20원 이상 30원 이하가 143세대로 전체의 39.5%에 이르고 있다. 토막민이라 보기 어려운 월수 50원 이상 세대가 54세대, 14.9%

88) 같은 글 45면.

표 3-16_ 1940년 서울 토막민의 1일수입액

직업	50전 미만	1원 이하	1원 50전 이하	2원 이하	3원 이하	4원 이하	불명	계	평균
일용노동자	1	53	236	75	6	2	-	373	1원 33전
직공·공장근로자	18	27	29	8	5	1	3	91	1원 04전
職人	5	7	25	24	18	1	5	85	1원 60전
행상·상인	6	17	50	18	9	2	3	105	1원 25전
관공리, 사·점원	3	14	23	8	1	1	0	50	1원 20전
기타	6	6	4	6	0	0	10	32	98전
계	39	124	367	139	39	7	21	736	1원 30전

나 되어 신설동 토막민의 특수성을 말해주고 있지만, 이와 같은 실정은 표 3-15에서 보이는 그 자산정도에서도 잘 나타나 있다.

자산정도의 경우 최하 10원 미만에서부터 1만원 이상까지 있는데, 그 조사에 상당한 문제가 있을 것이라 생각되지만 신설동 토막민의 경우는 다른 지역 토막민과는 조건이 상당히 달랐던 것 같다. 「토막민과 그 처치에 대하여」는 신설동 토막민이 "돈암 토지구획 정리를 위한 이전(移轉)에 관계 있는 362세대, 인구 1921명"이라 했고 또 "가족의 잉여노동력이 있는 것이라 인정되는 신설정 토막민은 신당정 토막민에 비해 현저하게 부유한 사람들이 많다. 진정한 토막민, 즉 특수세민(特殊細民)이 아닌 사람들이 많이 개입하고 있음이 인정된다. (⋯) 그중에는 이와 같은 토지에 무단건축을 고의로 한 것이라 생각되는 사람이 많이 있음도 사실이다"[89]고 했다. 역시 다른 지역의 토막민과는 그 생활정도가 상당히 달랐음을 알 수 있을 것 같다.

---

89) 같은 글 46면.

표 3-17_ 1940년 서울 토막민의 월수입액

월수입	1인 가족	2인 가족	3인 가족	4인 가족	5인 가족	6인 가족	7인 가족	8인 가족	9인 가족	10인 가족	계
10원 미만	2	4	4	2	2	1	-	-	-	-	15
10~20원	2	4	4	3	2	2	1	1	-	-	19
20~30원	-	14	28	32	32	14	8	1	-	-	129
30~40원	-	13	31	48	37	27	12	4	1	-	173
40~50원	-	4	12	16	23	18	6	5	-	-	84
50~60원	-	2	2	4	12	10	14	4	-	-	48
60~70원	-	-	3	5	5	7	8	1	1	1	31
70~80원	-	-	1	1	5	-	2	2	1	-	12
80~90원	-	-	1	1	-	1	3	1	-	1	8
90~100원	-	-	-	-	-	1	-	2	1	-	4
100~130원	-	-	4	-	-	2	2	2	2	1	13
130~160원	-	-	-	-	-	1	-	1	-	-	2
불명	1	5	-	4	-	4	1	3	-	-	18
계	5	46	90	116	118	88	57	27	6	3	556

다음, 토막민의 생계는 역시 1940년에 실시된 경성제대 의학부생들의 조사에서 또 한번 상세히 나타나고 있다. 먼저 조사대상자 819명의 서울지역 토막민 중 남자 736명의 직업별 1인당 1일수입금을 보면 표 3-16과 같다.[90] 이 시기에 오면 앞에서 분석한 것과 같이 토막민의 직업도 어느정도 다양해져서 관공리나 사원·점원 등의 비율이 높아져가고 있으며, 그 1일수입도 1원 이상 1원 50전 이하가 전체의 절반이나 된다. 또한 조사인원의 절반이 넘는 날품팔이의 1일수입도 역시 1원 이상 1원 50전 이하가 전체의 63%나 된다. 그것을 같은 시기의 다른 임금과

90) 京城帝國大學 衛生調查部, 앞의 책 110~11면 '제36표' 참조.

비교해보면 조선인 지게꾼은 하루 90전을 벌었고, 토막공사장 노동자의 1일노임은 조선인 1원 24전, 일본인 2원 30전이었으며 양복공의 1일노임은 조선인 1원 59전, 일본인 2원이었다.[91]

또한 이 조사가 서울의 토막민 중 동부의 용두정(龍頭町)·제기정(祭基町), 남부의 한강·영등포, 서부의 아현정·홍제정, 북부의 돈암정 등 지역의 556호를 대상으로 통계한 월수입액은 표 3-17에 나타나 있다.[92] 이들의 월수입액은 최하 10원 미만에서부터 최고 160원까지로 구분되어 있지만, 30원 이상 40원 미만이 제일 많아서 전체 조사대상의 31%인 173호나 되며 그다음은 20원 이상 30원 미만의 129호로 전체의 23.2%이다. 결국 월수 20원 이상 40원 이하의 토막민이 전체의 54% 이상인 셈이다.

1926년에 쓴 후지이 주우지로오의 『조선 무산계급의 연구』에서 월수 20원 이하가 대개 빈민에 속한다 한 것과 비교해보면, 1940년에 조사된 서울지역 토막민의 월수입의 경우 20원 이상 40원 이하가 전체의 54%나 되었다는 사실은 언뜻 그들의 생활이 나아진 것이라 볼 수도 있다. 그러나 1940년의 조사자들은 "물가가 높은 작금(昨今), 1호당 평균 총수입 40원은 놀라울 정도로 적은 액수이지만, 이것도 평균치이며 평균 이하의 20원 미만인 경우와 30원 미만인 경우에 이르러서는 그 생활상을 상상하고도 남음이 있다"[93] 하여 그들의 생활이 역시 놀라울 정도로 빈곤한 것이었음을 전해주고 있다.

이 조사가 실시된 1940년은 일본이 중일전쟁(中日戰爭)을 도발한 지 3년이 되고 1년 후에는 태평양전쟁을 도발할 시기여서 침략전쟁이 막

---

91) 같은 책 112면 '제39표' 참조.
92) 같은 책 119~20면 '제45표' 참조.
93) 같은 책 120면.

바지로 치달음에 따라 물가가 급등하던 시기였다. 전국의 물가지수는 1929년을 100으로 했을 때 1932년에 79로 떨어졌던 것이 1940년에는 158로 등귀했고, 서울의 물가지수는 1909년을 100으로 하여 1927년이 219, 1932년이 144이던 것이 이 조사가 실시된 1940년에는 344로 급등했다.[94]

중일전쟁 후의 물가등귀 때문에 토막민의 월수가 대부분 30~40원대로 증가했다 해도 그들의 생활이 최악의 상태에 있을 수밖에 없었지만, 한편으로 이 시기에도 토막민 사회의 생활수준의 차이는 상당히 벌어져 있어서 월수 100원 이상의 토막민호가 15호나 있음을 볼 수 있다. 조사자들도 월수 100원 이상의 15호는 토막지역 안에 살고 있지만 진정한 의미의 토막민으로 보기는 어려운 예외적인 존재라 했다.[95]

한편 이 조사는 또 그 조사대상 556호 중의 103호에 대해 1개월간의 지출액을 조사하고 있다. 103호의 1호당 평균 월수입은 44원 61전이며 월 평균 지출은 그 97%인 43원 27전이다. 그 내용을 보면 음식비가 31원 71전으로 전지출액의 73.3%, 주택비가 81전으로 1.9%, 피복비가 2원 41전으로 5.6%, 광열비가 8원 24전으로 19%여서 음식비 비율이 대단히 높음을 볼 수 있다. 그리고 그것을 일본 본국의 빈민들과 비교해보면 토오꾜오시(東京市)의 요보호자조사에서는 음식비 비율이 45%였고 토오꾜오시 세민장옥조사(細民長屋調査)에서는 70%였으며 토오꾜오시의 조선인 노동자 조사에서도 49%밖에 되지 않았다.[96] 토막민들의 엥겔계수가 어느 경우보다도 월등히 높음을 알 수 있다.

의식주에 수입의 97%를 지출하므로 교통비·보건비·교육비 등이 염

---

94) 같은 책 122면의 주 참조.
95) 같은 책 120면.
96) 같은 책 126~27면.

출될 여지는 전혀 없었다. 조사자들이 "수지가 서로 맞지 않는 것이 일시적인 우연한 현상이 아니고 연중 계속되는 일이므로 만약 부채에 의해 수지의 균형을 유지하려면 부채는 점점 쌓이고, 저당할 만한 아무것도 가지지 못한 토막민이 어떻게 그 부채를 처리해가는지 알아내기 어렵지만 궁하면 통하는 보신처세(保身處世)의 길에는 경탄할 수밖에 없다"[97] 한 것과 같이 어떻게 갚는가 하는 문제는 차치하고 부채가 늘어나지 않을 수 없었다.

경성제대 의학부생들의 조사는 그 대상 토막민을 세 계층으로 나누었는데, 2~3인가족으로 월 20~35원 수입이 있는 경우, 4~5인가족으로 월 35~55원 수입이 있는 경우, 8~9인가족으로 월 60~75원의 수입이 있는 경우를 중층으로 보고 그 이상을 상층, 그 이하를 하층으로 나누었다. 이와 같은 기준을 바탕으로 하여 예의 103호를 조사한 결과 상층에는 부채 있는 가호가 13호 부채 없는 가호가 13호, 중층에는 유부채호가 34호 무부채호가 26호, 하층에는 유부채호가 10호 무부채호가 7호였다.[98]

결국 유부채호가 57호로 전체의 55.3%이며 상층의 경우는 부채 유무호가 각각 절반씩이고 중층은 유부채호가 56.7%, 하층은 58.8%가 유부채호여서 어느 경우이건 절반 이상이 부채를 가지고 있었다. 그러나 조사자들이 "상층 중의 소수의 예외를 제외하고는 저당이 될 만한 부동산 내지 동산을 가졌을 리 없고, 그들의 부채는 대개 친고자(親故者) 간의 이른바 신용차금(信用借金)이며 이런 친척·지인(知人)을 가지지 못한 자는 차금을 하고 싶어도 빌릴 데가 없는 경우가 적지 않다. 부채가 없

---

97) 같은 책 129면.
98) 같은 책 123면, 130면.

는 46호 중에는 이런 예도 포함되어 있는 것이다"[99] 하여 부채 유무호의 비율이 그 생활의 빈부를 가리는 기준이 못 됨을 말해주고 있다.

또한 이 조사에 의하면 조사대상 토막민호의 1호당 부채액이 상층은 34원 69전, 중층은 36원 37전, 하층은 20원 76전, 그리고 전체 평균은 1호당 34원 8전으로 나타났다.[100] 대체로 1호당 1개월 수입액 정도의 부채를 가지고 있던 셈인데, 하층 토막민의 생활이 더 궁핍함에도 불구하고 그 부채가 상층이나 중층보다 적은 이유는 빈곤의 정도가 너무 심해 돈을 빌리려 해도 빌려줄 사람마저 없는 정도의 사람들이 많기 때문이라고 조사자들은 말하고 있다.

한편 이 조사는 또 103호를 대상으로 한 토막민의 저축 실정을 밝히고 있다. 그것에 의하면 저축을 하고 있는 토막민호는 상층이 26호 중 12호, 중층이 60호 중 17호, 하층이 17호 중 1호로 모두 103호 중 30호, 29%가 저축을 하고 있다.[101] 역시 상층의 저축호가 많고 하층은 거의 저축을 할 수 없었음을 알 수 있지만, 저축액도 상층은 1호당 평균 29원 92전, 중층은 12원 47전, 하층은 29전으로 계층 사이에 큰 차이를 보이고 있다. 저축의 종류는 간이생명보험이 29건으로 제일 많고 다음이 일반생명보험 3건, 우편저금 2건, 계(契) 1건으로 되어 있다. 이 가운데 일반생명보험 3건은 토막민의 범주에 들기 어려울 정도로 비교적 여유있는 가호라 했다.

이상에서 식민지시기 도시빈민으로서의 토막민의 생계 문제를 가능한 한 여러가지 측면에서 살펴보았다. 이 시기 3대 빈민층의 하나로 불리는 이들의 생활상태가 같은 시기의 다른 빈민, 즉 농촌빈민 및 화전민

---

99) 같은 책 131면 '제53표' 참조.
100) 같은 책 133~34면 '제56표' 참조.
101) 같은 책 133면.

의 그것과 비교해서 어떠했는가를 직접적으로 논증할 만한 자료를 구하기는 어렵다. 그러나 이들의 상당한 부분이 농촌을 떠나 새로운 생활로를 찾아 도시지역으로 모여든 인구라는 점을 생각해보면 최악의 생활조건인데도 불구하고 3대 빈민층 중의 다른 두 빈민들보다는 그래도 호구책을 강구하기에는 나은 점이 있었고 그것이 바로 토막민이 새로 형성된 조건이기도 했던 것이다.

6. 지배당국의 토막민 대책

식민지시기의 도시빈민으로서의 토막민은 바로 식민지 지배의 소산물이었고 따라서 도시 주변에 형성된 토막민촌은 곧 식민지 지배의 치부이기도 했다. 그러나 식민지 경제구조가 이들을 어떤 형태로건 수용할 만한 조건에 있지 못했고 따라서 그 치부를 감추기 위해 도심지에서 먼 곳으로 옮겨가게 하는 방법밖에는 없었다. 몇 가지 경우를 예로 들어보자.

경성부유림(京城府有林)에 있는 토굴 철거 문제로 말미암아 일반의 주목을 끈다는 것은 누보한 바 있거니와 시내 도화동(桃花洞) 도산빈민굴(桃山貧民窟)은 이전지는 지정하여주었으나 이전비가 없어서 언제 어떻게 해결될는지 모르는 상태라 하나 이보다 더 중대한 문제는 광희문(光熙門) 밖 경성부 화장장에 있는 빈민굴로 방금 있는 것만 하더라도 4백 호, 인구 2500명가량을 헤아리게 되고 지금도 밤낮으로 허가를 얻을 겨를도 없이 4, 5호 내지 10여 호씩 느는 관계상 이 현상대로 가면 금년 가을까지는 무려 근 1천 호의 빈민굴이 형성될 터이므로 전기 화장장의 새 임자인 오오사까 시마 토꾸조오(島德藏)

344

와 빈민들 사이에 조만간 일장풍파를 면하지 못하리라 하야 (…) 이와 같은 중대한 문제를 목격하면서도 경성부(京城府)에서는 그전에도 달려드는 빈민으로 말미암아 두통을 앓던 즈음이라 다른 사람에게 팔린 것을 일종의 요행으로 알고 돌아선 까닭에 일개인과 수천 주민 사이에 일어날 문제가 간단히 해결되지 못할 것으로 알고 (…)[102]

광희문 밖의 당시 부유림(府有林)에 큰 규모의 토막민촌이 형성되어 있었으나 경성부는 이들에 대한 아무 대책 없이 그 땅을 일본인 개인에게 팔아버림으로써 토막민들이 생활근거를 잃어버리게 된 실정이었음을 전해주고 있다. 이밖에 앞에서도 일부 논급된 경성중학 뒤의 송월동 토막민의 경우도 또 하나의 예가 될 수 있다.

부내 송월동(松月洞) 경성중학교 뒤에 있는 토막 145호, 620명을 금월 28일까지 한하고 부외(府外) 고양군 용강면 아현리로 옮기게 하려고 서대문 경찰서에서는 그간 서약서까지 받아갔다는 사실은 누보하였거니와 그러나 그 주민들은 하루 벌어 하루 먹는 형편이며 또 비록 아현리에 지정된 기지가 있다할지라도 지금 들어 있는 토막을 뜯어다 다시 지어야 할 형편이나 그 역시 재목이 불완전하고 또 현재에 아현리에 서 있는 토막은 겨우 4, 5호에 불과하다고 다소 여유를 달라고 진정하였으나 그러나 경찰당국은 이전하는 데 보조로 보내준다던 인부도 아직 보내주지 아니하고 기한만을 들어서 이전하라는 독촉이 성화 같으므로 서약한 기한인 금일 주민 6백 명은 할 일 없이 눈물을 머금고 자기 손으로 집을 뜯게 되어 오늘까지 대부분 이전하게 되었으나 들어갈 토막은 아직 기초도 잡히지 아니하였으므로 불가불 노천(露天) 생활을 하

---

102) 『동아일보』 1928년 8월 3일자.

는 수밖에 없다고 한다.[103)]

앞의 광희문 밖 토막민의 경우는 그 땅이 일본인 개인에게 팔려 사유
지가 되었으므로 아무런 대책 없이 그대로 철거된 것이 아닌가 생각되
지만 송월동 토막민의 경우는 식민지 지배당국의 사회정책에 의해 처
음으로 나름대로의 대책이 세워졌다.

경성부 내의 토막민이 쇼오와 7년(1932년) 말 현재로 약 2천 호 8천여 명에
달하여 부내의 곳곳에 산재한 까닭으로 도시 미관으로 보아 자미롭지 못하고
또는 연래로 여러가지 복잡한 문제를 일으켜왔다. 이 까닭에 경성부 사회과
(社會課)에서는 이 문제에 대한 심심한 연구를 거듭하던 중 쇼오와 7년 중에
부외 고양군 아현리에 있는 면유림 2만 평을 1만 4천 원에 매입하여 이에다
부내에 산재한 토막민을 집단시키게 할 계획을 세우고 금후 5개년간 쇼오와
11년까지에 이 사업을 전부 완료하리라 한다. 그런데 쇼오와 8년도에는 국비
(國費)·지방비(地方費)·부비(府費)에서 각각 2500원씩 합 7500원을 계상 요
구하였는데 쇼오와 8년도에는 우선 4백 호만 이주시킬 계획이라 한다. 이 사
업은 부내 수표정에 있는 화광교원(和光敎園)에 맡기어 동 교원이 매년 지출
하는 4천 원과 합하여 토막민을 이주시키고 교육·교화·수산(授産)의 각 시설
을 꾀하리라 한다.[104)]

앞에서 든 초오고오 에이지의 「토막민과 그 처치에 대하여」에서는
식민지 지배당국의 토막민에 대한 정책적인 대책이 최초로 실시된 때

103) 『조선일보』 1932년 4월 30일자.
104) 『조선일보』 1933년 2월 4일자.

를 1931년에 송월정 밖과 부내 토막민에게 토지를 대여하여 아현정의 화광교원(和光敎園) 수용지에 957호를 수용한 것이라 했는데[105] 이것은 앞에 인용한『조선일보』기사에서 보는 것과 같이 1933년의 잘못인 것 같다.

1933년에 가서야 식민지 지배당국의 토막민에 대한 정책적 대책이 처음으로 나타나기 시작했지만 그것도 불과 세 차례로 끝나고 만 것 같다. 1938년에 쓰여진「토막민과 그 처치에 대하여」와『토막민의 생활·위생』에 의하면 송월동 토막민에게 토지를 대여하여 아현리로 옮긴 일 이외에 1933년에 용산의 당시 총독관저 앞에 있던 토막민 5백 호를 역시 토지를 대여하여 도화정의 부유지로 옮겼고, 1934년에 서울 시내 토막민 3천 호를 돈암정(당시의 정릉리)의 화광교원 수용지에 옮기는 조처를 실시했으나 270호밖에 수용하지 못했으며(1940년에는 약 5백 호, 3037명으로 증가), 같은 해에 역시 서울 시내의 토막민 1천 호를 홍제정의 향상회관(向上會館) 수용지에 옮길 계획이었으나 4백 호밖에 옮기지 못했고(1940년 현재는 약 930호, 5580명으로 증가), 1938년에 신설정 토막민 280호를 돈암정의 토지구획 정리지구 및 화광교원 수용지로 옮길 예정이었으나 실시되지 못하고 있었다.[106]

이전에도 1925년에 동부이촌동의 수재민 3백 호를 같은 지역의 부유지에 수용한 일이 있었고 1930년에도 서부이촌동의 제방 밖에 있는 280호를 도화동으로 옮긴 일이 있었다. 그러나 그것은 역시 수재민구호 사업으로 실시된 일이었고 토막민 대책으로서는 앞에서 든 다섯 경우가 전부가 아닌가 하지만, 일본 불교 정토종개교원(淨土宗開敎院)이 개설

---

105) 長鄕衛二「土幕民と其處置に就いて(2)」10면 '第3表 土幕民水害窮民の措置'.
106) 京城帝國大學 衛生調査部, 앞의 책 46~47면 참조.

한 빈민구제교화기관인 화광교원과 역시 일본 불교 진종대곡파(眞宗大谷派)의 빈민교화기관인 향상회관에 식민지 지배당국이 사회사업 보조금을 지급하여 실시한 토막민 대책은 그다지 효과를 보지 못한 것 같다.

「토막민과 그 처치에 대하여」는 화광교원·향상회관 등 이른바 교화단체에 의한 이와 같은 토막민 대책을 다음과 같이 평가하고 있다.

토막민을 일정한 장소에 집결시켜 교화·지도하는 데는 성공했지만 도시계획적 고려가 적용되지 않았기 때문에, 빈민가의 건설에 대한 지도가 부족하였기 때문에 아현정·홍제정·돈암정 수용지와 같이 실로 잡연(雜然)한 부락이 산정(山頂)·산복(山腹)에 집단을 이루게 되었다. 당시로서는 최선을 다한 것이라 생각되지만, 그리고 주로 경비의 관계도 있었으리라 생각되지만, 그 수용지가 높은 곳에 선택되어 택지조성 및 도로율이 불충분했던 것은 실로 유감이다. 또한 당시로서는 부외 혹은 부외 가까이 선정되어 경성부의 풍치상·보건위생상 지장이 없다고 생각된 곳도 현재에는 모두 부내가 되어 도시 미관상으로도, 부민의 위생보건상으로도 또 사회풍치상으로도 다시 다른 곳으로 이전 집결시키지 않으면 안 되게 되어 있는 것이다.[107]

결국 식민지 지배당국의 이른바 사회사업을 앞세운 토막민 대책은 근본적인 대책이 아니라 도시 미관상 및 위생상의 이유를 내세워 그들을 도시 교외의 일정한 장소로 옮겨놓는 일에 불과했고 도시가 그곳까지 확대되면 다시 먼 곳으로 옮겨 격리시키는 대책에 불과했던 것이다.

식민지 지배당국의 토막민 대책이 하나의 고식적인 격리책에 불과했던 사실은 가장 대규모의 또 비교적 본격적인 사회사업정책의 하나로

---

107) 長鄕衛二, 앞의 글 12면.

실시된 향상회관에 의한 홍제동 향상대(向上臺) 토막민 대책의 예를 들 수 있다. 경성제대 의학부생들이 당시의 대표적 토막민 대책사업이라 보고 조사한 향상대는 1935년에 앞에서 말한 향상회관이 고양군 은평면 홍제리 산1번지의 국유임야 2만 3790평을 대부받아 서울 시내 토막민 930호, 5580명을 이주시킨 새로운 토막민 부락이었다.

서울 시내 전차를 영천, 서대문형무소 앞에서 내려 홍제외리 화장장 행 버스를 타고 고개를 하나 넘으면 곧 나타나는 구릉 전체에 계단식으로 큰 부락을 이루고 있던 향상대는 행정구역상으로는 고양군 은평면에 속하고 또 사업의 주체는 경성부 사회과이며 또 사업의 실제 담당자는 향상회관이어서 혹시 전염병이라도 생기면 각 기관이 서로 책임을 전가하고 있었다. 사회사업 시설로는 8부(部) 14종목이 있다고 내세우고 있었지만 실제로 실시되고 있는 것은 약 3백 명의 토막민 아동을 수용하고 있는 소학(小學) 정도의 대곡학교(大谷學校)뿐이었다. 입학지원자가 수용인원보다 훨씬 많아서 아동의 개인능력보다 그 가정의 경제적 부담력에 따라 선발하고 있었으며 경영 주체의 의도에 따라 다분히 일본 불교의 포교 목적이 교육에 적용되고 있었다.

집의 건축양식은 이제 토막이라 부르기에는 부적당한, 보통 민가와 같은 양식인 지붕을 짚으로 덮고 벽을 흙으로 바른 집들이 대부분이었고 간혹 슬레이트지붕이나 기와지붕도 있었다. 구조는 온돌방 두 칸, 마루 한 칸, 토방 한 칸으로 된 것이 대부분이었다. 온돌 한 칸은 세놓은 경우가 많아서 호수는 9백여 호였으나 세대수는 1500세대나 되었다. 1500세대가 쓰는 우물은 7~8개에 지나지 않았으며 그것도 집이 있는 구릉 지대가 아닌 평지의 냇가에 있어서 물을 길어다 먹기가 특히 겨울에는 대단히 곤란했고, 한 가족의 1일 물 소비량은 석유 깡통 2~4통에 지나지 않았으며 그것도 수질검사 결과 음료수로 적당한 우물은 하나도 없었다.

향상대 주민 호주의 직업은 자유노동자가 대부분이었고 직공(職工), 관청이나 회사의 용원(傭員)이 비교적 많았지만, 그 유업율(有業率)이 30.9%밖에 되지 않아서 다른 토막촌보다 더 낮았다. 그 이유의 하나로 생각되는 것은 향상대가 도심지에서 너무 떨어져 있어서 교통비가 많이 들므로 부녀자 등은 임금이 적을 경우 서울 시내까지 나가 일을 해도 남는 것이 별로 없었다는 것이다.[108]

결국 식민지 지배당국이 토막민 대책을 위한 사회사업을 표방하고 만든 향상대는 서울 시내의 여기저기에 산재해서 도시 미관을 해치던 토막민촌을 서울 시내와는 고개를 사이에 두고 떨어진 홍제리에다 옮겨 몰아놓은 것에 지나지 않았다. 경성제대 의학부생들이 현지를 조사하고 말한 것과 같이 사회사업이라 할 만한 것은 일본 불교의 포교를 목적으로 세운 교실 3개의 소학교 하나에 불과했고, 향상대의 생활상은 집의 모양이 다소 달라졌을 뿐 이전의 토막민 생활상과 전혀 다를 것이 없었다. 다른 것이 있다면 서울 시내와의 교통이 불편해서 토막민들의 취업기회를 오히려 박탈하고 그 생활을 더욱 어렵게 했을 뿐이었던 것이다.

화광교원이나 향상회관에 보조금을 주어 교외로 옮기는 경성부의 토막민 대책을 비판한 「토막민과 그 처치에 대하여」의 필자 초오고오 에이지는 나름대로의 대책을 제시하고 있다. 그것을 간추려보면, 첫째 토막민 대책을 한 도시 단위로 세우지 말고 전국적으로 실시할 만한 근본적 대책을 세울 것, 둘째 제1종 토막민 즉 진정한 토막민에 대해서는 구제와 교화를 적극적으로 펼치고 다소 여유가 있는 제2종 토막민은 세민

---

108) 京城帝國大學 衛生調査部, 앞의 책 '제5장 土幕部落向上台の種々相' 참조.

주택(細民住宅) 혹은 아파트를 지어 대여함으로써 토막민의 이름을 벗게 하고 상당히 여유가 있다고 생각되는 제3종 토막민에 대해서는 토막 짓는 일을 철저히 취체할 것, 셋째 토막부락 자체를 도시계획의 측면에서 개량해나갈 것, 넷째 특히 제3종 토막민의 근절을 위해 경찰의 취체를 강화할 것 등이다.[109] 그러나 이와 같은 대책의 타당성 여부는 차치하고도 일본제국주의가 곧 태평양전쟁을 일으키고 또 패전함으로써 그것은 전혀 시행되지 못했다.

결국 일본 자본주의의 식민지배가 만들어놓은 특수 빈민층으로서의 토막민 문제는 식민지 지배당국으로서는 전혀 근본적인 대책을 세울 수 없었고 그대로 해방 후의 문제로 넘겨질 수밖에 없었다.

---

109) 長鄕衛二, 앞의 글.

공사장 막일꾼의
생활

제4장
공사장 막일꾼의 생활

1. 공사장 막일꾼의 형성

제1장 농촌빈민 생활의 실태를 밝힌 부분에서 이미 상세히 분석되었지만, 식민지시기로 들어오면서, 특히 '토지조사사업'으로 소작농민이 급격히 증가한 위에 이들의 소작조건이 식민지시기 이전에 비해 크게 악화함으로써 농가수지가 계속 나빠지고 이 때문에 파산한 농민들이 계속 농촌을 떠나갈 수밖에 없었다.

1925년의 한 통계 의하면 1년간에 농촌을 떠난 인구는 전국적으로 총 15만 112명으로 집계되었다. 그 가운데 일가이산자(一家離散者)가 6835명으로 전체 이농인구의 4.6%를 차지하고, 상업으로 전업한 경우가 2만 3728명으로 15.8%, 공업 및 잡업으로 나간 경우가 1만 6876명으로 11.2%, 일본·만주·시베리아로 옮겨간 사람이 2만 9532명으로 19.7%, 노동 혹은 용인(傭人)으로 나간 사람이 6만 9644명으로 46.4%를, 그리고 기타가 3497명으로 2.3%를 차지하고 있다.[1]

또한 역시 제1장에서도 이미 인용했지만 1927년에도 1년간에 14만

6939명이 농촌을 떠났는데 그 47.4%인 6만 9644명이 고용인이 되어갔고 17.2%인 2만 5308명이 일본으로 갔으며, 16.1%인 2만 3725명이 소상인(小商人)으로 전업했고, 11.5%인 1만 6839명이 공업 및 기타 노동자로 나갔으며, 4.7%인 6835명이 한 집안이 모두 유리개걸(流離丐乞)했고, 0.7%인 1091명이 시베리아 방면으로 이주해갔고 기타가 2.4%인 3497명이었다.[2]

이상의 두 자료에서 보는 바와 같이 1920년대 중엽에는 대체로 연간 15만 명 정도의 농민들이 농촌을 떠났는데 이 가운데 절반에 가까운 이농민이 고용인 즉 품팔이꾼으로 나갔으며 이들의 대부분은 이 시기의 조선총독부가 식민지 지배기구의 기초시설을 위해 벌이고 있던 각종 토목공사 현장의 막일꾼으로 바뀌어간 것이다.

앞의 두 자료에서 보다시피 이 시기 이농민의 약 11% 정도만이 공업 및 잡업으로 전업했다는 사실은 당시의 식민지 산업구조가 농촌에서 분출되는 값싼 노동력을 공업노동자로 수용할 수 있는 능력이 그 정도밖에 될 수 없을 만큼 취약했음을 말해주고 있다. 다음의 『동아일보』 기사를 보자.

조선에는 발달한 산업조직이 있지 못하여 노동이라 할 것이 일정한 기술노동을 요구한다는 것보다 수리공사와 철도·항만 등의 토목공사와 건축·수전(水電) 등의 건설공사가 그 최상의 노동이요 그 나머지는 부두·역두의 자유노동일 뿐이다.[3]

1) 善生永助「朝鮮に於ける貧富考察」, 『朝鮮』 1928년 2월호.
2) 『동아일보』 1927년 4월 12일자.
3) 『동아일보』 1929년 9월 27일자.

식민지시기의 '토지조사사업' 등을 통한 이른바 원시축적 과정에서 농토를 잃고 농촌을 쫓겨난 인구가 이와 같은 토목공사장의 싼 노동력으로 수용될 수밖에 없었던 사회경제적 원인을 『숫자조선연구(數字朝鮮研究)』의 저자는 다음과 같이 지적하고 있다.

조선의 자본주의는 농업경제의 태내(胎內)에서 성장된 그것이 아니요 외부의 자본주의가 급류같이 몰려든 그것이기 때문에 농업경제는 건설 없는 파괴만을 입게 되어 신경제산업(新經濟産業) 후보군은 갑자기 가도로 쏟아져 나오게 되었으니 그들을 흡수할 만한 산업기관이 미처 준비되지 못하였을 것은 물론이다. 따라서 무수한 무산자군은 겨우 그 일부만이 공장노동자화하였을 뿐 대부분은 옥외 자유노동자가 되어 실업과 싸우고 있는 현상이며 그 나머지는 전연 실업군이 되어 기근에 당면하여 정처 없이 유리되고 있는 형편이다.[4]

1920년대 식민지 조선의 공장노동자수가 얼마나 되었는지 정확하게 산출하기가 쉽지 않지만, 1922년 7월 말 현재의 조사에 의하면 10인 이상을 고용하고 있는 공업 및 광업에 종사하는 종업원수가 전국에 4만 2923명밖에 되지 않았고[5] 1928년 7월 말 현재 전국의 조선인 공장노동자수는 3만 7247명밖에 안 되었으며[6] 1931년에 가서도 5인 이상을 사용하는 공장의 일본인을 포함한 전조선 공장노동자수가 10만 604명이었다.[7]

1920년대를 통해서 농촌을 떠나는 인구가 매년 약 15만 명이 된 데

4) 李如星·金世鎔『數字朝鮮研究』2輯, 世光社 1932, 64면.

5) 朝鮮總督府 內務社會課『會社及工場に於ける勞動者の調査』, 1923, 4~5면.

6) 朝鮮鐵道協會『朝鮮に於ける勞動者數及其分布狀態』1면 '全鮮勞動者職名別合計表'.

7) 李如星·金世鎔, 앞의 책 71면.

반해서 이 시기의 공장노동자수 전체가 1년 이농민수보다도 적은 10만 명을 밑돌았고 그 가운데 조선인 공장노동자수는 대체로 3만~4만 명 선이 아니었던가 한다. 따라서 앞에서 든 이농민의 행방을 말한 자료들이 공업 및 기타 노동자로 약 11% 정도가 나갔다 한 경우에도 공장노동자로의 전업은 극히 적은 부분이었다 할 것이다.

파산하여 이농하는 농촌 인구의 대부분이 공장노동자로는 수용될 수 없었던 식민지 조선의 산업구조 아래서 이들을 수용할 수 있는 길이란 식민지 지배정책의 일환으로 이루어지는 식민지 산업의 기초적 시설, 즉 철도·항만·도로·수력발전시설·수리조합사업 등을 위한 공사를 실시하여 농촌에서 분출되는 값싼 노동력을 대량으로 수용함으로써 식민지 기초시설도 확보하고 실업자 문제도 해결하는 길이었다. 이와 같은 사정을 1927년의 『동아일보』는 다음과 같이 말하고 있다.

조선 공업이 발달하지 아니하여 일정한 직업에 종사하는 노동자라고는 몇몇 공장에 종사하는 일본인 1만 2635인을 합하여 겨우 8만 6937인에 불과하고 그 나머지 약 87만 명가량은 일정한 직업이 없이 시절에 따라 수초(水草)와 계절을 따라 유목민같이 좋은 직업을 좇아 남북으로 유랑하며 더욱 16만 2천여 인이라는 계산 조사에 포함된 농업노동자로 분명히 나타나 있는 궁농(窮農)은 머슴벌이가 나서면 농촌에서 농부로 행세하지만 자리가 없어 다른 지방으로 돈벌이를 나서게 되면 보통 노동자라고도 할 수 없고 유민(遊民)이라고 볼 수도 없는 형편에 이르므로 확실한 통계를 잡을 수 없어 노동문제를 해결할 기초가 조금도 없으므로 노동자가 몇만 명 몇천 명씩 한꺼번에 필요할 때에는 그 준비에 상당한 곤란이 미친다고 하는데 위선 이 봄부터 쓰일 일자리는 산미증식계획과 철도 12년간계획과 하천과 항만 개수, 장진강(長津江) 수전, 조선수전 등 큰 공사를 비롯하여 3만~4만 명의 노동자가 필요할 터이므로 일자리의 부족은 심하지 않을 터이나 공사 대우가 일반노동자가 예상한 것과는 크게 틀리어 항상 원만한 해결을 보지 못하고 말 염려가 있다더라.[8]

공장노동자가 일본인을 합해 8만 6천여 명밖에 안 되는 시기에 농촌을 떠나 노동자가 된 인구는 87만 명이나 되었고 그 위에 농촌의 임노동자 16만여 명이 있어서 일본제국주의가 식민지 조선 지배를 위한 기초시설을 하기에는 충분하고도 값싼 노동력이 양출되고 있었던 것이다.

농토를 잃고 농촌을 떠난, 전혀 기술을 가지지 못한 이들은 결국 토목공사장의 육체노동자가 될 수밖에 없었다. 이들은 가족을 고향에 둔 채 단신 토목공사장을 따라다니는 경우도 있었지만, 일가가 완전히 파산한 경우 전가족이 그야말로 유민들이 되어 전국 각지의 토목공사장을 따라다니는 경우가 많았다. 식민지시기의 하나의 특수한 노동시장 현상이라 할 수 있을 것이다. 또 하나의 예를 들어보자.

진남포(鎭南浦)에는 이즈음 일기가 나날이 온화하여지며 앞바다에 가득 차서 흐르고 있던 유빙(流氷)이 점점 줄어져감을 따라 벌써부터 대안(對岸) 황해도 지방으로부터 남부여대(男負女戴)하고 늙은 부모와 어린 자녀를 대동한 유리군(流離軍)이 물밀듯이 모여든다는데 이제 그네들의 하는 말을 들어본즉 그들은 향리에서 해마다 남의 토지를 소작하여 간신히 그 해를 지나온 터인데 지난해는 농사의 흉작으로 추수라고 하였으나 타작하는 마당에서 지주의 도조(賭租)를 물어주고 나니 1년 동안 기름땀 흘린 값이 겨울 석 달 지날 식량도 자라지 못하였다 한다. 그런데 지난 겨울도 또한 눈이 내리지 아니하고 이래 가뭄을 계속하고 있는 터이니 금년 농사도 또한 변변치 못할 것을 지금부

---

8)『동아일보』1927년 1월 29일자.

터 넉넉히 예상할 수 있는 동시에 어쨌든 소작농으로는 도저히 생활하여나갈 수 없으므로 임금노동을 하기 위하여 도회지를 찾아 집중하는 것이라는바 금년에 특히 진남포로 노동자가 모여드는 것은 동지 축항수축공사(築港修築工事)가 있다는 소문이 떠도는 때문이라더라.[9]

식민지 지배당국이 벌이는 각처의 토목공사 현장으로 모여드는 노동자들은 이 기사가 말해주고 있는 것과 같이 바로 전까지도 농촌의 소작농민들이었다. 이들은 역시 이 책의 제1장에서 밝힌 소작농민의 증가와 그것에 따르는 소작조건의 악화와 겹치는 재해 등으로 소작농으로서의 위치마저 유지할 수 없게 됨으로써 농촌을 떠나 가족을 이끌고 식민지 지배당국이 벌이는 토목공사 현장을 따라 여기저기로 철새처럼 떠돌아다니는 식민지의 새로운 하나의 계층을 이루었던 것이다.

그러나 농촌을 떠난 이들이 토목공사장의 노동자로 변신하는 일도 그다시 쉬운 일은 아니었다.

함남 신흥(新興) 수전공사(水電工事)에는 노동자 1만 명을 쓰느니 2만 명을 쓰느니 하여 크게 떠들어대는 바람에 전조선 각지로부터 노동자가 물밀듯이 밀려드는 판인데 청부업자들은 될 수만 있으면 중국인 노동자를 많이 쓰려고 정책을 부려오는 결과 취업노동자 총수 4천여 명에서 조선인 노동자는 겨우 2천 명에 불과하여 공사장에는 실업한 노동자가 매일 증가하는 중 일방의 모리배들은 소위 머릿돈(노동자 모집수당으로 1人頭 2원씩)이라는 것을 먹으려고 근거도 없이 수전회사를 빙자하여 실제 공사에 소용 없는 노동자를 모집하느라고 공공연하게 모집광고문을 배부하여 들끓어댄다는바 그중 양모(梁某)라

9) 『동아일보』 1929년 3월 3일자.

는 사람은 남조선 각지에다가 사람을 특파하여 노동자 7300여 명을 모집하여가지고 수전회사에 인도하려 하였으나 받아주지 않은 까닭에 머릿돈은커녕 모집수속에 드는 비용 3천여 원이나 도리어 손해를 당하게 된다 하여 함경남도 경찰부를 거쳐서 신흥 경찰서장에게 진정까지 하였다 하여 7300여 명의 응모 노동자들은 크게 낭패하게 되었다더라.[10]

식민지 조선에서의 수력전기공사, 수리조합공사, 도로·항만공사 등의 토목공사는 일반적으로 조(組)라고 불리는 토목공사 청부업체에 맡겨졌고 이들이 필요한 만큼의 노동자들을 일용노동으로 모집하여 공사를 수행해나갔다. 농촌에서 분출되어 나오는 인구가 많았기 때문에 식민지 지배당국이 비교적 큰 규모의 공사를 벌여도 중국인 막일꾼의 유입까지 겹쳐서 모두를 수용할 수는 없었고, 이 때문에 이농민이 토목공사장에 취업하는 데도 이른바 머릿돈이 필요한 경우가 생긴 것이다.

일본의 조선에 대한 식민지배는 급격한 농민분해를 가져왔고 그 결과 화전민을 급증시켰으며 전에 없던 도시지역 빈민으로서의 토막민을 만들어내었고 또한 전국의 각 토목공사장을 따라다니며 단순 육체노동으로 호구책을 구하는 토목공사장 막일꾼을 만들어냈다. 일본제국주의의 식민지배가 만들어놓은 이들 토목공사장 막일꾼은 사실상 식민지 전체 기간을 통한 노동자층의 대표적인 존재들이었으며, 이들은 또 항상 실업의 위협을 받고 있는 식민지시기 빈민의 일부였다.

---

10) 같은 기사.

2. 공사장 막일꾼에 대한 조사

일본제국주의의 조선 지배의 결과, 특히 '토지조사사업'이 끝난 1920년대 이후 많은 인구가 농촌을 떠나 일본이나 만주지방으로 가거나 아니면 화전민이나 토막민이 되거나 토목공사장의 노동자가 되었다. 그러나 토막민이 되거나 토목공사장의 노동자가 된 사람들은 언제나 실업문제에 시달려 고통받고 있었으며, 특히 1920년대 말기 이후의 '세계공황'의 영향으로 이들 농촌을 떠난 인구의 실업률은 급격히 높아져갔다.

이와 같이 농촌을 떠난 단순 육체노동자들의 실업률이 높아져가고 그것이 크게 사회문제화하게 되자 이들의 실업문제를 어느정도 해결하기 위해, 또 식민통치의 기초시설을 설비하고 나아가서 대륙침략을 준비하기 위해 벌일 여러가지 토목공사의 노동력을 확보하기 위한 사전조사로서 1928년에 이른바 '조선공사용각종노동자실상조(朝鮮工事用各種勞動者實狀調)'라는 것을 실시했다.

조선철도협회의 철도관계업무조사위원회의 위촉으로 사단법인 조선토목건축협회에 의해 실시된 이 조사는 1928년 7월 20일부터 그해 9월 23일까지 사이에 실시되었다. 안녕(安寧) 수리공사, 경전북부선(慶全北部線)공사, 용산(龍山) 한강제방공사, 만경강(萬頃江) 개수 공사 등 당시 실시되고 있던 전국 36개 토목공사장의 '병인부(竝人夫)'로 불린 전혀 기술이 없는 막일꾼으로부터 목수·석공·기계운전공·십장 등 39개 직종 종사자 613명을 대상으로 조사되었다. 조사대상자의 민족별 수는 조선인이 426명, 조선에 와 있던 일본인이 123명, 조선에 와 있던 중국인이 64명이다. 조선사람 조사대상자의 경우는 토목공사장 막일꾼 이외에도 서울역 지게꾼도 있어서 공사장 막일꾼에 한한다기보다 광범위한 옥외노동자를 망라한 것이라 할 수 있을 것이다.

그 조사내용을 크게 분류해보면 첫째, 하루의 노동시간을 계절로 나누어 상용(常傭)의 경우와 도급(都給) 경우의 시간을 각각 조사했다.

둘째, 임금과 실제 소득액 및 임금의 지불방법 등이 조사되었다. 하루의 임금을 역시 상용과 도급의 경우로 나누어 조사했고 1일의 임금에서 1일의 생활비를 뺀 1일의 실제 소득, 그리고 1개월간의 실제 노동일수분 임금에서 30일분의 생활비를 빼고 산출한 1개월간의 실제 소득액을 밝혔고, 임금의 지불방법도 매일불(每日拂), 매 5일불, 월말불 등으로 나누어 조사했다.

셋째, 1일의 실제 생활비 계산에서 우선 가족구성을 독신자와 부부가족, 자녀 1명의 3인가족, 자녀 2명의 4인가족, 통학자녀 1명의 3인가족, 부부와 부모형제가 있는 가족 등 여섯 종류로 나누고 소요 생활비를 의·식·주비 및 잡비로 4분한 후 의복비는 춘추복·하복·동복으로 식비는 1일 3식의 주·부식비와 간식비로, 주거비는 자가(自家)·차가(借家)·공주(共住)·'반옥(飯屋)'비로, 잡비는 조세(租稅)·직공구비(職工具備)·목욕비·땔나무비 등으로 각각 나누어 조사했다. 의류의 품명과 주·부식의 원료 등을 상세히 밝히고 있어서 이 시기 노동자층 및 일반서민층의 생활상을 이해하는 데 구체적인 자료가 될 수 있다.

넷째, 위생설비상태 조사는 각 공사장과 막일꾼 개인의 자택에서의 경우로 나누어 목욕탕·변소시설·의약구비 등의 상태를 조사했다.

다섯째, 사상자 구제 방법은 공사장에서 조업 중 부상한 경우와 불구가 된 경우, 그리고 사망한 경우의 조처에 대해 상용적인 노동자와 일시고용적인 노동자의 경우로 나누어 조사했다. 위험한 토목공사장에서 사고율이 높았던 사실을 생각해보면 좋은 참고자료가 된다 할 것이다.

여섯째, 노동능률 문제에 있어서는 조선인·일본인·중국인별로 각 공

표 4-1_ 1928년 공사장 막일꾼 實狀調

職名: 조선인 立人夫, 純勞   연령: 24세   조사지: 龍山漢江堤防工事   直營

工事 種別: 土木   조사연월일: 1928년 7월 23일   1일임금: 70전(常傭)   受拂方法: 日拂

1일 실생활비

종별		독신자	부부 가족	자녀 1명 3인가족	자녀 2명 4인가족	통학자녀 1명 3인가족	부모형제, 부부 가족	적요
의 복	춘추복							
	모자	0.4전						노동모
	옷	6						2벌
	양말	1						양말,
	신발	2						고무신, 작업화
	하복 모자	0.4						위와 같음
	옷	6						3벌
	양말	0.5						위와 같음
	신발	2						위와 같음
	동복 모자	1						겨울모자
	옷	7						2벌
	양말	1.5						위와 같음
	신발	2						위와 같음
	1일 평균	9.9						
식 사	아침 주식	8						대만미 270g(1되 25전)
	부식	5						김치, 새우젓, 나물,
	점심 주식	8						된장국 기타
	부식	5						위와 같음
	저녁 주식	5						위와 같음
	부식	8						
	간식	5						과일
	음주	5						막걸리 1홉
	담배	5						궐련 1개비
	소계	54						
주 거	自家							
	借家							
	共住							
	飯屋							
	소계							
잡 비	땔나무							
	등유							
	세금							
	이발	0.3						1개월 10전
	목욕	1						1개월 30전
	세탁	1						1개월 30전
	職工具							
	소계	2.3						
1일 합계		66.2						
1일실소득		3.8						1일임금-1일생활비
1개월실소득		1원 66전 부족						생활비 30일분에서 노동일수 26일분의 소득액을 뺀 액수

1일 노동시간 / 노동능률

종별	常備	도급	時間增	일본인	조선인	중국인	조선인 순로·반농 비교	능률증진 장려방법
				일본·조선·중국인 비교 능률				
4~6월	10시간	11시간	1시간	10	10	10	純勞9 : 半農10	
7~9월		12시간	2시간					
10~2월	10시간	11시간	1시간					

死傷救濟 方法 / 위생생활상태 / 근속상태

부상	常備	公傷	치료	자택	이발 목욕 세탁 변소 의약 기타	이발소 자택 욕실 각자 소유 위와 같음 다소 구비	조선인 순로·반농 비교	1개월간 출로일수
		私傷						순로 26일 반농 20일
		自病						
	日備	公傷	위와 같음	현장	이발 목욕 세탁 변소 의약 기타	설비 상비	해고	施工者측 작업사정 불건강 성질불량
		私傷						
		自病						자발적 불건강 가사사정
불구가 된 경우	常備	위로금 지급						
	日備	위와 같음					도망	

교육상황 / 저금상태

사망	常備	公傷	장례식 보조, 유족위로금 지급	교육정도	유교육자	출신학교	초등 9%	자발적	관념	의지 있으나 여유없음
		自病					중등		방법	
	日備	公傷	위와 같음			일본어 해독자	60%	장려	방법	
		自病				주소성명 쓰는 자	70%			
상호간 吊慰	病中	서로 위문하거나 시중을 듦				무교육자	30%		감상	
	사망	捐金을 걷어 보조			교육시설					

참고사항

습성 습벽	
동업조합 및 단체에 대한 감상	주위 사정을 감안, 크게 희망함
1년간 실업일수	약 90일
구직방법	작업 중 시종 물색하여 십장에 의뢰 또는 자력으로
出稼 지방	純勞의 경우는 어떤 지방에도 出稼함
조사지 1일의 노동자 사역수	115인(일본인 11, 조선인 90, 중국인 14), 연령 19~54세
기 타	순로 대 반농은 80:20, 도급의 경우는 시간에 따라 임금 증감, 1년 총계하여 부족할 때는 감식, 차금, 때로는 2일 이내의 절식도 부득이함

사장에서의 노동능률을 비교했고, 조선인은 또 순노동자와 반농반로(半農半勞)의 경우로 나누어 비교했다.

일곱째, 근속상황은 조선인 막일꾼들 역시 순노동자와 반농반로의 경우로 나누어 각각 1개월간의 출로일수(出勞日數)를 조사했다.

여덟째, 막일꾼들의 교육정도는 각 공사장마다의 막일꾼들에 대한 유교육자와 무교육자의 비율을 조사하고 유교육자를 다시 초등·중등의 학교 출신자와 일본어 해독자, 주소·성명을 쓸 수 있는 자 등으로 나누어 각각 그 비율을 조사했다.

아홉째, 저금상태에 관해서는 각 공사장에 조업하는 막일꾼들의 저금에 대한 인식과 그 방법 등을 조사했다.

열째, 참고사항으로 각 공사장마다 막일꾼들의 노동단체 조직 문제에 대한 관심의 유무를 조사했고, 역시 각 공사장마다 막일꾼들의 1년간 실업일수, 또 그들이 구직(求職)하는 방법, 각 공사장마다 조사한 당일의 막일꾼 사용수와 조선인·일본인·중국인별 막일꾼수 및 순노동자와 반농반로 노동자의 비율, 그리고 임금액이 실생활비에 부족한 경우의 대책 등을 조사하여 기록하고 있다. 참고로 1928년 7월 23일 용산 한강제방공사장에서 조업한 독신노동자 한 사람의 조사지를 제시해보면 앞의 표 4-1과 같다.

한편 이 조사지에서는 각 공사장에서의 노동자들의 노동단체 조직에 대한 관심을 막연하게 '크게 희망한다' '일반적으로 희망한다' '무관심하다' 등으로만 표시했으나 이 조사의 일부를 인용, 수록한 잡지 『동광(東光)』 1931년 11월호에 실린 「노동자의 수지(收支)」와 이여성(李如星)·김세용(金世鎔) 공저 『숫자조선연구』 제2집(1932)에서는 조사 대상 613명 전체의 단체 조직 희망 여부를 모두 밝혀서 통계를 내고 있다.

이 글의 주 자료인 『조선공사용각종노동자실상조(朝鮮工事用各種勞

動者實狀調)』(약칭『노동자실상조』)에서는 원래 조사대상 전체 노동자의 개인별 노동단체 조직 희망 여부가 일일이 조사된 것이라 생각되지만 이후 정리 및 출판 과정에서 일부러 각 공사장별의 대체적인 표현으로 바꾼 것이 아닌가 하며, 따라서『동광』과『숫자조선연구』가 좋은 보충자료가 된다.

거의 전국적인 중요 토목공사장을 망라한『노동자실상조』는 식민지시기, 특히 1920년대 각종 토목공사장 막일꾼의 생활실상과 교육수준, 의식구조, 노동조건 등을 이해하는 데 일단의 좋은 자료가 되며, 그 전체를 분석하는 경우 이 시기의 조선인과 조선에 와 있던 일본인·중국인 노동자들의 임금조건과 생활조건 등을 비교 연구하는 데 큰 도움을 주는 자료의 하나임이 틀림없다.

그러나 이 글에서는 우선 그 가운데서 조선인 노동자 중 '병인부(坌人夫)'로 불린 막일꾼의 생활을 분석하는 데 한정한다. 식민지 농업정책의 결과로 농촌에서 분출되어나온 인구는 전혀 기술을 가지지 못했기 때문에 우선 공사장의 막일꾼으로 될 수밖에 없었고, 따라서 이들은 노동자이면서도 식민지시기의 농촌에서 분출된 빈민의 한 부분이라 할 수 있다. 기술노동자가 아닌 이들 단순 육체노동자들의 생활만을 분석한 것은 그것이 식민지시대 빈민생활사의 일부라고 생각했기 때문이다.

『노동자실상조』가 조사한 613명의 각종 노동자 중 전혀 기술이 없는, 조사자들이 '병인부'로 표시한 막일꾼은 조선인 104명, 중국인 25명이며 일본인은 전혀 없다. 중국인 25명은 소위 '쿨리(苦力)'들이며 조선인 104명 중에는 공사장 막일꾼 이외에 서울역전과 파고다공원 부근, 그리고 당시 조선은행 부근의 '담꾼(擔軍)' 즉 지게꾼 6명이 포함되어 있고 나머지 막일꾼들은 다음의 표 4-2에서 보는 19개 공사장에서 조업하고 있었다.

표 4-2_ 1928년 토목공사장과 조사된 막일꾼수 (단위: 명)

공사장명	인원	공사장명	인원
龍山漢江堤防工事場	6	元山赤田橋工事場	2
龍山旭川堤防工事場	13	咸興浸水地帶防水工事場	1
京城大學講義室工事場	4	朝窒西湖防波堤工事場	1
載寧江改修工事場	6	朝窒西湖津舍宅新築工事場	1
安寧水利工事場	16	慶全北部線工事場	12
載信水利工事場	4	萬頃江改修工事場	6
東海岸線工事場	15	裡里下水工事場	5
安邊驛舍新築工事場	1	大田下水工事場	5

이 글의 분석대상인 조선인 막일꾼 104명의 가족구성을 보면 독신노동자가 39.4%인 41명, 부부 2인가족 노동자가 26.9%인 28명, 자녀 1명을 가진 3인가족 노동자가 14.4%인 15명, 자녀 2명을 가진 4인가족의 노동자가 9.6%인 10명, 통학하는 아동 1명을 가진 노동자가 6.7%인 7명, 부모형제 등과 같이 사는 노동자가 2.9%인 3명으로 되어 있어서 공사장 부근으로 가족을 데리고 다니는 막일꾼보다 혼자서 노동판을 찾아다니는 막일꾼들이 많았음을 알 수 있다.

한편 이들 104명 막일꾼의 연령구성을 보면 독신노동자의 경우 최고 45세에서 최하 19세까지이며, 28세의 노동자가 7명으로 제일 많고 평균 연령은 27세이다. 부부 2인가족의 노동자는 최고 50세에서 최하 24세까지이며, 27세가 5명으로 제일 많고 평균 연령은 33세이다. 다음 자녀 1명을 가진 노동자는 최고 51세에서 최하 24세까지이며 평균 연령은 34세이고 자녀 2명을 가진 노동자는 최고 59세에서 최하 25세까지이며 평균 연령은 46세이고 통학하는 아동 1명을 둔 노동자의 평균 연령은 38세이다. 그리고 이들 104명 전체를 보면 최고 59세에서 최하 19세까지로 되어 있으며 그 평균 연령은 32세이다.

이 『노동자실상조』는 조사자들이 이미 밝히고 있는 것과 같이 자세히 보면 다소 철저성을 결한 면이 없는 것은 아니지만, 조사원들이 당시의 전국을 중부조선·북부조선·서부조선·남부조선으로 나누어 각 지방의 공사장에 직접 나가서 상당한 시일을 두고 현지 노동자들의 생활상태를 조사한 것이었다.

조사할 때의 목적은 토목공사장의 노동력 확보를 위한 기초자료를 마련하고 또 그들에 대한 임금의 적정선 등을 얻기 위한 데 있었던 것 같지만, 지금에 와서 보면 식민지배 아래의 농촌을 떠난 인구가 가장 가기 쉬웠던 토목공사장, 이른바 노동판의 생활을 이해하는 데 비교적 종합적이고도 구체적인 자료가 되고 있는 것이다.

3. 토목공사장 취업조건과 작업환경

조선이 식민지화한 이후 '토지조사사업'으로 농토를 잃었거나 계속되는 소작조건 및 영농수지의 악화로 파산·이농한 농민 출신인 토목공사장 막일꾼들은 "남부여대하고 늙은 부모와 어린 자녀를 대동한 유리군"인 경우가 많았으므로 순노동자 즉 전업노동자가 많았으나, 수리공사·철도부설공사·수력전기공사 등은 그 공사장이 농촌지방에 있는 경우가 많았으므로 반농반로의 경우도 있었다. 『노동자실상조』에 조사된 조선인 보통 인부 104명 가운데 72명이 전업노동자이며 32명이 반농반로의 노동자로 나타나 있다. 전체의 69.2%가 전업노동자인 것이다.

한편 이들의 가족구성별 취업상황을 보면 독신자의 전부, 즉 41명이 모두 전업노동자이며, 부부 2인가족의 경우는 18명의 세대주가 전업노동자이고 나머지 10명이 반농반로 노동자이며 3인가족은 8명이 전업노동자이고 나머지 7명이 반농반로 노동자이다. 그리고 4인가족은 3명이 전업노동자이고 나머지 7명이 반농반로 노동자이며 통학아동 1명을 둔 가족의 경우 2명이 전업노동자이고 나머지 5명이 반농반로 노동자이며, 부모형제가 있는 세 가족은 그 세대주 3명이 모두 반농반로 노동자이다.

독신노동자 전원이 전업노동자이고 가족수가 많아질수록 반농반로 노동자가 많아지다가 부모를 모신 가족의 경우 모두 반농반로 노동자인 것을 볼 수 있다. 독신이거나 가족이 적은 경우 농촌을 완전히 떠나서 노동판의 전업노동자가 된 경우가 많지만, 가족이 많을수록 농촌을 완전히 떠나지 못하고 농촌 근처의 노동판에서 노동하는 한편 가족노동을 이용한 소작경영을 겸한 경우가 많았던 것이라 생각된다.

또한 가족이 많은 노동자일수록 노동판의 임금만으로는 생계를 유지할 수가 없어서 전업노동자가 될 수 없었던 것이라고도 볼 수 있으나 앞에서 든 진남포 항만공사장과 같은 경우 남부여대하고 솔가로 취업길에 나선 노동자들이 많다 했는데 이들의 경우 그 생활이 더욱 어려웠을 것이다.

한편 『노동자실상조』는 또 조선인 막일꾼이 취업하고 있었던 16개 공사장마다 조사 당일의 전체 작업노동자수를 밝히고 그들의 순로(純勞)와 반농(半農)별 비율을 조사했다. 이것을 좀더 상세히 분석해보면 조사인원 1만 3307명 가운데 순로, 즉 전업노동자가 9702명으로 전체의 78.8%를 차지하고 반농반로 노동자가 2605명으로 21.2%를 차지하고 있다. 앞에서 든 104명 막일꾼의 개인별 조사의 경우보다 전업노동자의 비율이 더 높게 나타나고 있다. 기술노동자를 합친 경우 전업률이 높았음은 당연하다 할 것이다.

104명의 막일꾼에 대한 개별조사의 결과와 공사장 단위로 조사한 결과 사이에 약간의 차이가 있기는 하지만, 이 비율을 통해 이 시기 토목 공사장 노동자의 전업 정도를 짐작할 수 있으며, 농촌에서 분출되어 국내의 노동시장으로 나간 70% 이상이 완전히 농업에서 이탈되고 있었음을 알 수 있다. 더구나 조사한 전체 공사장에서 "순로는 여하한 지방에도 출가(出稼)한다"고 밝히고 있는 것으로 보아 이른바 순로의 경우는 이미 농토에서 완전히 이탈되고 일정한 기술을 전혀 가지지 못하면서 노동력만이 유일한 생계수단이 되어버렸음을 알 수 있다.

다음, 이들 막일꾼의 공사장에서의 고용상태를 보면 104명 가운데 상용(常傭)된 노동자는 불과 13명으로서 12.5%에 지나지 않고, 나머지 85명이 도급제로서 전체의 81.7%에 해당하며, 여기에 역시 비상용적인 지게꾼 6명을 합치면 87.5%가 이른바 상용인부가 아닌 날품팔이임을 알 수 있다. 토목공사장 노동이기 때문에 완공까지의 일정한 기간이 정해져 있기는 하지만, 그 기간 동안만이라도 상용으로 고용되는 경우가 극히 적었고 대부분이 도급제여서 도급받은 부분의 작업만 끝나면 자연히 해고되는, 고용의 안정성이 대단히 낮은 노동자들이었던 것이다.

용산 욱천(旭川)제방공사의 경우 실제로 2백 명을 공사 중에 해고시킨 예가 있음을 조사자들이 밝히고 있으며 다음의 신문기사가 전하는 것과 같이 중국인 노동자의 유입 등으로 그들의 취업기회는 줄어들고 있었던 것이다.

지난 3일 황해도 안악군(安岳郡) 대원면(大遠面) 내 안녕수조(安寧水組) 공사장 부근의 주민 유력자 18인은 안녕수리조합 지선공사(支線工事)만은 지방 주민에게 청부를 맡기는 동시에 조선인 노동자에게 공사시키도록 해달라는 이유로 수조(水組) 당국에 연명 진정한 사실이 있다는데 이제 그 진정한 내용을 들건대 대원면 내 수조제방 및 간선 공사는 이미 황해사(黃海社)에서 청부를 맡아가지고 수만 명의 인부를 이용하여 제방공사는 전부 필하게 되고 방금 간선공사를 착수 진행 중이라는데 황해사에서는 득리(得利)만 위하여 조선인 일본인은 물론하고 신분과 주소가 명확지 못한 자라도 사(社)의 득리만 되면 이를 신용청부(信用請負)하여 불과 며칠이 못 되어 임금·식비·전표대(傳票代) 등을 횡령 도주하는 폐풍이 빈번하므로 공사 시작 초에는 수천의 조선인 노동자가 집중되었으나 전부 분산해버렸으므로 황해사 전속으로 있는 사이끼(齊本)란 일본인은 중국 안동현(安東縣) 봉천(奉天) 등지로 가서 중국인 노동자 수천 명을 모집하여다가 방금 공사를 시키는 중이므로 이에 분노한 지방 유지들은 풍한(風寒)을 참지 못하여 굶주린 창자를 부둥켜안고 갈 바를 알지 못하는 조선인 노동자의 활로를 개척하는 일방 주민에게 지선공사를 맡기면 그 공사가 직접 그네들에게 이해관계가 미치는 것이니까 되도록 적은 비용을 들이어 완실(完實)한 공사를 할 수 있다는 것이라는데 수조 당국자도 이 문제에 대하여는 심려 중이라더라.[11]

농촌을 떠나 토목공사장으로 나간 노동자들이 막일꾼으로나마 일자리를 얻는 데 여러가지 어려움이 있었음을 이 기사가 잘 말해주고 있지만, 『노동자실상조』에서의 104명 막일꾼에 대한 개인조사 결과에 의하면 이들의 1개월간 평균 취업일수는 이른바 순로(純勞)의 경우가 26일, 반농반로 노동자가 19일로 되어 있으며 그 구체적인 내용은 표 4-3과 같다.

표 4-3에서 보는 바와 같이 반농반로 노동자의 1개월간 취업일수가 최저 13일에서 최고 23일까지 비교적 고루 나타나 있으며 18일 취업이 제일 많다. 이 조사가 양력 7월부터 9월 사이에 실시되었으므로 농번기

---

11) 『동아일보』 1927년 11월 11일자.

표 4-3_ 1928년 토목공사장 막일꾼 월간 취업일수 (단위: 일, 명)

취업일수	순노동자	半農半勞	취업일수	순노동자	半農半勞
13	–	1	22	–	3
15	–	5	23	2	1
16	–	1	24	19	
17	–	1	25	25	
18	–	9	26	11	1
19	–	2	27	9	
20	–	7	28	2	1
21	–	1	29	1	

는 아니었고 따라서 비교적 일반적인 취업일수를 나타내고 있는 것이 아닌가 한다. 소수지만 26~28일간 취업할 수 있는 반농반로 노동자가 있었던 것은 의외이다.

다음 전업노동자의 경우 25일간 취업하는 사람이 제일 많고 29일간이나 취업하는 경우도 있어서 비교적 취업일수가 많다고 볼 수 있다. 그러나 역시 『노동자실상조』가 각 공사장 단위로 조사한 1년간 실업일수를 보면 개인별 조사와는 상당히 다르게 나타나 있다. 공사장마다 실업일수가 다르고 또 같은 공사장 안에서도 개인에 따라 다르게 나타나 있는데, 다음의 표 4-4에서 보는 것과 같이 연간 실업일수가 전혀 없는 것도 있지만, 최고 220일간이나 실업하고 있는 경우도 있다.

이 표에서의 노동자수는 조사 당일 각 공사장에 취업하고 있던 노동자 가운데 조선인만을 뽑은 것이며 같은 공사장에서의 실업일수가 여러 가지로 나타난 것은 아마 질문에 응답한 노동자마다의 개인적 경우의 차이인 것 같다. 어떻든 이 표에 나타난 공사장 노동자들의 일반적인 연간 실업일수는 대체로 150일쯤이 되는 것이라 보아도 무방할 것 같다.

이들의 연간 실업일수 약 150일을 뺀 210일을 월별로 나누면 매월 17

표 4-4_ 1928년 공사장 막일꾼 연간 실업일수

공사장명	노동자수	연간 실업일수
龍山漢江堤防工事場	90명	90일, 150일, 180일
龍山旭川堤防工事場	245명	90일, 120일, 150일, 180일, 200일
京城大學講義室工事場	50명	90일, 150일
載寧江改修工事場	1,580명	130일, 150일, 180일
安寧水利1工區工事場	328명	150일, 160일, 220일
〃 2工區工事場	630명	150일, 200일
〃 3工區工事場	870명	120일, 150일, 180일, 200일
載信水利工事場	2,400명	150일, 180일
東海岸線1工區工事場	658명	150일, 200일
〃 2工區工事場	1,356명	150일, 200일
安邊驛舍新築工事場	16명	150일
元山赤田橋工事場	45명	150일
咸興浸水地帶防水工事場	20명	150일
朝窒西湖防波堤工事場	135명	150일
〃 西湖津舍宅新築工事場	30명	150일
慶全北部線1區工事場	400명	거의 없음
〃 3區工事場	250명	〃
萬頃江改修工事場	1,050명	〃
裡里下水工事場	130명	〃
大田下水工事場	200명	60일
지게꾼	6명	50일, 60일, 100일, 150일

일 내지 18일을 취업한 것으로 되어 104명의 막일꾼을 개인별로 조사했을 때의 전업노동자 1개월 평균 취업일수 26일보다 9일 내지 8일이 모자라고 반농반로 노동자의 1개월 평균취업일수 19일과 거의 비슷하다. 이 조사가 7월 말에서 9월 말 사이에 실시되었으므로 개인별 조사의 취업일수는 대체로 우기(雨期)를 지난 시기의 1개월 취업일수를 나타내고 있는 것이며 공사장별 실업일수 조사는 연간 평균을 말하는 것이

기 때문에 이런 차이가 있는 것으로 생각된다.

다음, 각 토목공사장에서의 1일 노동시간 조사에 의하면 상용노동자의 경우와 도급노동자의 경우가 다르다. 상용노동자의 1일 노동시간은 봄과 가을철이 대체로 10시간이며 여름철은 11시간, 겨울철은 8시간으로 되어 있고, 토목공사장 막일꾼의 대부분을 차지하는 도급노동자의 노동시간은 각 계절마다 상용노동자의 그것보다 1시간씩이 더 길다.

다음의 임금문제를 다루는 절에서 상세히 설명되겠지만 도급노동자는 매일 1시간씩을 더 노동하면서도 노임은 상용노동자의 그것과 큰 차이가 없었다. 그리고 『노동자실상조』는 또 노동능률 난을 두어 각 토목공사장에서의 조선인·일본인·중국인 노동자 사이의 노동능률을 비교했고 또 조선인 노동자도 전업노동자와 반농반로 노동자의 노동능률을 따로 비교했다. 민족별 노동능률은 3개국인이 모두 같은 것으로 나타나 있고 다만 전업노동자와 반농반로 노동자 사이에는 후자가 오히려 노동능률이 더 높은 것으로 나타나 있다.

한편, 토목공사장 노동은 언제나 위험이 따르게 마련이고 따라서 부상자도 많이 나왔지만 공사장마다 의료시설은 대단히 빈약했다. 작업현장에 의무실이 있는 곳은 없었고 대부분의 경우 의약이 상비되어 있는 정도였다. 노동자들이 부상했을 때도 공상(公傷)인 경우만 치료를 해준다 했고 경전북부선(慶全北部線) 철도공사장의 경우 치료해줌과 동시에 완치될 때까지의 식비도 지급한다고 조사되어 있다. 또한 부상으로 불구가 되었을 때는 대체로 위로금을 지급하며 공사상에 따라서는 어느정도의 부양료를 주는 경우도 있었던 것 같다. 작업 중의 부상으로 사망했을 때는 대체로 장례비용을 지급하고 가족에게 위로금을 주는 것으로 조사되어 있다.

토목공사장 막일꾼들의 거처는 독신노동자 전원이 '반옥(飯屋)' 혹은

표 4-5_ 1928년 토목공사장 막일꾼 1일노임 (단위: 전, 명)

노임액	인원	노임액	인원	노임액	인원	노임액	인원
60	1	75	13	90	18	110	1
65	7	80	11	95	1	120	2
70	21	85	22	100	7	계	104

'반장(飯場)'이라 부르는, 공사장 부근에 마련되어 있는 가건물의 공동 숙사에 수용되었으며, 가족을 가진 노동자는 개인별 조사대상자 104명 중 5명만이 자기 집을 가지고 있었고 나머지는 모두 집이나 방을 빌려 살거나 공사장에서 마련해준 '무료소옥(無料小屋)'에 살았고 일부의 반 농반로 노동자는 지주의 집에 살고 있는 것으로 조사되어 있다. 토목공 사장 막일꾼들의 이농도(離農度)가 여기에서도 나타난다 할 것이다.

요컨대, 1920년대 말기까지도 국내에서 가장 수가 많고 또 일반적인 노동자이던 토목공사장의 보통 인부로 불린 막일꾼들은 이제 그 대부 분이 농촌을 완전히 떠나 전업노동자화하고 있었음을 알 수 있다. 그러 면서도 이들의 대부분은 상용노동자가 아닌 도급제 노동자들이었고 토 목공사장이 아닌 다른 곳에서는 취업기회를 얻을 수 없었으면서도 그 곳에서의 취업조건도 대단히 불안하고 불리한 것이었다.

1개월간의 취업일수는 당연히 전업노동자와 반농반로 노동자 사이 에 차이가 있었으며, 개인별 조사에서는 전업노동자의 경우 비교적 취 업일수가 많은 것으로 나타났으나 공사장 단위의 전체적인 조사에서는 연간 실업일수 150일의 경우가 가장 많아서 상용노동자의 비율이 대단 히 낮았던 사실과 함께 식민지시기 토목공사장 노동자 일반의 취업조 건이 대단히 불안한 것이었음을 알 수 있다.

앞에서 인용한 것과 같이 이 시기의 신문기사들이 농촌을 떠나 토목공사장으로 모여드는 막일꾼들을 '수초(水草)와 계절을 따라 다니는 유목민과 같다'고 표현했지만, 개인별 조사대상 막일꾼 104명 중 자기 집을 가진 사람이 5명에 불과했다는 사실로도 이들의 생활이 얼마나 불안정하며 빈곤한 것이었는가를 짐작할 수 있을 것 같다.

4. 토목공사장 노임과 노동자의 저항

『노동자실상조』는 조사대상자의 개인별 1일노임 액수와 그 지불방법을 조사하고 있다. 먼저 노임의 지불방법은 공사장마다 차이가 있어서 매일불·격일불·5일불·10일불·15일불 등의 다섯 가지가 있다. 20개 공사장 중 매일불이 9개 공사장이며 5개 공사장이 5일불이고 격일불·10일불·15일불이 각각 1개 공사장으로 나타나 있다.

한편 1일노임액은 최하 60전에서 최고 120전까지로 차이가 있는데 조사인원 104명의 노임액 분포는 표 4-5와 같다.

이 표는 상용노동자와 도급노동자의 경우를 모두 포함시킨 것이며 이들의 1일 평균 노임은 81전 5리로 계산된다. 앞에서 말한 것과 같이 도급제 노동자는 상용노동자보다 매일 평균 1시간의 작업시간이 길었는데 노임의 차액을 계산해보면 상용노동자의 평균 노임이 77전 7리이며, 도급제 노동자의 그것은 80전 8리로 나타나 약간의 차이를 보이고 있다. 도급제 노동자의 경우는 매일매일의 노임이 똑같을 수는 없으므로 조사에 표시된 노임액이 조사한 당일의 액수에 한정된 것이 아닌가 하는 생각도 있으나 이 노임액으로 1개월간의 취업일수를 곱한 액수를 1개월 소득으로 잡고 있는 것으로 보아 조사에 나타난 노임액은 대체로 평균액이 아닌가 한다. 그리고 지게꾼의 경우는 평균액이라 표시하고 있다.

이 정도의 노임으로 어느 정도의 생활을 할 수 있었는가 하는 문제는 다음 절에서 논급하기로 미루고 우선 이 노임이 가지는 당시의 수준을 살펴보자. 『노동자실상조』가 이루어진 1928년의 『조선총독부 통계연보』(약칭 『통계연보』)에 의하면 집 짓는 대목(大木)의 1일 평균 노임은 조선인 2원 10전, 일본인 3원 59전, 중국인 2원 2전이며, 미장은 조선인 2원 42전, 일본인 3원 97전, 중국인 2원 20전, 인력거꾼은 조선인 2원 37전, 일본인 2원 95전, 석공은 조선인 2원 20전, 일본인 4원 15전, 중국인 2원 46전으로서 조선인과 일본인 사이에 큰 차이가 있지만 어느정도의 기술을 가진 이들 노동자는 조선인의 경우도 대체로 하루 2원 이상씩의 노임을 받았음을 알 수 있다.

그러나 같은 통계의 '토방(土方)' 즉 토목공사장 막일꾼은 조선인 1일 평균 노임 1원 1전, 일본인 2원 31전, 중국인 88전으로 되어 있어서[12] 『노동자실상조』의 104명 노동자 1일 평균 노임 81.5전보다 20전이나 높게 통계되어 있음을 볼 수 있다. 그러나 1927년 조선은행이 조사한 서울지방 노임표에는 조선인 노동자가 85전, 일본인 노동자가 2원 20전으로 되어 있어서[13] 이 시기 조선인 일반노동자의 실제 평균 노임이 『조선총독부 통계연보』에 나오는 1원 선이 아니라 80전 선이었음을 짐작하게 한다.

참고로 같은 1928년의 『조선총독부 통계연보』에서의 다른 단순 육체노동자의 1일 평균 노임을 보면 지게꾼이 83전으로 되어 있고 농업노동자의 경우는 조선인 남자는 76전, 여자는 47전, 일본인 남자는 1원 75전, 여자는 1원, 중국인 남자는 70전으로 되어 있다.

---

12) 『朝鮮總督府統計年報』 1928년분, 235~37면.

13) 『동아일보』 1927년 1월 21일자.

『조선총독부 통계연보』에 나타난 이와 같은 노임액에 따르면 조선인 토목공사장 막일꾼의 1일 평균 노임이 중국인의 그것보다 13전이나 많은데 실제 노임이 이에 준했다면 앞에서 인용한 신문기사에서 본 것과 같이 토목공사 청부업자들이 조선인 노동자보다 중국인을 더 사용하려 했음을 이해할 수 있으며, 총독부『통계연보』에서 조선인 농업노동자의 1일 평균 노임이 토목공사장 막일꾼의 그것보다 25전이나 낮았으므로 농토를 잃은 농민 중 노동력이 높은 사람은 농촌의 농업노동자로 남기보다 토목공사장의 막일꾼으로 나갈 수밖에 없었던 것이라 할 것이다.

　1928년의『통계연보』에 나타난 조선인 토목공사장 막일꾼의 1일 평균 노임이 1원 1전이고 같은 해의『노동자실상조』의 그것이 81.5전이지만, 실제로 이만한 노임이 주어졌는가에는 상당한 의문이 있다. 이 무렵 토목공사장의 실정을 전해주는 몇 가지 기사를 들어보자.

　　안주(安州) 수문공사를 지난달 30일에 시작하였다 함은 본보에서 이미 보도하였거니와 공사를 시작한 지 1주일도 지나지 못하여 지난 7일에 동맹파업이 일어났다고 한다. 그 자세한 내막을 보도컨대 오전 7시부터 오후 7시까지 일을 죽도록 시키고도 일급이라고는 최고액이 68전이요 최하로는 40전까지도 있다는바 매일 평균 50여 명 인부가 1주일 동안에 최고급 68전을 받은 사람은 세 사람밖에 없었다고 한다. 그러나 할 것 없고 먹을 것 없는 불쌍한 노동자들은 불평을 품고도 늙은 부모와 어린 처자를 구원하기 위하여 애를 쓰며 일을 계속하던바 지난 7일 12시경에 이르러서는 무거운 짐을 지고 가는 노동자의 지게를 청부감독자 이노우에 료오하찌(井上良八)라는 자가 짐이 적다고 밀치며 노동자 대표로 그의 불법행동을 반문하는 문학빈이라 사람을 때리기까지 하려 하였으나 일반노동자의 공격으로 도리어 쫓겨 들어간 후 노동자들은 따라가서 상당한 일공을 내라고 하니까 처음에는 아니 준다고 하였으나 무슨 양심이 돌았던지 일공표를 내어주는데 반일 동안 공전을 최상은 20전으로 최하는 15전까지라 하는바 일반노동자는 우리가 부모처자를 데리고 굶어 죽을지라도 이런 부정한 돈 20전이나 15전은 받지 않겠다고 모두 도로 주고 해산하였다는데 청부업자 이노우에 료오찌라는 자는 요행으로 생각하였던지 싫으면 그만두라고 꿋꿋이 말하였다더라.[14]

인용이 좀 길었지만, 그리고 『노동자실상조』보다 4년 전 기사이기는 하지만, 이 무렵 토목공사장의 작업 실정과 노임지불 실정을 상세히 전해주는 기사이기도 하다. 이 기사에서는 안주 수문공사장 노동자의 1일 노임이 최고 68전에서 최하 40전으로 나타나 있지만 같은 해 『통계연보』의 조선인 토목공사장 노동자 1일 평균 노임은 1원 20전으로 나타나 있어서[15] 총독부 노임통계와 작업현장에서의 그것은 큰 차이가 있었음을 말해주고 있다.

또한 『통계연보』뿐만 아니라 『노동자실상조』의 노임조사도 현실과는 상당한 차이가 있던 것이 분명하다고 생각된다. 『노동자실상조』에서도 조사되어 있는 재령강(載寧江) 개수 공사장의 현장 실정을 전해주는 1925년의 다음과 같은 기사가 그것을 말해주고 있다.

총독부 토목부(土木部)에서 공사에 착수한 황해도 재령강 개수 공사에 임금 적은 것으로 일하는 인부들이 불평을 품는다 함은 이미 보도한 바 있거니와 지난 6일에는 인원 약 5백 명 중 50명가량만 일하고 나머지 450명가량은 일하지 않고 자진하여 각각 집으로 돌아가고 말았다는데 원인을 들은즉 본래

---

14) 『동아일보』 1924년 4월 9일자.
15) 『朝鮮總督府統計年報』 1924년분, 68~69면.

흙 한 평을 판 품값으로 매일 삯전 73전까지 주던 것을 그후부터는 가끔 조금
씩 더 파게 하고도 같은 품값을 주는 고로 인부들은 힘을 더 들이고도 전과 같
은 값을 받을 바에는 더 팔 것이 없다는 이유로 맨 처음과 같이 한 평씩 팠던
바 닷새 동안 일한 품값을 알려주는(품값을 매일 알려주지 않음) 지난 5일에
와서 품값을 계산하여본즉 최하로 12전까지 되었으므로 이와 같은 품값을 받
아가지고는 가족을 먹여 살리기는 고사하고 일하는 사람도 먹고살 길이 없다
하여 그와 같이 자진하여 각각 돌아가고 만 것이라더라.[16)

『노동자실상조』보다 3년 전의 기사이기는 하지만, 너무 큰 차이가 있
다.『노동자실상조』에는 재령강 개수 공사장의 보통 노동자 6명이 조사
되어 있는데 그 가운데 상용노동자 1명은 1일노임이 6명 중 최하임금
인 60전으로 조사되어 있고, 나머지 도급노동자 5명의 1일 평균 노임은
67전으로 계산되어 위 기사의 최고 73전 최하 12전과는 큰 차이가 있
다.[17) 3년간에 노임의 변화가 있기도 했겠지만, 기사의 내용에서 보듯
이 토목공사장 노임제의 대부분이던 도급제를 악용하는 청부업자들이
많았음을 알 수 있다. 도급제가 가진 문제점을 좀더 구체적으로 지적한
1928년의 기사를 하나 더 들어보자.

홍원군(洪原郡) 주익(州翼)수리조합에서는 지난 20일부터 공사를 시작한
바 24일에 이르러 인부 전부가 동맹파업을 단행하였는데 이제 그 원인을 듣
건대 처음에 임금을 정하기를 사방 6척, 깊이 6척(216立方寸)을 파내는 데 70

---

16)『동아일보』1925년 6월 8일자.
17) 참고로『朝鮮總督府統計年報』1925년분, 228~29면에 의하면 이해의 조선인 토목공사
    장 노동자 '토방'의 전국 평균 노임은 1원 13전으로 되어 있어서 신문기사나『노동자실
    상조』보다 훨씬 높음을 알 수 있다.

전으로 하였는데 일을 시작하고 보니 하루 동안에 한 사람으로서는 도저히 팔 수가 없어 새벽부터 저녁까지 피땀을 흘려도 70전도 못 벌겠으며 (…) 일을 나누어 맡을 때 한 평이라 하던 것이 기실 두 평이나 되므로 임금을 올리어 주지 않으면 일을 할 수가 없다 하여 그와 같이 파업을 단행한 것이라더라.[18)]

이 기사가 말하는 사방 6척, 깊이 6척을 파는 것이 1일 노동량으로 예정되었고 그것에 대한 도급제 노임이 70전으로 책정된 것 같지만 앞에서도 인용한 것과 같이 1928년의 조선인 토목공사장 막일꾼 1일 평균노임이 1원 1전으로 되어 있는 것에 비하면, 또『노동자실상조』의 평균노임 81.5전에 비해서도 낮은 노임이다. 그러나 그것마저 청부업자들의 농간으로 그대로 받을 수 없었다. 이 시기 토목공사장 노동의 대부분이 도급제로 된 이유가 바로 여기에도 있었던 것이다.

토목공사 청부업자들의 이와 같은 농간에 대해 노동자들은 동맹파업으로 대항할 수밖에 없었지만, 농촌에서 계속 분출되어 나오는 새로운 노동력과 또 중국 노동자들의 유입으로 노동자들의 파업 역시 큰 효과를 볼 수 없었다. 특히 토목공사장 막일꾼들의 자체 노동조합조직이 없는 조건 아래서는 파업의 효과를 얻기는 더욱 어려운 일이었다. 다음의 기사는 그와 같은 실정을 어느정도 상세하게 전해주고 있다.

평북 용천군(龍川郡) 양하면(楊下面) 삼교천(三橋川)수리조합에서는 이 조합 인접시 5백여 정(町)을 동 조합구역에 편입 확장키로 되어 동 공사를 경성에 있는 나까무라구미(中村組)가 만 원에 맡아가지고 지난 11일부터 공사에 착수하였는데 그 공사를 착수하기 전에는 그 지방 주민은 물론 일반노동자들

18)『동아일보』1928년 4월 27일자.

이 좋은 일거리가 생기게 되었다고 많은 희망과 기대를 가지고 있던바 공사를 착수하자부터 모든 기대가 예상과 반대로 실망이 되어 노동자 측에서는 물론 전(全)용천(龍川)에 물의가 분분하다는데 그 내용을 들은즉 위의 나까무라구미에서는 중국인 노동자를 주로 사용할 뿐 아니라 조선인 노동자에 대하여 1평당 70전 외에는 더 주지 않는다 한다. 1평을 인부 2인이 일출 전부터 일몰 후까지 역사를 해야 1평의 공사를 필하게 되므로 결국 1인 앞 임금이 35전밖에는 더 돌아오지 아니하므로 공사를 착수하였다는 소식을 듣고 사방에서 운집하였던 1백 명의 노동자들은 부득이 해산하였다는데 나까무라구미에서는 이를 호기회로 생각함인지 하등의 대책도 강구치 아니하고 중국인 노동자만 주로 사용할 뿐이므로 일반은 당국의 처치 여하를 관망 중이라더라.[19]

식민지 지배당국이 벌이는 각종 토목공사가 해마다 농촌에서 분출되어 나오는 많은 인구를 값싼 단순 육체노동자로 수용하면서 이루어졌지만, 대부분 도급제로 실시된 이들 공사장의 노임이 너무 저임이어서 노동자들이 반발하거나 파업하면 공사 청부업자들은 단신으로 흘러들어와 부양가족이 없고 생활비가 적게 들어 저임으로도 사용할 수 있는 중국인 노동자로 대체함으로써 조선인 노동자를 궁지로 몰아넣었다. 구체적인 예를 들어보자.

방금 공사 중에 있는 평안(平安)수리조합의 공부(工夫)로 여러 달 전부터 채용되어 있던 조선인 공부 6백여 명은 위의 공사의 청부를 맡은 고주(雇主) 코데라 와따루(小寺度)의 불공평으로 인하여 부득이 쫓겨나 벌이를 잃고 길거리를 방황하다가 마침내 조선노동총동맹 평양연맹에 위의 쫓겨난 인부 수

---

19)『동아일보』1928년 12월 22일자.

명의 대표자가 지난달 30일에 눈물겨운 탄원을 하여 비로소 이 사실을 들은 동 연맹에서도 직접 조사위원 이대영(李大英)·박찬관(朴燦貫) 양씨를 파견하여 그 진상을 조사하게 되고 도 당국에서도 방금 조사 중이라는데 전기 노동연맹 조사위원의 보고에 의하면 당초 공사를 시작할 당시에는 조선인 노동자 약 6백 명과 중국 노동자 약 1백 명이었는데 코데라구미(小寺組)에서는 조선 노동자의 최고임금(最高賃金)을 중국인 노동자의 최저임금(最低賃金)을 표준하여 주므로 중국 노동자보다 생활비를 많이 쓰게 되는 조선 노동자로서 최고임금을 받는 사람이라야 중국 노동자의 최저임금 60전 내외를 받게 되므로 이것으로써는 도저히 생활을 유지할 수 없어서 각처로 이산하여 지금은 겨우 1백여 명 내외에 불과하고 중국 노동자는 하루에 50~60명씩 모여들어 지금은 수백 명에 달한다는바 이것은 조선 노동자의 큰 문제로서 위의 노총 평양 연맹에서 방금 대책을 강구 중이라더라.[20]

『조선총독부 통계연보』의 이 무렵 노동자 임금통계는 앞에서도 예를 들었지만 대체로 조선인 노동자보다 중국인 노동자의 임금이 낮게 통계되어 있으나 이 기사는 평안수리조합 공사장에서는 조선인 노동자의 최고임금이 중국인 노동자의 최저임금과 같았다고 전하고 있다. 조선인 노동자의 파업에 대한 대응책으로서 중국인 노동자를 대충한 일시적인 현상이 아니었는가 하지만, 어떻든 가족을 직접 거느렸거나 고향에 가족을 둔 조선인 노동자보다 단신으로 흘러들어와서 생활비가 적게 드는 중국인 노동자의 증가는 조선인 노동자들에게 위협이 되지 않을 수 없었다.

이 기사에서 토목공사장 막일꾼들의 1일임금은 60전 내외였던 것으

20) 『동아일보』 1928년 5월 6일자.

로 나타나고 있는데, 그것은 같은 해에 조사된 『노동자실상조』의 평균 노임 81.5전보다도, 그리고 같은 해 『통계연보』의 토목공사장 막일꾼 평균 임금 1원 1전보다 훨씬 낮았음을 알 수 있다. 평안수리조합 공사장 의 경우 조선노동총동맹에서 개입한 것 같지만 이 시기의 가장 수가 많 은 노동자였던 토목공사장 막일꾼의 노동운동 문제도 더 깊이 밝혀져 야 할 것이다.

5. 토목공사장 막일꾼의 의식주 생활

앞 절에서 논급한 것과 같이 『노동자실상조』에 나타난 토목공사장 막일꾼의 노임이 신문기사 등에서 나타나는 실질임금과는 상당한 차이 가 있었음을 알 수 있다. 따라서 『노동자실상조』에 나타난 노임액을 기 초로 하여 그들의 생활실상을 분석하는 데는 상당한 위험이 따름을 부 인할 수 없다.

그러나 『노동자실상조』의 토목공사장 막일꾼 의·식·주 생활조사가 대단히 세밀하게 되어 있어서 이보다 더 상세한 자료가 나타나지 않는 한 일단은 이것을 근거로 하여 이 시기 토목공사장 막일꾼 생활의 실상 을 살펴보는 일도 무의미하지만은 않으며, 나아가서 그것을 통해 식민 지시기 단순 육체노동자 생활을 어느정도 이해할 수 있는 것이라 생각 된다.

『노동자실상조』는 토목공사장 노동자의 1일생활비를 의복비·식비· 주거비·잡비로 크게 나누어 조사하고 그것을 합친 1일생활비의 총액을 밝히는 한편 1일임금액에서 1일생활비를 뺀 1일실소득액과, 1일소득액 에다 1개월간의 노동일수를 곱한 1개월의 총소득액에서 30일간의 생활비를 뺀 1개월의 실소득액을 밝히고 있어서 그들의 생활수지를 이해하는 데 구체적이고도 상세한 자료를 제공해주고 있다. 그리고 이 조사는 노동자들의 1일생활비를 먼저 조사하고 그것을 의·식·주 비용별로 나누어 표시한 것이라 생각된다.

먼저 조사대상자 두 사람의 경우를 예로 들어 조사내용에 따라 그 생활실상을 살펴보면 다음과 같다. 24세의 한 노동자는 독신이며 용산 한강제방공사장에 상용으로 고용되어 있고, 따라서 농업겸영 노동자가 아니라 전업노동자이다.[21] 그는 하루 70전의 노임을 받는데 우선 의복비로서 봄·가을철에는 노동모(勞動帽)값으로 하루에 4리, 옷값으로 6전, 양말값으로 1전, 신발값으로 2전을 쓰고 여름철에는 모자값으로 4리, 옷값 6전, 양말값 5리, 신발값 2전을 쓰며 겨울철에는 겨울모자값 1전, 옷값 7전, 양말값 1전 5리, 신발값 2전을 쓰는데 3계절을 평균한 1일의 의복비로 9전 9리가 든다. 그리고 이 경우 춘추와 겨울철에는 옷 두 벌을 사고 여름철에는 옷 세 벌을 산다.

식사비용은 아침은 주식비가 8전, 부식비가 5전 들고 점심도 주식비 8전, 부식비 5전이 들며 저녁식사는 주식비가 5전, 부식비가 8전이 드는데, 식사내용은 매일 한 되에 25전 하는 대만미(臺灣米) 270그램으로 지은 밥과 김치·나물·된장국으로 되어 있다. 이밖에 간식으로서 하루에 과일 5전어치, 막걸리 5전어치를 먹고 담배 5전짜리 한 갑을 피워서 그의 하루 식비 총액은 54전이 든다.

또 그는 반옥(飯屋)이라는 공사장의 공동숙소에서 자기 때문에 주거비는 전혀 들지 않고 잡비로서는 이발비가 1개월에 10전 들어서 하루에 3리가 되는 셈이며, 목욕값은 1개월에 30전이 들어서 하루에 1전을 쓰

---

21) 朝鮮土木建築協會『朝鮮工事用各種勞動者實狀調』, 1928, 2면.

는 셈이고 세탁비가 1개월에 30전 들어서 역시 하루에 1전씩 드는 셈이다. 결국 그의 하루 잡비는 합계 2전 3리이다.

이리하여 그의 1일생활비 총계는 66전 2리인데 그가 받는 1일노임이 70전이어서 이 생활비 총액을 빼면 겨우 3전 8리가 남지만 그는 1개월에 26일밖에 일하지 못하며 상용노동자이기는 하되 월급제가 아닌 일급제로 노임을 받기 때문에 일하지 못하는 4일간(이 조사는 1개월을 30일로만 치고 계산했다)의 생활비도 26일간의 수입으로 충당해야 했다.

하루에 3전 8리씩 남는 돈을 26일간 모으면 98전 8리가 되지만 일하지 못하는 4일간의 생활비 2원 64전 8리를 충당하려면 결국 1개월에 1원 66전이 부족하다.『노동자실상조』는 생활비가 부족한 경우 어떻게 하는가 하는 문제도 조사했다. 그것에 의하면 식사를 줄이거나 빚을 내며 때로는 1개월에 2일쯤은 굶지 않을 수 없다 했다.

이 노동자의 경우 독신이기 때문에 그래도 생활비 부족액이 그다지 많지 않고 그 대책도 어느정도 수월하지 않았는가 생각되지만, 가족이 있는 노동자의 경우는 생활이 더 어려웠음은 말할 나위가 없다. 통학아동 1명이 있는 3인가족의 경우를 하나 예로 들어보자.[22]

3인가족의 세대주인 40세의 이 전업노동자는 용산 욱천(旭川)제방공사장에 매일불의 도급제로 고용되어 하루에 85전의 노임을 받았다. 그의 가족은 의복비로서 춘추와 겨울·여름의 3계절을 1일 평균 18전 4리를 쓰고 식사비로서 아침은 주식비 8전, 부식비 5전, 점심은 주식비 8전, 부식비 3전, 저녁은 주식비 8전, 부식비 5전이 들었다. 이 가족은 끼니마다 한 되에 24전 하는 안남미(安南米) 3홉과 김치·나물·된장국을 먹으며 간식으로 하루에 과일 5전어치를 먹고 5전짜리 담배 한 갑을 피워 3

---

22) 같은 책 121면.

인가족의 1일식비로 합계 47전이 들었다.

이 가족은 셋집에 사는데 한 달 집세가 3원이어서 하루에 10전씩 계산되며, 이밖에 땔나무값이 한 달에 5원 정도 들어서 하루에 17전이 드는 셈이며, 등유(燈油)값이 한 달에 76전이어서 하루에 2전 5리 드는 셈이고, 통학아동의 비용이 한 달에 1원 20전이어서 하루에 4전으로 계산되며, 이발비가 1개월에 18전으로 하루 6리, 목욕비가 1개월에 45전으로 하루에 1전 5리, 세탁비가 한 달에 36전으로 하루 1전 2리로 계산되어 이들 3인가족의 1일 평균 생활비는 합계 1원 2전 2리가 된다.

도급제로 하루에 85전을 버는 이 가족의 세대주는 1개월에 25일을 일을 해서 1개월 총수입이 21원 25전인데 1일 평균 생활비 1원 2전 2리를 30일로 계산하면 1개월생활비가 30원 66전이다. 결국 이 가족은 달마다 9원 41전의 적자가계가 계속된 것이다. 이 가족에 대한 조사에서도 생활비의 부족 부분을 메우는 방법으로 감식(減食)·차금(借金) 혹은 1개월에 2일 정도의 절식(絶食) 등으로 나타나 있지만, 그보다도 이 3인가족의 생활비와 앞서 소개한 독신노동자 1명의 생활비를 대조해보면 놀라운 결과가 나온다.

즉 이들 3인가족은 독신노동자의 경우보다 집세·학비·땔나무값 등의 지출이 더 있는 대신 의복비와 식비에서는 독신노동자의 그것보다 훨씬 낮은 것을 알 수 있다. 의복비의 경우 독신노동자의 1인 평균이 9전 9리인데 3인가족 전체가 18전 4리여서 독신노동자의 2인분보다도 적고, 특히 식비의 경우 주식비와 간식비를 합쳐 독신노동자는 1일 평균 54전인 데 비해 3인가족 노동자의 그것은 3인의 식비가 47전밖에 되지 않는다.

독신노동자는 한 되 25전의 대만미를 먹고 3인가족 노동자는 24전의 안남미를 먹는데도 3인가족의 1일식비가 독신노동자 1명의 그것보다 오히려 적게 들었다. 3인가족 노동자의 경우 1개월간 생활비 적자가 9원 41전이나 나고 있었다는 사실도 중요하지만 그것에 앞서서 이들 3인가족의 하루 식사비용이 같은 처지에 있는 독신노동자 한 사람의 그것보다 오히려 적었다는 사실은 가족을 가진 토목공사장 노동자의 생활이 얼마나 비참한 것이었던가를 말해주고 있는 것이다.

이상에서 『노동자실상조』에 나타난 두 노동자의 생활실태를 구체적으로 소개했지만, 이 시기 토목공사장 노동자 생활의 전반적인 실태를 이해하기 위해서 가족구성별로 이들의 생활상을 좀더 분석해볼 필요가 있다.

우선 독신노동자의 경우 조사된 41명 중 그 생활비가 구체적으로 조사된 사람이 33명인데 이들만의 1일 평균 노임은 81전 5리이며 이들의 1개월 평균 노동일수는 25일이므로 1개월 평균 수입은 20원 37전 5리가 된다. 그리고 이들의 1일 평균 생활비는 68전 3리인데 이것을 30일로 계산하면 20원 49전이 되어 독신노동자의 경우도 전체적으로 1개월 평균 11전 5리의 적자생활이다.

이들 33명의 독신노동자 중 1개월간의 수입으로 생활비가 부족하지 않은 사람이 18명이고 나머지 15명은 적자생활을 한 것으로 조사되어 있다. 생활비가 적자가 아닌 18명의 1일 평균 노임은 88전이며 1일 평균 생활비는 66전 8리이다.

다음 적자생활을 하는 15명의 경우 1일 평균 노임은 78전이며 1일 평균 생활비는 70전 1리이다. 결국 생활비가 적자인 노동자와 적자가 아닌 노동자를 비교할 때 평균 생활비는 적자생활자가 3전 정도밖에 많지 않은 반면 노임은 10전이나 적게 받았음을 알 수 있다. 그러나 독신노동자 전체 41명 중 10명만이 주식으로 한 되 20전의 좁쌀이나 한 되 25전의 대만미, 한 되 24전의 안남미를 먹고 나머지 31명이 한 되 30전의 조선쌀을 먹을 수 있어서 가족을 가진 노동자들보다 식생활 사정이 상당히 나았음을 알 수 있다.

다음 부부 2인가족의 경우는 조사된 전체 28가구 중 생활비가 적자인 가족이 21가구로 75%나 되며 적자생계가 아닌 가족은 7가구뿐이었다. 그리고 그 가운데 2가구가 맞벌이 가족으로서 남편은 1일 85전과 75전의, 아내는 두 사람이 모두 50전의 수입이 있었다. 부부 2인가족 중 수입이 가장 높은 가족은 맞벌이로 1원 35전을 버는 가족이며 남편 혼자 1일 1원 20전을 버는 가족도 있었다. 1일수입이 가장 낮은 가족은 65전밖에 벌지 못했는데 적자가계 가족에도 있고 비적자 가족에도 있었다.

한편 부부 2인가족 중 생활비 지출이 가장 많은 가족은 1일에 96전 3리를 썼는데 적자생계 가족이며 가장 지출이 적은 가족은 45전 1리를 썼는데도 역시 적자생계 가족이다. 두 가족이 모두 생활비 적자 가족이지만, 생활비 지출액의 차이는 컸다. 하루에 96전 3리를 쓰는 가족은 반농반로 가족인데 하루에 1원을 벌었고, 45전 1리를 쓰는 가족도 역시 반농반로 가족이지만 하루에 70전을 벌었다.

2인가족 전체의 1일 평균 노임은 86전이며 그들의 1일 평균 생활비는 70전 4리여서 앞에서 든 독신노동자 중 적자생계자의 1일생활비와 거의 같음을 알 수 있다. 2인가족의 생활실정을 좀더 상세히 살펴보면, 생활비 적자 가족의 1일 평균 수입은 82전 6리이고 1일 평균 생활비는 73전 6리이며 생활비 비적자 가족의 1일 평균 수입은 96전 4리이고 1일 평균 생활비는 60전 8리이다.

생활비 비적자 7가구 가운데 맞벌이 두 가족이 포함되어 있어서 1일 평균수입이 96전 4리로 높아지기는 했지만, 이들의 1일 평균 생활비가 60전 8리에 불과하여 독신노동자 전체의 1일 평균 생활비 68전 3리보다도 오히려 낮은 것을 알 수 있다. 다시 말하면 2인가족 가운데 생활비가 부족하지 않은 7가구는 수입이 높은 때문이기도 하지만 생활비 지출이 극도로 낮은 사실도 아울러 감안되어야 할 것이다.

한편 2인가족 가운데도 반농노동자 가족의 경우는 부족한 생활비를 영농을 통해서 어느정도 보충할 수 있었으리라 생각할 수 있겠으나 전업노동자의 경우 완전한 적자가계가 계속될 수밖에 없었다. 2인가족 28가구 중 전업노동자 18가구의 가계를 따로 떼어서 살펴보면, 이들의 1일 평균 노임은 83전 3리인데 1개월 평균 노동일수가 25일이므로 1개월 평균 수입은 20원 82전 5리가 되며 이들 가족의 1일 평균 생활비가 72전 9리로 계산되어 1개월 30일의 생활비 합계는 21원 87선이므로 결국 이들은 1개월 평균 1원 4전 5리의 적자가계를 면할 수 없었던 것이다.

또한 2인가족의 식생활을 좀더 자세히 살펴보면 전체 28가구 중 좁쌀만을 먹는 가족이 8가구, 조선미 3분의 2와 좁쌀 3분의 1을 섞어 먹는 가족이 8가구, 안남미만을 먹는 가족이 5가구, 대만미만을 먹는 가족이 2가구, 조선미만을 먹는 가족이 5가구이다. 조선미만을 먹는 가족 가운데 3가구는 생활비 적자 가족이며 나머지 비적자 가족 중 한 가족은 부부가 맞벌이하여 하루에 1원 30전의 수입이 있는 가족이며 다른 한 가족은 공사장에서 흙차를 밀어 하루에 1원 20전을 버는 노동자 가족이다.

다음, 자녀를 하나 둔 3인가족은 모두 15가구가 조사되어 있으며 그 중 2가구만이 생활비 비적자 가족이고 나머지 13가구는 모두 적자 가족이다. 3인가족 전체의 1일 평균 생활비는 69전 2리여서 앞에서 든 부부 2인가족 전체 평균의 70전 4리보다 오히려 적고 독신노동자 전체 평균의 68전 3리보다 9리가 많을 뿐이다. 그야말로 최저한도의 생활을 하고 있었던 것이다.

이들의 1일 평균 노임도 79전 3리여서 부부 2인가족의 그것보다 낮고 독신노동자 평균의 81전 5리보다도 낮다. 3인가족 중 1일수입이 가장 높은 가족은 1원이며 가장 낮은 가족은 65전이고, 1일생활비가 가장 많이 지출되는 가족이 1원 3리이며 가장 적게 쓰는 가족이 44전 3리여서 여기에도 상당한 차이가 있음을 알 수 있다.

하루에 1원 3리의 생활비를 쓰는 3인가족은 서울역전에서 지게품을 파는 전업노동자의 가족으로서 하루 평균 85전을 벌고, 44전 3리를 쓰는 가족은 경전북부선 철도공사장에서 하루 70전을 버는 전업노동자 가족인데, 전자는 적자가계이고 후자는 비적자가계이다. 후자의 경우 하루 평균 44전 3리의 생활비는 독신노동자 중의 최저 1일생활비 39전 9리보다 많지만 부부 2인가족 중의 최저 1일생활비 45전 1리보다 적다. 농촌지역 전업노동자의 생활이 얼마나 비참한 것이었는가를 짐작할 수 있다.

3인가족 15가구 중 생활비 적자 가족은 1일 평균 생활비가 72전인 데 반하여 비적자 가족의 1일 평균 생활비는 51전 7리여서 상당한 차이가 있다. 결국 생활비 비적자 가족이란 그 수입이 높았기 때문이 아니라 생활비를 극도로 줄인 데서 온 결과였던 것이다.

3인가족 15가구 중 전업노동자 가족은 8가구이다. 농업겸영이 아니어서 생계를 전적으로 노임에만 의존하고 있는 이들의 생활실정을 좀 더 들여다보면, 1일 평균 노임은 79전 3리인데 1개월 평균 노동일수가 25일이서 1개월 평균 수입이 19원 82전 5리이다. 반면 이들의 1일 평균 생활비는 74전 6리인데 이를 30일로 계산하면 22원 38전이 되어 결국 1개월에 2원 55전 5리의 적자가 나고 있다.

따라서 이들 3인가족 전체의 식생활을 보면 조선미만을 먹는 가족은 전혀 없고 안남미만을 먹는 가족이 3가구, 대만미만을 먹는 가족이 1가구, 좁쌀만 먹는 가족이 4가구, 그리고 조선미와 좁쌀을 섞어 먹는 가족이 7가구로 조사되어 있다. 가족수가 많은 노동자일수록 그 식생활 사정이 나빴고 이 때문에 겨우 생계를 유지할 수 있었음을 여기에서도 볼 수 있다.

자녀를 2인 둔 4인가족은 모두 10가구가 조사되어 있다. 앞에서 말한 바와 같이 가족수가 많을수록 농업겸영률이 높아서 10가구 중 3가구만이 전업노동자 가족이고 나머지 7가구는 농업겸영 가족이다. 4인가족 전체의 1일 평균 생활비는 76전 8리이며 1일 평균 노임은 79전 5리여서 1개월 노동일수를 25일로 잡을 경우 1개월 평균 수입은 19원 87전 5리이고 1개월생활비는 평균 23원 4전이 들어서 3원 16전 5리가 적자이다.

농업겸영 가족은 논외로 하고 전업노동자 3가구의 경우만 보면 1일 평균 수입이 75전이고 1개월 평균 노동일수가 24일이어서 1개월 평균 수입은 18원인 데 반하여 1일 평균 생활비는 76전 3리여서 1개월 평균 생활비는 22원 89전이 들고 결국 1개월 가계적자가 4원 89전이었다. 당연한 결과로 이들의 식생활도 좁쌀밥만을 먹는 가족이 5가구이고 쌀과 좁쌀을 섞어 먹는 가족이 5가구인데, 앞에서도 밝혔지만 이들의 주식물 가운데 좁쌀은 한 되 20전으로 조선미는 물론 안남미·대만미보다도 더 싼 값이었다.

전체가 전업노동자인 독신노동자의 1개월 평균 생활비 적자액이 11전 5리였고, 부부 2인가족 중 전업노동자 가족의 1개월 평균 생활비 적자가 1원 4전 5리였으며, 3인가족 중 전업노동자 가족의 1개월간 가계적자가 2원 55전 5리였고, 4인가족 중 전업노동자 가족의 적자액은 4원 89전으로 계산되어 가족이 많을수록 적자액이 많아지는 것은 당연한 결과였다. 앞에서도 논급한 것과 같이 우리가 분석근거로 삼은 『노동자 실상조』의 노임액이 이 시기의 신문기사 등에 나타나는 그것보다 상당히 높게 되어 있다는 사실까지를 감안하면 이들의 실제 적자액은 더 높았던 것이라 생각된다.

이 시기의 토목공사장 노동자들이 자녀를 교육시키기는 대단히 어려웠으리라 생각되지만 『노동자실상조』에는 통학자녀를 가진 가족이 7가구 조사되어 있으며 그 가운데 5가구가 농업겸영 가족이고 나머지 2가구만이 전업노동자 가족이다. 통학자녀를 가진 전업노동자 2가구 중 한 가족의 생활상태는 앞에서 예로 들었으므로 생략하고 다음 부모, 형제와 같이 사는 노동자도 3가구가 조사되어 있지만 모두 농업겸영 가족이고 농업 쪽의 수입이 조사되어 있지 않으므로 상세한 분석을 생략한다.

일본 측에 의해 실시된 『노동자실상조』에서의 생활실태는 앞에서 분석한 것과 같이 그들의 노임액과 생활비를 산출하고 그것을 통해 생활비의 적자액을 밝히는 일과 주식으로 무엇을 먹었는가 하는 정도를 밝히는 데 그치고 있다. 그러나 그것만으로 그들의 생활실상이 드러났다고는 생각할 수 없으며 『노동자실상조』에 조사되지 않은, 그러면서도 더 중요한 '실상'이 있었음도 간과할 수 없다. 그런 면을 전해주는 기사 하나를 들어보자.

재령강 개수 공사를 직영하는 총독부 토목부 사리원출장소에서 결빙으로 인하여 공사를 정지하고 6백 명의 인부를 해고하였다 함은 작보(昨報)한 바이어니와 그중 대다수의 노동자들은 해고되자 각 방면으로 돌아가고 그 가운데서 오직 공사의 임금으로 연명을 하여가다가 오도 가도 못할 참상에 빠진 17호의 인구 80명은 봉산군(鳳山郡) 서종면(西鐘面) 노산리(魯山里) 한편 산모퉁이에 흙으로 빚어놓은 토굴에서 먹고 입을 것과 땔나무 한 줌 없이 어른과 아이들이 한데 어울려서 피차에 손목을 맞잡고 울고 있을 뿐인데 그들은 본래 먼 곳에서 개수공사장이 벌어먹기 좋다는 소식을 듣고 모여 와서 하루 동안에 70~80전에 지나지 못하는 임금을 받아가지고 4, 5명의 식구들이 그날그날의 생명을 이어가던 중 공사를 중지하자 그들의 큰 자본과 같은 노동의 힘을 팔 곳이 없이 되었으므로 그같은 참상에 빠진 것이며 그중에 먹을 것이 제일 많다는 사람이 콩 너 말(반두)을 가지고 있고 그외 16호는 모두 밀껍데기 죽으로 하루에 한 번 먹는 사람도 있고 이틀 만에 한 번 먹는 사람도 있으며 그것조차 떨어진 사람도 당장에 많으므로 그들을 급히 구해주지 않으면 목숨은 경각에 달려 있는 형편이요 그중에는 10세 이하로 한 살 먹은 어린아이가 모두 20명이나 되며 이와 같이 몸을 내어놓지 못할 혹독한 겨울날에도 겨우 웃저고리만 입고 아래와 발까지는 전부 알몸으로 있는 차마 바라보지 못할 형편이며 (…)[23]

가족을 거느리고 다니는 토목공사장 노동자들이 공사장 근처에서 마땅한 거처를 구하지 못할 때 토굴 생활을 하는 이른바 토막민이 되었음을 이 기사는 전해주고 있으며, 가족과 함께 토목공사장을 따라다닌 노동자들이 계절에 따라 실업했을 때 일어나는 참상을 또한 상세히 전해주고 있다.

『노동자실상조』에도 노동자들의 연간실업일수가 조사되어 있고, 생활비 적자액도 산출되어 있으며 그들의 주식물이 대부분 좁쌀이나 대만미·안남미였음도 조사되어 있으나 그것만으로 이 기사가 전해주는 토목공사장 노동자의 의·식·주 생활의 실상을 이해하기에는 상당한 거리가 있음을 쉽게 알 수 있다.

한편 『노동자실상조』는 또 노동자들의 저금 상황도 조사하고 있다. 독신노동자 41명 중 저금 여부가 조사되어 있는 38명 가운데 저금이 "불가능하다"고 대답한 노동자가 12명이며, "여유가 없다"가 9명, "저축한다"가 7명, "뜻은 있으나 여유가 없다"가 3명, "잘 안된다"가 4명,

---

23) 『동아일보』 1926년 1월 23일자.

"뜻이 없다"가 3명으로 나타나 있다.

결국, 조사된 38명의 독신노동자 중 저금을 할 수 있는 사람은 7명, 18.4%에 불과했고 뜻이 없다고 대답한 3명 이외의 나머지는 저축을 하고 싶어도 할 수 없었다. 이들 독신노동자도 공사장 현장에는 가족을 데리고 있지 않지만 고향에는 가족이 있는 경우가 대부분이었겠으나 가족을 위한 저금이 불가능하고 혼자의 생계를 유지하는 데 급급했던 것이다.

가족을 거느린 노동자의 경우 조사된 59명 중 저축을 하고 있는 노동자는 3명뿐이며 이들 3명 가운데 2명은 부부 맞벌이 가족이었다.

6. 토목공사장 막일꾼의 교육수준

앞에서도 이미 밝힌 바와 같이 『노동자실상조』는 각 공사장마다 조업노동자의 교육수준을 조사했다. 그러나 유감스럽게도 조사대상자 개인별 조사가 아니고 공사장 단위로 교육정도의 비율을 내고 있을 뿐이다.

용산 한강제방공사장의 경우를 예로 들면 조사 당일인 1928년 7월 23일에 이 공사장에서 일하고 있는 노동자는 조선인 90명, 일본인 11명, 중국인 14명으로 합계 115명이었는데 조사된 교육정도는 초등학교 출신이 9% 일본어 해득자가 60%에서 주소·성명을 쓸 수 있는 유교육자가 전체의 70%나 되며 나머지 30%는 무교육자였다.[24]

이 경우 초등학교 출신 9%는 아마 이 공사장에서 일하고 있던 11명의 일본인이 대부분이 아닌가 한다. 『노동자실상조』에는 일본인 막일꾼

---

24) 朝鮮土木建築協會, 앞의 책 1면.

은 한 사람도 없고 그밖의 기술노동자가 조사되어 있다. 결국 이 공사장에 조업하는 노동자 115명 중에서 일본인 11명을 뺀 104명의 60%인 62명이 일본어를 해득하고 주소·성명을 쓸 수 있는 셈이다. 이 가운데 중국인 노동자가 14명이 있었으므로 이들이 모두 일본어를 해득하고 주소·성명을 쓸 수 있었다고 해도 조선인 노동자 48명이 유교육자에 해당하며 중국인 노동자도 60%만 유교육자였다고 가정하면 조선인 노동자 유교육자가 54명, 60%가 된다.

다음, 재령강 개수 공사장의 경우를 하나 더 예로 들어보자.[25] 이 공사장을 조사한 1928년 8월 9일의 조업노동자수는 2100명이었으며 국적별로는 조선인 1580명, 일본인 20명, 중국인 5백 명이었다. 이들의 교육정도 조사에 의하면 초등학교 출신자로는 일본인 20명뿐이고 일본어를 해득하는 노동자는 전체의 1%여서 이것 역시 일본인 20명뿐이었던 것이 아닌가 한다. 주소·성명을 쓸 수 있는 노동자는 전체의 70%이며 무교육자가 나머지 30%였다.

결국 노동자 총수 2100명 중 1470명이 주소·성명을 쓸 수 있는 유교육자이다. 이 가운데서 일본인 20명을 뺀 1450명의 조선인·중국인의 유교육자 비율이 따로 조사되어 있지 않아서 조선인 노동자의 교육정도를 분명히 가려내기는 어렵다. 중국인 노동자 5백 명이 모두 유교육자였다면 결국 조선인 노동자는 950명이 유교육자여서 전체 조선인 1580명 중 60%가 유교육자인 셈이며, 중국인 노동자의 60%를 유교육자로 보면 3백 명이어서 조선인 유교육 노동자는 1150명으로 되어 전체 조선인 노동자의 72.8%가 주소·성명을 쓸 수 있는 정도의 유교육자로 되어 단순 육체노동자인 토목공사장 막일꾼의 유교육자 비율이 대

---

25) 같은 책 11면.

단히 높았음을 알 수 있다.

공사장마다의 유교육자 비율은 상당한 차이가 있어서 경성대학강의실공사장은 80%, 한강제방공사장은 70%나 되는가 하면 경전북부선의 철도부설공사장은 20%, 재신(載信)수리공사장(水利工事場)은 30%였다. 대체로 농촌지역 공사장의 유교육자 비율이 도시지역 공사장의 그것보다 낮았던 것으로 생각되지만 전체적으로 보아 토목공사장 막일꾼의 교육정도는 상당히 높았던 것이라 할 수 있을 것이다.

이 시기 토목공사장 육체노동자의 교육수준이 이처럼 높았던 이유는 다음에 다시 생각해보기로 하고 『노동자실상조』에 조사된 전체 노동자의 교육수준을 좀더 구체적으로 살펴보자. 우선 단순 육체노동자들이 일하고 있던 공사장 중 교육정도가 조사된 전체 공사장의 조사 당일 조업노동자수를 집계하면 총 1만 3372명이며 이 가운데 조선인 노동자가 1만 480명으로 전체 78.4%이고 일본인이 389명으로 2.9%, 중국인이 2503명으로 18.7%이다.

한편, 이들을 조사에 나타난 전체 노동자수와 교육정도의 비율을 따져 교육정도별 인원수와 비율을 다시 분석해보면 다음과 같다. 우선 교육정도가 조사된 노동자수 1만 3372명 중 무교육자가 7920명으로 전체의 59.2%이고, 유교육자 즉 주소·성명을 쓸 수 있는 노동자가 5452명으로 40.8%이다.

앞에서도 말한 것과 같이 교육정도 조사에 있어서 조선인·일본인·중국인을 따로 나누어서 조사하지 않고 공사장별로 함께 조사했기 때문에 조선인 노동자만의 유교육자수를 앞의 통계로는 분명히 알기 어렵다. 그러나 조사대상 노동자의 78.4%가 조선사람이므로 어느정도의 짐작은 가능한 것이 아닌가 한다.

다음, 유교육자 5452명을 다시 분석해보면 초등학교 졸업자가 1112

명으로 전체 조사대상자의 8.3%이며 유교육자의 20.4%이다. 앞에서 보인 것과 같이 일본인이 389명 있었으므로 이들을 모두 초등학교 졸업자로 간주한다 해도 조선인 및 중국인 노동자 1만 2983명 중 723명의 초등교육 이수자가 있었던 것이다. 당시의 국민 교육정도로는 초등학교 졸업자의 토목공사장 노동자화 비율이 대단히 높은 것이라 할 것이다.

일본어 해득자의 경우 총 2029명으로 조사되어 전체 조사대상자의 15%인데 이 가운데 일본인 389명을 빼면 조선인 노동자와 중국인 노동자를 합쳐 1640명이며 두 민족 노동자 총수 1만 2983명의 12.7%가 된다. 조선인 노동자와 중국인 노동자를 합친 수에서 중국인이 차지하는 비율이 19.3%인데 이 비율을 적용하여 일본어를 해득하는 두 나라 노동자 중에서 조선인 노동자수를 산출해보면 1325명으로 계산되며, 이 수는 조사된 전체 노동자 1만 480명의 12.6%가 된다.

또한 조사된 노동자 중 주소·성명을 쓸 수 있는 사람 5452명 중에서 일본인 389명을 빼면 결국 조선인 노동자와 중국인 노동자 1만 2983명 중 5063명, 즉 40.0%가 이에 해당하며 일본어 해득자의 경우와 같은 방법으로 주소·성명을 쓸 수 있는 조선인 노동자수를 계산해보면 4091명이 된다. 이 숫자는 조사된 조선인 노동자 총수 1만 480명의 39%이다.

1920년대 말기의 토목공사장 막일꾼으로 취업한 조선인의 약 39%가 주소·성명을 쓸 수 있는 유교육자였다는 사실을 기억하면서 이 시기의 토목공사장 막일꾼이 아닌 공장노동자의 경우와 비교해보자. 조선총독부가 1925년에 간행한 『회사 및 공장에서의 노동자의 조사』를 통해 이 시기 공장노동자의 교육정도를 보면 표 4-6[26]과 같다. 이 통계도 조선인 공장노동자만을 대상으로 한 것은 아니며 조선에 있던 일본인 및 중

---

26) 朝鮮總督府 內務社會課, 앞의 책 19~22면.

표 4-6_ 1925년 공장노동자의 교육정도 (단위: 명, %)

교육정도	노동자수	비율
중학교 또는 고등보통학교 졸업	170	0.35
同上 중도퇴학	339	0.71
소학교 또는 보통학교 졸업	4,969	10.34
同上 중도퇴학	3,633	7.56
서당 또는 가정수학	11,452	23.84
무교육	27,480	57.20
계	48,043	100.00

국인 노동자도 포함되었고 또 노동자가 아닌 회사원도 포함된 것이지만, 역시 조선인 공장노동자의 비율이 가장 높았으리라 생각된다.

이 표에 의하면 공장노동자 중 유교육자 총수는 2만 563명이며 그것은 전체 공장노동자 4만 8043명의 42.8%에 해당한다. 노동자가 아닌 회사원까지를 합한 유교육자 비율이 42.8%라면 앞에서 산출한 토목공사장의 조선인 유교육자 비율 39%와 비교하여 그다지 큰 차이가 없다. 표에서의 중학교 또는 고등보통학교 졸업자와 그 중퇴자는 대체로 노동자가 아닌 회사원이었으리라 생각되지만 이 시기 노동자의 거의 절반이 유교육자이며, 특히 '서당 또는 가정수학'으로 표현된 노동자가 전체의 23.8%, 유교육자의 55.7%나 된다는 사실이 주목된다.

앞의 토목공사장 노동자 중 주소·성명을 쓸 수 있는 노동자는 대체로 이들 '서당 또는 가정수학'의 사람들이라 보아도 무방할 것 같다. 개화기 이후 근대적 학교가 급격히 확대되어가다가 식민지화 이후 그것이 철저히 탄압되고 이에 대응하여 다시 서당교육이 크게 발전했던 사실을 우리는 알고 있지만, 식민지시기에 있어서 이들 서당교육을 받은 사람들의 대부분이 학교교육으로서의 학력 인정을 받지 못함으로써 공장

노동자나 토목공사장 노동자로 될 수밖에 없었던 실정을 이 표와 앞에서 든 토목공사장 노동자의 높은 유교육자 비율이 말해주는 것이 아닌가 한다.

개항 이전은 물론 개화기와 식민지시기의 초엽에도 서당교육은 아직까지 초등교육의 중요한 부분을 차지하고 있었지만, 식민지 지배체제가 이들 서당교육자의 학력을 인정하고 그 학력 소유자를 적당하게 수용할 만한 조건을 만들지 않음으로써 이들을 주소·성명을 쓸 수 있는 유교육자로서의 공장노동자 및 토목공사장 노동자로 만들고 만 것이라 할 수 있을 것이다.

7. 토목공사장 막일꾼의 단체의식

『노동자실상조』는 또 각 공사장마다 노동자들의 상조조직(相助組織)과 단체의식 문제에 대해서도 포괄적으로나마 일정하게 조사를 하고 있다. 상조조직은 그다지 확대되지는 않았던 것 같은데, 예를 들면 안녕(安寧)수리조합 공사장의 경우 공우회(工友會)란 조직이 있어서 십장이 그 간부가 되고 매월 10전씩의 희사금을 모아 동료 노동자가 부상을 했거나 사망했을 때 조위금을 주고 있었으며, 그밖의 대부분의 공사장에서도 동료 노동자가 병중인 경우 서로 위문하거나 돌보아주고 사망했을 때는 연금(捐金)을 내어 상조하고 있었다.

『노동자실상조』에서의 노동조합 조직 문제에 대해서는, 개인별 조사는 없고 각 공사장별로 조사되어 있다. 조사항목은 "크게 희망한다" "대체로 희망한다" "무관심하다" "거의 무관심하다" "전혀 무관심하다"의 다섯 가지로 나누어져 있다. 이를 희망하는 공사장과 무관심한 공사장으로 크게 나누어보면 희망하는 공사장이 12개 공사장이며, 무관심한 공사장이 11개 공사장이어서 거의 비슷한 비율로 나타나 있다.

노동조합 결성을 희망하는 공사장의 경우 용산 한강제방공사장 노동자들은 "주위의 사정을 감안하여 크게 희망하는 것 같다" 하고 조사되어 있고, 안녕수리3공구공사장의 경우 "거년(去年)에 조합과 같은 것이 있었으나 불성적(不成績)으로 현재는 폐지되었는데 완전한 것이라면 크게 희망하는 것 같다" 하고 조사되어 있다. 또한 지게꾼의 경우 조선은행 근처와 서울역전은 크게 희망하는 것으로 조사되어 있고, 파고다공원의 지게꾼은 무관심한 것으로 조사되어 있다.

일률적으로 말하기는 어렵지만 대체로 조업노동자수가 많은 공사장, 예를 들면 2100명이 조업한 재령강 개수 공사장이나 3500명이 조업한 재신(載信)수리공사장 등의 노동자들이 노동조합 조직을 크게 희망했고 노동자수가 적은 공사장, 27명이 조업한 안변역(安邊驛) 신축 공사장이나 45명이 일한 원산(元山) 적전교(赤田橋)공사장 등의 노동자들이 무관심한 것으로 조사되어 있다.

그러나 한편 조업노동자수가 반드시 노동조합 결성에 대한 관심을 좌우한 것은 아니었고, 공사장의 위치 문제와 공사기간도 상당히 작용한 것 같다. 예를 들면 1050명이 조업한 만경강(萬頃江) 개수 공사장의 노동자들이 전혀 무관심한 것으로 조사되어 있는가 하면 60명밖에 없는 경성대학강의실공사장의 노동자들이 노동조합 조직을 크게 희망한 것으로 조사되어 있는 것이다.

『노동자실상조』에는 노동조합 조직에 관한 의견을 공사장 단위로만 기록했지만, 실제로 조사할 때는 개인별 조사가 되었던 것 같다. 그러나 어떤 이유에서인지『노동자실상조』에는 개인별 의견을 싣지 않았고, 앞에서도 말한 것과 같이『숫자조선연구』2집과 잡지『동광』1931년 11월호에는 이 조사의 개인별 의견을 '망(望)' '무(無)'별로 기록하고 있다. 그것에 의해 조선인 막일꾼 104명의 노동조합 조직에 관한 의견을 보면 68명이 조직을 희망하고 나머지 36명이 희망하지 않은 것으로 나타나 그 비율은 65.4대 34.6이다.[27]

『노동자실상조』가 이루어진 1920년대 후반기는 전체 식민지시기를 통해 노동쟁의가 가장 활발하게 일어나던 때였다. "지방의 노동조합수는 『동아일보』 『조선일보』에 게재된 것만 보더라도 (…) 1924년에 29개, 1925년에 76개, 1926년에 105개"[28]로 급증하고 있었으며 노동쟁의 건수와 참가인원수도 1924년에 54건에 6751명, 1925년에 55건 5700명, 1926년에 81건에 5984명, 1927년 94건에 1만 523명, 1928년에 119건에 7759명으로 통계되어 있다.[29]

이와 같이 1920년대의 후반기는 식민지배 아래서 노동자 일반의 사회의식이 급격히 높아가던 시기였으며, 당시의 전체 노동자수 중 가장 많은 비율을 차지하고 있었던 토목공사장 노동자의 경우도 결코 예외는 아니었다고 생각된다.

또한 토목공사장 노동자의 경우 공장노동자보다 노동조건이나 노임 수준이 더 나쁘고 낮은 상태였으므로, 단체 조직의 필요성이 더욱 높았던 것이라 생각된다. 그러나 대부분이 일고노동자였고 또 공사기간이 일정했기 때문에 노동단체를 조직할 만한 조건이 그만큼 나빴으며, 앞에서 든 안녕수리3공구공사장의 경우와 같이 한때 노동조합이 성립되었다 해도 효과적으로 운영되기 어려웠고 정착하기도 어려웠던 것이다.

비록 노동조합을 결성하기가 어려웠고 그 때문에 토목공사장 노동자

---

27) 李如星·金世鎔, 앞의 책 108면; 「勞動者의 收支」, 『東光』 1931년 11월호 35면.

28) 한국노동조합총연맹 『한국노동조합운동사』, 1979, 140면.

29) 朝鮮總督府 警務局 『最近に於ける朝鮮治安狀況』, 1933.

의 노동쟁의가 식민지시기 노동운동사에서 공장노동자의 그것만큼 크게 부각되지는 못했지만, 대단히 어려운 조건 속에서도 그들의 노임 투쟁 및 파업은 곳곳에서 일어나고 있었다. 앞에서도 이미 몇 가지 사례를 들었지만, 1926년에 황해도 재령군(載寧郡) 하호리면(下湖里面) 삼궁동(三宮洞) 제방공사장에서 일어난 파업의 경우를 들어보자.

매 평(每坪) 1원 23전 예산으로 각 소작인에게 구역을 지정하여 분담시켜 제방완성개축공사에 착수한 것이라는바 각기 분담을 맡은 궁민들은 굶주린 배를 움켜쥐고 매 평에 한 사람이 3~4일간 종일 노력을 한다 할지라도 1일 평균 몇십 전 임금에 불과하고 또한 도 당국에서 청부시킨 4천여 원 중에서 제방완축공사비로는 수천 원 외에는 지출되지 아니하게 된 사실을 알게 된 일반 소작인 일동은 무리한 제방공사에 여론이 자못 비등하여 당국의 조처를 주목한다는바 금후 청부금 잔액 처분 문제에 대하여는 금번 제방완축에 대한 잡비에 충용한다는 풍설까지 있으므로 극도로 흥분된 제방공사 인부 약 천여 명은 지난 2일에 일제히 동맹파업을 하고 각자 집으로 돌아갔다는바 일반 인사는 당국의 무리한 조처에 매우 주목하고 있다더라.[30]

이 공사장의 노동자들은 아직 전업노동자는 아니었던 것 같고 또 노동조합조직도 전혀 없었던 것 같지만, 부당한 노임에 항거하여 1천여 명이 굶주림을 이기면서 일제히 파업하고 있음을 볼 수 있다.

이와 같은 토목공사장 노동자들의 부당한 노임에 항거하는 동맹파업 기사는 이 시기의 신문기사에서 흔히 볼 수 있지만, 파업으로만 그치지 않고 집단행동으로 강력히 대항하고 있는 경우도 볼 수 있다. 1927년

30) 『동아일보』 1929년 5월 7일자.

태인(泰仁)의 동진(東津)수리공사장의 경우를 하나만 더 들어보자.

> 전북 태인 동진수리조합 나까무라구미(中村組)에서 1만 6천 원의 인부 공
> 전을 나누어 주지 않은 까닭으로 인부 수천 명이 소동을 일으킨 까닭에 정읍
> (井邑)경찰대에서는 급히 현장으로 출동하여 나까무라구미로 하여금 배급한
> 전표(傳票)의 약 4분의 1을 순사주재소에서 지불키로 하여 나까무라구미를
> 보호할새 다시 싸움이 일어나 인부 수 명이 중경상을 당하고 나까무라구미의
> 나가또미(永富)는 권총을 발사까지 하였다고 한다. 이로써 싸움은 더욱 커지
> 어 수습하기 어려운 상태에 빠지었다 하며 인부들은 임금을 받는 데까지는 싸
> 움을 계속할 모양이라는데 태인 각 단체에서 대책을 강구 중이라더라.[31]

이 공사장 역시 노동조합이 결성되어 있었던 것 같지 않지만, 총까지
쏘면서 탄압하는 사용자 측에 맞선 노동자들의 항쟁이 대단히 적극적
이고 또 꾸준한 것이었음을 이 기사는 전해주고 있다.

토목공사장의 나쁜 노동조건 때문에 노동쟁의가 자주 일어나면서도
스스로의 노동조합을 가지지 못했던 공사장 노동자들은 다른 노동단체
와 연계를 맺음으로써 노동조건을 개선해나가려 했고 노동단체들도 토
목공사장의 노동쟁의에 관심을 가졌다.

앞의 태인 동진수리조합 공사장의 쟁의에 대해 "태인 각 단체에서 대
책을 강구 중이라더라" 한 기사도 있었지만, 역시 앞에서 든 1928년 5월
6일자 『동아일보』의 평안수리조합 공사장 노동자와 청부업자 코네라구
미(小寺組) 사이의 분쟁에서 본 것과 같이 이 공사장에서 해고당한 노동
자들의 대표가 조선노동총동맹 평양연맹에 탄원하고 있음을 볼 수 있다.

---

31) 『동아일보』 1927년 7월 15일자.

전체 식민지시기를 통한 각종 노동자 중 그 수가 가장 많았으리라 생각되는 전국의 토목공사장 막일꾼들은 어느 경우보다 그 노동조건이 나쁜 편이어서 노동쟁의가 자주 일어났지만, 거의 대부분의 공사장에 노동조합은 결성되어 있지 않았다. 그러나 공사장 막일꾼이면서도 교육수준이나 단체의식이 다른 노동자에 떨어지지 않았던 이들은 스스로의 노동조합을 가지거나 다른 노동단체와 연계관계를 가지려 노력하고 있었음을 알 수 있다.

제5장

실업자
문제

제5장

실업자 문제

1. 실업자의 형성과정

식민지로 전락하기 이전의 대한제국시기에도 실업자(失業者)가 전혀 없는 것은 아니었다. 그러나 자본주의적 생산양식의 발달에 의한 실업자가 본격적으로 나타나기 시작한 것은 역시 식민지시대 이후이며, 그것이 사회적 문제로 크게 대두하게 된 것은 대체로 1920년대 초반부터가 아닌가 한다.

식민지 농업정책의 결과 농촌에서 쫓겨난 인구가 도시지역의 변두리에 토막촌(土幕村)을 처음으로 형성하게 되는 것이 1920년대 초엽이었고 역시 농촌에서 쫓겨난 인구에 의해 화전민의 수가 급격히 증가한 것도 같은 무렵이었다. 농촌에서 쫓겨난 인구가 화전민이 되거나 도시지역의 토막민이 되어 날품팔이로 연명할 수 있는 경우 또 특히 도시지역으로 나온 인구가 아직 그 수가 많지 않은 경우 실업자 문제가 심각하게 대두되지는 않았겠지만, 농촌에서 쫓겨나는 인구가 점점 많아지고 일본인의 한반도 이주민(移住民), 즉 식민(植民)이 증가함에 따라 실업자 문제는 점점 심각한 문제로 등장하게 된 것이다. 1924년의『동아일보』는「직업난(職業難)에 대하여」라는 논설에서 다음과 같이 실업자 증가의 원인을 지적하고 있다.

정밀한 통계를 의거함은 아니나 현재 경성 내에 거주하는 우리 사람의 대략 10분의 8은 일정한 직업이 없다고 한다. 지금 농촌은 날로 조잔(凋殘)하고 다른 생산기관은 아직 발달하지 못하여 직업 자리는 손꼽아 셀 만한데 직업을 구하러 도회(都會)로 몰리는 사람은 거의 수가 없다. (…) 우리의 가질 직업분야를 일본사람이 모두 침략하여 월급 많은 고등관(高等官)부터 냄새나는 위생계 감독까지 거의 다 점령한 것은 말할 것 없고 조그만 장사 자리까지 알뜰히도 빼앗아 가니 우리 사람이야 살 수가 있느냐. 빼앗기는 것이 못생겼다 말을 말라. 잘생기면 무엇하랴, 관력(官力)이 뉘게 있으며 금력(金力)이 뉘게 있느냐 이 양대 세력을 등에 진 사람들을 우리가 어찌 당한단 말이냐.[1]

농촌이 계속 '조잔'해져서 많은 이농민이 생기지만 식민지 산업구조가 이들을 공업인구로 수용할 만한 조건을 마련하고 있지 못한데다 일본인이 각 부분에 침투해옴으로써 조선사람 실업자가 증가해가는 실정을 이 논설이 잘 지적하고 있지만, 식민지시기 전체를 통한 조선사람의 직업별 인구구성을 통해서도 이와 같은 사정을 이해할 수 있다.

표 5-1[2]에서 보는 것과 같이 1917년에 농업 계통 인구가 84%를 넘었다가 1935년에는 78%로 그 비율이 다소 떨어지기는 했지만 역시 전체 인구의 절대다수를 차지하고 있다. 공업인구의 경우 1917년에 2.1%

---

1)『동아일보』1924년 5월 22일자.
2)『朝鮮總督府統計年報』에서 작성함.

표 5-1 _ 식민지시기 조선인 직업별 구성 (단위: 명, %)

직업별	1917년	비율	1926년	비율	1935년	비율
농업·임업·목축업 등	14,095,950	84.8	15,463,774	83.1	16,598,923	78.1
어업 및 제염업	226,345	1.4	262,983	1.4	300,943	1.4
공업	357,590	2.2	415,294	2.2	540,221	2.5
상업 및 교통업	975,903	5.9	1,142,766	6.1	1,400,003	6.6
공무 및 자유업	235,828	1.4	420,030	2.3	633,926	3.0
기타 有業者	454,910	2.7	657,487	3.5	1,421,038	6.7
무직 및 직업무신고자	270,896	1.6	252,699	1.4	353,810	1.7
계	16,617,422	100	18,615,033	100	21,248,864	100

이던 것이 1935년에도 2.5%로밖에 오르지 않았다. 1930년 후반기 이후의 이른바 병참기지화(兵站基地化) 시기에는 공업인구가 다소 증가했지만 그것은 대부분 군수공업 부분이었다.

농업 부분의 비율이 1930년대로 오면서 다소 떨어지면서 공무 및 자유업 부분과 기타 유업자 부분이 상당히 증가했지만 역시 무직 및 무신고 부분도 한때 조금 떨어졌다가 다시 높아지고 있다. 농업 부분에서 분출되어 나오는 인구가 공업 부분에 흡수되지 못함으로써 실업인구가 줄 수 없었던 것이라 할 수 있다.

대체로 1920년대 초엽부터 그 수가 급증하고 따라서 사회문제화하기 시작했다고 생각되는 실업자가 제일 먼저 모여드는 곳은 서울을 비롯한 대도시 지역이었다. 먼저 서울의 경우 1925년의 기록에 다음과 같은 내용이 있다.

30만이 산다는 경성부 내에 5만여 호의 집이 있으되 5척의 작은 몸뚱이를 부칠 곳이 없이 창천을 덮고 대지를 까는 거지와 행려병자며 또는 이리저리로

정처 없이 떠다니는 부랑민(浮浪民)은 얼마나 되는지 1일 오전 1시부터 경성
부 국세조사에서 계원이 총출동하여 시내 각 경찰서 서원과 협력조사한 결과

　　종로서 관내 남자 60명, 여자 11명

　　본정서(本町署) 관내 남자 258명, 여자 33명

　　서대문서 관내 남자 144명

　　동대문서 관내 남자 6명

　　용산서 관내 남자 15명

　　계 남자 483명, 여자 44명　총계 527명

　　이와 같이 527명이라는 놀랄 만한 생령이 십자가두에 방황하는 형편인데
이는 물론 조사의 눈에 뜨인 것으로 이밖에도 성랑(城廊) 밑과 돌팍이 사이에
얼마나 끼여 있는지 모를 것이라는바 (…)[3]

30만 명이 사는 서울에 있던 527명의 유랑민을 "놀랄 만한 생령"이라
했지만 그 비율은 전체 서울 인구의 0.2%밖에 되지 않는다. 기사가 지
적하고 있는 것과 같이 실제의 실업자 비율은 훨씬 높았을 것이다.

조선총독부가 정식으로 실업조사(失業調査)를 실시한 것은 "1930년 1
월 말 현재로 실업자가 가장 다수를 점한다고 지목되는 지역, 즉 부(府)
및 지정면(指定面)에 대해 실시한 것이 처음이다. 다음 1931년 11월 15
일 현재로 같은 조사를 실시했으나 그후 사회적 정세에도 변동이 있었
고 한편으로 궁민구제공사(窮民救濟工事)의 시행 등의 관계도 있어 이
조사지역을 확대하여 1932년 6월 말일 현재로 전조선(全朝鮮)에 걸친
조사를 실시했고, 다시 1933년 6월 말일 현재로 지난번과 같이 전조선
일원에 걸친 조사를 실시했다."[4]

---

3) 『동아일보』 1925년 10월 2일자.

표 5-2_ 1931년 서울 시내의 실업률 (단위: 명, %)

구분	민족별	조사자수	실업자수	실업률
급료생활자	조선인	18,508	4,323	23.4
	일본인	11,045	1,754	15.9
일용노동자	조선인	19,323	4,432	23.0
	일본인	3,721	460	12.4
기타 노동자	조선인	16,870	4,474	26.5
	일본인	2,583	569	22.0
민족별 조사자수	조선인	54,701	13,229	24.2
	일본인	17,349	2,783	16.0
조사자계		72,050	16,012	22.2

즉 특정지역만의 실업조사는 1930년에 처음 실시하여 다음해 1931년까지 했고 전국적인 실업조사는 1932년에 처음 실시했지만『조선총독부 조사월보』(약칭『조사월보』)에는 1932년의 조사결과는 없고 1933년부터 1937년까지 5년간의 실업조사 결과가 실려 있다.

1930년과 1931년의 부분조사 결과와 1932년의 전국조사 결과는 완전한 것을 구할 수 없고 현재로서는 당시의 신문에 일부 소개되어 있는 것만을 볼 수 있을 뿐이다. 따라서 1932년까지는 이들 신문에 남아 있는 자료를 중심으로 제한적인 분석을 할 수밖에 없다.

앞에서 든『조선총독부 조사월보』가 말한 1931년 11월 15일자 부분조사의 서울 시내 실업자 실태를 보면 표 5-2와 같다.[5]

1931년 말 현재의 서울 인구는 조선인 26만 1232명, 일본인 10만 323명으로[6] 두 민족을 합친 36만 1555명의 약 20%인 7만 2050명을 대상으

---

4)『朝鮮總督府調査月報』5卷 4號, 1934년 4월호 57면.
5)『조선일보』1931년 11월 29일자.
6)『朝鮮總督府統計年報』1931년분, 22면.

로 한 이 조사는 "월수(月收) 2백 원 이상의 급료생활자·고주(雇主)·자영업자·학생·기타 무업자·여자·외국인은 조사로부터 제외"했고, "실업 당시 급료생활자 또는 노동자이던 자로서 조사 당시 현재 실업 상태에 있는 자가 원칙이며, 단 일용노동자에 대해서는 조사 당시를 기점으로 과거 1개월간 중 2분의 1 이상 취업했다고 인정되는 자는 실업자로 간주치 아니"했고 "실업자란 것은 취업의 능력과 의사는 있을지라도 취업의 기회를 얻지 못하는 상태를 말하는 것이므로 노쇠자, 부상이나 질병으로 인한 불구자, 술버릇 또는 나태함 등으로 인하여 취업에 부적합한 자, 임의(任意) 불취업자, 동맹파업 또는 공장봉쇄 등으로 취업치 않은 자 등은 이를 제외함"이라 했다.[7]

이와 같은 조사기준은 이후의 조선총독부 실업조사에도 대체로 그대로 적용되었다. 이와 같이 비교적 범위를 좁혀 조사한 실업률이 조선인의 경우 평균 24.2%, 일본인은 16%로 나타나서 대단히 높았음을 알 수 있으며 특히 조선인 실업률이 일본인의 그것보다 전체적으로 높았음은 더 말할 나위가 없다. 그러나 이와 같은 실업조사에 나타나는 실업률만으로 대도시 서울에서의 조선인의 생활실상을 이해하기는 어렵다. 이 무렵의 신문사설 하나를 들어보자.

최근 경성부 조사에 의하건대 부내(府內) 유업자(有業者) 총계 3만 7천여 명의 2할이나 되는 7천여 명의 다수가 유업으로부터 실업으로 전락되었으되 이것은 취업능력과 취업의사가 없는 자와 동맹파업자와 재래무업자(在來無業者)를 제하고서의 통계라 하니 실제 실업군의 일부임이 명백하다 할 것이다. 그러나 위의 7천여 명과 부내 영세생활자 3만 1천여 명을 합하면(일본

7) 『조선일보』 1931년 11월 11일자.

인 실업자도 소수가 포함되었으나) 근 5만 명의 다수가 실업고(失業苦)·생활고에 신음하는 것이 사실이요, 그외에 노상(路上)에서 행인의 시혜를 바라는 걸인의 총수가 303명이라 하는 숫자에 달한다.[8]

식민지 지배당국의 실업조사가 '유업에서 실업으로 전락'한 숫자만을 밝힌 데 반해서 실제로 이 시기의 도시지역에는 항상 반(半)실업 상태에 있는 영세민이 조사된 실업자보다 몇 배 더 많았으며, 언제나 실업조사에서 빠지게 마련인 상당수의 걸인들이 있어서 실제의 실업률은 조사에서의 그것보다 높게 마련이었다.

서울 이외의 각 지방도시에서의 실업조사도 1920년에 와서는 부분적으로나마 실시된 것 같다. 예를 들면 인천의 경우 1923년 말 현재 조선인 6627호, 2만 8093명 중 유직자(有職者)를 뺀 숫자가 56.7%인 1만 5918명이고, '전연 무직자'가 95호, 362명으로서 전체 조선인의 1.3%로 되어 있으며, 일본인 3713호에 1만 1228명 중 유직자를 뺀 수가 63%인 7074명이고, '전연 무직자'가 32호, 122명으로 전체 일본인의 1.1%쯤 되었다.[9] 그러나 같은 실업자로 통계되어도 조선인의 경우와 일본인의 경우는 그 처지가 대단히 다른 것이었다. 1925년의 다음과 같은 수원(水原) 실업자의 실정이 그것을 말해주고 있다.

수원군 내 호수와 인구수 및 직업별을 보면 거개 일본인 손으로 넘어간다는데 직업이 있다 하여도 조선인은 날로 쇠퇴하여가고 일본인은 번성하여 현재 일본인 무직자를 볼지라도 4호에 12명뿐인데 이도 거개 상당한 재산이 있

---

8) 社說 「都市의 暗流」, 『조선일보』 1932년 12월 1일자.
9) 『동아일보』 1924년 2월 24일자.

는 자요, 조선인의 무업자는 호수 674호에 2843명인바, 이는 살림을 하고 있는 사람이 이러할 바에야 일정한 주소도 없이 수원군에서 방황하는 자는 얼마나 많은지 모르리라고.[10]

조선총독부 측의 실업조사가 얼마만큼의 사실을 말하고 있는지 의문이며, 특히 조선인 실업자와 일본인 실업자가 같은 실업자라 하더라도 그 생활실정에 대단한 차이가 있었음도 짐작할 수 있다. 앞에서 말한 1931년 11월 15일에 실시된 부분별 실업조사의 경기도 내 도시지역, 즉 서울·인천·개성·영등포·수원 등 이른바 3부(府) 2읍(邑)의 조사결과를 보면 표 5-3과 같다.[11]

실업자를 급료생활자로서 실업한 경우, 일용노동자로서 실업한 경우, 지게꾼이나 인력거꾼과 같이 일정한 공사장 등에 고용되지 않은 자유노동자를 말한다고 생각되는 기타 노동자로서 실업한 경우의 세 가지로 나누고 그것을 각각 조선인과 일본인으로 나누어 통계하는 방법은 이후 조선총독부의 실업조사에서 계속 사용하고 있는 방법이지만, 표에서 보는 바와 같이 이 조사에는 문제가 많다. 개성(開城) 일본인의 기타 노동자로 12명을 조사하여 6명은 유업자, 6명은 실업자로 나타남으로써 실업률이 50%로 되었고, 수원의 일본인 기타 노동자로 2명을 조사하여 1명은 유업자, 1명은 실업자여서 실업률은 역시 50%이다.

조사방법에 이와 같이 문제가 있기는 하지만, 조선인 기타 노동자의 경우 서울은 조사자의 26.5%가 실업자여서 높은 실업률을 나타내고 있으며 전체적으로도 23%에 가까운 실업률이 나타나고 있음을 볼 수 있다.

10) 『동아일보』 1925년 3월 14일자.
11) 『동아일보』 1931년 12월 5일자.

표 5-3_ 1931년 경기도 도시 실업률 (단위: 명, %)

도시	민족별	급료생활자			일용노동자			기타 노동자		
		有業者	실업자	실업률	有業者	실업자	실업률	有業者	실업자	실업률
서울	조선인	14,185	4,323	23.4	14,864	4,432	23.0	12,423	4,474	26.5
	일본인	9,291	1,754	15.9	3,261	460	12.4	2,014	569	22.0
인천	조선인	1,337	170	11.3	5,211	527	9.2	1,575	232	12.8
	일본인	1,013	46	4.3	80	17	17.5	215	32	13.0
개성	조선인	487	37	7.1	1,066	38	3.4	1,546	1	0.06
	일본인	251	4	1.6	8	-	0	6	6	50.0
영등포	조선인	67	10	13.0	422	24	5.4	278	11	3.8
	일본인	136	3	2.2	12	1	7.7	0	0	0
수원	조선인	137	14	9.3	420	29	6.5	331	49	12.9
	일본인	146	2	1.4	9	1	10.0	1	1	50.0
계	조선인	16,213	4,554	21.9	21,983	5,050	18.7	16,153	4,767	22.8
	일본인	10,837	1,809	14.3	3,370	479	12.4	2,236	608	21.4
총계		27,050	6,363	19.0	25,353	5,529	17.9	18,389	5,375	22.6

경기도 이외의 다른 지방의 경우도 전국의 대부분의 도시에 실업자가 집결되어 있었음을 볼 수 있다. 먼저 함경북도의 경우를 보자.

요사이 함북 성진항(城津港) 내에서 1일 1식도 못 하는 기근민이 3백여 호나 된다고 하는데 (…) 어획 당시에는 그날그날의 노동할 처소가 있어서 근근이 생활을 계속하였으나 겨울철을 당하여서는 하등의 노동할 처소가 없으므로 헐벗고 굶는 집이 많다는데 그중에는 서조선·남조선 지방에서 살길을 찾아서 들어왔으나 역시 활로(活路)가 없어 어린 처자(妻子)를 데리고 이 집 저 집으로 다니면서 밥을 얻어다가 2일에 1식을 겨우 하는 집도 있다는데 (…)[12]

최근 함북 청진부(淸津府) 내의 실업자는 날마다 증가되어가는 현상으로 최근 당국에서 조사한 바에 의하면 청진항 내에 직업을 잃고 방황하는 사람이 대략 2천 명가량이요, 4, 5일씩 굶고 아사 도중에 있는 사람이 20여 호에 달한다는데 (…)[13]

성진·청진과 같은 신흥 도시에는 전국의 노동인구들이 모여들었지만 일거리를 얻기가 대단히 어려웠던 실정을 이들 기사는 잘 말해주고 있다. 성진과 청진의 경우 조선총독부의 공식적 실업조사 결과가 당시의 신문기사에 잘 안 나타나 있지만 다른 지방도시, 즉 대구·평양 등 대도시의 조사결과는 볼 수 있다.

대구의 경우 1930년 1월 27일부터 2월 5일까지 사이에 조선총독부가 실시한 일제조사가 있었다. 1929년 12월 말 현재의 대구 인구는 9만 4194명이었고 그중 17세 이상 남자는 1만 8749명이었다. 대구 시내를 10구(區)로 구분하고 연인원 3백 명을 동원하여 실업조사를 실시한 결과 조선사람 조사인원 1만 3660명 중 실업자가 801명이어서 실업률은 5.86%였고, 일본인은 조사인원 5908명에 실업자가 44명이어서 실업률 0.74%였다. 또 조선사람 실업자는 봉급생활자가 142명이고 일용노동자가 422명인 데 비해 일본인 실업자는 봉급생활자가 28명, 일용노동자가 3명이어서 조선사람의 경우 일용노동자가 많았고 일본인은 봉급생활자가 많았음을 말해주고 있다.[14]

대구의 경우 1931년 11월 15일자 조사 때의 결과도 나와 있다. 조사대상 인원은 민족별 구분 없이 2만 2577명이며 실업자는 조선인 882명,

12) 『동아일보』 1929년 2월 1일자.
13) 『동아일보』 1929년 3월 2일자.
14) 『동아일보』 1930년 2월 22일자.

일본인 31명, 합계 913명으로 전체 실업률은 4%로 나타나 있다. 조사대상 인원의 민족별 숫자가 제시되지 않아서 민족별 실업률의 차이를 제시할 수 없지만, 조선사람의 실업자는 일용노동자가 496명, 봉급생활자가 168명인 데 비해 일본인 실업자는 일용노동자가 8명에 불과하고 봉급생활자가 32명이었다.[15]

한편 평양의 경우도 1931년 11월 15일자로 실업자 조사가 실시되어 "평양부 내 실업자수는 1880명에 달하였다. 조사에 빠진 실업자까지 합한다면 3천 명을 초과할 것이라 한다"했는데, 급료생활자의 경우 조사대상자 1만 2293명 중 실업자가 739명으로 6%였고, 일급(日給)노동자의 경우 조사대상자 1만 3179명 중 실업자가 647명으로 4.9%였으며, 자유노동자는 조사대상자 1만 1817명 중 실업자 502명으로 4.2%였다.[16] 민족별 구분이 되어 있지 않아서 역시 비교할 수 없지만, 1931년 말 현재의 평양 인구는 14만 4215명인바[17] 조사에 빠진 실업자를 합해 3천 명이라 했으므로 전체 실업률은 2%인 셈이다.

이와 같은 지방도시별 실업조사 이외에 1930년과 1932년의 경우 전국적인 조사결과가 남아 있다. 먼저 1930년 1월 30일 현재의 조사에 의하면[18] 조선사람은 조사대상 인원 17만 6573명 중 실업자가 2만 2145명이어서 실업률이 12.5%였고 일본인 조사대상자 4만 4585명 중 실업자는 2639명이어서 실업률은 5.9%였다. 조선사람의 실업률이 일본인의 그것보다 두 배 넘게 높았음을 알 수 있다. 참고로 1929년 말 현재의 조선사람 총인구수는 1878만 4437명이어서 조사대상자 17만 6573명은

---

15) 『동아일보』 1931년 11월 26일자.

16) 『동아일보』 1931년 11월 29일자.

17) 『朝鮮總督府統計年報』 1931년분, 28면.

18) 石森久彌 「朝鮮の失業問題」, 『朝鮮公論』 1930년 5월호 3~4면.

표 5-4 _ 1930년 전국 업종별 실업률 (단위: 명, %)

	조선인			일본인			계		
	조사인원	실업자수	실업률	조사인원	실업자수	실업률	조사인원	실업자수	실업률
급료생활자	31,206	3,551	11.4	33,303	1,781	5.3	64,509	5,332	8.3
일용노동자	88,811	11,865	13.4	4,706	421	8.9	93,517	12,286	13.1
기타 노동자	56,556	6,729	11.9	6,576	437	6.6	63,132	7,166	11.4
계	176,573	22,145	12.5	44,585	2,639	5.9	221,158	24,784	11.2

그 0.94%이고, 조선에 있던 일본인 총인구는 48만 8478명이어서 조사 대상자 4만 4585명은 그 9.13%이다.

또한 이때의 조사를 예의 급료생활자·일용노동자·기타 노동자로 3분하여 표시해보면 표 5-4와 같다. 조선인의 경우 일용노동자의 실업률이 가장 높고 일본인의 경우 실업자의 수에 있어서는 급료생활자가 가장 많다. 같은 시기 일본 본국의 실업률은 5%라 했다.[19] 조선에서는 조선인만으로는 12.5%, 조선인과 일본인을 합친 실업률은 11.2%여서 일본 본국보다 훨씬 높았음을 알 수 있다.

또한 1932년의 조사결과를 보면 조선인 조사대상자 133만 6257명 중 실업자는 16만 3512명이어서 실업률은 12.2%이고, 일본인은 조사대상자 8만 3712명 중 실업자는 3037명이어서 실업률은 3.6%이다.[20] 1931년 말 현재의 조선인 총수는 1971만 168명이었으므로 조사대상자 16만 3512명은 그 0.83%이며 같은 시기 조선에 있던 일본인 총수는 51만 4666명이어서 조사대상자 3037명은 0.6%이다.

---

19) 같은 곳.

20) 櫻井義之「朝鮮のルムペン」,『社會政策時報』159號, 1933년 12월호 27면. 표 5-5의 원자료 합계에 오류가 있는 부분은 수정했다.

표 5-5_ 1932년 전국 업종별 실업률 (단위: 명, %)

	조선인			일본인		
	조사인원	실업자수	실업률	조사인원	실업자수	실업률
급료생활자	131,789	16,904	12.8	63,279	1,958	3.1
일용노동자	618,871	89,970	14.5	9,748	672	6.9
기타 노동자	585,597	56,638	9.7	10,685	407	3.8
계	1,336,257	163,512	12.2	83,712	3,037	3.6

1930년의 실업률과 비교해보면 약 2년 사이에 일본인의 실업률은 5.9%에서 3.6%로 2.3%나 떨어졌는 데 비해서 조선인의 실업률은 1930년의 12.5%에서 1932년에는 12.2%로 0.3%밖에 떨어지지 않았다. 또한 1930년의 경우와 같이 역시 업종별 실업률이 밝혀져 있는데 표 5-5가 그 것이다. 표에서와 같이 조선인의 경우 일용노동자의 실업률이 높고 일본인은 급료생활자의 실업자가 가장 많은 것은 1930년의 조사와 같다.

요컨대 식민지 지배 아래서 조선의 실업자 문제는 1920년대에 들어와서 이농인구가 급격히 증가함으로써 본격적으로 드러나기 시작했다. 식민지 농업정책의 결과로 이농인구는 급증했지만 식민지시기 초기의 산업구조가 그들을 공업인구로 수용할 수 있는 조건에 있지 못했기 때문이었다.

그들 중의 상당한 부분은 화전민이 되었고 나머지는 토목공사장의 막일꾼이나 도시지역의 토막민이 되는 한편 일본이나 만주 지역의 노동시장으로 흘러들어갔지만, 어느 경우에도 들어갈 수 없는 이농민 및 토목공사장의 일용노동자나 기타 노동자들은 실업의 위협에 시달리지 않을 수 없었다.

특히 1920년대 후반기의 세계공황으로 식민지 조선의 실업자 문제는 대단히 심각한 것이었지만 조선총독부는 1920년대에는 전국적인 치밀한 조사는 거의 실시하지 않았던 것 같고, 앞에서 말한 것과 같이 1930년에 와서야 일부 특정지역에 한해 실업조사를 실시했다. 이 절에서는 조선총독부의 『조사월보』에 전국적 실업조사가 실리기 이전, 대체로 1932년까지의 실업실태를 분석했다. 조선인의 실업률이 조선에 와 있던 일본인 및 일본 본국 실업률의 두 배가 넘었음을 알 수 있었다.

2. 전국적 실업상황

앞 절에서 이미 논급한 것과 같이 조선총독부 당국이 공식적으로 실시한 실업조사는 1930년 1월 31일 현재로 실업자가 많은 몇 곳의 도시와 농촌에 실시한 것이 처음이었고, 1931년에도 11월 15일 현재로 역시 전년과 같이 부분적으로 실시했다. 전국적 실업조사를 처음으로 실시한 것은 1932년 6월 말일 현재의 조사부터였으나 1932년에 실시한 조사의 결과에 대해서는 앞 절에서 인용한 이상의 내용을 알 만한 자료를 지금으로서는 구할 수 없다.

조선총독부의 전국적 실업조사는 1933년 이후에도 계속되었고 그 결과는 『조선총독부 조사월보』에 계속 게재되었는데 거기에는 1933년부터 1937년까지 5년분밖에 없다. 1937년 이후에는 전국적인 실업조사가 실시되지 않았는지 혹은 실시되었는데 『조사월보』에 실리지 않았는지 확실치 않다. 다만 일본제국주의가 1937년 중일전쟁을 도발함으로써 침략전쟁이 본격화했으므로 이후에는 전국적 실업조사가 실시되지 않은 것이 아닌가 추측되기도 한다.

1932년 처음으로 전국적 실업조사가 실시되었을 때의 조사방법은 앞

절에서 일부 소개했지만 1933년 이후의 조사는 그 방법이 비교적 상세히 제시되어 있는데 그것을 정리해보면 다음과 같다.[21]

첫째, 조사방법은 경비 관계상 조사기관을 따로 두지 않고, 또 조사대상자로부터 신고를 받는 방법을 택하지 않고 일정한 조사카드를 이용하여 부·읍의 직원, 방면위원(方面委員)[22]·동장(洞長) 또는 경찰관으로 하여금 구역을 담당하여 실지 조사하게 했다. 따라서 그 전체 구역을 실지 조사하기 곤란한 경우는 일부를 조사하고 나머지는 추정에 의함으로써 조사가 꼭 정확하다고는 할 수 없으며 대체적인 윤곽을 알 수 있을 뿐이다.

둘째, 이 조사에서의 유업자 및 실업자의 범위는 대체로 일본 본국에서 종래 실시한 조사의 예에 따라 급료생활자와 노동자로 나누고 노동자를 다시 일용노동자와 기타 노동자로 구분했으며, 학생, 기타 무직자, 고주(雇主), 자영업자, 월수 2백 원 이상의 급료생활자 및 외국인 등을 조사에서 제외했다.

셋째, '조선의 종래 사정으로 보아' 여자는 특히 이 조사에 포함하지 않기로 했다.

넷째, 실업자는 실업 당시 급료생활자 또는 노동자로서 조사 당시 현재 실업 상태에 있는 사람을 원칙으로 했으며 일용노동자에 대해서는 조사 당일을 기점으로 하여 과거 1개월간 대체로 그 2분의 1 이상을 취업하고 있었다고 인정되는 사람은 실업자로 간주하지 않음으로써 조사 당일의 날씨 등에 좌우되지 않고 실업자의 실태를 파악하도록 유의했다.

다섯째, 실업이란 취업의 능력 및 의사를 가졌음에도 불구하고 취업의 기회를 얻지 못한 상태를 말하며, 노쇠자, 병들었거나 불구가 된 사람, 주벽(酒

---

21) 『朝鮮總督府調査月報』 5卷 4號, 1934년 4월호 57~58면.
22) 방면위원은 조선총독부가 이른바 빈민구제 및 조사를 목적으로 1927년에 서울에 만든 민간기관이다.

癖)이나 나태로 취업에 적당치 않은 사람, 일부러 취업하지 않은 사람, 동맹파업 또는 공장봉쇄로 취업하지 않는 사람 등은 포함하지 않았다.

　조사원이 행정관료나 경찰관 및 대체로 친일적인 인사로 구성된 방면위원들이어서, 또 전면적인 조사가 불가능할 경우 부분조사 결과를 전체에다 적용시킨 점에서 대체로 실업자수가 실제보다 낮게 잡혔을 가능성이 있다. 또한 일용노동자의 경우 1개월에 15일만 취업해도 실업자로 간주하지 않았다는 점, 노쇠자와 병자와 불구자 및 주벽이 있는 사람, 임의로 취업하지 않은 사람, 동맹파업, 공장봉쇄로 취업 못한 사람을 모두 실업자의 범위에서 제외한 점, 여자를 일체 포함시키지 않은 점 등으로 보아 역시 실업자의 범위를 대단히 좁게 잡은 조사였다고 할 수 있다. 따라서 실제의 실업률은 이 조사보다 더 높았으리라는 생각 아래 이 조사결과가 분석되어야 할 것이다.

　1933년 6월 말 현재로 전국적으로 실시된 실업조사는 조선인 조사대상자 127만 8541명에 실업자수가 13만 1683명이어서 실업률 10.3%였고, 일본인은 조사대상자 8만 8902명에 실업자 2695명이어서 실업률 3%였다. 앞의 표 5-5에서 보는 것과 같이 1년 전인 1932년 6월 말 현재 조사의 조선인 실업률 12.2%에 비하면 2% 낮아졌고 일본인 실업률도 1932년의 3.6%에 비하면 0.6% 낮아졌다.

　이와 같이 실업률이 낮아진 이유에 대해 조사자들은 "1931년도부터 전국 각 도에 걸쳐 시행되고 있는 도로·항만·치수·하수·사방 등의 각종 궁민구제공사 및 1932년도부터 실시되고 있는 시국응급공사(時局應急工事)가 성하게 일어나고 있는 데 원인이 있다고 생각된다"[23] 했다.

---

23) 같은 책 61면.

조선총독부가 전국적인 실업자 조사를 실시하고 그 결과를 『조사월보』에 실은 1933년에서부터 1937년까지의 시기는 1920년대 말기의 세계공황의 영향이 조금씩 가시는 때였고 또 조선총독부가 실업자 문제를 어느정도 해결하기 위해 각종 토목공사를 일부 일으키고 있던 때이기도 했으며, 그 위에 대륙침략을 준비하는 군사시설 관계 공사를 가리키는 것 같은 '시국응급공사' 등으로 실업률이 조금씩 낮아지고 있던 때임을 알 수 있다.

1933년 전국실업조사의 각 도별·민족별 통계를 보면 다음의 표 5-6과 같다.[24] 조선인 실업자가 가장 많은 지역은 경상남도여서 조사된 전체 조선인 실업자의 19.5%를 차지하고 있으며 다음은 전라북도의 14%, 그다음이 전라남도의 12.1%의 순이다.

반대로 실업자가 가장 적은 도는 함경북도로서 그 실업자의 수는 조사된 전체 조선인 실업자의 1.5%에 지나지 않는다. 일본인의 경우는 역시 서울과 부산이 있는 경기도, 경상남도에 실업자가 많고 충청북도가 가장 적다.

또한 실업률에 있어서는 조선인의 경우 경상남도의 16.2%가 제일 높고, 다음이 전라북도의 13.8%, 그다음이 함경남도의 12.7%이며, 강원도 11.8%, 경기도의 10%가 비교적 높은 편이다. 일본인의 경우는 경기도의 6.1%가 제일 높고, 다음이 경상남도의 4.9%, 그다음이 평안남도의 3.4%이다. 서울·부산·평양 등 일본인이 많은 대도시가 끼인 지역이 실업률이 높았던 것이다.

참고로 조선인 전체 조사인원수는 같은 시기 전체 조선인수의 6.4%이며 일본 전체 조사인원수는 당시 조선에 살고 있던 전체 일본인수의

---

24) 같은 책 67~70면.

표 5-6_ 1933년 전국 실업자수와 실업률 (단위: 명, %)

도별	민족별	인구수	조사인원수	유업자수	실업자수	실업률
경기	조선인	1,981,971	137,810	123,999	13,811	10.0
	일본인	134,639	18,525	17,392	1,133	6.1
충북	조선인	858,111	45,242	41,105	4,137	9.1
	일본인	7,916	1,388	1,375	13	0.9
충남	조선인	1,349,622	87,730	81,098	6,632	7.6
	일본인	23,983	3,241	3,182	59	1.8
전북	조선인	1,410,108	133,780	115,366	18,414	13.8
	일본인	33,558	5,996	5,803	193	3.2
전남	조선인	2,239,346	171,543	155,653	15,890	9.3
	일본인	41,554	5,854	5,658	196	3.3
경북	조선인	2,299,668	115,406	106,891	8,515	7.4
	일본인	48,319	9,754	9,685	69	0.7
경남	조선인	2,015,817	157,811	132,193	25,618	16.2
	일본인	86,067	10,189	9,688	501	4.9
황해	조선인	1,474,576	68,497	62,056	6,441	9.4
	일본인	18,147	3,392	3,354	38	1.1
평남	조선인	1,278,736	66,507	60,142	6,365	9.6
	일본인	32,960	5,905	5,703	202	3.4
평북	조선인	1,511,215	115,328	108,559	6,769	5.9
	일본인	19,971	5,680	5,599	80	1.4
강원	조선인	1,421,860	66,920	59,006	7,914	11.8
	일본인	11,660	3,084	3,047	37	1.2
함남	조선인	1,499,598	72,105	62,959	9,146	12.7
	일본인	35,928	9,718	9,586	132	1.4
함북	조선인	696,645	39,862	37,831	2,031	5.1
	일본인	28,750	6,176	6,134	42	0.7
계	조선인	20,037,273	1,278,541	1,146,858	131,683	10.3
	일본인	523,452	88,902	86,207	2,695	3.0

표 5-7 _ 1933년 전국 업종별 실업률 (단위: 명, %)

	조선인			일본인		
	조사인원	실업자수	실업률	조사인원	실업자수	실업률
급료생활자	129,250	15,914	12.3	68,576	1,907	2.8
일용노동자	614,378	71,651	11.7	9,333	419	4.5
기타 노동자	534,913	44,118	8.2	10,993	369	3.4
계	1,278,541	131,683	10.3	88,902	2,695	3.0

17%나 된다. 일본인에 대한 실업조사는 그만큼 더 철저히 되었고, 반대로 조선인에 대한 조사는 그만큼 불철저하게 되었을 가능성이 높다 할 것이다.

다음, 1933년의 전국 실업조사 결과를 업종별로 보면 표 5-7과 같다.[25] 조선인의 경우 앞 절에서 본 것과 같이 1932년에는 일용노동자의 실업률이 가장 높았으나 1933년에는 급료생활자보다 실업률이 떨어졌음을 볼 수 있다. 앞에서 인용한 것과 같이 도로·항만·사방공사 등 토목공사 중심의 '시국응급공사'와 빈민구제공사장에서 일용노동자의 취업기회가 넓어졌기 때문이라 할 것이다. 그러나 일본인의 경우 일용노동자의 실업률이 가장 높음을 볼 수 있는데 대체로 일본인은 일용노동자라 하더라도 토목공사장의 막일꾼으로는 취업하지 않았던 것 같다.[26]

다음, 1934년의 실업조사는 동년 10월 1일 현재로 실시되었다. 조선인 전체 인구 2051만 3804명 중 그 4.8%인 99만 3550명을 조사한 결과

---

25) 같은 책 63~64면.

26) 예를 들면 1928년에 조선토목건축협회의 조사로 이루어진 『朝鮮工事用各種勞動者實狀調查』에 의하면 전혀 기술이 없는 이른바 보통인부에는 일본인이 전혀 조사되어 있지 않다.

실업자가 9만 4919명이어서 9.6%의 실업률이 나왔다. 한편 일본인의 경우 조선에 와 있던 일본인 전체 인구 56만 1384명 중 그 15.3%인 8만 6139명을 조사한 결과 실업자는 2578명이어서 실업률은 3%밖에 되지 않았다.[27)]

아직도 조선인의 실업률이 일본인의 그것보다 3배 이상 높지만 전년의 조선인 실업률 10.3%에 비하면 0.7% 떨어졌다. 또한 이때의 조사는 조선 전국을 경기·강원의 중부와 경상·전라·충청의 남부, 평안·황해의 서부와 함경도의 북부로 4분해 통계를 따로 내고 있는데 실업률은 중부가 10.2%로 제일 높지만, 실업자 총수 9만 7497명의 57.6%인 5만 6138명이 남부지방에 있어서 남부지방에 실업자가 제일 많았음을 보여주고 있다.[28)]

1934년의 전국 각 도 민족별 실업률을 보면 표 5-8과 같다.[29)] 전체적으로 실업률이 떨어졌음에도 불구하고 경기·경남·함북의 조선인 실업률이 높아졌음을 볼 수 있다. 다음 절에서 농촌과 도시의 실업률을 구분하여 상세히 살펴보겠지만 1934년의 조사보고는 "도시에 비해 농촌의 실업자가 많고 실업률이 높은 사실"이 특징이라 말하고 있다.[30)]

조선사람 실업자가 가장 많이 조사된 도는 부산이 있는 경상남도로서 2만 1232명으로 조사된 전체 실업자의 22.4%이며 1933년의 19.5%보다 2.9%나 더 증가했다. 다음의 전라남도는 12.3%로 1933년과 비슷하다. 그다음은 서울을 포함한 경기도로서 전체의 11.8%이다. 1933년의 10.5%보다 더 높아졌으며 순위도 4위에서 3위로 높아졌다.

27) 『朝鮮總督府調査月報』 6卷 3號, 1935년 3월호 17면.

28) 같은 책 18면 '土地別失業者比較表'.

29) 같은 책 22~29면 '失業調査統計表'.

30) 같은 책 21면.

표 5-8_ 1934년 전국 실업자수와 실업률 (단위: 명, %)

도별	민족별	인구수	조사인원수	유업자수	실업자수	실업률
경기	조선인	2,076,985	106,581	95,336	11,245	10.6
	일본인	142,215	15,419	14,551	868	5.6
충북	조선인	875,600	38,857	36,320	2,537	6.5
	일본인	8,236	1,156	1,149	7	0.6
충남	조선인	1,393,001	56,569	53,504	3,065	5.4
	일본인	24,858	2,973	2,955	18	0.6
전북	조선인	1,437,168	96,467	86,478	9,989	10.4
	일본인	35,175	4,469	4,334	135	3.0
전남	조선인	2,277,275	148,639	136,973	11,666	7.8
	일본인	42,129	5,814	5,627	187	3.2
경북	조선인	2,320,703	95,544	88,833	6,711	7.0
	일본인	48,574	10,615	10,513	102	1.0
경남	조선인	2,042,191	117,565	96,333	21,232	18.1
	일본인	91,336	10,732	10,243	489	4.6
황해	조선인	1,527,953	59,739	54,421	5,318	8.9
	일본인	18,633	3,345	3,320	25	0.7
평남	조선인	1,332,640	57,786	53,112	4,674	8.1
	일본인	35,181	6,354	6,154	200	3.1
평북	조선인	1,541,567	49,126	46,338	2,788	5.7
	일본인	21,175	4,290	4,266	24	0.6
강원	조선인	1,443,931	53,857	47,912	5,945	11.0
	일본인	12,651	1,958	1,934	24	1.2
함남	조선인	1,516,299	71,179	64,186	6,993	9.8
	일본인	42,613	10,640	10,519	121	1.1
함북	조선인	728,491	41,641	38,885	2,756	6.6
	일본인	38,608	8,374	7,996	378	4.5
계	조선인	20,513,804	993,550	898,631	94,919	9.6
	일본인	561,384	86,139	83,561	2,578	3.0

* 인구수는 1934년 말 현재의 수.

한편 실업률에 있어서는 경상남도의 18.1%가 가장 높은데 전체적으로 실업률이 떨어졌는데도 경상남도는 전년도의 16.2%보다 더 높아졌다. 다음은 강원도의 11%가 높은데 전년도의 11.8%보다는 떨어졌지만 순위는 전라북도를 앞서고 있다.

한편 1934년 조사의 업종별 실업률을 보면 표 5-9와 같다.[31] 1933년과 비교해서 조선인, 일본인을 막론하고 급료생활자와 일용노동자의 실업률은 줄어든 데 비해 기타 노동자의 실업률은 높아지고 있음을 볼 수 있다. 식민지 기초시설 등의 건설에 따라 조선인 일용노동자의 취업률이 조금씩 높아가는 반면 일본인의 경우 토목공사장의 막노동을 피하는 일용노동자의 경우 실업률이 높았음을 알 수 있다. 또한 조선인의 경우 실업률이 가장 높은 것은 급료생활자인데 식민지 피지배민족이 봉급생활자의 자리를 얻기는 역시 어려웠던 것이다.

조선인의 경우 조사된 전체 실업자 9만 4919명 중 86.1%가 노동자이며 13.9%만이 봉급생활자이다. 그러나 일본인의 경우를 보면 조사된 전체 실업자 2578명 중 그 27.8%인 716명만이 노동자이며 실업자의 72.2%가 봉급생활자임을 알 수 있다. 조선사람 실업자의 거의 대부분이 노동자들이고 일본인 실업자의 3분의 2 이상이 봉급생활자였다는 사실, 그러면서도 업종별로는 조선사람 봉급생활자의 실업률이 11%로 제일 높았다는 사실 등이 식민지시기 조선의 실업사정이 가지는 특징을 나타내주고 있다.

1935년의 실업조사도 역시 10월 1일 현재로 실시되었으며 조사방법도 전년도와 같았다. 조사 당시의 조선인 전체 인구수 2124만 8864명의 4.7%인 100만 2847명을 조사하여 나타난 실업자수는 7만 9214명으로

---

31) 같은 책 30~34면 '業態別失業者內譯表'에 의함.

표 5-9_ 1934년 전국 업종별 실업률 (단위: 명, %)

	조선인			일본인		
	조사인원	실업자수	실업률	조사인원	실업자수	실업률
급료생활자	120,365	13,229	11.0	67,922	1,862	2.7
일용노동자	525,869	48,548	9.2	10,378	416	4.0
기타 노동자	347,316	33,142	9.5	7,839	300	3.8
계	993,550	94,919	9.6	86,139	2,578	3.0

서 실업률은 7.9%였고 전년도의 9.6%보다 1.7%나 떨어졌다.[32]

일본인의 경우 당시 조선에 와 있던 전체 일본인 58만 3428명의 16.7%인 9만 7510명을 조사하여 나타난 실업자는 2570명이었다.[33] 따라서 실업률이 2.6%인데 그것은 전년도의 3.0%보다 0.4%가 줄어든 것이다.

먼저 1935년의 각 도별·민족별 실업자수와 실업률을 보면 표 5-10과 같다.[34] 실업자수가 제일 많은 도는 역시 경상남도이며, 조사된 전체 조선인 실업자의 17.7%로서 전년도의 22.4%보다는 그 비율이 상당히 떨어졌다. 그러나 경기도는 전체 실업자의 13.8%를 차지하여 전년도의 11.8%보다 비율이 높아졌다. 1934년의 조사보고는 "도시에 비해 농촌의 실업자가 많고 실업률이 높다"[35] 했던 데 반해, 1935년의 조사보고는 "작년에 비해 도시의 실업자가 증가하고 농촌의 실업자는 감소했다"[36]

---

32) 『朝鮮總督府調査月報』 7卷 8號, 1936년 8월호 119면.
33) 같은 곳. 표 5-10의 합계 수치 등에 오차가 있으나 원자료 그대로 인용했다.
34) 같은 책 124~26면 '失業調査總計表'.
35) 『朝鮮總督府調査月報』 6卷 3號, 1935년 3월호 21면.
36) 『朝鮮總督府調査月報』 7卷 8號, 1936년 8월호 123면.

표 5-10_ 1935년 전국 실업자수와 실업률 (단위: 명, %)

도별	민족별	인구수	조사인원수	유업자수	실업자수	실업률
경기	조선인	2,171,713	119,253	108,316	10,937	9.2
	일본인	147,671	21,715	20,613	1,102	5.1
충북	조선인	904,228	34,088	32,380	1,707	5.0
	일본인	8,530	1,195	1,183	12	1.0
충남	조선인	1,442,614	61,148	58,429	2,719	4.4
	일본인	25,219	3,081	3,071	10	0.3
전북	조선인	1,497,946	100,431	90,917	9,514	9.5
	일본인	35,475	5,091	4,983	108	2.1
전남	조선인	2,365,465	117,698	107,502	10,196	8.7
	일본인	42,908	5,692	5,604	88	1.5
경북	조선인	2,419,140	95,406	89,143	6,263	6.6
	일본인	48,607	10,675	10,621	54	0.5
경남	조선인	2,095,270	121,734	107,689	14,045	11.5
	일본인	95,078	12,109	11,666	443	3.7
황해	조선인	1,597,050	61,498	57,834	3,664	6.0
	일본인	19,466	3,888	3,861	27	0.7
평남	조선인	1,367,239	58,644	54,103	4,541	7.7
	일본인	37,039	5,937	5,744	193	3.3
평북	조선인	1,577,981	53,085	50,221	2,864	5.4
	일본인	21,737	3,941	3,931	10	0.3
강원	조선인	1,514,908	55,943	52,201	3,742	6.7
	일본인	13,641	2,339	2,300	39	1.7
함남	조선인	1,551,033	73,543	66,950	6,593	9.0
	일본인	46,207	10,532	10,420	112	1.1
함북	조선인	744,277	50,376	47,947	2,429	4.8
	일본인	41,850	11,315	10,940	375	3.3
계	조선인	21,248,864	1,002,847	923,632	79,214	7.9
	일본인	583,428	97,510	94,937	2,570	2.6

* 인구수는 1935년 말 현재의 수.

표 5-11_ 1935년 전국 업종별 실업률 (단위: 명, %)

	조선인			일본인		
	조사인원	실업자수	실업률	조사인원	실업자수	실업률
급료생활자	134,077	12,157	9.1	76,813	2,063	2.7
일용노동자	535,614	42,312	7.9	13,347	327	2.4
기타 노동자	333,156	24,745	7.4	7,350	180	2.4
계	1,002,847	79,214	7.9	97,510	2,570	2.6

고 했다. 이와 같은 전체적 경향의 변화가 각 도의 비율에 변화를 가져온 것이 아닌가 한다.

실업률에 있어서도 조선인의 경우 경상남도의 11.5%가 제일 높지만 전해의 18.1%보다는 크게 떨어졌다. 다음의 전라북도 9.5%도 전해의 10.4%보다는 낮아졌다. 또한 지방별의 실업자도 경상·전라·충청의 남부지방이 조사된 전체 실업자 7만 9214명 중 4만 5156명을 차지하여 57.0%나 된다.[37] 전년도와 같이 역시 남부지방에 전체 실업자의 절반 이상이 있었던 것이다.

다음, 1935년의 업종별 실업률은 표 5-11과 같다.[38] 조선인의 경우 급료생활자의 실업률이 여전히 높으며 조사된 실업자 중 그 수가 가장 많은 것은 역시 일용노동자다. 조사된 조선인 실업자 총수 7만 9214명 중 그 53.4%인 4만 2312명이 일용노동자인 것이다. 반대로 일본인 실업자의 경우 급료생활자가 제일 많아서 조사된 전체 실업자 2570명의 80.3%인 2063명이다. 조선인의 경우 조사된 실업자의 절반 이상이 일

---

37) 같은 책 120면 '地方別失業者比較表' 참조.
38) 같은 책 130~34면 '業態別失業者內譯表' 참조.

용노동자이며, 일본인은 조사된 실업자의 80% 이상이 급료생활자라는 사실은 역시 식민지 조선에서의 민족별 직업상황을 간접으로 알려주고 있다 할 것이다.

1936년의 실업조사 역시 전년도와 같은 방법으로 10월 1일 현재로 실시되었다. 먼저 그 대강을 보면 조선인의 경우 조사 당시의 전체 인구 2137만 3572명 중 그 4.8%인 102만 5565명을 조사한 결과 실업자가 7만 4699명이어서 실업률은 7.3%였다. 전년도의 7.9%보다 0.6% 준 것이다. 한편 일본인의 경우 당시 조선에 와 있던 일본인 총수 60만 8989명의 17.1%인 10만 4085명을 조사한 결과 실업자는 1797명이어서 실업률은 지난해의 2.6%보다 0.9%나 준 1.7%였다.[39]

이때의 조사보고는 전년에 비해 실업률에 있어서는 농촌보다도 도시가 더 감소했다고 했다. 중일전쟁 도발을 1년 앞둔 시점에서 이른바 한반도의 병참기지화와 함께 노동력의 수요가 높아져갔고 먼저 도시의 실업률이 줄어든 것이라 생각된다. 지역별로는 여전히 경상·전라·충청도의 남부지방 실업자수가 조사된 전체 실업자 7만 4699명의 59.1%인 4만 4180명이나 되었다.[40]

1936년 전국 각 도의 민족별 실업조사 상황과 그 실업률을 보면 표 5-12와 같다.[41] 실업자수가 제일 많은 도는 경상남도로서 1만 6797명으로 조사된 전체 실업자의 22.5%나 되었고, 다음은 경기도의 11.6%, 전라남도의 10.7% 순이다. 또한 실업률이 가장 높은 도는 여전히 경상남도여서 조선인의 경우 지난해의 11.5%보다 높아진 12.8%로 나타났으며, 다음은 함경남도의 10%, 전라북도의 8.1%의 순이다. 전체적으로

---

39) 『朝鮮總督府調査月報』 8卷 6號, 1937년 6월호 73면.
40) 같은 책 74면 '地方別失業者比較表'.
41) 같은 책 77~79면 '失業調査總計表' 참조.

표 5-12_ 1936년 전국 실업자수와 실업률 (단위: 명, %)

도별	민족별	인구수	조사인원수	유업자수	실업자수	실업률
경기	조선인	2,225,379	114,497	105,841	8,656	7.6
	일본인	153,723	21,419	20,676	743	3.5
충북	조선인	897,736	37,639	35,933	1,706	4.5
	일본인	8,598	1,369	1,366	3	0.2
충남	조선인	1,454,830	64,849	61,452	3,397	5.2
	일본인	26,314	3,589	3,573	16	0.4
전북	조선인	1,502,380	93,644	86,092	7,552	8.1
	일본인	35,844	4,877	4,788	89	1.8
전남	조선인	2,370,853	114,987	107,018	7,969	6.9
	일본인	44,154	5,849	5,759	90	1.5
경북	조선인	2,402,970	95,827	89,635	6,192	6.5
	일본인	49,887	10,125	10,082	43	0.4
경남	조선인	2,115,553	131,248	114,451	16,797	12.8
	일본인	96,926	14,376	14,049	327	2.3
황해	조선인	1,614,738	54,951	51,661	3,290	6.0
	일본인	20,582	3,260	3,231	29	0.9
평남	조선인	1,390,298	77,355	73,314	4,041	5.2
	일본인	39,094	7,061	6,870	191	2.7
평북	조선인	1,578,605	55,630	53,375	2,255	4.1
	일본인	22,363	4,153	4,140	13	0.3
강원	조선인	1,513,276	58,719	54,315	4,404	7.5
	일본인	15,019	2,913	2,893	20	0.7
함남	조선인	1,544,883	72,238	65,048	7,190	10.0
	일본인	51,052	12,234	12,159	75	0.6
함북	조선인	762,071	53,981	52,731	1,250	2.3
	일본인	45,433	12,860	12,702	158	1.2
계	조선인	21,373,572	1,025,565	950,866	74,699	7.3
	일본인	608,989	104,085	102,288	1,797	1.7

* 인구수는 1936년 말 현재의 수.

표 5-13_ 1936년 전국 업종별 실업률 (단위: 명, %)

	조선인			일본인		
	조사인원	실업자수	실업률	조사인원	실업자수	실업률
급료생활자	143,503	9,525	6.6	84,351	1,395	1.7
일용노동자	545,750	40,542	7.4	11,250	210	1.9
기타 노동자	336,312	24,632	7.3	8,484	192	2.3
계	1,025,565	74,699	7.3	104,085	1,797	1.7

는 지난해보다 0.6%나 줄었지만 경상남도는 오히려 1.3%나 높아졌음이 주목된다.

한편, 1936년의 업종별 실업률은 표 5-13과 같다.[42] 표에서 보는 바와 같이 전년에 비해 조선인, 일본인을 막론하고 급료생활자의 실업률이 상당히 줄어들었고 반면 일용노동자와 기타 노동자의 실업률은 그다지 줄어들지 않았다. 또한 조선인 실업자의 경우 역시 일용노동자가 가장 많아서 전체의 54.3%나 되며 일본인 실업자의 경우 역시 급료생활자가 제일 많아서 작년과 같이 조사된 전체 실업자의 77.6%나 된다. 조선인 실업자는 일용노동자가 많고 일본인은 급료생활자가 많은 특징은 여전함을 알 수 있다.

일본이 중일전쟁을 도발한 1937년의 실업조사도 10월 1일에 전국적으로 전년도와 같은 방법으로 실시되었다. 조선인의 경우 당시의 전체 인구 2168만 2855명의 4.8%인 105만 1100명을 조사대상으로 한 결과 조사된 실업자는 5만 6440명이어서 실업률은 5.4%였다. 또한 일본인의 경우 당시 조선에 와 있던 전체 일본인수 62만 9512명 중 그 19.0%인 11

---

42) 같은 책 83~87면 '業態別失業者內譯表' 참조.

표 5-14_ 1937년 전국 실업자수와 실업률 (단위: 명, %)

도별	민족별	인구수	조사인원수	유업자수	실업자수	실업률
경기	조선인	2,294,554	128,481	122,811	5,670	4.4
	일본인	159,299	25,068	24,627	441	1.8
충북	조선인	899,748	34,845	33,401	1,444	4.1
	일본인	8,741	1,431	1,427	4	0.3
충남	조선인	1,476,844	66,589	63,884	2,705	4.1
	일본인	27,046	4,056	4,043	13	0.3
전북	조선인	1,515,611	91,656	86,838	4,818	5.3
	일본인	35,884	5,110	5,067	43	0.8
전남	조선인	2,411,987	113,350	106,457	6,893	6.1
	일본인	45,288	5,789	5,752	37	0.6
경북	조선인	2,397,610	92,893	87,752	5,141	5.5
	일본인	51,123	10,691	10,647	44	0.4
경남	조선인	2,126,801	130,031	116,645	13,386	10.3
	일본인	97,146	15,014	14,798	216	1.4
황해	조선인	1,643,548	52,634	50,428	2,206	4.2
	일본인	22,074	5,279	5,263	16	0.3
평남	조선인	1,427,340	82,417	77,453	4,964	6.0
	일본인	39,995	8,304	8,126	178	2.1
평북	조선인	1,599,686	63,065	61,379	1,686	2.7
	일본인	23,663	7,311	7,246	65	0.9
강원	조선인	1,527,189	59,884	57,474	2,410	4.0
	일본인	16,785	3,324	3,300	24	0.7
함남	조선인	1,575,844	75,599	71,120	4,479	5.9
	일본인	53,148	13,700	13,629	71	0.5
함북	조선인	786,093	59,656	59,018	638	1.1
	일본인	49,320	14,299	14,218	81	0.6
계	조선인	21,682,855	1,051,100	994,660	56,440	5.4
	일본인	629,512	119,376	118,143	1,233	1.0

* 인구수는 1937년 말 현재의 수.

만 9376명을 조사하여 실업자는 1233명이었으며 실업률은 1%였다.[43]

조선인의 실업률은 전년도 1936년의 7.3%보다 1.9%나 떨어졌고 일본인의 실업률은 1.7%에서 1%로 떨어졌다. 그리고 실업자수는 조사자가 더 많았음에도 전년도에 비해 조선인은 7만 4699명에서 5만 6440명으로 1만 8259명이 줄었고 일본인은 전년도의 1797명에서 1233명으로 564명이 줄었다. 조선인 실업자는 1935년보다 1936년이 4515명 준 데 비해 1937년은 1936년보다 1만 8259명으로 대폭 줄었다. 중일전쟁의 도발로 인한 전쟁준비 때문에 실업자의 감소폭이 커진 것이라 생각된다.

1937년 실업조사의 각 도별 실업률을 표 5-14[44]에서 보자. 조선인의 경우 여전히 경상남도가 실업자수에서나 실업률에서 가장 높지만 전년도에 비해서는 실업자수가 3400명이나 줄었고 실업률도 2.5%나 떨어졌다. 다음은 전라남도의 6.1%, 평안남도의 6%, 함경남도의 5.9% 순으로 높은데 전년도와는 실업률의 도별 순위가 상당히 변하고 있음을 볼 수 있다. 역시 중일전쟁 발발로 인한 지역별 인력수요 문제와 관계가 있을 것이다.

1937년의 업종별 실업률은 표 5-15[45]와 같다. 조선사람의 경우 급료생활자의 실업률이 상당히 줄어서 일용노동자의 실업률과 비슷하게 된 것을 볼 수 있으며, 일용노동자 실업자수가 전체 실업자수에서 차지하는 비율도 전년도의 54.3%에서 51.2%로 떨어졌다. 그리고 1936년에는 조사된 일용노동자의 실업자수가 4만 542명이나 되었으나 1937년에는 조사인원이 많았음에도 2만 8887명으로 크게 감소되었음을 볼 수 있다. 다음 절에서 상세히 논급되겠지만 일제의 전쟁준비로 인한 토목공사에

---

43)『朝鮮總督府調査月報』9卷 9號, 1938년 9월호 23면.
44) 같은 책 22~29면 '道別失業總計表'.
45) 같은 책 24~26면 '府邑面業態別失業調査表' 참조.

표 5-15_ 1937년 전국 업종별 실업률 (단위: 명, %)

	조선인			일본인		
	조사인원	실업자수	실업률	조사인원	실업자수	실업률
급료생활자	159,989	8,122	5.1	95,530	944	1.0
일용노동자	558,539	28,887	5.2	14,381	166	1.2
기타 노동자	332,572	19,431	5.8	9,465	123	1.3
계	1,051,100	56,440	5.4	119,376	1,233	1.0

표 5-16_ 1932~37년 전국 실업자수와 실업률 (단위: 명, %)

	조선인				일본인			
	조사인원	실업자수	실업률	증감	조사인원	실업자수	실업률	증감
1932. 6. 30	1,366,259	163,512	12.2		83,712	3,037	3.6	
1933. 6. 30	1,278,541	131,683	10.2	-2.0	88,902	2,695	3.0	-0.6
1934. 10. 1	993,550	94,919	9.6	-0.6	86,139	2,578	3.0	0
1935. 10. 1	1,002,847	79,214	7.9	-1.7	97,510	2,570	2.6	-0.4
1936. 10. 1	1,025,565	74,699	7.3	-0.6	104,085	1,797	1.7	-0.9
1937. 10. 1	1,051,100	56,440	5.4	-1.9	119,376	1,233	1.0	-0.7

일용노동력이 크게 흡수된 것이다.

마지막으로 『조선총독부 조사월보』에 실린 1932년부터 1937년까지 6년간[46]의 실업조사 결과를 종합해보면 표 5-16과 같다. 표에서와 같이 1932년 이후 실업률은 계속 낮아져가고 있다. 이 시기는 세계공황의 영향이 서서히 사라지면서 일본의 대륙침략이 본격화해가던 때였으므

---

46) 구체적인 실업조사의 내용이 실린 것은 1933년부터 1937년까지 5년간이지만 1933년 조사결과 내용에 1932년분과의 비교부분이 있어서 1932년의 경우도 대략적인 수치는 알 수 있다.

로 전쟁준비의 여파로 취업률이 높아져간 것이다.

조선인의 실업률은 1933년이 전년도보다 2.0%로 대폭 줄었고, 1935년이 전년도보다 1.7% 줄었으며, 1937년도 1.9%의 높은 감소율을 보이고 있다. 앞에서도 말했지만 1937년은 일제가 중일전쟁을 도발한 해이며, 이후 조선총독부는 전시(戰時)로 접어들게 됨으로써 실업조사를 실시하지 않았거나 실시했다 해도 발표하지 않은 것이 아닌가 한다.

3. 도시와 농촌별 실업상황

앞 절에서 주로 이용한 『조선총독부 조사월보』에 실린 1933년부터 1937년까지 5년간의 실업조사는 또 도시지역의 실업상황과 농촌지역의 실업상황을 따로 통계하고 있다.

그 조사방법은 앞 절에서 소개한 대로 일정한 카드를 이용하여 행정관리와 경찰관, 동장 등으로 하여금 실지 조사를 하게 하되 지역에 대한 실지 조사가 불가능한 경우 일부 지역의 조사로 다른 지역을 추정하게 한 방법이 사용되었다. 또한 급료생활자와 노동자로서 조사 당시 실업상태에 있는 사람, 취업의 능력과 의사가 있음에도 불구하고 취업의 기회를 얻지 못한 상태에 있는 사람은 실업자로 간주하되 노쇠한 사람과 불구자, 주벽과 나태 등으로 취업에 부적당한 자, 임의로 취업하지 않은 사람, 동맹파업이나 공장봉쇄로 취업하지 못한 사람 등은 실업자로 간주하지 않은 조사방법이 도시와 농촌에 함께 적용되었다.

도시와 농촌의 실업자를 같은 기준과 방법으로 조사한 경우 상당한 문제가 있음을 알 수 있다. 특히 농촌 일용노동자의 경우 "과거 1개월간에 있어서 그 2분의 1 이상 취업했다고 인정될 경우(실업상태에 있어

표 5-17_ 1933년 도시와 농촌의 실업상황 (단위: 명, %)

구분	민족별	인구수	조사인원수	유업자수	실업자수	실업률
도시지역	조선인	1,708,168	198,137	175,199	22,938	11.6
	일본인	374,742	58,594	56,243	2,351	4.0
농촌지역	조선인	18,329,105	1,080,404	971,659	108,745	10.1
	일본인	148,710	30,308	29,964	344	1.1

도) 실업자로 간주하지 않는다"는 조사방법이 그대로 적용되었으므로 농촌지역 노동자는 1개월에 15일만 일자리를 얻고 나머지는 실업 상태에 빠지는 경우가 도시지역 노동자보다는 더 많았으리라 생각되지만, 이들도 실업자 조사에서 제외될 수밖에 없었던 것이다.

이와 같은 실업조사 방법상의 문제점이 있기는 하지만 지금으로서는 식민지시대의 전국적인, 그리고 도시와 농촌을 구분한 실업상황을 구체적으로 알 수 있는 자료가 이 조선총독부 조사밖에 없으므로 그것을 분석함으로써 식민지시기 도시와 농촌의 실업자 실태를 가늠할 수밖에 없다. 우선 1933년의 실업조사에 의해 전국의 도시와 농촌별 실업상황을 표시해보면 표 5-17과 같다.[47]

표에서와 같이 조선인의 부(府), 즉 지금의 시급(市級)인 대도시와 읍(邑), 즉 지방 중소도시에 산 총인구는 170만 8168명으로 전체 조선인 인구 2003만 7273명의 8.5%였으며, 이 가운데 그 11.6%인 19만 8137명을 조사한 결과 실업자수가 2만 2938명이어서 실업률은 11.6%였다.

한편 면(面) 지역인 농촌지역에는 전체 조선인의 91.5%인 1832만 9105명이 살았으며 그 5.9%인 108만 404명을 조사한 결과 실업자가 10만 8745명이어서 농촌지역의 실업률은 10.1%가 되었다. 그러나 실업자

47) 『朝鮮總督府調査月報』 5卷 4號, 1934년 4월호 70~74면 '府邑と面との失業者比較表' 참조.

수는 도시지역이 2만 2938명인 데 비해 농촌지역은 그 4.7배나 되는 10만 8745명이나 되었다. 앞에서도 말한 바와 같이 농촌지역의 실업조사가 실제보다 낮게 산출되었을 가능성이 높은데도 조사된 전체 조선인 실업자의 82.6%가 농촌에 있었던 것이다. 또한 앞의 표 5-6에서와 같이 이 해의 조선인 전체 실업률은 10.3%였으므로 실업률은 도시지역이 전체 평균보다 높았음을 알 수 있다.

다음, 일본인의 경우 부·읍 지역에는 당시 조선에 와 있던 전체 일본인 52만 3452명의 71.6%인 37만 4742명이 살았고 그 15.6%인 5만 8594명을 조사한 결과 실업자가 2351명이어서 실업률은 4%였다. 농촌에는 이때 조선에 와 있던 전체 일본인의 28.4%인 14만 8710명이 살았는데 그 20.4%인 3만 308명을 조사한 실업자는 344명이어서 실업률은 1.1%였다.

조선인은 전체 인구의 91.5%가 농촌지방에 산 데 비해 조선에 와 있던 일본인은 그 28.4%만이 농촌에 살았다. 그리고 조선인의 실업률은 도시와 농촌이 모두 10%를 넘었지만 일본인의 경우 도시는 4%, 농촌은 1.1%에 지나지 않았다.

다음, 이 조사는 또 도시지역과 농촌지방의 실업자 상황을 급료생활자·일용노동자·기타 노동자의 업종별로 나누어 조사하고 있는데 그 내용은 표 5-18과 같다.[48]

조선인의 경우 도시지역에서는 급료생활자의 실업률이 가장 높지만 일용노동자와 기타 노동자의 실업률도 고루 높음을 볼 수 있다. 농촌지역의 경우도 급료생활자와 일용노동자의 실업률이 모두 11% 이상이다. 또한 조사된 실업자의 수에 있어서는 도시와 농촌을 막론하고 일용

---

48) 같은 책 75~79면 '業態別失業者內譯表' 참조.

표 5-18_ 1933년 도시와 농촌의 업종별 실업상황 (단위: 명, %)

	조선인			일본인		
	조사인원	실업자수	실업률	조사인원	실업자수	실업률
도시지역						
급료생활자	42,863	6,242	14.6	43,226	1,662	3.8
일용노동자	98,419	10,488	10.7	6,506	373	5.7
기타 노동자	56,855	6,208	10.9	8,862	316	3.6
계	198,137	22,938	11.6	58,594	2,351	4.0
농촌지역						
급료생활자	86,387	9,672	11.2	25,350	245	1.0
일용노동자	515,959	61,163	11.9	2,827	46	1.6
기타 노동자	478,056	37,910	7.9	2,131	53	2.5
계	1,080,402	108,745	10.1	30,308	344	1.1

노동자가 가장 많으며 특히 농촌지역의 일용노동자 실업자수는 전체 조선인 실업자의 46.4%를 차지할 만큼 많다. 앞에서도 말한 것과 같이 실업조사 방법상 농촌지역의 일용노동자 실업조사가 실제보다 낮게 조사될 여지가 있었음을 생각해보면 농촌지역 일용노동자의 실업자수 및 실업률이 이보다 더 높았으리라 짐작된다.

한편 조선인과 일본인의 실업률을 비교해보면 일본인의 경우 도시 일용노동자 실업률이 5.7%로 가장 높지만 조선인 일용노동자 실업률의 거의 절반밖에 되지 않으며, 도시지역의 조선인과의 실업률 차이보다 농촌지역과의 차이가 10배 가까이 된다는 점이 두드러진 현상이다.

1934년의 실업조사도 도시지역 부·읍과 농촌지역 면의 실업상황이 따로 보고되고 있으며 그것은 표 5-19와 같다.[49] 전년도 1933년과 비교해보면 조선인의 경우 도시와 농촌에서 실업률이 모두 낮아졌고 일

표 5-19_ 1934년 도시와 농촌의 실업상황 (단위: 명, %)

구분	민족별	조사인원수	유업자수	실업자수	실업률
도시지역	조선인	204,114	183,723	20,391	10.0
	일본인	58,057	55,844	2,213	3.8
농촌지역	조선인	789,436	714,908	74,528	9.4
	일본인	28,082	27,717	365	1.3

본인은 농촌에서 조금 높아지고 있다.

조사된 조선인 농촌 실업자가 전체 조선인 실업자의 78.5%여서 전년도의 82.6%보다는 좀 떨어졌지만 여전히 높다. 일본인의 경우 오히려 도시의 실업자가 많아서 조사된 전체 일본인 실업자의 85.8%를 차지하고 있다. 조선인의 경우 농촌 실업자가 전체 실업자의 4분의 3 이상이었던 데 반해 일본인은 도시 실업자가 절대다수를 차지했던 것이다.

다음, 1934년의 도시와 농촌의 업종별 실업자 현황을 보면 표 5-20과 같다.[50] 조선인 실업자의 경우 전년도와 비교해보면 전체적으로 실업률이 낮아지고 있으면서도 도시와 농촌을 막론하고 10% 전후에 머무르고 있으며 농촌지역의 기타 노동자는 오히려 높아지고 있다.

조사된 실업자수도 역시 농촌지역의 조선인 일용노동자가 가장 많으며 일본인의 경우 여전히 도시지역의 급료생활자 실업자수가 가장 많다.

조선인의 경우 여전히 노동자 실업자수가 절대적으로 많아서 조사된 조선인 실업자의 86.1%를 차지하고 있으며, 반면 일본인 실업자의 경우는 급료생활자가 많아서 조사된 전체 실업자의 72.2%나 된다. 조선인은 농촌의 일용노동자 실업자가 전체 실업자의 대부분을 차지하고

---

49) 『朝鮮總督府調査月報』 6卷 3號, 1935년 3월호 25~29면 '府邑と面との失業者比較表' 참조.
50) 같은 책 30~34면 '業態別失業者內譯表' 참조.

표 5-20_ 1934년 도시와 농촌의 업종별 실업상황 (단위: 명, %)

	조선인			일본인		
	조사인원	실업자수	실업률	조사인원	실업자수	실업률
도시지역						
급료생활자	42,579	5,001	11.7	45,711	1,619	3.5
일용노동자	98,860	8,847	8.9	6,253	332	5.3
기타 노동자	62,675	6,543	10.4	6,093	262	4.3
계	204,114	20,391	10.0	58,057	2,213	3.8
농촌지역						
급료생활자	77,786	8,228	10.6	22,211	243	1.1
일용노동자	427,009	39,701	9.3	4,125	84	2.0
기타 노동자	284,641	26,599	9.3	1,746	38	2.2
계	789,436	74,528	9.4	28,082	365	1.3

일본인은 도시의 급료생활자 실업자가 많은 것이 역시 식민지시대 실업상황의 특징이라 할 것이다.

1934년의 실업조사는 또 전국의 부와 읍, 그리고 군과 도(島)의 개별 실업자수와 실업률을 따로 통계하고 있는데 그것에 의해 실업률이 가장 높은 10개 부·읍과 군을 들어보면 표 5-21과 같다.[51] 도시의 경우, 마산·군산·부산·목포 등 대체로 근대 이후에 새로 형성된 항구도시와 그 인근 소도시 김해읍·동래읍 등의 실업률이 높은 편이었음을 알 수 있다. 농촌지역의 경우 이들 지방의 실업률이 높은 이유를 설명할 만한 특별한 근거를 가지지 못하지만, 전체적으로 도시지역보다 농촌지역의 실업률이 훨씬 높음을 또 한번 확인할 수 있다. 물론 이 조사 자체가 얼

---

51) 같은 책 35~85면 '府邑, 郡島別失業者內譯表' 참조.

표 5-21 _ 1934년 조선인의 실업률이 높은 도시와 농촌 (단위: 명, %)

도시지역				농촌지역			
지명	조사인원	실업자수	실업률	지명	조사인원	실업자수	실업률
東萊邑	670	226	33.7	金海郡	7,467	4,352	58.3
義州邑	1,479	442	29.9	平康郡	3,252	1,085	33.4
馬山府	1,419	408	28.8	瑞興郡	4,162	1,158	27.8
井州邑	499	105	21.0	鐵山郡	1,709	459	26.9
釜山府	11,627	2,426	20.9	南海郡	4,303	1,140	26.5
京城府	27,080	5,618	20.7	高靈郡	2,280	605	26.5
群山府	8,351	1,707	20.4	宜寧郡	7,033	1,856	26.4
木浦府	7,872	1,554	19.7	金堤郡	5,600	1,468	26.2
金海邑	2,045	403	19.7	鏡城郡	2,706	662	24.5
濟州邑	352	62	17.6	東萊郡	4,437	1,031	23.2

마나 신빙성이 있는가 하는 문제는 있다.

다음, 1935년도의 실업조사에서 나타난 도시와 농촌별 실업상황을 보면 다음의 표 5-22와 같다.[52] 전년도 1934년에 비해 조선인의 도시 실업률은 오히려 소폭이나마 증가하고 있으며 대신 농촌지역은 상당히 떨어지고 있음을 볼 수 있다. 표에서는 나타나지 않았지만 도별 실정을 좀더 자세히 보면 경상남도가 역시 도시와 농촌을 막론하고 조선인의 실업률이 가장 높아서 도시는 16.5%, 농촌은 10.3%이며 다음은 전라북도로 도시가 12.6%, 농촌이 8.9%이다. 그리고 대체로 경기도와 평안북도·충청북도는 도시의 실업률이 높고 강원도·함경남도·황해도 지방은 농촌지역의 실업률이 높음을 볼 수 있다.

---

52) 『朝鮮總督府調査月報』 7卷 8號, 1936년 8월호 126~30면 '府邑と面との失業者比較表' 참조.

표 5-22_ 1935년 도시와 농촌의 실업상황 (단위: 명, %)

구분	민족별	조사인원수	유업자수	실업자수	실업률
도시지역	조선인	215,447	192,387	21,765	10.1
	일본인	65,643	62,949	2,354	3.6
농촌지역	조선인	787,400	731,245	57,449	7.2
	일본인	31,867	31,648	216	0.7

표 5-23_ 1935년 도시와 농촌의 업종별 실업상황 (단위: 명, %)

	조선인			일본인		
	조사인원	실업자수	실업률	조사인원	실업자수	실업률
도시지역						
급료생활자	46,282	5,680	12.3	51,608	1,909	3.7
일용노동자	108,336	10,120	9.3	7,895	286	3.6
기타 노동자	60,829	5,965	9.8	6,140	159	2.6
계	215,447	21,765	10.1	65,643	2,354	3.6
농촌지역						
급료생활자	87,795	6,477	7.4	25,205	154	0.6
일용노동자	427,278	32,192	7.5	5,452	41	0.8
기타 노동자	272,327	18,780	6.9	1,210	21	1.7
계	787,400	57,449	7.3	31,867	216	0.7

1935년의 도시와 농촌에 있어서의 업종별 실업상황을 표 5-23[53]에서 보면 전년도인 1934년도와 비교해서 조선인과 일본인을 막론하고 도시 급료생활자의 실업률이 높아진 점이 두드러진다. 그리고 조선인의 경우 도시의 일용노동자도 실업률이 전년도보다 높아졌다. 전체적

---

53) 같은 책 130~34면 '業態別失業者內譯表' 참조.

으로 실업률이 낮아져가는 추세인데도 이와 같은 현상이 나타나고 있는 이유를 구체적으로 밝히기는 어렵다. 일시적 현상이라 볼 수도 있지 않을까 하는데 다음에서 보이겠지만 다음해에는 다시 낮아져가고 있음을 볼 수 있다.

조선인의 경우 도시와 농촌을 막론하고 실업자가 많은 경우는 여전히 일용노동자여서 도시와 농촌을 합친 실업자가 조사된 전체 조선인 실업자의 53.4%나 된다. 반면 일본인 실업자의 경우는 역시 도시와 농촌을 막론하고 급료생활자 중 실업자수는 80.3%나 되어 지난해보다 8%나 높아졌음을 볼 수 있다.

1936년의 실업조사에서 나타난 도시와 농촌의 민족별 실업상황을 보면 표 5-24와 같다.[54] 조선인의 경우 1935년과 비교하여 도시의 실업률이 현저하게 떨어졌는데, 앞에서도 말했지만 1935년에 도시의 실업률이 높아졌던 것은 일시적인 현상이었던 것 같다. 이 시기는 일제가 중일전쟁 도발을 준비하던 때였으므로 그 병참기지로서의 역할을 담당해야 했던 조선의 실업률이 특히 도시지역에서 상당한 폭으로 떨어지고 있던 것이라 하겠다. 이 점은 일본인의 경우도 같았다. 도시지역의 일본인 실업률도 1935년에 비해 1.3% 떨어져서 그 낮아진 폭이 어느 때보다도 크다.

한편, 1936년도 실업조사의 업종별 실업상황을 보자. 표 5-25[55]에서와 같이 전년도에 비해서 도시 급료생활자의 실업률이 크게 낮아진 것이 두드러진다. 조선인의 경우 4.1%나 낮아졌고 일본인도 1.4%나 낮아진 것이다. 도시의 조선인 일용노동자의 경우도 조사인원이 1935년

---

54) 『朝鮮總督府調査月報』 8卷 6號, 1937년 6월호 79~83면 '各道別府邑と面との失業者比較表' 참조.

55) 같은 책 83~87면 '業態別失業者內譯表' 참조.

표 5-24_ 1936년 도시와 농촌의 실업상황 (단위: 명, %)

구분	민족별	조사인원수	유업자수	실업자수	실업률
도시지역	조선인	251,894	231,458	20,436	8.1
	일본인	70,643	69,004	1,639	2.3
농촌지역	조선인	773,671	719,408	54,263	7.0
	일본인	33,442	33,284	158	0.5

표 5-25_ 1936년 도시와 농촌의 업종별 실업상황 (단위: 명, %)

	조선인			일본인		
	조사인원	실업자수	실업률	조사인원	실업자수	실업률
도시지역						
급료생활자	58,718	4,786	8.2	57,630	1,317	2.3
일용노동자	123,892	9,858	8.0	6,219	175	2.8
기타 노동자	69,284	5,792	8.4	6,794	147	2.2
계	251,894	20,436	8.1	70,643	1,639	2.3
농촌지역						
급료생활자	84,785	4,739	5.6	26,721	78	0.3
일용노동자	421,858	30,684	7.3	5,031	35	0.7
기타 노동자	267,028	18,840	7.1	1,690	45	2.7
계	773,671	54,263	7.0	33,442	158	0.5

보다 1만 5500여 명이나 많았는데도 조사된 실업자는 262명이 줄었고 실업률도 1.3%나 줄었다. 그리고 기타 노동사노 조사인원이 전년도보 다 8400여 명이나 많았는데도 조사된 실업자는 다소 줄었고 실업률도 1.4%나 낮아졌다.

농촌지역의 경우도 조선인 급료생활자의 실업률이 전년도보다 1.8% 나 낮아졌고 조사된 실업자수도 1700여 명이나 줄었다. 또한 조선인 농

표 5-26_ 1936년 부의 실업상황 (단위: 명, %)

부별	민족별	급료생활자			일용노동자			기타 노동자		
		조사인원	실업자수	실업률	조사인원	실업자수	실업률	조사인원	실업자수	실업률
京城	조선인	19,180	1,979	10.3	22,851	2,890	12.6	15,146	1,591	10.5
	일본인	16,400	668	4.1	1,427	35	2.5	204	21	10.3
仁川	조선인	1,038	100	9.6	4,822	141	2.9	5,108	244	4.8
	일본인	1,030	18	1.7	68	–	–	274	–	–
開城	조선인	471	40	8.5	2,292	76	3.3	1,484	24	1.6
	일본인	227	–	–	20	–	–	–	–	–
大田	조선인	558	35	6.3	1,207	79	6.5	418	23	5.5
	일본인	1,256	5	0.4	16	1	6.3	28	3	10.7
群山	조선인	485	35	7.2	5,320	794	14.9	2,680	230	8.6
	일본인	1,050	14	1.3	405	20	4.9	85	10	11.8
全州	조선인	388	35	9.0	530	50	9.4	537	62	11.5
	일본인	950	20	2.1	35	3	8.6	52	2	3.8
木浦	조선인	1,537	215	14.0	2,918	554	19.0	3,488	628	18.0
	일본인	784	20	2.6	220	8	3.6	647	11	1.7
光州	조선인	810	20	2.5	550	7	1.3	550	18	3.3
	일본인	920	16	1.7	–	–	–	–	–	–
大邱	조선인	3,230	151	4.7	8,813	793	9.0	4,334	390	9.0
	일본인	4,507	31	0.7	631	3	0.5	1,523	6	0.4
釜山	조선인	2,776	479	17.3	8,769	977	11.1	5,780	541	9.4
	일본인	5,730	195	3.4	799	33	4.1	2,642	30	1.1
馬山	조선인	372	13	3.5	320	25	7.8	803	64	8.0
	일본인	436	3	0.7	173	4	2.3	219	4	1.8
平壤	조선인	4,350	435	10.0	12,700	920	7.2	1,100	200	18.2
	일본인	3,600	123	3.4	420	27	6.4	100	10	10.0
鎮南浦	조선인	478	47	9.8	4,123	285	6.9	877	79	9.0
	일본인	401	14	3.5	183	4	2.2	95	10	10.5
新義州	조선인	50	10	20.0	50	5	10.0	50	5	10.0
	일본인	50	6	12.0	50	2	4.0	50	4	8.0

咸興	조선인	1,552	59	3.8	1,635	112	6.9	1,023	71	6.9
	일본인	1,213	16	1.3	92	7	7.6	146	8	5.5
元山	조선인	1,238	101	8.2	3,143	324	10.3	1,616	350	21.7
	일본인	1,212	22	1.8	63	–	–	28	7	25.0
淸津	조선인	830	29	3.5	1,963	30	1.5	451	3	0.7
	일본인	753	4	0.5	201	2	1.0	41	–	–
羅津	조선인	573	25	4.4	2,340	35	1.5	314	28	8.9
	일본인	845	58	6.9	54	3	5.6	25	2	8.0
계	조선인	39,916	3,808	9.5	84,346	8,097	9.6	45,759	4,551	9.9
	일본인	41,364	1,233	3.0	4,857	152	3.1	6,159	128	2.1

촌 일용노동자도 조사인원수는 1936년도와 비슷하지만 조사된 실업자 수는 1500여 명이 줄었다. 그러나 기타 노동자의 경우를 보면 조사된 실업자수가 다소 증가했을 뿐만 아니라 실업률도 0.2% 높아지고 있다.

이 시기에 와서 도시 실업자가 차차 줄어들고 있었던 이유는 앞에서 도 말한 바와 같이 세계공황의 여파가 차차 가셔지고 있던 위에 전쟁준 비가 본격화하게 된 영향이 도시지역에 먼저 나타나게 된 것이라 할 수 있을 것이다. 따라서 농촌지역의 노동자 실업자수가 상대적으로 더 많 아져서 조선인 전체 실업자의 66.3%나 된 것이다.

이밖에 1936년의 실업조사는 또 지금의 시와 같은 당시의 부 18개 도 시의 민족별·업종별 실업상황을 따로 통계하고 있는데 그 내용은 표 5-26과 같다.[56] 각 부의 조사인원수에 차이가 심해서 공통된 경향을 찾 아내기 어려운 점이 있으나 이들 대도시 지역에서의 조선인의 실업률 은 급료생활자와 일용노동자가 모두 일본인보다 3배 이상 높으며 기타 노동자의 경우 4배 이상 높았음을 알 수 있다.

---

56) 같은 책 87~89면 '府に於ける業態別失業狀況表' 참조.

표 5-27 _ 1937년 도시와 농촌의 실업상황 (단위: 명, %)

구분	민족별	조사인원수	유업자수	실업자수	실업률
부 지역	조선인	203,776	188,447	15,329	7.5
	일본인	59,999	58,976	1,023	1.7
읍 지역	조선인	99,163	95,385	3,778	3.8
	일본인	24,942	24,797	145	0.6
부·읍 계	조선인	302,939	283,832	19,107	6.3
	일본인	84,941	83,773	1,168	1.4
면 지역	조선인	748,161	710,828	37,333	5.0
	일본인	34,435	34,370	65	0.2

조선인 급료생활자의 경우 서울·부산·신의주·목포 등의 도시가 특히 실업률이 높으며 조선인 일용노동자의 경우도 서울·군산·부산·신의주·원산 등의 도시가 특히 실업률이 높다. 역시 주변 농촌에서의 이농민들이 이들 도시에 가장 많이 모여든 것이라 봐야 할 것이다.

이 실업조사 중 조금 이채로운 곳은 신의주의 경우이다. 급료생활자와 일용노동자, 기타 노동자의 조선인과 일본인 조사인원을 모두 50명으로 하고 있다. 조사된 실업자는 급료생활자의 경우 조선인이 10명, 일본인이 6명, 일용노동자는 조선인이 5명, 일본인이 2명, 기타 노동자는 조선인 5명, 일본인 4명이다. 조선인 150명을 조사한 결과 실업자는 20명이고, 150명의 일본인을 조사한 결과 실업자는 12명으로 실업률은 각기 13.3%와 8%이다. 1936년 말 현재의 신의주 인구는 조선인 3만 6256명이고 일본인 8206명이므로[57] 13.3%와 8%라는 앞의 실업조사 비율대로 하면 조선인 인구 전체를 조사했을 경우 실업자는 4834명이 되고 일본인의 경우 656명이 된다.

---

57) 『朝鮮總督府統計年報』 1936년분, 28면 참조.

표 5-28_ 1937년 도시와 농촌의 업종별 실업상황 (단위: 명, %)

	조선인			일본인		
	조사인원	실업자수	실업률	조사인원	실업자수	실업률
부 지역						
급료생활자	52,250	3,588	6.9	47,702	814	1.7
일용노동자	95,841	7,256	7.6	5,828	117	2.0
기타 노동자	55,685	4,485	8.1	6,469	92	1.4
읍 지역						
급료생활자	22,047	903	4.1	19,544	87	0.4
일용노동자	52,058	1,647	3.2	3,801	30	0.8
기타 노동자	25,058	1,228	4.9	1,597	28	1.8
부·읍 지역 계	302,939	19,107	6.3	84,941	1,168	1.4
면 지역						
급료생활자	85,692	3,631	4.2	28,284	43	0.2
일용노동자	410,640	19,984	4.9	4,732	19	0.4
기타 노동자	251,829	13,718	5.4	1,399	3	0.2
면 지역 계	748,161	37,333	5.0	34,435	65	0.2

1937년의 실업조사는 전과는 달리 도시지역을 부와 읍으로 나누어 면과 함께 3개 지역의 조사를 따로 내고 있는데 표 5-27[58]이 그것이다. 표에서 보는 바와 같이 부·읍 지역 즉 도시지역의 조선인 실업률은 1936년에 비해 8.1%에서 6.3%로 대폭 떨어졌다. 그러나 도시지역의 실업률이 낮아진 것은 주로 중소도시인 읍 지역의 실업률이 낮았기 때문이며 대도시 지역인 부에서는 아직도 실업률이 7.5%로 높음을 볼 수 있다. 1933년부터 1936년까지는 부와 읍의 실업률을 따로 밝히지 않았지

---

58) 『朝鮮總督府調査月報』 9卷 9號, 1938년 9월호 29~36면 '府邑面別失業表' 참조.

만, 부 지역이 읍 지역보다 실업률이 2배 가까이 높았을 것임을 1937년의 통계를 통해 미루어 짐작할 수 있다.

앞에서도 지적한 바와 같이 1937년은 중일전쟁이 발발한 해이며 도시와 농촌을 막론하고 실업률이 크게 떨어진 것을 볼 수 있다. 도시지역의 경우 조선인의 실업률은 전년도에 비해 1.8%나 떨어졌고 농촌의 경우도 7%에서 5%로 2%나 떨어졌다. 일본인의 경우도 특히 도시지역의 실업자가 전년도의 2.3%에서 1.4%로 크게 떨어졌음을 볼 수 있다.

한편 1937년의 실업조사도 예년과 같이 도시와 농촌별·민족별·업종별 조사표를 따로 싣고 있는데 표 5-28[59]이 그것이다. 조선인의 경우 부의 급료생활자 실업률이 1936년의 도시지역 실업률보다 1.3%나 떨어졌다. 1937년의 부와 읍의 실업자를 합친 도시지역의 급료생활자 실업률을 계산해보면 6.0%가 되어 전년도보다 2.2%라는 큰 감소폭을 보이고 있다.

조선인 도시지역 일용노동자의 경우도 부와 읍 지역을 합하면 그 실업률이 6%로 전년도의 8%보다 2%나 떨어졌다. 농촌지역의 경우도 조선인 급료생활자의 실업률이 전년도의 5.6%에서 4.2%로 1.4%나 낮아졌고 일용노동자의 경우도 7.3%에서 4.9%로 2.4%나 대폭 떨어졌다. 역시 중일전쟁 발발 후 도시와 농촌을 막론하고, 봉급생활자와 일용노동자를 막론하고, 실업률이 대폭 낮아지고 있음을 볼 수 있는 것이다.

이상에서 조선총독부가 1933년에서 1937년까지 5년간 전국적으로 실시한 실업조사 결과를 도시지역과 농촌지역을 민족별로 나누어 분석해보았다. 도시지역도 그러하지만 특히 농촌지역의 실업조사가 어느 정도 정확하게 되었는가 하는 점에 상당한 문제가 있으나 이 5년간의

---

59) 같은 책 24~26면 '府邑面別業態別調査人員表' 및 '府邑面別業態別失業調査表' 참조.

표 5-29_ 1933~37년 도시와 농촌의 실업상황 (단위: 명, %)

조사년월일	구분	조선인			일본인		
		조사인원수	실업자수	실업률	조사인원수	실업자수	실업률
1933. 6. 30	도시	198,137	22,938	11.6	58,594	2,351	4.0
	농촌	1,080,404	108,745	10.1	30,308	344	1.1
1934. 10. 1	도시	204,114	20,391	10.0	58,057	2,213	3.8
	농촌	789,436	74,528	9.4	28,082	365	1.3
1935. 10. 1	도시	215,447	21,765	10.1	65,643	2,354	3.6
	농촌	787,400	57,449	7.3	31,867	216	0.7
1936. 10. 1	도시	251,894	20,436	8.1	70,643	1,639	2.3
	농촌	773,671	54,263	7.0	33,442	158	0.5
1937. 10. 1	도시	302,939	19,107	6.3	84,941	1,168	1.4
	농촌	748,161	37,333	5.0	34,435	65	0.2

실업상황의 변화를 볼 수 있는 표를 따로 만들어보면 표 5-29와 같다.

여러 번 논급한 바와 같이 도시와 농촌을 막론하고 조선인과 일본인의 실업률 사이에 큰 차이가 나타나고 있음이 더욱 분명히 드러나고 있다. 1933년부터 1936년까지는 세계공황의 영향이 서서히 가셔짐에 따라 실업률도 점차적으로 떨어져가고 있지만, 1937년에 와서는 그 감소 폭이 갑자기 커졌음을 볼 수 있다. 그 이유는 앞에서도 지적한 것과 같이 일본이 중일전쟁을 도발함으로써 실업자 문제가 해결되어간 것이라 볼 수 있으며, 따라서 이후에는 실업자 조사가 실시되지 않았던 것이 아닌가 한다.

이렇게 보면 식민지시대의 실업자 문제는 결국 1920년대와 1930년대 중반까지의 시기에 그 본래의 모습이 잘 드러나 있는 것이 아닌가 하며 도시와 농촌을 비교한 실업자 문제의 특징은, 첫째 조선인의 실업률은 도시와 농촌이 고루 높은 편인 데 비해서 일본인의 실업률은 도시에서만 높고 농촌의 실업률이 극히 낮은 점이다. 조선 농촌의 일본인 인구 자체가 소수이기도 했지만 이들은 대체로 공직자이거나 중소지주 및 자영농민이어서 실업할 요건이 별로 없었던 것이다.

둘째, 조선인의 실업률은 전반적으로 높은 중에도 특히 농촌 일용노 동자의 실업률이 높으며 실업자수도 가장 많아서 전체 조선인 실업자 의 거의 절반에 가깝다. 경작지를 못 가지고 농업노동으로만 생계를 유 지하거나 경작지가 좁아서 농업노동을 겸한 농민이 그만큼 많았음을 나타내고 있으며 이들 농촌의 일용노동자 실업자들은 곧 농촌을 떠날 태세에 있는 인구들이었다.

셋째, 앞에서도 말한 바와 같이 실업자 문제에 있어서 조선인과 일본 인 사이의 두드러진 차이점은 조선인은 농촌지역의 실업자가 절대다 수여서 대체로 전체 실업자의 3분의 2 이상을 차지하는 데 반해서 일본 인 실업자는 도시 실업자, 그것도 급료생활자 실업자가 절대다수를 차 지하고 있는 점이다. 이 점은 식민지 사회의 실업 문제가 가지는 하나의 특징일 수 있을 것이다.

4. 식민지 지배당국의 실업대책

식민지시대에 들어와서, 특히 1920년대에 와서 실업자가 급격히 증 가해가고 실업 문제가 심각해지자 식민지 지배당국은 소극적으로나마 대책을 세우지 않을 수 없었다. 『조선총독부 조사월보』 1933년 4월호 는 처음으로 1932년 중의 「직업소개 취급성적(取扱成績)」이란 글을 신 고 이후 이 「직업소개 취급성적」은 1937년까지 5년분이 계속 실렸는데, 『조사월보』는 또 1940년 2월호에 1938년 중의 「직업소개사업 시설수조

(施設數調)」를 싣고 있다.

이들 5년간에 걸친 「직업소개 취급성적」이 얼마나 정확하게 작성되었는가 하는 점에 대해 검증할 만한 자료를 전혀 못 가지고 있지만, 지금에는 그것이 실업대책 분석의 중요자료가 될 수밖에 없다. 1932년분의 「직업소개사업의 연혁개요(沿革概要)」에서는 식민지 지배당국의 실업대책의 유래를 다음과 같이 전하고 있다.

조선에는 종래 토지·가옥·금전의 중개를 업으로 하는 자(복덕방)는 있었지만 민간에서 직업소개 등의 일에 종사하는 자는 없었다. 조선의 공익 직업소개사업은 1913년에 재단법인 경성구호회(京城救護會)가 석방자 보호의 목적으로 직업소개를 개시한 것이 최초이며 1920년 이래 점차 주요 도시에 소개소의 설치를 보게 되었다. 이어서 본부(총독부)에서 1927년부터 사회과에 직원을 증원하여 조선 내의 노동자의 수급관계를 조사하고 각 도와 연락을 취하여 소개사업을 착수한 이외에 부산에 직원을 상주시켜 만연한 일본에의 도항자(渡航者)의 조선 내 취직 알선에 노력하고 다시 1928년 이후 각 도에 노동자 소개 및 보호지도 사무 담당 직원을 증원함과 동시에 공설직업소개소에 보조금을 교부함으로써 사업의 조성을 지도하고 점차 직업소개소의 설치·보급을 도모해가고 있다.[60]

식민지시기 이전의 대한제국시기에는 아직 실업자 문제가 그다지 심각하지 않았기 때문에 실업자 직업소개소가 없었지만 식민지시기로 들어오면서 실업자 문제가 점점 심각한 사회문제로 떠오르게 되었고 이에 따라 조선총독부가 실업자 대책을 세워가기 시작한 경위를 비교적

---

60) 『朝鮮總督府調査月報』 4卷 4號, 1933년 4월호 59면.

표 5-30_ 1940년 직업소개소 설치상황

직업소개소별	소재지	운영주체	취급종별	직원수	공사립별	설치년월일
京城府職業紹介所	서울	京城府	一般日傭	17(1)	公立	1922. 8. 1
和光敎園職業紹介所	〃	和光敎園	〃	5(2)	私立	1921. 12. 1
京城救護會職業紹介所	〃	京城救護會	〃	4	〃	1913. 7. 7
仁川府職業紹介所	仁川	仁川府	〃	2	公立	1932. 1. 9
群山府職業紹介所	群山	群山府	〃	3(1)	〃	1935. 8. 1
木浦府職業紹介所	木浦	木浦府	〃	2	〃	1936. 6. 1
大邱府職業紹介所	大邱	大邱府	〃	6(1)	〃	1928. 5. 1
釜山府職業紹介所	釜山	釜山府	〃	13	〃	1923. 8. 4
平壤府職業紹介所	平壤	平壤府	〃	9	〃	1922. 8. 4
新義州府職業紹介所	新義州	新義州府	〃	3(1)	〃	1928. 12. 1
宣川邑職業紹介所	宣川	宣川邑	〃	(1)	〃	1929. 3. 20
咸興府職業紹介所	咸興	咸興府	〃	4	〃	1930. 10. 1

* 직원수의 ( ) 안 숫자는 兼任.

소상하게 설명하고 있다.

이와 같은 경위에 따라 1940년 현재까지 전국적으로 설치된 직업소개소는 표 5-30에서[61] 보는 것과 같이 공립 10개소와 사립 2개소였다. 이들은 대체로 전국의 대도시에 1개소씩 설치되어 일용노동자들의 취업을 알선하는 정도에 그친 것이라 생각된다. 그리고 이들 직업소개소 이외에 서울을 비롯한 중요 도시에 1927년경부터 친일적인 이른바 유지들을 중심으로 방면위원(方面委員)제도라는 것이 실시되어 빈민구제 사업의 일환으로 직업알선도 실시되었으나 실업자 대책이 주된 목적은

---

61) 『朝鮮總督府調査月報』 11卷 2號, 1940년 2월호 68면 '職業紹介事業施設數調' 참조. 이들 직업소개소 이외에도 '職業紹介取扱成績'의 도별·직업소개소별에 의하면 대전·조치원·평양·군산 등지의 경찰서에 인사상담소가 있었고, 경남공애회(慶南共愛會)·부산노동공제회·춘천동포회 등에서도 직업을 소개했다.

아니었다.[62]

조선총독부의 『조사월보』에 실린 「직업소개 취급성적」은 1932년부터의 실업자 대책으로서의 직업소개상황밖에 싣고 있지 않지만, 그 이전의 실정은 신문자료 등에서 어느정도 알아볼 수 있다.

시내 명치정(明治町)에 있는 경성부(京城府) 인사상담소(人事相談所)에 "밥을 먹어지이다"하고 직업을 구하러 몰리는 조선사람이 작년 1년 동안에 7천여 명이나 되는 중에서 1천 명가량은 그럭저럭 소개를 얻고 나머지는 금년으로 밀리게 되었다 함은 일찍 보도한 바 있거니와 설혹 금년 1월부터 직업을 구하는 자가 한 사람도 없다 하더라도 전기 6천여 명 다 취직을 하려면 전례에 의지하여 적어도 5~6년은 지내야 할 터인데 새해가 된 후로 벌써 1월 중에도 3백 명가량의 구직자가 있었고 (…)[63]

1923년에 이미 서울에서만도 7천여 명의 구직자가 있었지만 그중 겨우 1천 명밖에 구직하지 못했다는 보도와 같이 이 무렵부터 도시지역의 일용노동을 주로 하는 구직인이 급격히 증가하고 있었음을 알 수 있으며, 이들 구직자가 가장 많이 모여드는 곳은 역시 서울이었다.

남아 있는 통계가 '경성인사상담소(京城人事相談所)'의 것에 한정되어 있고 이곳을 찾은 실업자가 전체 서울지역 실업자의 어느 정도를 차지하는지 밝힐 만한 근거가 없지만, 이 '상담소'의 통계만으로도 당시의 사정을 어느정도 짐작하게 한다.

이 '상담소'의 1924년 1월부터 3월까지 3개월간의 통계에 의하면 조

---

62) 서울의 이른바 방면위원제도에 관해서 愼英弘 『近代朝鮮社會事業史硏究 — 京城に於ける方面委員制度の歷史的展開』(東京: 綠蔭書房 1984)에서 상세하게 밝히고 있다.

63) 『동아일보』 1924년 3월 13일자.

선인 구인수(求人數)는 482명인 데 비해 구직인수(求職人數)는 1580명이어서 구인수가 구직인수의 30.5%에 지나지 않았으며, 같은 기간에 일본인은 구인수가 674명에 구직자수가 587명이어서 오히려 구인수가 더 많았다.[64] 이 통계가 조선인과 일본인 사이의 구직 문제에 얼마나 차이가 있었는가를 잘 나타내주고 있지만, 다음의 기사는 그 실정을 한층 더 상세히 전해주고 있다.

> 일본사람으로 사람을 구하는 편은 하녀(下女)나 보통 심부름꾼 등 옥내사용인 236명이 제일 많고 상점 점원 178명이 둘째, 공업 방면의 28명이 셋째인데 직업을 구하는 편은 상점 점원 166명이 첫째, 옥내사용인 120명이 둘째, 공업 방면 44명이 셋째이며 조선사람으로 사람을 구하는 편은 상점 점원 115명이 첫째, 유모·안잠자기·행랑살이 등 옥내사용인 101명이 둘째, 공업 방면의 40명이 셋째인데, 직업을 구하는 편은 상점 점원 639명이 첫째, 옥내사용인 355명이 둘째, 공업 방면의 212명이 셋째로 일본사람은 옥내사용인을 많이 구하고 조선사람은 상점 점원을 많이 구하는 편이라고.[65]

조선인과 일본인을 막론하고, 또 구인자나 구직자를 막론하고 옥내사용인으로 표현된 허드렛일꾼이나 상점 점원 등이 대부분이었고 공업 방면으로 표현된 공장노동자로의 취직은 대단히 제한되어 있었음을 알 수 있다. 이것은 곧 산업구조가 취약한 식민지 사회의 실업자 사정과 취업 사정을 단적으로 드러내고 있는 특징의 하나라 할 것이다.

한편 같은 해, 즉 1924년 하반기인 8월의 통계를 보면 조선인, 일본인

---

64) 『동아일보』 1924년 4월 17일자.
65) 『동아일보』 1924년 4월 17일자.

을 합쳐 1개월간에 구직인수 665명, 구인수 367명 중 소개수가 461명이었으나 취직수는 164명이어서[66] 구직인수의 24.7%만이 취직을 했는데 "7월보다 구직수와 구인수는 줄고 소개수와 취직수는 약간 늘었다는바 직업을 구하는 사람은 대개 조선사람 남자가 많으며 조선여자와 일본여자도 상당히 있는데 특별히 근래에는 조선여자로 직업을 구하는 사람이 차차 늘어가는 경향이 많다 한다"고 전하고 있다.

1925년의 한 통계는 실업자와 구직자의 실정을 좀더 상세히 전해주고 있다.

엄동설한 추운 때를 당하여 직을 구하는 실직자의 무리가 10월로부터 12월까지에 경성인사상담소에서 접수한 인수는 조선인 남자 1054명 여자 138명, 일본인 남자 390명, 여자 112명 합계 1697명의 다수에 이르렀다는바 통계에 나타난 숫자에 의한 연령별을 보면 청년·장년에 가장 많다 하며 18세로부터 30세 전후의 청년이 최다수인바 그중에도 25~26세의 청년 구직자가 많은데 비하여 이미 노경에 든 50세 이상인 경우 조선인·일본인 12명밖에 없는 기이한 현상이라 하며 교육별을 보면 전문학교 중도중퇴학자 4명, 중학졸업자 25명, 동 중도퇴학자 90명, 소학교 졸업 이상자가 급격히 증가한 것은 사회연구자료라고.[67]

이 무렵부터는 실업자 가운데 당시로서는 고급인력이라 할 수 있을 중학졸업자 및 중학중퇴자가 증가해가고 있는 실정을 전해주고 있으며, 특히 청·장년층 실업자가 증가해가고 있는 실정도 전해주고 있다.

---

66) 『동아일보』 1924년 9월 20일자.
67) 『동아일보』 1925년 1월 19일자. 합계 숫자에 3명의 오차가 있다.

표 5-31_ 1926년 서울의 구직·취직상황 (단위: 명)

표 5-31_ 1926년 서울의 구직·취직상황 (단위: 명)

직종	구분	조선인	지수	일본인	지수
공업 및 광업	구인수	148	41.9	36	50.0
	구직수	353	100	72	100
	취직수	91	25.8	11	15.3
토목·건축	구인수	115	55.8	18	32.1
	구직수	206	100	56	100
	취직수	78	37.9	8	14.3
상점	구인수	1,087	28.6	445	95.5
	구직수	3,804	100	466	100
	취직수	748	19.7	98	21.0
농업·임업	구인수	8	100	98	376.9
	구직수	8	100	26	100
	취직수	6	75.0	4	15.4
통신·운수	구인수	16	31.4	47	100
	구직수	51	100	47	100
	취직수	8	15.7	13	27.7
가내사용인	구인수	1,361	89.2	476	139.6
	구직수	1,525	100	341	100
	취직수	1,166	76.5	164	48.1
잡업	구인수	361	49.7	240	54.7
	구직수	726	100	439	100
	취직수	232	32.0	87	19.8

다음, 1926년도의 서울인사상담소 통계는 어느 때보다도 상세한 내용을 전하고 있는데 그것은 표 5-31과 같다.[68] 조선인의 경우 공업 및 광업 부분과 상점·통신·운수 부분의 취업률이 낮고 가내사용인·잡업 등에서만 인사상담소를 통한 취직률이 비교적 높으며 일본인의 경우도

---

68) 『동아일보』 1927년 2월 21일자.

가내사용인과 통신운수업 부분의 취직률이 높은 편이다.

여기의 '경성인사상담소'가 전국에 설치되어 있던 직업소개소의 하나인 '경성직업소개소'를 가리키는 것인지, 이와는 별도의 인사상담소가 서울에만 따로 있었는지, 인사상담소가 직업소개소로 개칭되었는지 분명하지 않지만 1929년의 기사에는 직업소개소로 표기되고 있다.

> 금년 2월 중 경성부 직업소개소 성적을 보면 구인수 남자 124인, 여자 237인, 합계 361인에 대하여 구직자수는 남자 298인, 여자 464인, 합계 762인으로 소개하여 취직자수는 남자 74인, 여자 121인, 합계 195인에 불과한데 그중 제일 좋은 성적으로 취직된 직업의 종류는 일본집 '오마니'로 취직한 여자 119인으로 작년에 비교하면 114인의 다수의 증가를 보게 되었더라.[69]

여자의 취직률이 높아져가고 있는 것은 조선인 여자의 일본인 가정에의 이른바 하녀로의 취업률이 높아져간 데 있으며, 이밖의 취업사정 일반은 계속 나빠져갔다. 특히 1930년대를 전후한 세계공황의 영향은 식민지 지배당국의 실업자 대책의 효과를 높이지 못하고 있었다.

> 달이 가고 해가 바뀌어도 가난뱅이 조선사람들의 생활이야말로 무슨 변통이 있으랴. 더구나 수삼년래로 더욱 전황한 우리 조선사람의 경제계는 나날이 실직자를 내고 있다. 이리하여 경성노동소개소(京城勞動紹介所) 문앞에는 날마다 직업을 소개하여달라는 실직사·무식자의 부리가 이른 새벽부터 쇄도하여 구직자의 저자를 이루고 있다. 금년 1월부터 6월 말일까지 동 소개소의 문을 두드리고 직업 소개를 의뢰한 자의 수는 모두 5541인이었다는데 그들에

---

69) 『동아일보』 1929년 3월 8일자.

표 5-32 _ 1929~31년 서울의 구직·취직상황 (단위: 명, %)

연도	구인수	지수	구직수	지수	취직수	지수	취직률
1929	6,479	100	10,347	100	3,400	100	32.9
1930	9,148	141	13,255	128	4,883	144	36.8
1931	10,530	163	17,513	169	6,250	184	35.7

게 직업을 소개하여 취직한 사람은 1429인밖에 되지 아니하여 결국 구직자의 청구를 4분의 1밖에 얻어주지 못한 셈이다.[70]

그러나 서울의 경우 1929년의 후반기에 와서는 취직률이 조금 높아져서 같은 해 10월 중에는 '경성직업소개소'에 신청된 공업·광업·토목·건축·상업·가내사용인 등의 구인수는 남자 321인, 여자 404인, 합계 725인인 데 비해 구직자수는 남자 509인, 여자 556인, 합계 1065인이었고, 그중에 취직이 된 남자는 205인, 여자는 232인, 합계 437인이어서[71] 취직자는 구직자의 41%로 올라갔다.

또한 '경성직업소개소'에서의 1929년도 1월부터 11월까지와 1930년의 같은 기간, 그리고 1931년 중의 구인수·구직수·취직수를 비교해보면 표 5-32와 같다.[72]

표에서와 같이 구인수도 증가하고 취직자수도 증가하고 있었지만 실업자, 즉 구직인수도 계속 증가하여 구직인의 취직률은 35% 정도를 넘어서지 못하고 있다. 이와 같은 현상에 대해 신문기사는 "작년 중 구직자 1만 7500명에 대해 취직자 6200여 명이 된 것은 경성부직업소개소

---

70) 『동아일보』 1929년 8월 3일자.

71) 『동아일보』 1929년 11월 12일자.

72) 『동아일보』 1930년 12월 19일자 및 『조선일보』 1932년 1월 13일자.

창설 이래의 호성적이라 한즉 경성부직업소개소를 통하여 취직이 되는 실업자는 실로 구우일모(九牛一毛)에 불과한 것이라고 볼 수 있다"고 표현했다.

그리고 숫자상으로는 취업자수가 어느정도 증가하고 있으나 그 취업의 내용을 살펴보면 특히 조선인의 경우 일본인 가정의 이른바 하녀로 취업하는 수가 급격히 증가함으로써 전체 취업자수를 증가시키고 있음을 알 수 있다. 1931년 12월 중 서울직업소개소를 통해서 구직한 인원은 조선인 남자 600명, 여자 533명이었는데 취직된 인원은 조선인 남자 156명에 여자 356명이었으며 "이러한 직업소개소의 소개에 의하여 취직하게 된 사람이 조선인 512명 중 여자가 356명이라 하니 가두로 가두로 조선여성이 나아가는 것을 알 수 있거니와 더구나 조선 '어멈'들이 날로 날로 취직전선에 방황하는 것을 보아 조선의 농촌의 부녀자들이 점차 농촌에서 농사만 지어가지고는 살 수 없다 하여 도회로 도회로 몰리어와서 취직전선에서 싸우게 된 것을 알 수 있겠다"[73] 하여 여자들의 이른바 하녀로의 취업이 많아져서 전체 취업률이 높아져가고 있는 실정을 전해주고 있다.

한편 서울 이외의 지방도시의 경우도 사정은 비슷했다. 먼저 평양의 경우를 보면 1923년 중의 '평양직업소개소'를 통한 구직인수는 2516명이었으나 그중 취업이 된 사람은 그 37.6%인 946명이었고, 1924년 1년 동안의 '평양직업소개소'를 통한 구직자수는 조선인 남자가 2135명, 여자가 29명이었고, 일본인은 남자가 140명, 여자가 11명이어서 합계 2315명이었으나 그중 취업이 된 사람은 조선인 남자가 구직자의 34%인 727명, 여자가 58.6%인 17명, 일본인 남자가 구직자의 26.4%인 37

---

73) 『조선일보』 1932년 1월 13일자.

명, 여자가 63.6%인 7명이어서[74] 전체적으로는 구직자의 34%가 취업했다. 구직인수가 상대적으로 적기는 하지만 여기서도 조선인, 일본인을 막론하고 여자의 취업률이 높음을 볼 수 있다.

평양의 경우 이보다 3년 후인 1927년의 통계가 있다. 평양에서도 인사상담소(人事相談所)로 표기되어 있는데 1년간에 이 상담소를 통한 구직인수는 조선인 남자 756명, 여자 3명, 일본인 남자 81명이었다. 취직인수는 조선인 남자는 구직자의 26.5%인 200명, 여자는 100%인 3명, 일본인 남자는 구직자의 48.1%인 39명이었다.[75] 조선인 남자보다는 일본인 남자의 취업률이 높고 역시 구직인의 수가 적기는 하지만 여자의 취업률이 높다. 조선인 남자의 경우 구직자 756명 중 200명만이 취업되어 아직 취업률이 대단히 낮음은 여전하다.

다음 부산의 경우도 1929년 1월의 통계를 예로 들면 직업소개소를 통한 구인수 92명에 구직수는 231명이었고 이 가운데 42명이 취업되어 취업률은 18.2%였다.[76] 부산에는 1932년부터 영도와의 사이에 다리를 놓는 큰 공사가 실시되었다. 궁민구제의 목적으로도 시공된 이 공사의 실업자 구제 실정을 당시의 『조선일보』는 다음과 같이 전하고 있다.

몽상의 철교 부산·영도(影島) 간의 대가교(架橋) 공사는 금월 하순부터 개시하게 되자 부산부에서는 여기에 종사할 노동자를 모집하게 되어 지난 9일에는 공회당(公會堂), 10일에는 공생원(共生園), 12일에는 운동장, 13일에는 영도직업소개소에서 등록을 개시하였는데 나흘 동안에 몰려온 노동자가 무려 1262인에 달하였다. 그러나 실제 공사에 소용한 인부는 매일 평균 300명

---

74) 『동아일보』 1924년 12월 28일자.
75) 『동아일보』 1927년 2월 18일자.
76) 『동아일보』 1929년 2월 9일자.

에 불과할 터인바 이것이 궁민구제사업인만치 부 당국에서는 사용을 균형 있게 하기 위하여 등록한 사람을 순차교대(順次交代)시킬 터이라는바 이렇게 되면 5~6일 만에 겨우 하루씩 일을 하게 되리라 한다.[77]

식민지 지배당국은 실업자 문제를 해결하기 위해 여러가지 토목공사를 일으켰으나 아직은 그것이 급증하는 실업자 문제를 해결하는 근본적인 대책이 되지 못하고 있었음을 이 기사는 말해주고 있다.

그러나 이 무렵부터 조선총독부는 실업자 문제를 해결하기 위한 어느정도 적극적인 대책을 세우기 시작했는데, 그것은 물론 그 식민지 지배정책을 강화해가는 문제 및 대륙침략 준비와 직결되었다. 조선총독부가 1932년부터 이른바 「직업소개 취급성적」이란 것을 조사했다고 앞에서 말했지만, 그것은 실업자 대책에 대해 다음과 같이 말하고 있다.

최근 계속되는 재계(財界)의 불황의 결과로 실업자 및 궁민이 점점 증가하는 경향이 있다. 이에 이들 궁민구제의 목적으로 1931년도부터 1933년까지 3개년간에 걸쳐 6500여만 원의 거액을 투입하여 전체 조선에 걸쳐 도로·치수·항만·수도·하수·사방 등의 각종 공사를 실시함으로써 노임 살포에 의한 궁민의 생활난의 완화를 도모하고 아울러 지방개발에 이바지하고 있지만 (1932년 말 현재 사역한 연인원 2037만 8240명, 지불임금 1133만 4928원) 그후 불황이 점점 심각성을 더하고 있으며, 가운데서도 농촌의 피폐는 소농의 궁핍을 초래하여 이 사업만으로는 도저히 많은 궁민을 구제하기가 곤란하여 다시 시국응급구제공사(時局應急救濟工事)로 1932년부터 2660여만 원으로 각종 공사를 실시하여 양면으로 노임 살포에 의한 궁민구제에 만전을 기하고

---

77) 『조선일보』 1932년 2월 19일자.

있다.[78]

1931년에 이른바 '만주사변'을 일으켜 대륙침략에 나선 일본제국주의는 식민지 조선에서 급증하는 실업자 문제를 해결하는 방법과 대륙침략을 위한 한반도의 병참기지화 방안이 연결되면서 조선총독부로 하여금 이른바 시국응급시설을 포함한 궁민구제(窮民救濟) 토목사업을 펴게 했다. 그『조선총독부 시정연보(施政年報)』에 의하면[79] 1931년부터 1933년 사이에 일차로 5772만 6200원을 투입하여 도로·하천·항만·상하수도 등의 토목공사를 벌였고 1934년에는 2차로 1330만 원을, 1935년에는 8백만 원을, 1936년에는 6백만 원을 같은 목적으로 투입했으며, 이밖에 시국응급시설사업으로 1932년에서 1934년 사이에 597만 2280원을 투입했다.

이와 같은 이른바 빈민구제 토목사업에는 대체로 일용노동자들이 고용되게 마련이며 따라서 1930년대 이후에는 일용노동자의 취업률이 상당히 높아져가고 있음을 볼 수 있다. 앞에서 든『조선총독부 조사월보』의「직업소개 취급성적」은 그 실정을 '일반소개'와 '일용소개(日傭紹介)'로 나누어 싣고 있는데 토목공사장에 주로 고용되었을 '일용소개' 실정을 보면 표 5-33과 같다.[80]

표에서 보는 '일용소개'는 "소개 건수를 취직수로 간주한" 통계이기 때문에 실제의 취직인수와는 다소 차이가 있으리라 생각되지만, 어떻

78)『朝鮮總督府調査月報』4卷 4號, 1933년 4월호 59면.

79)『朝鮮總督府施政年報』1931년부터 1936년분까지의「窮民救濟土木事業」(時局應急施設 ヲ 含ム) 참조.

80) 이 표는『朝鮮總督府調査月報』1933년 4월호, 1934년 8월호, 1935년 7월호, 1936년 7월호, 1937년 9월호, 1939년 1월호에 실린「職業紹介取扱成績」과 같은 책 1940년 2월호에 실린「職業紹介事業施設數調」를 근거로 만든 것이다.

표 5-33_ 1932~38년 직업소개소를 통한 '일용소개' (단위: 명, %)

연도	민족별	구인수	구직인수	취직인수	취직률
1932	조선인	164,434	171,877	163,911	95.4
	일본인	22,323	22,860	22,323	97.7
1933	조선인	309,160	311,711	307,885	98.8
	일본인	16,287	16,767	16,281	97.1
1934	조선인	170,023	172,917	169,941	98.3
	일본인	7,645	7,976	7,640	95.8
1935	조선인	20,802	21,731	20,406	93.9
	일본인	1,294	1,309	1,283	98.0
1936	조선인	14,132	15,050	13,974	92.9
	일본인	1,351	1,578	1,342	85.0
1937	조선인	20,293	20,816	19,591	94.1
	일본인	1,140	1,326	1,069	80.6
1938	조선인	109,274	110,158	109,214	99.1
	일본인	961	1,192	961	80.6

* 취직률은 구직인수에 대한 취직률.

든 직업소개소를 통한 일용노동자의 취업률은 조선인과 일본인을 막론
하고 대단히 높음을 볼 수 있다.

구직인수를 보면 일본인의 경우 그 수가 계속 줄어들고 있으며 취직
인수도 줄어들고 취직률 역시 차차 낮아져가고 있다. 조선총독부가 실
업자 대책으로 토목공사를 많이 벌여갔지만 일본인은 일용노동자라도
위험한 토목공사장에는 그다지 취업하지 않은 데 이유가 있는 것이 아
닌가 한다.

한편 조선인 일용노동자의 경우 직업소개소를 통한 구직인수의 기복
이 심한 것을 볼 수 있다. 표에서와 같이 1932년에는 17만 명 정도밖에
안 되었으나 1933년에는 갑자기 31만 명으로 급증했고, 1934년 다시 17

만여 명으로 떨어졌다가 1935년 불과 2만여 명으로 격감했고, 1938년에는 다시 10만여 명으로 증가하고 있음을 볼 수 있다. 토목공사의 시공 건수와 그 진척도에 따라 고용되는 노동자수의 기복이 심했던 것이다.

직업소개소를 통한 조선인 일용노동자의 구직자수가 이와 같이 기복이 심한 데 따라 취직인수도 그대로 증감함으로써 취직률은 계속 90%를 웃돌고 있으며 1933년에는 98.8%, 1938년에는 99.1%까지 오르고 있다. 이 경우 일용노동자로서 구직한 사람은 대부분 취업할 수 있었던 것으로 되는데 이것은 역시 서북지방의 토목공사장에서 그만큼의 노동력 수요가 있었기 때문이었다고 생각된다.

조선총독부는 1934년 이후 부령(富寧)·장진강(長津江) 수전공사(水電工事), 혜산선(惠山線)·만포선(滿浦線)·백무선(白茂線)·동해북부선(東海北部線) 등 철도공사, 회령(會寧) 비행장공사, 함북 용현(龍峴) 사리원(沙里院)·유선(遊仙), 함북 계림(雞林), 함북 아오지(阿吾地), 평남 대문산(大文山) 등의 탄광, 고무산(古茂山)·해주(海州) 시멘트공장 등의 공사장에 1934년에 4418명, 1935년에 1076명, 1936년에 2810명, 1937년에 1만 1956명 등 4년간에 경기·충청·전라·경상도 등지의 노동자 2만 260명을 그 가족과 함께 옮겨 취업시켰다.[81]

남부지방의 노동자를 서북지방의 공사장으로 '이동소개'했음에도 불구하고, 그리고 「직업소개 취급성적」에서의 1930년대 '일용소개'에 의한 노동자의 취직률이 거의 100%에 가까움에도 불구하고 앞의 표 5-13에서 보는 바와 같이 1936년의 조선인 전국 일용노동자 실업률은 조사자의 7.4%나 되었고 표 5-25에서 보는 바와 같이 같은 해의 조선인 도시지역 일용노동자 실업률은 조사자의 8%, 농촌지역은 7.3%나 되었다.

---

81) 『朝鮮總督府調査月報』 10卷 1號, 1939년 1월호 29~34면 '勞動者移動紹介數' 참조.

표 5-34_ 1927~31년 직업소개소를 통한 '일용소개' (단위: 명, %)

연도	구인수	구직인수	취직인수	취직률
1927	6,080	8,012	4,362	54.4
1928	9,272	5,815	4,963	85.3
1929	13,768	13,180	11,587	87.9
1930	7,511	8,353	6,652	79.6
1931	49,553	53,901	49,376	91.6

직업소개소의 '성적'이 과장된 것이 아닌가 한다.

이와 같은 '소개성적'에 과장이 있다 해도 1930년대로 접어들면서 일본제국주의의 대륙침략 준비가 식민지 조선에서의 만성적인 실업자 문제를 상당히 해결해갔음은 사실이다. 표 5-34[82)에서 보는 바와 같이 1927년에는 직업소개소에 구직을 신청한 일용노동자의 54.4%만이 취직되었으나 1930년대로 가면서 취직률이 점점 높아지다가 1931년 이후에는 90%가 넘어가는 것을 볼 수 있다. 일본제국주의의 식민지 지배정책이 빚어낸 조선인 실업인구가 대륙침략 준비공사의 값싼 일용노동력으로 수용됨으로써 그 호구책을 찾을 수 있었던 것이다.

『조선총독부 조사월보』에 실린 「직업소개 취급성적」은 '일용소개' 이외에 해마다 '일반소개'를 통계한 부분이 있어서 일용노동자 이외의 직업소개 상황을 알아볼 수 있다.

표 5-35에서 보는 바와 같이[83) 우선 그 취직률이 '일용소개'보다 훨씬 낮음을 볼 수 있다. 표 5-33에서 보듯이 같은 시기의 '일용소개'는 해마다 취직률이 90%를 넘었으나 '일반소개'의 경우 1937년까지도 취직

---

82) 『朝鮮總督府調査月報』 5卷 3號, 1934년 3월호 82면.

83) 이 표는 앞의 주 80의 자료를 근거로 만든 것이다.

표 5-35_ 1932~38년 직업소개소를 통한 직업별 '일반소개'

연도	구분	공업 및 광업	토목 및 건축	상업	농림업	수산업	통신 운수	옥내 사용인	잡업	계
1932	구직인수	3,157	1,655	12,749	321	–	1,926	17,099	6,196	43,103
	취직인수	1,003	473	3,503	45	–	192	7,629	1,240	14,085
	취직률	31.8	28.5	27.5	14.0	–	10.0	44.6	20.0	32.7
1933	구직인수	2,931	1,425	13,605	263	–	1,575	18,898	7,340	46,037
	취직인수	657	284	3,818	58	–	259	9,424	2,438	16,938
	취직률	22.4	19.9	28.1	22.1	–	16.4	49.9	33.2	36.8
1934	구직인수	5,515	1,276	13,874	268	–	1,529	19,039	6,254	47,754
	취직인수	1,650	319	4,332	66	–	325	10,357	2,292	19,341
	취직률	30.0	25.0	31.2	24.6	–	21.3	54.4	36.6	40.5
1935	구직인수	4,357	785	11,718	324	930	962	17,236	5,521	41,833
	취직인수	1,237	334	4,222	124	835	256	9,955	1,834	18,797
	취직률	28.4	42.5	36.0	38.3	89.8	26.6	57.8	33.2	44.9
1936	구직인수	4,427	1,146	13,722	219	69	914	17,257	7,017	44,771
	취직인수	1,734	649	4,073	103	25	218	10,198	2,170	19,170
	취직률	39.2	56.6	29.7	47.0	36.2	23.9	59.1	30.9	42.8
1937	구직인수	6,418	1,933	15,179	146	41	1,420	20,187	9,106	54,430
	취직인수	2,594	1,167	4,672	60	8	366	12,831	3,286	24,984
	취직률	40.4	60.4	30.8	41.1	19.5	25.8	63.6	36.1	45.9
1938	구직인수	6,769	1,436	13,090	125	17	1,827	18,016	7,125	48,407
	취직인수	3,239	1,004	5,457	43	12	600	13,527	3,132	27,014
	취직률	47.9	69.9	41.7	34.4	70.6	32.8	75.1	44.0	55.8

률이 50%를 밑돌다가 중일전쟁 도발 다음 해인 1938년에 가서야 50%를 넘어서고 있는 것이다.

앞에서도 말한 바와 같이 조선총독부가 대륙침략을 준비하고 실업자 문제를 해결하기 위해 1930년대로 들어서면서 특히 서북지방에 대규모 토목공사를 일으킴으로써 '일용소개' 부분에서의 취직률은 급격히 높아갔으나 표 5-35에서와 같이 상용노동자였다고 생각되는 '일반소개'의 토목 및 건축 부분은 취직률이 1934년까지 25%에 머물렀다가 1936년에 가서야 50%를 넘었고 역시 중일전쟁 다음해인 1938년에 가서야 70%에 접근하고 있음을 볼 수 있다. 전쟁준비로 토목공사장 노동자의 취직률이 높아졌으나 그것은 일용노동자 중심이었던 것이다.

통신·운수업, 농림업, 수산업과 같이 어느정도 특수부분 직업의 구직자수와 취직자수 및 취직률이 낮은 것은 일반적인 현상이지만, 공업 및 광업 부분의 취직인수 및 취직률이 상업이나 옥내사용인 및 잡업의 그것보다 낮은 것은 역시 식민지 산업구조의 취약성을 나타낸 것이라 할 수 있겠다. 그러나 이 부분의 취직인수와 취직률도 중일전쟁이 일어나기 직전 무렵인 1936년경부터 상당히 높아져감을 볼 수 있다.

'일반소개' 부분에서 취직인수가 가장 많고 취직률이 가장 높은 부분은 옥내사용인이다. 그 이유는 앞에서 인용한 자료에서도 나타났지만 역시 조선인 여자들의 일본인 가정에의 이른바 하녀로의 취직이 많은 데 있었다.

표 5-36[84]에서 보면 '일반소개'의 경우 조선인 취직률이 대체로 일본인 취직률보다는 높고, 유감스럽게도 민족별 구분은 없지만 남자의 취직률보다 여자의 취직률이 훨씬 높은 것을 볼 수 있다. 그 주된 원인이 직업별 취직률에서 옥내사용인의 취직률이 높은 것과 맥을 같이하고 있는 것이라 생각된다.

마지막으로 표 5-33에서 보는 바와 같이 조선인 '일용소개'가 중일전쟁을 도발하기 전해인 1936년에 92.9%였다가 전쟁을 도발한 1937년에는 94.1%로, 그다음 해인 1938년에는 무려 99.1%로 증가한 사실, 그리

---

84) 이 표는 주 80 및 주 83과 같은 자료를 근거로 해서 만들어진 것이다.

표 5-36_ 1932~38년 직업소개소를 통한 민족별·남녀별 '일반소개' (단위: 명, %)

연도	구분	구직인수	취직인수	취직률
1932	조선인	34,490	11,724	34.0
	일본인	8,613	2,361	27.4
	남자	26,940	6,066	22.5
	여자	16,163	8,019	49.6
1933	조선인	37,537	14,279	38.0
	일본인	8,500	2,659	31.3
	남자	27,030	6,838	25.3
	여자	19,007	10,100	53.1
1934	조선인	39,818	16,671	41.9
	일본인	7,936	2,670	33.6
	남자	27,441	8,210	29.9
	여자	20,313	11,131	54.8
1935	조선인	35,815	16,192	45.2
	일본인	6,018	2,605	43.3
	남자	24,630	8,565	34.8
	여자	17,203	10,232	59.5
1936	조선인	37,743	16,780	44.5
	일본인	7,028	2,390	34.0
	남자	27,948	9,507	34.0
	여자	16,823	9,663	57.4
1937	조선인	47,776	22,167	46.4
	일본인	6,654	2,817	42.3
	남자	34,327	11,878	34.6
	여자	20,103	13,106	65.2
1938	조선인	42,498	23,925	56.3
	일본인	5,905	3,089	51.4
	남자	30,430	13,749	45.2
	여자	17,977	13,265	73.8

고 표 5-35에서와 같이 직업별 '일반소개'도 1935년의 44.9%에서 1936년에는 42.8%로 일단 떨어졌다가 1937년에 45.9%로, 1938년에 55.7%로 증가해가고 있는 사실, 표 5-36에서 보는 바와 같이 '일반소개'의 취직률이 역시 1936년과 1937년을 전후해서 크게 증가하고 있는 사실 등은 모두 일본제국주의의 중일전쟁 준비 및 도발이 실업 문제를 해결하는 중요한 요인이 되었음을 말해준다 할 것이다.

요컨대 일본제국주의는 한반도 지배를 통해 농민분해를 가속화시키면서도 그 결과로 창출되는 실업자 문제에 대해서는 별다른 대책을 세우지 못하고 직업소개소의 알선에 맡겨놓을 뿐이었다. 그 때문에 여자를 중심으로 하는 옥내사용인의 취업률이 높아질 뿐 실업 문제는 해결될 수 없었다.

일본제국주의는 식민지 조선에서 날로 심각해져가는 실업자 문제에 대한 대책으로 1930년대에 들어오면서 각종 토목공사를 일으켜 실업인구를 주로 일용노동력으로 어느정도 흡수해갈 수 있었으며, 특히 1930년대의 후반기로 오면서 대륙침략을 본격화하고 중일전쟁을 일으키기 위한 준비를 가속화함으로써 실업 문제를 크게 해결할 수 있었다.

이상에서 대체로 조선총독부 측의 조사자료를 중심으로 식민지시기의 실업자 문제를 극히 평면적으로 분석해보았지만, 그런 속에서도 다음과 같은 몇 가지 결론을 얻을 수 있을 것 같다.

첫째, 식민지시대의 실업자층이 본격적으로 형성되기 시작한 것은 역시 농민층 분해의 결정적 계기가 된 '토지조사사업' 이후부터였으며, 조선총독부 측의 실업조사에만 의존한다 해도 조선인의 실업률과 조선에 와 있던 일본인의 실업률 사이에는 언제나 대체로 배 이상의 차이가 날 만큼 조선인 측의 실업률이 높았다는 점이다.

둘째, 일본인은 도시의 급료생활자 실업자가 많고 조선인은 도시와 농촌의 일용노동자 실업자가 많은 현상이 일관되었는데, 이것은 바로 조선에 와 있던 일본인 취업자 자체가 도시의 급료생활자가 절대다수였고 조선인 노동자는 도시와 농촌을 막론하고 불완전고용된 일용노동자가 절대다수였음을 반증하고 있다. 그리고 그것은 일본제국주의의 식민지 산업구조 자체가 조선인 노동자의 절대다수를 일용노동자로 고용할 수밖에 없는 체제로 되어 있었기 때문이었다.

셋째, 일제의 식민지 산업구조 자체가 그러했기 때문에 식민지 지배당국의 실업대책이 조선인 여자를 옥내사용인, 즉 주로 일본인 가정의 이른바 하녀로 취업하게 하거나 도시와 농촌의 남자노동자들을 식민지 지배의 기초시설이나 특히 1930년대 이후의 대륙침략 준비를 위해 벌인 토목공사 현장의 일용노동자로 취업하게 하는 것이었으며 공장노동자로 취업시켜 안정된 급료생활자가 되게 하는 길은 극히 제한되어 있었다.

넷째, 농토를 잃은 많은 농촌 인구가 화전민이나 토막민이 되고 일본이나 만주·노령(露領) 지방의 노동시장으로 흘러들어갔음에도 불구하고 1930년대 중반기 이후까지도 농촌지역의 일용노동자 실업자수가 그다지 줄어들지 않고 있었다는 점이 주목된다.

다섯째, 일본제국주의의 식민지 산업구조로서는 조사자의 10%를 오르내리는 조선인 실업률을 해결할 길이 없었고, 결국 그 침략전쟁을 중일전쟁과 태평양전쟁으로 확대시켜나가면서, 침략전쟁 인력으로 조선인을 강제 동원함으로써 해결할 수 있었다. 침략전쟁이 확대되어가는 과정에서 조선인 노동력은 이른바 '모집(募集)'에서 시작하여 '징용(徵用)'·'보국대(報國隊)' 등의 전쟁노동력으로 강제 동원되어갔던 것이다.

요컨대, 일본제국주의는 식민지시기 초기의 '토지조사사업' 등의 이른바 원시축적 과정에서 많은 농촌인구를 농토로부터 이탈하게 했으나 이들을 공장노동자로 수용할 만한 산업구조를 갖추지 못하고 실업자를 양산한 채 대책을 세우지 못하다가 결국 침략전쟁을 중일전쟁, 태평양전쟁으로 확대시켜감으로써 전쟁인력으로 사용했다. 그러나 전쟁이 끝났을 때는 이들은 모두 다시 실업자로 돌아갈 수밖에 없었으며 그 해결은 해방 후 사회의 과제로 남을 수밖에 없었던 것이다.

민중의 삶과 투쟁에 대한 관심과 애정

지수걸 공주대 교수

『일제시대 빈민생활사 연구』(1987)는 강만길이 『분단시대의 역사인식』(1978) 『한국근대사』(1984)와 『한국현대사』(1984)에 뒤이어, 창작과비평사에서 네번째로 출간한 저작이다. 이 책의 주요한 논지는, 일제의 수탈정책이 추진되는 과정에서 조선의 농촌사회 내부에 많은 소작 빈농층과 빈민층이 형성되었으며, 이들 가운데 상당수는 결국 파산하여 화전민이 되거나, 도시로 진출하여 막일꾼이나 토막민이 되고 말았다는 것이다. 강만길은 이 책에서 토지조사사업을 일종의 '자본의 원시적 축적과정'이라 규정한 뒤, 이런 과정에서 양산된 농촌빈민, 화전민, 토막민, 공사장 막일꾼, 실업자 들의 존재양상을 구체적으로 규명하였다.

강만길 사학의 큰 특징은 민중들의 삶과 투쟁에 대한 관심과 애정이다. 강만길은 한국사 속에서 민중이라는 집단주체를 찾아냈을 뿐만 아니라 이들을 단순한 억압과 수탈의 대상이 아니라 역사를 변혁하는 주체로 그려내는 데 기여하였다. 그가 조선시대사나 한국근현대사를 연구하면서 상공업 발달과 자본주의 맹아 문제, 농민층 분화나 노동계급의 형성 문제에 남다른 관심을 보인 것도 이런 이유 때문이었다. 『일제시대 빈민생활사 연구』는 이런 문제의식이 반영된 강만길의 대표적인 연구성과라 할 수 있다.

강만길은 고려대학교에서 「조선왕조 전기의 공장(工匠) 연구」(1961)로 석사학위를 취득한 이래 십수 년간 조선시대 상공업사 연구에 몰두하였다. 이때의 문제의식은 한국사학사 정리에 흔하게 나타나 있듯이, 일제 어용사학자(관학자)들의 조선사회 정체성론에 대항하여, 한국사회 내부에서도 자본주의의 맹아가 자생적(내재적)으로 싹트고 있었음을 증명하는 것이었다.『조선후기 상업자본의 발달』(고려대학교출판부 1973)『조선시대 상공업사 연구』(한길사 1984) 등은 이런 문제의식을 반영한 대표적인 연구성과들이다.

하지만 강만길은 1980년대 초반 해직과 복직을 겪으면서 자신의 학문 방향이나 전공 분야를 스스로 일신하기 시작했다.『역사가의 시간 — 강만길 자서전』(창비 2010)에 따르면 복직 후 학문 방향을 바꾼 주요한 이유는, 역사가로서의 정치·사회적 책임의식 때문이었다고 한다. 당시 강만길은 창비그룹이나 다산연구회 회원들과 학문적인 교류를 지속하면서 역사학의 현재성과 대중성을 확립하기 위해 무엇을 어떻게 해야 할 것인가를 거듭 고민한 것으로 보인다. 이때부터 그가 깊은 관심을 보인 분야나 주제는 이전과는 달리 일제시기 좌우익 통일전선운동과 빈민생활사였다. 이런 사실은 강만길의 역사관이나 역사학을 설명할 때 특기해야 할 사항이다.

강만길이 일제시기 빈민생활사를 연구하기 시작한 것은 1979년 가을경부터였으나 정작 책이 출간된 것은 십여 년의 세월이 흐른 1987년 5월이었다. 그 기간 동안 강만길은『한국민족운동사론』(한길사 1985)을 출간하는 등 일제시기 민족운동에 대한 연구를 병행하고 있었다. 이처럼 연구기간이 길어진 것은 추측건대, 자료를 수집하는 과정은 물론이고 서술(분석)의 틀이나 방향을 결정하는 것도 쉬운 일이 아니었기 때문이라 여겨진다. 가령, 「책을 내면서」에 보이는, '민중 개념을 서툴리 쓸 수 없다는 생각' 때문에 책의 제목을 민중생활사가 아니라 빈민생활사로 정했다고 설명하는 대목 등은 민중문제를 넘어 식민지 사회성격 문제와 관련한 그의 고민이 무엇이었는가를 간접적으로 보여준다.

빈민생활사의 분석틀(서사틀)을 정하는 문제와 관련하여 강만길은 1979년경에는 당시 학계의 일반적인 경향대로 '식민지 반봉건사회론'을 견지한 것으로 보인다. 이 책의 서설에 따르면 조선후기 이래의 농민층 분화를 통해 농민적 토지소유가 나름대로 진전되었으나, 개화기 한말에도 여전히 종래의 봉건적 지주·전호 관계가 유지되고 있었다는 것이다. 강만길은 이 책에서 토지조사사업이 완료되고 산미증식계획이 추진되는 1920년대를, "종래의 소농적 농민을 생산수단을 완전히 잃은 농업노동자적 존재로서의 식민지형 소작농민으로 만든 시기"(17면), 또는 "식민지형 지주경영의 자본축적 과정을 통해 이들 소작농민이 계속 반실업자 내지 완전실업자화한, 다시 말하면 상대적 과잉인구화한 시기"(17~18면)로 이해하였다.

한 가지 흥미로운 질문은, 식민지 반봉건사회론의 주창자이자 다산연구회의 회원이기도 했던 안병직이 일본 유학 이후 새롭게 들고 나온 이른바 '중진(中進)자본주의론', 또는 1985년 10월 『창작과비평』(통권 57호)에 실린 박현채와 이대근의 '한국 자본주의 논쟁' 등에 대해 저자가 어떤 입장을 견지했을까 하는 것이다. 물론 이 책에는 이와 관련한 구체적인 언급이 거의 없다. 하지만 앞서 소개한 토지조사사업의 역사적 성격에 대한 규정 등으로 미루어볼 때, 강만길은 박현채와 마찬가지로 역사적 유물론의 일반 법칙, 특히 모리스 돕의 자본주의 이행론 등을 의식하며 빈민생활사를 재구성한 것으로 보인다. 식민지 근대화론의 이론적 배경인 안병직의 '중진자본주의론'은 이른바 캐치업(catch-up, 따라 잡기) 이론에 기초하여, 식민지화 과정에서도 조선인들의 주체적인 노력으로 경제성장의 인적·물적 토대가 꾸준히 성장했음을 강조하고 있으나,『일제시대 빈민생활사 연구』는 이와 달리 농촌빈민과 화전민, 토막민과 공사장 막일꾼, 도시와 농촌의 (반)실업자 등이 광범위하게 양산되었음을 더 주목하고 강조하였다. 외인론보다 내인론이나 내발론을 더 강조하는 역사관이나 서술 태도는 반구저기(反求諸己)나 인계손익(因繼損益), 또는 춘추대의(春秋大義)나 안과 밖의 차이[異內外 및 詳內略外] 등을 강조하는 동아시아의 역사전통과도 무관하지 않아 보인다. 의외라는 생각이 들지 모르겠으나, 강만길은 '내 인생의 책'으로『춘추좌씨전(春秋左氏傳)』을 손꼽은 적이 있다.

『일제시대 빈민생활사 연구』가 가진 사학사적인 의미를 언급할 때 더불어 주목해야 할 사실은, 다산연구회의 또다른 구성원인 김진균 등이 주도한 도시빈민 연구와 이 책의 연관성이다. 주지하듯이 1980년대 초반은 도시빈민 문제가 심각한 시기였다. 배창호 감독의 영화「꼬방동네 사람들」(1982)이 상영되고, 정동익의『도시빈민연구』(아침 1985), 그리고 김진균이 이끄는 상도연구실의『산업사회연구』1집(한울 1986) 등과 같은 연구성과들이 양산되기 시작한 것도 이 무렵이었다. 요컨대, 강만길의『일제시대 빈민생활사 연구』는 식민지 근대화론에 대한 구체적인 비판임과 동시에, 당시의 주요한 이슈였던 도시빈민 문제의 기원이나 역사적 배경을 구명한 일종의 정치·사회적 실천 활동이었다.

이런 저간의 사정을 모르고『일제시대 빈민생활사 연구』를 접하는 경우, 이론과 방법이 부재한 저작으로 볼 수도 있다. 하지만 이 책은 당시로서는 상당한 수준의 문제의식과 더불어 실천적인 의미가 돋보이는 노작이었다. 강만길은 이 책을 집필하면서 이만형의「일제의 산미증식계획(1920~34)이 식민지 조선의 농업경제에 미친 영향」(고려대학교 석사학위논문, 1980)과 노경채의 「1930~40년대 양대 독립운동 정당의 정책방향」(고려대학교 석사학위논문, 1981) 등을 지도했는데, 이런 논문들의 문제의식도 이 책의 범위를 크게 벗어나 있지 않다. 강만길의 지도하에 이만형은 1979년 석사과정에 입학하면서부터 오랜 기간 도서관 서고에서 빈민생활사 관련 자료를 복사하거나 이를 독서카드에 필사하는 작업을 수행했는데, 그때는 '한국역사정보통합시스템'이나 '네이버 뉴스라이브러리' 같은 신기한 물건은 상상도 할 수 없던 때였다.

최근 일제시대사 연구자들 사이에 사회구성체론이나 변혁주체 민중론에 대한 비판이 활발하다. 특히 '새로운 민중사'를 표방하는 이들은 일제시기 조선사회의 성격이나 계급관계보다는 민중들의 일상생활을 재현하는 데 더 관심이 많다. 물론 이들의 주장처럼 민중들의 생활세계나 의식은 국가권력이나 지배층에 온전히 포섭될 수 없는, 상대적 자율성과 독자성을 가지고 있음이 분명하다. 하지만 민중세계의 자율성과 독자성을 과도하게 강조하는 경우, 의도와는 다르게 탈정치성(일상성)이나 반변혁성, 혹은 전통성이나 보수성 등을 강조하는 편향에 빠질 가능성이 있다. 왜냐하면 민중들의 양면성이나 이중성을 지나치게 강조하는 경우 논의의 방향이 민중의 변혁주체성(혹은 그 가능성)을 부정하거나 해체하는 쪽으로 흘러갈 가능성이 크기 때문이다.

저자 자신이 「통일시대 우리 역사학 연구의 나아갈 길」(역사문제연구소 편 『한국의 '근대'와 '근대성' 비판』, 역사비평사 1996)에서 밝혔듯이 강만길 사학의 큰 특징은 '진보와 변혁에 대한 낙관', 특히 역사의 고비고비마다 민중들이 보여준 '변혁주체로서의 가능성'에 대한 무한한 신뢰와 기대이다. 강만길의 문제의식을 좀더 확장한다면, 민중사란 "민중들의 과거 삶을 소재로 민중들과 실천적으로 소통하면서 진보와 변혁을 향한 새로운 촉발과 감응을 야기하는 역사학"이 되어야 마땅하다. 왜냐하면 민중들의 역사 가운데서 사회변혁의 계기와 동력을 찾아내야 한다는 주장, 달리 말하면, 민중들의 삶, 특히 다양한 민중들의 다양한 탈주와 저항 행위 가운데서 변혁주체로서의 가능성을 찾아내야 한다는 주장은 낡은 '가설'도 '닫힌 해석'도 아니기 때문이다. 우리가 『일제시대 빈민생활사 연구』를 다시 주목해야 하는 이유도 여기에 있다.

강만길의 저작들이 대부분 그러하듯이 이 책도 주제 자체의 무게감과는 달리 대단히 쉽게 읽힌다. 예를 들면, "마산부 내에는 최근에 이르러 표류하는 걸식군이 날로 증가되어 밥때이면 으레 한 집에 70~80명의 걸식군이 모여들어 대문을 걸어둔 집이 있으면 담을 뛰어넘어 가서 같이 갈라 먹고살자 하면서 밥 내라고 야단을 치는 무리까지도 있으므로 부내에서 밥술이나 두고 먹는 사람들도 불안 중에 싸여 고통이 심하다 한다"(『동아일보』 1930년 2월 26일자)는 기사(137면) 등을 여러 개 열거한 뒤, "이들 '상시걸인'과 '계절걸인' 역시 식민지 지배정책의 당연한 하나의 결과였으며 자살자·아사자·동사자의 수가 계속 증가해가고 있었던 사실도 식민지시기의 시대적 성격을 드러내고 있다"(142면)라는 말로 마무리하는 대목 등등이 그러하다. 눈 밝은 독자들은 부잣집 담장을 훌쩍 뛰어넘어 '같이 갈라 먹고살자'며 야단을 치던 이들이 바로 식민지 민중이자 민족해방운동의 주체였다는 사실을 쉽게 이해할 수 있을 것이다.

『일제시대 빈민생활사 연구』는 '민중의 모체'인 농촌빈민, 화전민, 토막민, 공사장 막일꾼 들의 일상생활 속에서, '변혁주체로서의 가능성'을 읽어내려는, 아니 요즘 말로 하면 그런 역사를 만들어내려는(invented) 치열한 문제의식의 결과물이다. 그런 점에서 이 책은 요즘 유행하는 '식민지 근대화론'이나 '식민지 근대성론'과는 이론적인 측면에서나 실천적인 측면에서나 그 결이 판이하다. 이런 점들을 유념하며 이 책에 열거되어 있는 하나하나의 사례들을 곱씹으면, 민중들이 왜 변혁주체여야 하고 또 그럴 수밖에 없었는지를 다른 어떤 책을 읽을 때보다 쉽게 이해할 수 있을 것이라 믿는다.

강만길 저작집 간행위원
조광 윤경로 지수걸 신용옥

강만길 저작집 05
일제시대 빈민생활사 연구

초판 1쇄 발행/2018년 12월 5일
초판 2쇄 발행/2020년 8월 31일

지은이/강만길
펴낸이/강일우
책임편집/신채용 부수영
조판/정운정
펴낸곳/(주)창비
등록/1986년 8월 5일 제85호
주소/10881 경기도 파주시 회동길 184
전화/031-955-3333
팩시밀리/영업 031-955-3399 편집 031-955-3400
홈페이지/www.changbi.com
전자우편/human@changbi.com

ⓒ 강만길 2018
ISBN 978-89-364-6058-7 93910
        978-89-364-6984-9 (세트)